이명박·박근혜·윤석열 정부를 관통하는

문화예술계 블랙리스트 사태의 전말, 한번 물면 살점 떨어질 때까지

이명박·박근혜·윤석열 정부를 관통하는

문화예술계

블랙리스트 사태의 전말,

한번 물면 살점 떨어질 때까지

| 김미도

연극과인간

이 연구는 서울과학기술대학교 교내 학술연구비 지원으로 수행되었습니다.

서문

문화예술계 블랙리스트와 싸운 10년

내가 블랙리스트 사태의 미궁 속으로 빠져든 지 올해로 10년이 넘었다. 2015년 상반기에 박근혜 정부가 모종의 블랙리스트를 바탕으로 문화예술계를 검열하고 있는 정황을 포착하고 언론을 통해 폭로한 이래로 나는 10년 동안 줄곧 이 문제와 싸워왔다.

문재인 정부가 들어선 후 나는 2017년 7월부터 약 1년 동안 '블랙리스트 진상조사 및 제도개선 위원회' 위원으로 활동하면서 '백서 발간 소위원회' 위원장으로서 『블랙리스트 진상조사 및 제도개선 위원회 백서』(문화체육관광부)의 편집 책임을 맡아 2019년 2월에 총 10권(6622쪽) 분량의 백서를 발간했다. 블랙리스트 진상조사위가 해산한 후에는 2018년 8월부터 문체부의 '블랙리스트 재발방지 제도개선 이행협치추진단' 위원으로 활동했고, 다시 백서의 책임편집을 맡아 2022년 10월에 『블랙리스트 재발방지 제도개선 이행협치추진단 백서』를 발간했다. 그리고 개인 저서로 2021년 11월에 『문화예술계 블랙리스트, 실행과 작동의 기록』을 펴냈으며, 2025년 말 현재까지 블랙리스트와 관련하여 4편의 학술논문을 발표했다.

여기에 다시 또 한 권의 책을 내놓는다. 이로써 나는 10년 동안 문화예술계 블랙리스트 사태와 관련하여 총 11권의 백서 2종을 책임편집했고 4편의 학술논문과 2권의 저술작업을 수행한 셈이다. 한편으로 지긋지긋하면서도 나는 이 문제를 떠날 수 없었다. 국정과제 1호로 블랙리스트 청산을 내세웠던 문재인 정부는 가해자들을 제대로 처벌하지 못했고, 이어서 들어선 윤석열 정부는 더 교활한 블랙리스트 전략을 고안해내기 시작했다.

극도의 무력감에 빠져들었던 기간이 있었다. 이명박 정부에서 블랙리스트 실행의 발판을 놓았던 유인촌이 윤석열 정부의 문체부 장관으로 다시 또아리를 틀었을 때 나는 극도의 분노와 좌절에 휩싸여 처음으로 우울증에 걸린 게 아닌가 싶기도 했다. 더이상 거리에 나가 시위에 참여하고 싶지도 않았다. 험난한 과정을 거쳐 제정한『예술인의 지위와 권리의 보장에 관한 법률』(2021.9)과 '예술인 권리보장 위원회'도 무력화되고 있었다. 그러나 어느 순간, 나는 거리로 나가 싸우는 대신 새 책을 쓰기로 했다.

새 책이 필요했던 이유는 무엇보다도 블랙리스트 문제를 좀 더 쉽게 널리 알리고 싶었기 때문이다. 방대한 분량의 블랙리스트 진상조사위 백서가 나왔고 예술가들 중 일부는 백서 읽기 모임을 진행하기도 했지만 한결같이 백서가 어렵다고들 했다. 내용이 어렵다기보다 백서가 개별 사건 중심의 보고서를 모아놓은 형태여서 블랙리스트 사태의 총체적 모습을 가늠하기 힘들다고 했다. 또 백서는 장르별로 나누어 보고서를 편집했기 때문에 공연, 영화, 미술, 문학, 출판 등의 분야에서 벌어진 일들이 서로 어떤 연관성을 갖고 있는지도 파악하기 힘들었다. 이 책은 각 장르별로 흩어져 있는 사건들을 시간 순으로 재배열하여 블랙리스트 사태의 전개 과정을 비교적 일목요연하게 정리했고, 조사를 신청하지 않아서 백서에 미처 담기지 않은 중요한 사건들을 보충하여 삽입했다.

새 책을 쓰게 된 가장 강력한 동인은 윤석열과 유인촌의 패악질 때문이었다. 점점 더 교묘해지고 악랄해지는 블랙리스트 실행 과정을 목도하면서 역사에 똑똑히 기록을 남겨야겠다는 의지가 솟구쳤다. '기록하는 것만이 역사가 될 수 있다'는 생각이 나를 무력감에서 벗어나게 했고, 유인촌의 만행이 심각해질수록 나는 밤늦게까지 연구실에 처박혀 글쓰기에 집중할 수 있었다. 집필이 끝나가던 즈음에 난데없이 12.3 계엄이 터졌다. 몇 시간 만에 계엄이 해제되었지만 2차 계엄이 있을까 두려웠고, 너무나 혼란스러웠던 몇 달은 다시 원고에 집중할 수가 없었다. 우여곡절 끝에 새 정부가 들어섰고, 나는 이 책에 한 챕터를 추가하기로 결정했다. 윤석열 정부의 블랙리스트 사태까지 정리하기로 한 것이다. 물론 단순히 사건들을 모아서 열거만 한 상태이고 상세한 분석까지는 수행하지 못했다. 심층적인 연구는 다음 논문에서 시도해 보고자 한다.

내가 10년 동안이나 이 문제를 붙잡고 있는 이유는 일종의 부채의식 때문이기도 하다. 내게는 평생 잊혀지지 않는 장면이 하나 있다. 대학교 1학년이었던 어느 날, 4학년 여자 선배 두 분이 고려대학교 서관 위에서 전단을 살포하고 '짭새'들에게 무참히 끌려가던 광경이다. 그때 그 주변엔 많은 동기들과 후배들이 바로 지척에 있었지만 아무도 그녀들을 구출하지 못했다. 내가 10년 전에 위험을 무릅쓰고 박근혜 정부의 검열 사태를 폭로할 수 있었던 것은 바로 그 선배들 덕분이다. 그 선배들을 비롯하여 자신의 삶을 민주화의 열망 속에 거침없이 던졌던 수많은 민주열사들이 내게 작은 용기를 주었다. 적어도 지난 10년 동안 블랙리스트 사태를 해결하기 위해, 그리고 역사에 기록하기 위해 쌓아온 나의 작업들이 지난한 민주화의 여정에 티끌만큼은 기여했으리라 생각한다. 그리고 나는 이제야 40년 넘게 안고 있던 부채 의식에서 헤어나게 되었다.

이번에도 잘 팔리지 않을 책을 또 내주시는 도서출판 '연극과 인간'의 박성복 사장님께 감사드린다. 이 책의 편집은 '연극과 인간' 편집부에서 근무하는 제자 문준영 군이 맡아주어 어느 때보다 작업이 순조로웠다. 끝으로 내가 검열 문제를 폭로한 이후 가장 든든한 동지였고, 블랙리스트 진상조사위와 이행협치추진단 활동을 함께 하며 모든 고민을 나누었던 극작가 이양구 님께 감사드린다. 학부에서 법학을 전공하시고, 블랙리스트 진상조사위에서 직접 조사업무를 담당하셨던 이양구 님께서 이 책의 원고를 두 차례나 읽으며 사실관계를 감수해주셨다. 기나긴 싸움에 함께 해준 모든 동지들께도 머리 숙여 감사드린다. 여전히 블랙리스트의 트라우마에서 헤어나오지 못하고 계신 피해자들께 이 책을 바친다.

2025년 12월, 김미도

차례

1장 이명박 정부의 블랙리스트 사태

2장 박근혜 정부 블랙리스트 실행의 전모와 주요 사건들

3장 피해자의 입장에서 본 블랙리스트 사태

4장 블랙리스트 후속조치

5장 블랙리스트 사태 관련 판결

6장 윤석열 정부의 블랙리스트 사태

1장

이명박 정부의 블랙리스트 사태

1. 「문화권력 균형화 전략」의 실체

2. MB정부 블랙리스트 실행에 있어 유인촌과 문체부의 역할

3. 박근혜 정권 초기 블랙리스트 관련 문건들과의 연관성

1. 「문화권력 균형화 전략」의 실체

2008년 2월 25일 이명박이 제 17대 대통령으로 취임했다. 이명박 대통령은 취임 초기에 '광우병 사태'로 지지율이 10%까지 내려갔고 광화문 광장에서는 연일 대규모 시위가 벌어졌다.

"이명박 정부는 사이버 세상이 온통 좌경화돼있고 좌파들로 장악돼 있다고 인식했다. 특히 모든 인터넷의 뒷공간은 퇴임한 노무현 전 대통령 추종 세력이 장악하고 있다고 극단적으로 믿고 선전하며 탄압했다.(중략) 이명박 정부는 정부 정책에 반대하면 그것이 누구이든 무조건 '종북 좌파 세력'으로 몰아갔다. 또 '블랙리스트'를 만들어 배제하는가 하면 그들과 맞서도록 극우 세력에게는 자금 지원을 했다. 바로 화이트리스트이다."[1]

2008년 8월, 이명박 정부는 블랙리스트 실행의 기초가 되는 「문화권력 균형화 전략」을 작성했다. 청와대의 '기획관리비서관실'

1 구용회 기자, 「[뒤끝작렬] MB는 왜 '불행의 씨앗'을 스스로 키웠나?」, 『노컷뉴스』, 2017.09.27. 〈https://www.nocutnews.co.kr/news/4853789〉(검색일:2023.12.16.)

에서 2008년 8월 27일자로 작성된 이 문건에 의하면[2] 좌파가 "문화를 의식 개조 및 정권 유지를 위한 선전·선동의 수단으로 생각"한다고 규정했다. 보수를 대표하는 '예총'은 규모 확장이나 자리다툼에 치중하여 구심점을 상실했다고 보고, 그 대안으로 2007년 말 결성된 '미래문화포럼(대표 정진수)'에 주목했다.

한편 민예총은 1988년 설립 이후 존재감이 미미하다가 DJ 집권 후에 '문예아카데미', '문화정책연구소' 등을 설치하면서 문화예술계 전반에 대한 정책대안을 지속적으로 제시하고 있다고 보았다. 특히 1999년에 결성된 '문화연대'가 예술가뿐 아니라 문화전반에 걸쳐 전문가 그룹을 포섭하고 육성하며 외연을 확장해 왔다고 보았다. 2002년에는 문성근, 명계남, 이창동 등 700여 명이 '노무현을 지지하는 문화예술인의 모임(노문모)'을 결성하면서 권력집단화가 실체적으로 진행되었다고 판단했다. 그 후 좌파인사들이 문화관광부 장관, 한국문화관광정책연구원 원장, 한국문화예술위원회 위원장, 국립현대미술관 관장 등 주요 국립문화기관 수장으로 임명되면서 좌파가 제도권 문화예술계를 장악했다고 보았다. 정부의 예산지원을 민간, 좌파인사들이 주도하기 위해 한국문화예술위원회, 영화진흥위원회 등도 민간중심위원회로 개편되었다고 봤다.

이명박 정부는 특히 '영화'를 중심으로 국민의식 좌경화가 추진

---

2 「문화권력 균형화 전략」은 전 MBC기자였던 이상호가 2012년 7월 20일, 인터넷 방송인 『고발뉴스』를 통해 처음 공개했고, 2012년 7월 23일 국회 교육·사회·문화 대정부 질문에서 본회의장 화면에 띄워졌다.

되었다고 판단했다. "반미 및 정부의 무능을 부각시킨 〈괴물〉, 북한을 동지로 묘사한 〈JSA〉, 국가권력의 몰인정성을 비판한 〈효자동 이발사〉" 등을 그러한 대표적 영화들로 꼽았다.

균형화 전략을 추진하기 위해 "단기간에 좌파 척결을 위한 전쟁을 하기보다는 좌파를 대신할 건전한 우파의 구심점을 신진세력 중심으로 조직화"하고자 했다. "좌파예술인들도 그동안 정부의 자금지원에 의존하며 동시에 역설적으로 자본의 힘에 매우 익숙한 상태로 변화"했다고 판단하고, 문화예술인들이 대부분 정부의 지원금에 의존하는 점을 이용하여 "의도적으로 자금을 우파 쪽으로만 배정하고 체계적으로 관리하여 문화예술인 전반이 우파로 전향하도록 추진"하고자 했다. 이는 결국 좌파로 판단되는 예술인들은 지원에서 배제하고 우파 예술인들에게 집중적으로 지원한다는 정책으로서 블랙리스트의 실행에 다름 아니다.

「문화권력 균형화 전략」에서 주요 대책(안)으로 '건전 문화세력 형성'이 제시되어 있다. 여기서 '건전'이라는 단어에 주목할 필요가 있다. 이 단어는 훗날 박근혜 정부의 블랙리스트 실행 과정에서 핵심 키워드로 계승된다. 박근혜 정부 초기에 국정원이 작성한 「문화예술계 건전화로 '문화융성' 기반 정비」(2013.3.15.)와 문체부가 작성한 「건전 문화예술 생태계 진흥 세부 실행계획」(2014.10.22.), 문체부 내에 조직된 '건전콘텐츠 활성화 TF' 등이 대표적인 예이다.

「문화권력 균형화 전략」은 '건전 문화세력 형성'을 위해 새로운 씽크탱크로 '문화정책포럼'을 만들고 정부가 사단법인화 및 연구, 심포지엄, 출판 등에 필요한 비용을 지원하고자 했다. 이 포럼에서는 기존의 인사들을 가급적 배제하고 "젊은 소장학자 및 이론가들을 중심으로 조직화"하려 했다. 또 우파 실행기관으로 '한국문화산업연구소' 설립을 기획하였다. "항구적 우파 문화권력 유지를 위한 근본 대안은 우수한 우파 전문인력이므로" 장기적 관점에서 "단순 예술가 뿐 아니라 예술정책, 예술경영, 예술교육 등 전문인력"을 육성하고자 했다. "「문화권력 균형화 전략」의 첫 번째 기본 담론적 목표는 '젊고 새로운 우파 문화세력화'이다. 이 문건은 '좌파 문화권력'에 대응하는 단순한 '우파 문화권력' 지원을 기획한 문건이 아니다. '좌파 문화권력'을 대체할 '건전 문화세력'으로 신진세력, 젊은 소장학자 및 이론가, 새로운 문화인재를 제안했다. 새로운 '우파 문화세력'을 육성하겠다는 것이 이 문건의 핵심적 지향점이다."[3]

이 문건에는 우파 세력을 양성하는 한편, "좌파집단에 대한 인적 청산은 소리없이 지속 실시"한다는 무자비한 표현이 등장한다. "예술위원회, 영화진흥위원회 등 핵심기관의 내부에는 아직 많은 수의 좌파 실무자들이 근무하고 있어 청산 필요"라는 표현 역시 블랙리스트에 다름 아니다. "문화부의 지시만으로는 한계가 있으므로 위원장을 교체한 이후 위원장이 인적 청산을 진두지휘하고 BH는 민정을 통해 위원장의 인적 청산 작업을 지속 감시·독려"하라고 했다. 여기서 "문화부의 지시만으로는 한계가 있"다는 표

3 오창은, 「'블랙리스트 문건'에 드러난 '전체성의 폭력': 담론적 관점에서 본 블랙리스트 사태」, 블랙리스트 진상조사위, 『문화예술계 블랙리스트 진상조사 및 제도개선위원회 백서4-블랙리스트 사태의 총체적 조망』, 문화체육관광부, 2019. 02. 258쪽.

현이 눈에 띈다. 즉 문화체육관광부(이하 '문체부')의 지시는 기본적으로 수행되지만 그것만으로는 부족하니 청와대 민정수석실이 문체부 산하기관들의 인적 청산을 감독하라는 것이다. 청와대 민정수석실이 블랙리스트 실행의 중요한 주체로 명시되었는데 이 역시 박근혜 정부의 민정수석실로 그 임무가 승계된다.

문화권력 균형화 전략의 또 다른 갈래는 새로운 '문화펀드'의 조성이었다. 우선 '문화산업 모금회'를 설립하여 "모금회에 대통령 및 기업들이 자발적으로 기부하게 하고, 모금회는 이를 재원으로 다양한 우파 지원사업 실시"를 획책하였다. 우파 문화 인재들이 활동할 신개념의 '창조문화센터' 건립도 계획하였다. "작품성과 상업성을 두루 갖춘 우파 영화가 영화시장을 주도하도록"하기 위해서는 영진위를 통해 영화분야에 천억 원(15편 규모) 정도의 펀드 조성을 추진하는데 우선적으로 SKT와 협의하여 6.25 전쟁영웅에 관한 시나리오 작업에 착수했음을 명시하고 있다. 이러한 기획이 소위 '국뽕' 영화의 시작이라고 할 수 있다.

문화권력 균형화 전략의 추진 체계를 보면 청와대가 '총괄기획'을 맡고 문체부, 기재부, 방통위 등이 역할 조정을 하는 것으로 되어 있다. 즉 청와대가 블랙리스트와 화이트리스트의 총괄기획을 담당하는 것은 이미 이명박 정부에서 확립되었다고 볼 수 있다. 문체부는 "산하기관 인적청산, 새로운 구심세력 형성 지원, 과거 정부 지원사업 정밀 재검토, 투자펀드 조성 등"의 역할을 맡는다. 기재부는 "문화부 예산을 정밀 검토하여 좌파지원예산은 전액 삭감하고, 우파 지원사업에 대규모 예산 지원"을 한다. 문체부, 기재부, 방통위 등이 블랙리스트 실행의 첨병이 되는 구조 역시 이명박 정부에서 구축되어 박근혜 정부로 승계되었다.

향후 일정에서 2008년 9월에 전략(안)을 대통령에게 보고하고, 문체부 예산 재조정 및 우파지원계획을 구체화하기로 한다. 12월에는 2009년도 예산 확정 및 좌파단체 지원차단을 점검하기로 한다.

2012년 7월 30일, 민주통합당 진선미 의원은 「청와대 문건, '문화권력 균형화 전략' 집행결과 분석」을 발표했는데 많은 부분이 계획대로 현실화되었다고 보았다.

2. MB정부 블랙리스트 실행에 있어 유인촌과 문체부의 역할

유인촌은 이명박 정부의 출범과 동시에 문체부 장관에 임명되어 약 3년간(2008.2~2011.1) 재직했다. 유인촌 장관은 취임 직후인 2008년 3월 12일 '광화문 문화포럼'(세종문화회관 세종홀)에 참석하여 "이전 정권의 정치색을 가진 문화예술계 단체장들은 스스로 물러나는 것이 자연스럽다"며 사실상 공개적으로 사퇴를 촉구했다.

유장관의 발언을 시작으로 문화예술계 단체장들의 사임이 줄을 이었다. 정은숙 국립오페라단장은 표면적으로 예술의전당 오페라극장 화재에 대한 책임을 내세워 물러나게 했지만 문성근의 형수임이 주된 이유였다는 소문이 파다했다. 안정숙 전 영화진흥위원회 위원장은 임기를 얼마 남기지 않고 갑자기 사임했는데 명목상으로는 남편인 원혜영 의원의 선거운동을 돕기 위해서라고 했다. 신현택 예술의전당 사장 역시 임기를 마치지 못하고 사임했으며 노무현 정부에서 여성가족부 차관을 지낸 때문으로 알려졌다. 노무현 정부 사람으로 분류되는 송재호 한국문화관광연구원 원장 역시 임기를 6개월 앞두고 사임했다.

유인촌 장관은 스스로 물러나지 않는 사람들을 강제로 해임시키기 시작했다. 김윤수 전 국립현대미술관장은 2003년 9월 문체부와 채용계약을 맺을 때 2009년 9월이 임기 만료 시한이었지만 2008년 11월에 일방적으로 계약 해지 통보를 받았다. 김윤수 관장이 미술품 구입과 관련해 국가공무원법을 어겼다는 이유였다. 김윤수 전 관장은 해임무효확인청구 소송에서 승소한 후, 한 언론과의 인터뷰에서 "8개월 내내 사퇴 압력을 받았다. 문광부 관계자들을 시켜서 온갖 방법을 동원해 날 협박했다. '이렇게 하면 재미없다', '김 관장 다 조사할 수 있다'며 날 압박했다. 문광부 소속의 국장들, 감사관들을 동원해 날 몰아내려고 경쟁을 시킨 것 같다. 내 흠을 찾기 위해 그 사람들이 미술관 전체를 다 뒤지게 했다. 각 기관장들이 다 모인 자리에서 공개적인 모욕을 많이 당했다. 그(유인촌)는 내게 반말도 서슴지 않았다. 문광부가 현대미술관과 관련한 사업을 논의할 때 나를 뺀 채 미술관 직원들을 따로 불러 회의하는 등 날 모욕하기도 했다"[4]고 술회했다.

2008년 12월, 유인촌 장관은 김정헌 한국문화예술위원회(이하 '예술위') 위원장을 해임했다. 해임된 김 위원장은 3월부터 12월까

---

4 허재현 기자, 「유인촌 장관, 반말로 지시하며 공개적으로 모욕줬다」, 『한겨레』, 2010.04.14. 〈https://www.hani.co.kr/arti/culture/culture_general/415990.html〉(검색일: 2023.12.16.)

지 사퇴압력을 받은 일지를 정리해 『프레시안』에 기고했다.[5] 그 일지에 따르면 문체부 예술국장, 문체부 차관 등에게 직간접적으로 퇴진 압박을 받았지만 거부했다. 그러자 11월 26일 문체부 감사관실에서 직원 4명이 나와 특별조사를 벌였다. 그때 감사를 나온 문체부 직원은 "한 건이라도 나올 때까지 끝까지 뒤지겠다. 아마 무사하지 못할 것이다"라고 말했다.[6]

강제 해임된 김정헌 위원장은 문체부를 상대로 소송을 냈다. 1년이 지난 2009년 12월 16일, 서울행정법원 행정 11부(서태환 부장판사)는 "문화부가 2008년 12월 5일 김 전 위원장에 대해 한 해임처분을 취소하라"고 판결했다. 2010년 1월 26일, 서울행정법원 행정 12부(장상균 부장판사)는 김 전 위원장이 문체부를 상대로 낸 해임처분 집행정지 신청에서 "해임 처분에 대한 본안 소송의 판결 확정까지 해임처분 집행을 정지한다"고 결정했다. 김 전 위원장은 2월 1일부터 예술위 출근을 강행했다. "이 정부가 하도 법치, 법치하니까 자신도 법원의 결정에 따르겠다"고 했다. 한 지붕 아래 두 기관장이 존재하는 코미디가 벌어진 것이다.[7]

---

5 김정헌, 「한 지붕 두 위원장 사태의 와중에서 - "유인촌 장관에게 진정으로 권한다"」, 『프레시안』, 2010.02.22. 〈https://www.pressian.com/pages/articles/60177〉(검색일: 2023.12.16.)

6 최영진 기자, 「[문화]유인촌의 문화·예술계 숙청 전말」, 『주간경향』, 2008.12.23. 참조. 〈https://weekly.khan.co.kr/khnm.html?mode=view&code=116&artid=18976&pt=nv〉(검색일: 2023.12.16.)

7 「[전진우의 세상 읽기] 유인촌 장관의 행로」, 『신동아』, 2010.02.26. 〈https://shindonga.donga.com/column/article/all/13/109194/1〉(검색일: 2023.12.16.)

이명박 정권의 문화예술정책 기조는 일단 '노무현 사람' 솎아내기였다. 유인촌 장관이 대대적인 산하 기관장 물갈이에 나선 이후 새로 들어선 인사들은 대체로 'MB맨'이거나 친정권 성향인 뉴라이트 계열이었다. 사퇴를 거부한 공공기관장들은 특별 감사란 이름으로 사실상 표적 감사를 받아야 했다. 이명박 정부 출범 1년 후, 문체부 산하 주요 기관 33개 중에 31개 단체장이 교체됐거나 공석이었다.[8]

이명박 정권은 제 3공화국 시절처럼 국민을 계몽과 홍보, 심지어 세뇌의 대상으로 간주했다. 단적인 예가 국정홍보처를 문체부에 통합시켜 버린 것이다. 국정홍보처 통합으로 문체부 예산은 2008년 90억 8천만 원에서 2009년에 189억 8천만 원으로 2배 이상 급증했다. 문체부의 관제 홍보는 매우 적극적이었다. 설 연휴 때 방송법과 4대강 정비사업 홍보책자를 수십만 부씩 찍어 귀성객에게 나눠줬고, 한나라당 언론법 홍보전단 배포에만 5억 3천여만 원을 썼다. 2009년 초에는 『2008 이명박 대통령 어록-위기를 기회로』를 222쪽 전면 컬러로 5천부를 찍어 공공기관에 배포했다.[9]

당시 청와대는 소위 '나라 사랑 랩송'을 기획하기도 했다.

---

8 문소영 기자, 「문화부 산하 기관장 싹 갈렸네」, 『서울신문』, 2009.02.25. 참조. 〈https://www.seoul.co.kr/news/newsView.php?id=20090225025010〉(검색일: 2023.12.16.)

9 이문영 기자, 「귀막은 MB정부 홍보예산 2배로」, 『한겨레』, 2009.03.16. 〈https://www.hani.co.kr/arti/politics/politics_general/344368.html〉(검색일: 2023.12.16.)

> 청와대는 전문가에 의뢰해 일명 '힘내라! 대한민국' 등의 랩송 등을 제작한 뒤 인기그룹 '빅뱅'을 비롯한 여러 유명 가수들이 돌아가며 부르게 하는 방안을 연구 중인 것으로 알려졌다. 나라 사랑 랩송은 경제위기 극복에도 적잖이 도움이 될 것으로 청와대는 기대하고 있다.[10]

MB 문체부는 나라 사랑 랩송에 이어 '대한 늬우스'를 기획하여 여론의 뭇매를 맞았다.[11] 이러한 퇴행적 행보는 문체부뿐 아니라 당시 국정원에서도 일어났다.

> '안보신권' 이벤트가 네티즌들의 질타를 받고 있다.(중략) '안보신권 필살기를 연마하라' 코너에는 5명의 간첩을 찾는 게임이 등장한다.(중략) 이를 접한 한 네티즌은 "유치원생들 그림 맞추기를 한다고 안보의식이 생기겠느냐"며 "저런 문제를 내는 사람들의 정신 상태가 궁금하다"고 말했다. 또 다른 네티즌은

10 심인성 기자, 「靑, 나라사랑 랩송 만든다」, 『연합뉴스』, 2009.02.15. 〈https://n.news.naver.com/mnews/article/001/0002502698?sid=100〉(검색일: 2023.12.16.)

11 「히틀러 라디오에 히틀러 늬우스」, 『프레시안』, 2009.06.24.
「국민 바보로 아는 대한늬우스」, 『한겨레』, 2009.06.24.
「역사의 시계 거꾸로 돌린 블랙코미디」, 『오마이뉴스』, 2009.06.25.
「이제 하다하다 별걸 다해」, 『폴리뉴스』, 2009.06.25.
「유인촌의 실패한 촌티 전략」, 『미디어스』, 2009.06.26.
「대한늬우스, 또 다른 소통 부재」, 『헤럴드경제』, 2009.06.26.
「문화부 4대강 대한늬우스 자화자찬 파문」, 『미디어오늘』, 2009.07.02.

"합성사진인줄 알았는데 국정원이 실제 실시하고 있는 행사라니 놀랍다"며 "조만간 남한판 '5호 담당제'가 시행될 날도 멀지 않았다"고 개탄했다.[12]

MB 문체부는 한국예술종합학교를 좌파집단으로 규정하여 혹독한 감사를 시행했고, 황지우 총장의 공금 유용 및 근무지 무단 이탈 등의 문제가 드러났다며 결국 황지우 총장을 해임했다. 황지우 전 총장은 정부를 상대로 한 교수직위확인 소송에서 2010년 11월 25일 승소했다. 유인촌은 2008년 6월에 한예종이 U-AT 통섭교육 사업 명목으로 제출한 2009년 예산 30억 원을 20억 원으로 삭감했는데 9월~11월 국회에서 계속 사업을 위한 예산 증액 요구가 있었음에도 이를 무시하고 2008년 12월에 최종 0원으로 삭감한 바 있다. "이 사건 사업에 대해 문화부 장관이 일방적인 중단 명령을 내린 것이 사실이라면 이는 총장의 교육과정 편성 권한이나 대학의 자율성을 침해하는 위법적인 조치로 볼 여지가 있다"고 1심에서 판시한 바 있다.[13]

돌아보면, 이명박-박근혜 정부 9년 동안 학계에 대한 정치적 탄압은 끊이질 않았다. 황지우 한예종 총장의 해임과 진중권 중앙대

12 「국정원 이벤트 안보신권, 네티즌 질타」, 『노컷뉴스』, 2009.06.24. 〈https://www.nocutnews.co.kr/news/601553?c1=191&c2=200〉(검색일: 2023.12.16.)

13 심광현, 「유인촌의 엉뚱한 답변, '블랙코미디' 보는 느낌이었다」, 『프레시안』, 2023.10.04. 〈https://www.pressian.com/pages/articles/2023100409532467337?utm_source=naver&utm_medium=search〉(검색일: 2023.12.17.)

> 교수의 재임용 탈락 등 비판적 지식인에 대한 수많은 탄압이 잇따랐고, 중앙대 독일연구소나 상지대-성공회대-한신대가 공동 설립한 민주정책연구원의 경우처럼 진보적 학자 중심의 연구단이 한국연구재단의 심사에서 1등을 하고도 탈락 당하는 초유의 사태가 벌어졌으며, 지난 해에는 학내에서 선출된 국립대 총장들이 정치적 성향 때문에 정부의 승인을 받지 못하는 일이 빈발했다.[14]

유인촌 장관이 앞장선 MB 문체부의 독선적 전횡은 문화예술계의 거센 반발을 불러왔다. 2009년 6월 9일에 시인·소설가·평론가 등 문학인 188명이 민주주의 회복을 촉구하며 「이것은 사람의 말」이라는 '6.9 작가 시국선언'을 발표했다.

> 오늘날 대한민국의 권력자와 그 하수인들에게서 우리는 깊은 절망을 느낀다. 저들은 수치를 모르고 슬픔을 모른다. 수치와 슬픔을 아는 것이 사람이고, 사람됨이라는 가치에 헌신하는 것이 문학이다. 우리는 문학의 이름으로 이명박 정부를 규탄한다.
> 이곳은 아우슈비츠다. 민주주의의 아우슈비츠, 인권의 아우슈비츠, 상상력의 아우슈비츠. 이것은 과장인가? 그러나 문학은 한 사회의 가장 예민한 살갗이어서 가장 먼저 상처 입고 가장 빨리 아파한다. 문학의 과장은 불길한 예언이자 다급한 신호일 수 있다.

14 김누리, 「이제 '학계 블랙리스트'도 밝힐 차례다」, 『한겨레』, 2017.06.18. 〈https://www.hani.co.kr/arti/opinion/column/799270.html〉(검색일: 2023.12.17.)

아우슈비츠의 생존자 프리모 레비는 이렇게 적었다. "우리가 노예일지라도, 아무런 권리도 없을지라도, 갖은 수모를 겪고 죽을 것이 확실할지라도, 우리에게 한 가지 능력만은 남아 있다. 바로 그들에게 동의하지 않는 것이다."
과연 아무것도 남아 있지 않다면 그래야만 할 것이다. 그러나 우리에게는 아직 종이와 펜이 있다. 그러니 동의하지 않는 것에서 멈추지 않고 끝내 저항할 것이다. 민주주의의 정원을 갈아엎고 있는 눈먼 불도저를 향해, 머리도 영혼도 심장도 없는 권력자와 그 하수인들에게 저항할 것이다.[15]

바로 이어서 미술인들이 '상상력에 자유를!'이란 인터넷 사이트를 개설하고 「문화예술의 자율성 회복을 위한 미술인 성명」을 발표했는데 서명자가 6월 11일에 500여 명, 13일에는 705명에 이르렀다.

김윤수 국립현대미술관장과 김정헌 한국문화예술위원장의 해임, 황지우 한국예술종합학교 총장의 면직에 대한 태도와 견해는 달랐을지언정, 정말 그것이 합리적인 사유에 의해 이루어졌다고 믿는 사람은 얼마 되지 않을 것입니다. 그래도 한 나라의 정부인데 기관장 해임의 구실치고는 안쓰러울 정도로 졸렬합니다. 그런데 이렇게 수치심을 주고 모독하는 정치가 어떤 재앙을 가져오고 있습니까?(중략)

---

15 「〔시국선언〕 작가 188명(6월 9일)」, 『한겨레』, 2009.06.10. 〈https://www.hani.co.kr/arti/society/society_general/359616.html〉(검색일: 2025.09.03.)

문화행정은 실종된 대신, 감찰활동은 독재시대로 돌아가고 있습니다. 최근 들어, 참여정부기간에 국고 지원을 받았던 문화예술단체에 대한 대대적인 감사가 펼쳐지고 있습니다. 지원에 인색하고 간섭에 능하며, 심지어 공포를 주는 문화부는 성공할 수 없습니다. 문화체육관광부장관의 퇴진이 모든 것을 일거에 바꿀 수는 없을 것입니다. 그러나 적어도 정책의 기조를 바꾸고, 부드럽고 공정한 문화체육관광부로 거듭나는 계기가 될 수는 있습니다.[16]

2009년 6월 18일에는 「한예종 사태를 염려하는 영화감독 100인 선언」이 나왔다. 이 선언문에는 당시 가장 활발하게 활동하던 박찬욱, 봉준호, 김지운, 류승완, 허진호 등이 이름을 올렸다.

예술은 기본적으로 특정 시대의 질서에 의문을 제기하여 그 감각을 흔들며 희노애락을 재분배하는 것이 존재의 의무이며 이유입니다. 그런 사회적인 상상력과 자율적 감각은 좌나 우 한쪽의 덕목이 아닌 예술과 창작 본연의 가치입니다. 그 근본적인 가치를 추구하는 이들에게 낡은 이념의 잣대를 들이대어 단죄하고 처형하는 작태는, 마치 바우하우스의 예술가들에게 공산주의자 딱지를 붙이며 독재의 기반을 다지던 과거 독일의 나치를 떠올리게 합니다. 다윗의 별을 옷에 붙여 유대인들을

16 반이정의 예술판독기, 「문화예술 자율성 회복을 위한 미술인 성명서」, 2009.06.12. 〈https://blog.naver.com/dogstylist/40068841415〉(검색일: 2025.09.03.)

분리하던 모습이 기억납니다. 지금 한국에서도 완장 찬 사람들이, 미운 놈이면 아무한테나 명찰을 붙이고 있습니다. 그 사람들에게 말합니다. 완장과 명찰의 정치를 예술과 학문의 영역에까지 끌어들이지 마십시오. 예술과 학문은 정권의 전리품이 아닙니다. 한국영화에, 균형 잡힌 교육을 받은 인재를 공급해 주십시오. 새 시대의 미학으로 무장한 젊은 예술가를 보내 주십시오. 파도 파도 필요 없습니다. 시대에 뒤떨어진 파도 말고, 그저 앞서 가는 파면 됩니다.[17]

연극계에서는 2009년 6월 25일에 무려 1,037명이 시국선언문을 발표하여 다음과 같이 요구했다.

- 국민의 의사에 반하는 각종 정책들을 중단하고 포기하라.
- 국민을 폭행하고 탄압하는 3류 국가적 공안 통치를 중단하라.
- 정경유착을 심화하고 국민의 알 권리를 침해할 미디어 악법의 추진을 중단하라.
- 국가의 안위를 위협하는 대결적 대북정책을 중단하라.
- 국민의 삶을 위협하는 생태 파괴적 개발 정책을 중단하라.
- 경쟁 중심의 비인간적 교육 정책을 포기하고 국민의 행복과 국가의 미래를 보장하는 선진적 교육 정책으로 전환하라.

17 「영화감독 100인, 한예종 사태 관련 선언문 발표」, 『프레시안』, 2009.06.19. 〈https://www.pressian.com/pages/articles/95455〉(검색일: 2025.09.03.)

- 구시대적, 반예술적 문화정책을 중단하고 공공성과 자율성을 기본으로 하는 새로운 비전을 제시하라.

유인촌은 "연극인 시국선언 때는 딱 관두고 싶더라. 명단을 일일이 다 봤다. 그 가운데 내가 가르친 애, 유씨어터에 있던 애도 있었다. 그래서 너무너무 깜짝 놀랐다"[18]고 했다.

7월 28일에는 출판인 1,564명이 시국선언에 동참했다. "2009년 여름, 이 땅의 민주주의는 죽었다. 이제 민주공화국 대한민국에서 기록하는 자가 설 곳은 어디에도 없다. 작가의 붓은 꺾였으며, 카메라의 렌즈는 막혔다. PD의 입은 봉쇄되었으며, 시민들의 사생활은 낱낱이 발가벗겨졌다. 올바른 생각으로 정의로운 행동을 하는 사람들은 자신의 자리에서 쫓겨나고, 탐욕과 무지의 끈으로 결박당한 이들이 그 자리를 대신하고 있다."[19]고 한탄했다.

2017년 9월 11일에 국정원 개혁위에서 발표한 「'박원순 서울시장 관련 문건' 및 'MB정부 시기의 문화·연예계 정부 비판세력 퇴출 건' 관련 조사결과」에 의하면 원세훈 전 국정원장은 2009년 2월 취임 이후 수시로 여론을 주도하는 문화·예술계 내 특정인물·단체의 퇴출 및 반대 등 압박 활동을 하도록 지시했다. 이에 국정

18 김의겸(대담), 「연극인 시국선언 땐 딱 관두고 싶더라」, 『한겨레』, 2009.07.03. 〈https://www.hani.co.kr/arti/specialsection/newspickup_section/363667.html〉(검색일: 2023.12.17.)

19 「출판인 1564명 시국선언 "이땅의 민주주의는 죽었다"」, 『오마이뉴스』, 2009.07.28. 〈https://www.ohmynews.com/NWS_Web/View/at_pg.aspx?CNTN_CD=A0001185677〉(검색일: 2005.09.03.)

원은 '좌파 연예인 정부 비판활동 견제 방안', '좌파 문화·예술단체 제어·관리 방안' 등을 '일일 청와대 주요 요청 현황'에 따라 'VIP 일일보고', 'BH 요청자료' 등의 형태로 보고하였다.

특히 국정원은 2009년 7월 당시 김주성 기조실장 주도로 '좌파 연예인 대응 T/F'를 구성, 정부 비판 연예인의 특정 프로그램 배제·퇴출 및 소속사 대상 세무조사, 프로그램 편성 관계자의 인사 조치 유도 등을 실행하였다. T/F 회의 및 활동 보고자료 중에 특히 다음과 같은 사항이 주목된다.

▲ 2010년 1월: 국제영화제 차기 위원장 후보 배제 유도

▲ 2010년 3월: MBC 대상 정부비판 연예인의 출연 가능성 원천 차단 및 정부 비판 연예인 출연 프로그램 폐지 유도

▲ 2010년 10월: '문화예술단체 내 좌파인사 현황, 제어 관리방안 보고'(기획관리 비서관 요청)

청와대 쪽에서 주로 지시를 하달한 부서는 기획관리비서관과 홍보·민정수석이었다. 국정원 개혁위 발표를 통해 공개된 블랙리스트 명단은 강성 성향 69명, 온건 성향 13명으로 총 82명이다. 이 중에는 이창동, 여균동, 박찬욱, 봉준호 등 영화감독 52명이 모두 강성 성향으로 포함되어 있다. "이 외에도 MB 국정원은 '2010년도 문화파트 실적 및 내년도 업무 계획' '좌파 문화예술 단체 제어 및 관리방안' '문화연예계 종북세력 퇴출 심리전 강화' 등 다수의

문건을 작성했다. 해당 문건들에는 "문화부 산하단체 행사 시 사회 배제 등 관계부처의 철저한 관리 통제" 등 문체부 역할에 대한 제언이 곳곳에 담겨 있다."[20]

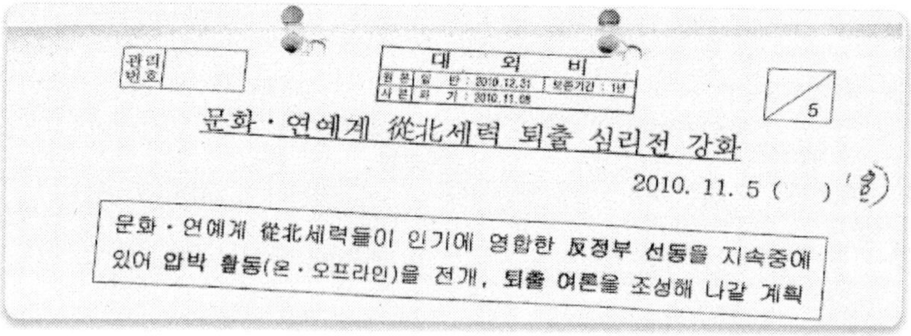
관리번호

대 외 비

원본일반 : 2010.12.31 보존기간 : 1년
사본파기 : 2010.11.08

5

문화·연예계 從北세력 퇴출 심리전 강화

2010. 11. 5 ( )

문화·연예계 從北세력들이 인기에 영합한 反정부 선동을 지속중에 있어 압박 활동(온·오프라인)을 전개, 퇴출 여론을 조성해 나갈 계획

국정원 적폐청산 TF가 발표한 「전 정부, 특정 문예인 지원배제 소위 '블랙리스트' 조사 결과」(2017.10.30.) 중에서 "MB 정부에서 문체부 산하 공공기관장에 건전인사 보임·좌편향 단체 보조금 지원 중단 등 건전화 노력에도 불구, 척결에 한계가 있었다"는 내용이 눈에 띈다. 즉 MB 정부에서 좌편향 단체를 선별하여 지원금을 배제한 사실이 있음을 보여준다. 특히 '촛불시위 참가단체에 대한 민간보조금의 지원 제한 조치'가 이루어졌다.

■ 2009 회계연도 예산안 및 기금운용계획안 심의·의결에 따른 부대의견(국회)

· 정부는 불법시위를 주최·주도하거나 적극 참여한 단체,

20 강은·전지현 기자, 「문화예술계 "유인촌, 검찰 수사 받아도 부족한데 장관이라니"」, 『경향신문』, 2023.10.05. 〈https://www.khan.co.kr/national/national-general/article/202310051705001〉(검색일: 2023.12.17.)

구성원이 소속단체 명의로 불법시위에 적극 가담하여 「집회 및 시위에 관한 법률」 위반 등으로 처벌 받은 단체에 대해 보조금 지원을 제한하여야 한다.

■ 2009년도 예산 및 기금운용계획 집행지침(기재부, 현재까지 유효)

· 불법시위를 주최·주도하거나 적극 참여한 단체, 구성원이 소속단체 명의로 불법시위에 적극 참여하여 「집회 및 시위에 관한 법률」 위반 등으로 처벌받은 단체에 대해 보조금 지원 제한

이같은 조사결과들은 이명박 정부에서 블랙리스트 실행이 이루어졌음을 명백히 보여준다. 한편 2017년 9월 28일, 더불어민주당 적폐청산위원회는 이명박 정부 관계자가 작성한 것으로 추정되는 노트에서 '좌파문화예술단체→VIP보고'라고 적혀있는 부분을 발견하고, "이미 2009년부터 문화계 블랙리스트에 대한 보고를 받고 있었다는 것을 증명하는 중요한 자료"라고 강조했다.

3. 박근혜 정권 초기 블랙리스트 관련 문건들과의 연관성

'문화예술계 블랙리스트 진상조사 및 제도개선위원회'(이하 '블랙리스트 진상조사위')가 파악한 박근혜 정권 최초의 블랙리스트 관련 문건은 2013년 3월에 작성된 「문화예술계 건전화로 문화융성 기반 정비」(2013.3.15.)로 거슬러 올라간다. 이 문건은 문재인 정부가 들어선 직후인 2017년 7월에 민정비서실 공간을 재배치하는 과정에서 발견되었다.

박근혜 정부가 2013년 2월 25일에 출범하였는데 바로 다음 달에 국정원이 「문화예술계 건전화로 문화융성 기반 정비」를 작성하여 청와대로 보고했다는 점에서 이명박 정부의 블랙리스트 정책으로부터 승계되는 내용임을 짐작할 수 있다. 이 문건은 "문화예술계 좌파들이 큰 영향력을 행사하면서 사회분열과 갈등을 지속적으로 획책하고 있어 '문화융성'과 문화예술계 건강성 회복을 저해"한다고 전제하였다. "문화계 좌파는 김대중·노무현 정부 10년간 각종 특혜를 받으며 성장, 예술위·영진위·한예종 등 제도권을 장악하여 '문화권력'을 형성"했다는 것이다. 2003년 당시 민예총 지원은 보수성향인 예총의 92% 수준이었는데 2006년에는 191%로 급증했다고 분석했다.

「문화예술계 문화융성 기반 정비」에서는 '좌파 문화예술계 주요 현황'이라는 붙임자료를 통해 민예총, 작가회의, 문화연대, 영화제 작가협회, 영화감독조합, 영화프로듀서조합, 독립영화협회 등의 조직 현황 및 주요 동향을 보고하고 있다. 이와 관련하여 "민예총·문화연대 등 골수 좌파조직들은 예술위·영진위 등의 정부지원 대상 선정시 철저 배제하는 등 점진적으로 격리 추진"[21]할 것을 적시했다.

대표적인 좌파예술단체로는 '민예총', '작가회의', '문화연대' 등을 꼽았다. 민예총(이사장 정지창)은 민미협(미술), 민음협(음악), 민극협(연극) 등 10개 단체, 총 3만 5천명으로 구성되어 있으며, 범민련·실천연대 등과 연대하여 평택기지 이전, 4대강 사업 등에 대한 반대 활동 및 반미·반정부 투쟁을 통한 문화선동대 역할을 한다고 보았다. 작가회의(이사장 이시영)는 신경림, 조정래, 공지영 등 1,700여명의 작가들로 구성되어 있으며 시국선언이나 칼럼 등을 통해 대중들에게 왜곡된 입장을 전파한다고 보았다. 특히 경향신문 2012년 12월 14일자에 작가 137명이 정권교체를 요구하는 광고를 게재한 점에 주목했다. 문화연대는 '정책 감시기구'를 표방하며 문화예술계 교수 등 3천명으로 구성되어 있고, 지역사회 저소득·소외계층을 대상으로 의식화 사업을 전개하며, '성미산 학

21 청와대 작성, 「문화예술계 건전화로 '문화융성' 기반 정비」, 2013.03.15.

교' 등 사회주의공동체 건설을 추진한다고 보았다.

영화계에서는 영화제작가협회, 영화감독조합, 영화프로듀서조합, 독립영화협회를 문제 단체로 꼽았다. 문성근·명계남 등의 주도 아래 2012년 총선·대선에서 '정권교체'를 주장하며 연대활동을 강화했다는 것이다. '江 원래 프로젝트'(4대강), '야만의 언론'(보수언론), '두개의 문'(용산사고) 등 시대고발성 독립영화를 제작하여 반정부 활동을 전개했다고 보았다. "쇼박스·CJ E&M 등 대형 영화사들은 단순히 '흥행성'이 떨어진다는 이유로 건전영화 투자를 외면하고, 좌파가 주류인 영화계의 눈치 보기에 급급"하다는 것이다. "제2 연평해전 영화 'NLL'은 투자사 확보에 난항을 겪다 최근 국방부 자원으로 촬영 개시(1.10)"했다는 것으로 보아 이명박 정권에서 소위 건전영화 제작에 직접 관여해 왔음을 짐작할 수 있다.

연예계에서는 민예총 출신이며 다음기획 대표인 김영준과 오마이뉴스 출신인 탁현민이 주도하여 '토크콘서트'를 기획하는 등 젊은층을 대상으로 반정부 사상을 전파하고 있다고 보았다. 김제동, 김미화는 좌파행사에서 사회를 맡는 등 활동하고 있으며, 권해효는 서울시장 선거와 대선시 야권후보 선대위 등에서 활발히 활동했다고 파악했다. 김여진은 트위터에 자신이 "방송국 출연금지 블랙리스트"임을 암시하는 글을 게재하며 이슈화를 기도했다고 보았다. '나꼼수' 정봉주는 경북 봉화로 귀촌하여 유기농 농산물 판매 등 농촌살리기를 빙자한 의식화를 행하고 있다고 보았다.

이 문건에서 제시하고 있는 박근혜 정권 초기의 문화예술 정책은 다음과 같다.

> ① 문화예술계가 보수·좌파 공히 정치색을 벗고 순수 문예활동에 매진하도록 '문화계 대통합'과 자성 분위기 조성
>
> - 올해 3월부터 시행하는 예술인 취업지원 및 창작준비금 지원사업(총 100억원) 대상자 선정시 예술 공헌자 위주로 선정
> - <u>민예총·문화연대 등 골수 좌파조직들은 예술위·영진위 등의 정부지원 대상 선정시 철저 배제하는 등 점진적으로 격리 추진</u>
>
> ② 문화단체·기업 간 협력 MOU 및 메세나협의 펀드 조성, 교육사업 등 문화지원을 적극 독려, 문화계 건전화 추진
>
> ③ 「藝總」·「自總」등 건전세력과 협조, 문화계좌파세력의 반국가·정치투쟁의 실체·폐혜를 폭로하는 등 대응활동 강화 유도(밑줄 필자)

이처럼 이명박 정부와 박근혜 정부 초기의 블랙리스트 관련 문건들을 비교해보면 국정원이 지속적으로 문화예술계 인사들의 블랙리스트를 작성하여 관리해 왔음을 알 수 있다. 그런데 박근혜 정부에 와서는 "민예총 · 문화연대 등 골수 좌파조직들은 예술위 · 영진위 등의 정부지원 대상 선정시 철저 배제하는 등 점진적으로 격리 추진"이라 못 박으면서 '지원 배제'를 문화예술계 통제의 강력한 수단으로 삼을 것을 명시하고 있다.

이명박 정권과 박근혜 정권은 모두 자본을 통한 문화예술의 통제를 제시했다. 이명박 정권은 신자유주의적 질서에 의한 문화자본을 형성을 지향하고, 이를 장기적으로 젊은 세대와 새로운 장르에 투여하는 전략을 구사했다. 목표는 우파 정권의 장기적 재집권을 위한 문화예술영역에서 질서를 재편하는 것이었다. 반면, 박근혜 정권은 국정과제인 '문화융성'의 적대세력이 '문화예술인'이라면서, 제거하고 배제해야 할 대상으로 규정했다. 이러한 차이로 인해 박근혜 정권 아래에서 '문화예술인 블랙리스트 사태'는 비가시적인 형태를 유지하려 해도, 끊임없이 가시화될 수밖에 없는 조건 속에 있었다. 국민을 적으로 만들고, 전체성의 폭력을 동원한 것이 바로 '문화예술인 블랙리스트 사태'였던 것이다.[22]

2013년 3월에 작성되었던 「문화예술계 건전화로 '문화융성' 기반 정비」는 2014년 10월 문체부가 작성한 「건전문화예술 생태계 진흥 세부 실행 계획」(2014.10.21.)으로 구체화되어 나타난다. 이 문건은 '1.문화예술 분야 1)문화예술위원회 문예진흥기금 지원 개선 방안 2)(지역)비엔날레 지원 개선 방안, 2.콘텐츠 1)영화진흥위원회 영화지원 사업 개선방안 2)영화제 지원 개선방안 3)정부 출자 펀드의 영화 투자 관련 개선 방안, 3.미디어 1)세종도서 선정사업 개선 방안'으로 구성되었다. 분야를 문화예술, 콘텐츠, 미디어

22 오창은, 앞의 글, 263쪽.

로 구분하여 영역별 실행계획을 구체화한 것이다.

「건전문화예술 생태계 진흥 세부 실행 계획」에서 가장 눈에 띄는 대목은 문예기금의 기존 일반 공모 사업을 20~40%축소하고, 신규 사업 비율을 20~40% 확대하겠다는 부분이다. 그런데 여기서 신규 사업이란 사실상 '기획 공모 사업'을 의미한다. 즉 기존 공모사업에서는 지원 신청자들을 대상으로 일일이 블랙리스트를 조회하는 것이 번거롭기도 하거니와 여러 의혹을 낳는 등 문제의 소지가 있으니 기획 사업을 통해 정부의 입맛에 맞는 예술가나 작품들을 보다 손쉽게 선정하겠다는 의도를 내포하고 있다. 심사 단계에서도 예술위 직원들이 간사 자격으로 심의에 참여하여 지원 선정 과정에 개입할 수 있는 장치를 마련하였다. 최종 심사 결과 공지 전에도 예술위와 문체부의 최종 확인 절차를 거치도록 이중 삼중의 검열 장치를 마련하였다.

「건전문화예술 생태계 진흥 세부 실행 계획」은 블랙리스트 실행을 위한 제도적 실천 계획 문건이었다. 김기춘 전 청와대 비서실장은 박정희 정권 시절과 노태우 정권 시절에 자신의 국가기구 참여 경험을 투영하여, 이 문건을 통해 실질적인 블랙리스트 실행이 이뤄지도록 했다. 그는 자본을 통제함으로써 예술을 길들이려했다. 그 집행은 민주적 원칙을 짓밟는 권위주의적이며 관료주의적 강제력을 동원해 이뤄졌다. 김기춘의 행태는 신자유주의에 기반한 '전문가와 엘리트에 의한 통치'를 기획한 것으로도 해석 가능하다. 김기춘 청와대 전 비서실장은 문화예술 지원의 제도 자체를 변경하고, 심의위원의 심의체계를 바꿈으로써 보다 용이하게 국가기구의 개입이 가능하도록 했다. 「건전문화예술 생태계 진흥 세부 실행 계획」은 '전체성의 폭력'이 청와대·문체부·문화예술위원회·영화진흥위원회·한국출판진흥원을 통해 문화예술가들에게 가해지도록 한 '실행 문건'이었다.[23]

이명박의 「문화권력 균형화 전략」 문건에서 출발한 구체적인 블랙리스트 실행 전략은 국정원의 지속적인 블랙리스트 업데이트와 소위 좌파 예술인 척결 전략을 지원 받는 가운데 김기춘에 의해 「건전문화예술 생태계 진흥 세부 실행 계획」으로 완성되었던 것이다.

23 오창은, 앞의 글. 269쪽.

2장

박근혜 정부 블랙리스트 실행의 전모와 주요 사건들

일러두기

2장은 『문화예술계 블랙리스트 진상조사 및 제도개선위원회 백서1-위원회 활동보고서』 중 필자가 집필한 제 1장 총론, 제 3절, '박근혜 정부 블랙리스트 사태의 주요 경과'를 토대로 대폭 수정 보완하였다.

1. 블랙리스트 실행의 전주곡

박근혜 대통령은 문화예술계 좌파 척결을 위해 대표적 공안 검사 출신의 김기춘을 비서실장으로 전격 기용한다. 김기춘의 임기는 2013년 8월 5일부터 시작되었는데 취임 직후인 8월 8일에 "홍성담 배제 노력하라, 제재 조치 강구"[1]라는 지시를 하달한다.

홍성담은 1989년에 '동학농민운동부터 6.10항쟁까지'를 그린 〈민족해방운동사〉를 제작하고 그 슬라이드를 평양축전에 보냈다가 '이적 표현물 제작 등의 죄'로 3년간 복역한 바 있다. 박근혜 대통령이 홍성담을 못마땅하게 여긴 결정적 계기는 일명 '박근혜 출산 그림'으로 불리는 〈홍성담-골든타임-닥터 최인혁, 갓 태어난 각하에게 거수경례를 하다〉 때문으로 보인다. 이 그림은 박근혜 전 대통령이 후보 시절이던 2012년 11월 10일부터 서울 종로구 견지동의 평화박물관에서 전시되었다. '최인혁'은 MBC의 인기드라마 〈골든타임〉

---

1 김기춘 전 비서실장의 발언들은 박준우 전 청와대 정무수석의 업무수첩에 자세히 남아 있다.

에 나온 의사의 이름이다. 당시 평화박물관은 유신 40년 공동 주제 기획 6부작 전시 '유체이탈' 중 제 3부인 '유신의 초상전'(11.10~25)을 전시 중이었다.

박근혜 후보가 병원에서 출산하는 장면을 묘사한 이 그림에서 박 후보가 출산한 아기가 선글라스를 끼고 있어 박정희 전 대통령을 연상시킨다는 논란이 있었고, 새누리당에서 크게 문제를 제기했다. 홍성담 화백은 당시 창작 의도에 대해 "일부 지지자가 박 후보를 신격화하고 있다"며 "이는 지지자의 자기주체의식이 상실된 상태로 향후 파시즘과 독재의 근본 바탕이 되므로 그런 위험성을 풍자그림으로 한 번 비판해 본 것"[2]이라고 했다. 서울시 선관위는 2012년 11월 26일에 공직선거법상 후보자 비방죄 혐의로 홍 화백을 검찰에 수사의뢰했다. 2013년 2월 25일에 박근혜 대통령이 취임했고, 2013년 6월 19일에 서울중앙지검 공안1부(부장검사 최성남)는 홍성담에 대해 무혐의 처분을 내렸다. 김기춘 비서실장의 등장은 홍성담을 결코 용서하지 않겠다는 박근혜의 보복 심리와 무관하지 않다. 김기춘의 취임 직후 일성이 '홍성담 배제'였던 것은 바로 그런 연유이다.

김기춘이 비서실장에 임명된 직후인 직후인 8월 16일에 국정원으로부터 「문화예술계 좌성향 세력 활동 실태 보고」가 올라갔다.

---

2 김연정 기자, 「'박근혜 출산 그림' 홍성담-강은희 공방」, 『연합뉴스』, 2012.11.20. 〈https://n.news.naver.com/mnews/article/001/0005943105?sid=100〉(검색일: 2024.03.14.)

이를 확인한 김기춘은 8월 21일 실수비[3]에서 "종북세력이 문화계를 15년간 장악했다. CJ와 현대백화점 등 재벌들도 줄을 서고 있다, 정권 초기에 사정을 서둘러야 한다. 이것은 비정상의 정상화를 위해 무엇보다 중요한 국정과제이다"[4]라는 취지의 발언을 하였다. 그날 김기춘은 문체부에 '특정 편향(좌편향) 예술 지원 실태 및 대책'을 보고하라고 지시했다.

김기춘·조윤선 등의 재판에 출두한 박준우 전 청와대 정무수석의 업무수첩에 의하면 김기춘은 2013년 9월 9일 실수비에서 "천안함 영화(천안함 프로젝트) 메가박스 상영은 종북세력 지원 의도, 제작자와 펀드 제공자 용서 안돼, 국립극단 〈개구리〉 상영 용서 안돼, 종북 친북 척결 나서야, 강한 적개심 갖고 대처. 비정상의 정상화 일환" 등의 발언을 한 것으로 기록되어 있다.

아리스토파네스 원작, 박근형 각색·연출로 공연된 국립극단의 〈개구리〉(2010.9.3.~9.15, 백성희장민호극장)는 2013년 9월 3일에 막이 올랐다. 2013년 9월 12일자 중앙일보는 「박정희·박근혜 풍자냐 비하냐. 국립극단 연극 논란」이라는 제하의 기사를 내보낸다. 기사에서는 "노무현 전 대통령은 미화하고 박정희 전 대통령은 깎아내리는 연극이 공연되고 있다. 정치적으로 민감한 연극을 만든 게 일반 민간극단이 아닌 국립극단이라는 점에서 논란이 되

---

3 대통령 비서실장이 주재하고 대통령 수석비서관들이 참여하는 회의를 일명 '실수비'라 한다.

4 2017고합 102, 「서울중앙지방법원 제 30형사부 판결문」(김기춘, 조윤선 등에 대한 1심), 5쪽.

고 있다"[5]고 했다. 김기춘이 실수비에서 〈개구리〉를 언급한 것은 9월 9일이었고, 중앙일보의 보도는 9월 12일이었다. 기사가 나가기도 전에 김기춘이 그런 발언을 했다는 것은 누군가에 의해 〈개구리〉의 내용이 공연 초반에 김기춘에게 보고되었음을 짐작하게 한다.

중앙일보 기사가 나간 9월 12일 경에 이미 문체부는 「국립극단 기획공연 〈개구리〉 관련 현안 보고」라는 문서를 작성하여 청와대로 올린다. 블랙리스트 진상조사위의 조사 결과에 의하면 당시 문체부 공연전통예술과장이었던 김OO은 "최초로 〈개구리〉가 문제가 된다는 것을 인지한 것은 9월 3일 개막 주 금요일쯤이었고(2013년 9월 6일~7일경으로 기억) 청와대 문체비서관실로부터 〈개구리〉 공연이 굉장히 정치편향적이라는 문제 제기를 받고 공연을 본 후 김OO 예술국장과 공연 내용에 대하여 통화"[6]했다고 진술했다. 이후 청와대로부터 대책을 마련하라는 지시가 내려와서 문체부는 다급하게 「국립극단 기획공연 〈개구리〉 관련 현안 보고」 문서를 작성하여 보고하였다.

문체부 공연전통예술과 김OO 과장이 2013년 9월 12일 경 최종 완성하여 청와대에 보고한 「국립극단 기획공연 〈개구리〉 관련 현안 보고」 문서는 "'내용상 문제점'으로, '그분(노무현 전 대통령

---

5 최민우 기자, 「박정희–박근혜 풍자냐 비하냐… 국립극단 연극 논란」, 『중앙일보』, 2013.09.12. 〈https://www.joongang.co.kr/article/12589817〉(검색일: 2024.03.14.)

6 블랙리스트 진상조사위, 「(재)국립극단 블랙리스트 실행사건」, 『문화예술계 블랙리스트 진상조사 및 제도개선위원회 백서 2-3, 진상조사 결과보고서: 공연2』, 247쪽.

상징)'과 '카멜레온(박정희 전 대통령)'의 대화를 통해 '그분'을 미화하고 '카멜레온'을 비하적으로 묘사한 점"을 들었다. '향후 조치 계획'으로는 "향후 국립극단 작품에서 '편향된 정치적 소재'는 배제토록 강력 조치", "현 국립극단 예술감독(손진책) 교체 추진"[7] 등이 기술되어 있다. 그런데 이 문서에는 〈개구리〉 연습과정에서부터 국립극단 예술감독 손진책이 "'그분(노무현 전 대통령)이 지상으로 살아 돌아오는 결말'을 바꾸"라고 요구하는 등 사전 검열을 한 진술이 존재한다. 이러한 정황들로 미루어보면 〈개구리〉 연습 기간이었던 2013년 8월에 문체부와 국립극단, 국정원 IO(정보관)와 국립극단 사이에 이미 〈개구리〉가 문제시되었을 가능성이 높다. 문체부 서울사무소가 서계동에 위치한 국립극단과 한 건물 안에 상주하고 있었던 것도 청와대의 분위기가 문체부를 통해 국립극단으로 손쉽게 전해질 수 있는 배경이 된다.[8] 국정원이 2013년 8월 16일에 「문화예술계 좌성향 세력 활동 실태」라는 보고서를 김기춘에게 올렸고, 김기춘이 8월 21일 문체부에 '특정 편향(좌편향) 예술 지원 실태 및 대책'을 보고하라고 지시한 것도 이러한 정황을 뒷받침한다.

국정원 적폐청산TF 조사결과, 국정원이 2013년 9월 3일 작성한 「문체부, BH 지시로 문화예술 분야 左편향 대응책 보고」[9] 문서에

---

7 김OO 작성, 「국립극단 기획공연 〈개구리〉 현안 보고」, 2013.09.12.

8 김미도, 「국립극단에서의 블랙리스트 실행에 관한 연구」, 한국연극학회 『한국연극학』 80호, 2022.04, 119~120쪽 참조.

9 국정원 적폐청산 TF 보고서, 「'문체부, BH, 지시로 문화예술분야 左편향 대응책 보

의하면 김기춘 비서실장이 8월 21일에 '특정 편향(左편향) 예술 지원 실태 및 대책' 보고를 지시했고, 문체부는 유진룡 장관의 지시로 기조실에서 한국문화예술위원회(이하 '예술위')에 초점을 맞춰 보고서를 작성한 후 8월 30일에 "근거를 남길 경우 잡음 발생 개연성에 대비 8.30 저녁 교문수석실 A 행정관에게 인편으로 자료"[10]를 전달한다. 이 문건에서는 "한국문화예술위원회 등 문화예술기관 주요 임원 교체시 또는 문화예술분야 사업 지원시 특정한 정치적·사회적 편향성을 배제하고 순수예술의 가치를 강조하는 방향으로 추진"할 것과, "순수예술가치 기준하에 '책임심의위원'을 선임, 공정성·전문성을 제고하고 편향성이 배제된 순수예술작품 위주로 지원"할 것을 명시하였다.

김기춘이 실수비에서 〈개구리〉가 용서 안된다고 발언한 9월 9일에는 문체부에서 조현재 1차관을 단장으로 한 '문화예술정책점검 TF'가 구성되어 기금 보조사업에서 특정 문예인에 대한 지원 배제책을 마련하기 시작했다. 심지어 문체부는 '개구리'라는 폴더를 만들어 블랙리스트 실행 관련 문건들을 저장했다. 문체부 창조행정담당관이었던 황OO의 진술에 의하면 "전임자인 김OO으로부터 '개구리'라는 폴더를 인수인계 받았는데, 그 폴더는 청와대 보고용으로 회의 결과를 보관하였던 용도로 알고 있다"[11]고 했다.

고」(2013.09.03.), 2017.10.30.

10 위의 문서.

11 블랙리스트 진상조사위, 「한국문화예술위원회 블랙리스트 실행을 위한 지원 및 심사 제도 개편 사건」, 『문화예술계 블랙리스트 진상조사 및 제도개선위원회 백서 2-1, 진

이처럼 연극 〈개구리〉는 박근혜 정권의 블랙리스트 사태를 촉발시킨 매우 중요한 계기가 되었다.

연극 〈개구리〉와 함께 김기춘이 "용서 안돼"라고 발언했던 영화 〈천안함 프로젝트〉(감독 백승우)는 2013년 9월 5일에 멀티플렉스 극장인 메가박스 등 35개 극장에서 개봉하였으나[12] 개봉 다음 날에 관객의 안전을 우려한다는 이유로 상영 중단 조치가 내려진다. 블랙리스트 진상조사위 조사에서 "메가박스는 일관되게 '신분을 밝히지 않은 사람들의 경고와 협박으로 인하여 관객의 안전을 위해' 상영을 중단하였다고 주장했다."[13] 김기춘이 실수비에서 〈천안함〉을 언급한 것은 9월 9일의 일이므로 메가박스의 상영 중단 조치가 청와대의 압력이었다는 증거는 없다. 그러나 메가박스에서의 상영 중단 이후, 9월 8일부터 〈천안함 프로젝트〉를 상영한 '아트나인', '인디스페이스' 등 일부 예술·독립영화전용관들은 2014년도 지원사업에서 배제되었다.

한편 국립극단에서는 〈개구리〉가 청와대에서 크게 문제가 된 이후 〈개구리〉 다음 작품인 〈구름〉(2013.9.24.~10.5, 백성희장민호극장) 연습과정에서 연출가 남인우에게 빨간줄이 그어진 대본이 전달되는 끔찍한 검열 사태가 발생한다. 당시 국립극단 사무국장

상조사 결과보고서:기관별』, 463쪽.

12 〈천안함 프로젝트〉는 메가박스에서 상영되기 전인 2013년 5월에 제 14회 전주국제영화제 코리아 시네마스케이프 부문에 초청되어 월드 프리미어 상영 후, 2013년 8월 12일에 영상물등급위원회로부터 12세 이상 관람가 등급을 받은 바 있다.

13 블랙리스트 진상조사위, 「영화 '천암함 프로젝트' 상영 방해 사건」, 『문화예술계 블랙리스트 진상조사 및 제도개선위원회 백서 2-5, 진상조사 결과보고서:영화』, 557쪽.

이었던 최OO은 손진책 예술감독으로부터 대본이 들어 있는 노란 봉투를 받아 남인우 연출가에게 전달했다고 한다. 빨간줄은 누가 그었을까? 남인우가 '대한민국'과 '재단법인 국립극단'을 상대로 제기한 손해배상 소송의 1심·2심 판결에 의하면 "피고 대한민국 소속 성명 불상의 공무원은 이 사건 연극의 대본을 검열하여 그 일부 내용에 관하여 삭제 또는 수정 등의 조치가 필요하다고 판단하였고, 손진책을 통하여 원고에게 일부 내용에 붉은 줄을 그은 대본을 전달하였던 것이라고 인정할 수 있다"[14]고 하였다.

2013년 9월 26일에는 국정원이 '「시·도 문화재단의 좌편향·일탈 행태 시정 필요」라는 문건을 만들어 청와대에 보고했고 이 문건은 다시 문체부로 하달된다. 주요 내용은 다음과 같다.

- ✓ 송영길 인천시장(민)은 2010년 지방선거시 야권연대 논공행상 차원에서 '인천문화재단' 이사장에 민예총 인천지회장 출신 강광(73세)을 임명, '대표적 낙하산 인사'라는 비판 야기
- ✓ '서울문화재단'은 '국보법폐지국민연대' 공동대표(2004.6)를 지낸 김정헌이 이사장에 선임(2012.3)되고, 이사진 12명 중 전교조·참여연대 출신 등 좌성향 인물 5명이 포진
- ✓ '광주문화재단'은 인민해방군가를 작곡한 월북 음악가 정율성 추모음악제 및 대통령님 모독 그림을 그린 홍성담이 회원으로 활동 중인 광주민예총 주관 각종 행사 지원
- ✓ '부산문화재단'은 최근 신·구세대간 '소통의 장'을 마련 명분

14 남인우 제공, 사건 『2022가단5301930 손해배상(김)』, 판결문, 2024.10.16.

하에 부산대 앞에 '예술공연 지원센터'를 개설, 문화·예술 행사를 빙자해 한대련 등 좌편향 단체 후원 확대

✓ '강원문화재단'은 평창비엔날레(7.20~8.31) 주관을 민예총에 일임, 관람객 17만명(200만명 유치목표의 8.5%)에 그쳐 부실 개최 및 좌편향적 지원이라는 비난 초래

✓ '충북문화재단'은 작년 민예총 소속 단체가 '지역협력형 사업'을 독식, '서울문화재단'은 금년 예술지원사업 대상자로 윤한솔(국보법 폐지 연극연출가)을 2회 선정(6,000만원 지급)

지역문화재단의 좌편향·독단적 운영으로 지역사회 이념 오염은 물론 '문화융성' 국정과제의 성공적 추진에 걸림돌이 될 수 있다면서 다음과 같은 조치를 제시하고 있다.

① 감사원·문체부에서 국비지원 사업 감사 등을 통해 문화재단 운영 실태를 면밀 점검, 보조금 삭감·불탈법 행위 依法 조치 등 정상화를 견인하고

② 이사진 선임시 관련분야 근무 경험 등 일정 자격요건 의무화 및 지방의회 등을 통한 검증 절차를 강화, 인사 부조리를 최소화하는 한편

③ 건전 언론·단체와 협조, 이념편향·예산낭비 및 과도한 제 몫 챙기기 행태를 알려 국민 공분 조성 및 경각심 고취 필요성을 제언

2013년 10월 2일에는 국정원으로부터 「문예계 내 좌성향 세력 재확산 시도 차단 건의」 보고가 청와대로 올라갔다. 10월 7일에 문체부는 예술위에 '문화예술진흥기금 사업 추진 실태조사' 관련 협조 요청을 보낸다. 10월 31일에 문체부는 우수문학도서 선정시 좌편향 배제를 지시한다.

문체부의 '문화예술정책점검 TF'가 12월 5일에 작성한 운영 방침에서는[15] 문화예술계의 작품·행사·사업 등에 대한 '사전 스크린'이 반복 강조되고 있다.

> 2) 창작의 자유, 이념적 편향 여부, 정치적 선동 의도, 대중의 평가 등을 종합적으로 고려한 사전·사후 조치계획 수립 및 모니터링을 시행하였는 바
>
> ✓ 사전 조치: 국립문화예술기관 직접 제작, 정부지원을 받은 민간 제작, 정부지원 없는 민간 투자·제작 등으로 분류
>
> ① 국립기관 제작 : 이념갈등 유발소재 지양, 국민소통과 화합 중시
>
> ② 민간제작(정부지원) : 지원결정시 이념편향 여부를 신중 평가
>
> ③ 민간제작 : 창작의 자유는 인정하되 이념적 편향 및 대중선동의도가 과도한 창작물에 대해서는 사전 대응
>
> ✓ 사후 조치 : 문화예술행사 지원정책에 대한 모니터링을 실

15 국정원 적폐청산TF 보고서, 「문체부, 左派 견제 '문화예술정책점검 TF' 지속 운영 방침(2013.12.05.)」, 2017.10.30.

시, 同 결과를 바탕으로 전략적 지원 또는 대응방안 강구

문체부의 사전 모니터링에 의한 결과로 보이는 일들이 실제로 일어났는데 12월 13일에 월간 『현대문학』이 이제하, 정찬, 서정인의 소설 연재를 중단하면서 박정희 전 대통령을 부정적으로 묘사한 대목들을 문제 삼았다.

> 소설가 정찬에게 보낸 이메일에서 양숙진 주간은 "〈현대문학〉은 순수문학을 지향하는 잡지이기 때문에 정치적으로 가시화된 작품을 다루지 않았다"고 답변했다고 한다. 하지만 이것은 자가당착적인 논리일 뿐이다. 현직 대통령의 수필을 꺼내들고 소위 '박비어천가'를 부르는 것은 '순수'이고, 과거의 독재정권을 비판하거나 그것과 맞서 싸운 역사적 과정을 배경으로 한 소설은 모두 '정치'라는 것일까? 더구나 이제하의 소설에서 '유신'은 단순한 배경일 뿐이라고 하지 않는가? 서정인이 현실참여적인 작가로 분류되는가? 왜 한국의 '순수문학'은 항상 문학이 어떠한 정치적 경향으로부터도 자유로워야 한다고 주장하면서 실제로는 권력의 이데올로그를 자처하는 것일까? 이러한 '순수'가 시국적인 것과 이념적인 것을 쓰지 못하게 한 일제 총독부의 '검열'이나 '창작지침'과 무엇이 다른가?[16]

16 고봉준, 「〔시론〕 당신들의 문학은 안녕하신가요?」, 『한겨레』, 2013.12.16. 〈https://www.hani.co.kr/arti/opinion/column/615561.html〉(검색일: 2024.03.15.)

2013년 12월 18일 실수비에서 김기춘은 "문화계 권력을 좌파가 잡고 있다. 〈변호인〉과 〈천안함 프로젝트가 그렇다.(중략) 하나하나 잡아나가자"고 말했다. 김기춘은 영화 〈변호인〉에 문체부가 투자한 일을 질책하고 CJ에 대한 제재 방안을 지시하기도 했다. 12월 19일에 박근혜는 당 최고위원 송년 만찬에서 "좌파들이 가지고 있는 문화계 권력을 되찾아 와야 한다. 우파가 10년 만에 정권을 잡았지만 이명박 정부 때는 좌파 척결에 있어서 한 일이 없다. 나라가 비정상이다"라고 발언한다. 이에 김기춘은 다음 날인 12월 20일에 김기춘은 "반정부·반국가적 성향 단체들이 좌파들의 온상이 되어서 종북세력을 지원하고 있다. 정부가 지원하는 실태를 전수조사하고, 그에 대한 조치를 마련하라"고 지시한다. 이 지시는 박근혜 정부에서 블랙리스트를 체계적으로 작성하고 실행하라는 결정적 명령이었다.

2. 블랙리스트 작성 및 실행의 본격화

2014년에 접어들면서 김기춘이 주도하는 블랙리스트의 작성과 실행은 주도면밀하게 진행되었다. 그러나 문화예술계에서는 대체로 이러한 사실을 거의 눈치채지 못하고 있었다.

김기춘은 2014년 1월 3일과 4일에 잇따라 소위 좌파 단체에 대한 지원현황을 전수 조사하라고 지시했다. 박준우 전 청와대 정무수석이 수첩에 기록한 바에 의하면 박근혜는 "2014년 1월 6일 국무조정실 업무보고에서 "비정상의 정상화, 뿌리 뽑아 끝까지, 불독보다 진돗개처럼 한번 물면 살점 떨어질 때까지"라고 말했다. 박 전 대통령이 집권한 직후 거의 모든 회의에서 '국가가 좌편향 됐다'는 언급을 많이 했고, 특히 영화나 연극을 통해 대통령까지 조롱하는 문화·예술계를 바로잡아야 한다는 논의를 했다는 게 박 전 수석의 증언이다."[17]

---

17 장성주•고무성 기자, 「朴, 문화계 겨냥 "진돗개처럼 물면 살점 떨어질 때까지"」, 『노컷뉴스』, 2016.05.04. 〈https://www.nocutnews.co.kr/news/4779128〉(검색일: 2024.11.01.)

이러한 지시들을 받들어 유진룡 문체부 장관은 2014년 1월 말경 "문화예술분야 민간보조사업에 대해 이념 시비가 지속 제기되고 있는 것과 관련 불법단체, 左편향 단체에 대한 지원이 이뤄지지 않도록 예산집행 全 과정에 모니터링을 강화하고 균형적 심사위원 구성을 통해 심사·관리에 철저를 기하라고 당부"[18]했다.

2014년 2월 18일에 보수매체인 주간지 『미래한국』은 「문화체육관광부의 '수상한' 교양도서 목록-反美-反대한민국 내용 서적들 우수교양도서로 선정돼 대량 유통」이라는 기사를 내보낸다. 2013년 문체부 우수도서로 선정된 『체 게바라와 랄랄라 라틴아메리카』, 『나는 빈 라덴이 아니에요!』, 『비정규씨, 출근하세요?』, 『한국의 레지스탕스』 등 7종의 도서가 반미·종북 감정을 유발하는 내용을 담고 있어 박근혜 정치철학과 배치된다는 것이었다.[19]

국정원 적폐청산 TF의 「前 정부, 특정 문예인 지원배제 소위 '블랙리스트' 조사 결과」(2017.10.30.)에 의하면 『미래 한국』 기사가 나간 직후인 2014년 2월 20일에 국정원에서 청와대로 「문화진흥기금 지원사업 심사체계 보완 필요 여론」 보고서를 올린다. 이 문서는 본격적으로 블랙리스트가 작성되고 실행되는 중요한 계기로 보인다. 이 보고서는 "문예기금 지원 사업에 左성향 인물들이 포함"된 점을 지적하며 제도적 대응책의 필요성을 강조했다.

---

18 국정원 적폐청산TF 보고서, 「문체부 장관, 左성향 민간보조사업 지원 배제책 강구 지시」(2014.01.24.), 2017.10.30.

19 「[단독] 문화체육관광부의 '수상한' 교양도서 목록-反美-反대한민국 내용 서적들 우수교양도서로 선정돼 대량 유통, 『미래 한국』, 2014.02.18. 〈http://www.futurekorea.co.kr/news/articleView.html?idxno=26094〉(검색일: 2024.04.08.)

<'문화진흥기금 지원사업 심사체계 보완 필요 여론' 보고서(2014.2.20) 주요내용>

▲ **좌파단체·인물이 문예진흥기금 지원대상으로 선정되어 문제**

o 「민족미학硏」 대표(조성래)는 노무현재단 고문 및 민변 소속 변호사로 각종 시국선언에 참여하였으나 학술지 '민족미학' 발간사업이 계속사업에 포함

o 이념 편향성 연극으로 물의를 빚은 극단 「혜화동1번지」, 「서울프린지 네트워크」 등도 재선정

o 「작가회의」 소속으로 밀양송전탑·해군기지반대 등 정부를 비판해 온 고영철·박몽구·신용목 등도 집필활동 지원금을 받을 예정

▲ **이는 민간전문가들로 구성된 공모선정 심의委에 左성향 인물들이 포함되어 있기 때문이라는 지적**

▲ **하반기 심사부터는 이러한 폐단이 시정될 수 있도록 조치 건의**

o 예술委 공모심사 체계를 심의委 추천(1.2배수) ⇒ 이사회 승인(2차)으로 전환, 이사회에서 작품을 최종 선정토록 개선

o 심의위원 임명(3월)시 과거 활동경력은 물론 이념편향 여부에 대한 철저한 검증을 통해 건전예술인사 참여 확대 필요

위와 같은 내용의 문서가 국정원에서 청와대로 올라간 다음 날인 2014년 2월 21일에 청와대는 문체부로 '팩스로 송부받은 문서(다)'를 보낸다. 이 문서들의 내용을 비교해 보면 국정원에서 청와대로 올린 문서가 그대로 문체부로 전달되었음을 알 수 있다.

'팩스로 송부받은 문서(다)'에 의하면 2014년 하반기부터 예술위에서 이루어지는 심사에서 좌성향 인사를 배제하기 위해 " 문체부가 나서 예술위 공모심사 체계를 심의위 추천(1.2배수) → 이사회 승인(2차)으로 전환, 이사회에서 작품을 최종 선정토록 개선하고, ②심의위원 임명(3월)시 과거 활동경력은 물론 이념편향 여부에 대한 철저한 검증을 통해 건전 예술인사 참여를 늘려야 한다고 제언"[20]하였다.

---

20 청와대, 「팩스로 송부받은 문서(다)」, 1쪽. 2014.02.21.

□ 예술委(위원장 : 권영빈)는 금년 상반기 문예진흥기금(78億 8,800萬원) 지원대상을 선정(7개 분과 448건 : 단체 238개 · 개인 210명)하였는데

- 지원대상에 左派단체인 민예총 산하 「민족미학硏」(대표 : 조성래)의 학술지 '민족미학' 발간사업이 지난해에 이어 계속사업으로 인정받은데다
  - * 조성래 대표는 노무현재단 고문 및 민변 소속 변호사로 각종 시국선언에 참여
- 지난해 '봄페스티벌 - 개구리', '아이리스 PC방' 등 이념편향성 연극으로 물의를 빚은 극단 「떼아뜨르 봄날」 · 「서울프린지네트워크」 등도 再선정
- 특히 左성향 「작가회의」 소속으로 밀양송전탑 · 한미FTA 반대 등 정부를 비판해 온 고명철 · 박몽구 · 신용목 등도 집필活動 지원금 대상에 포함

□ 이는 지원대상 작품 · 단체 선정을 민간 전문가로 구성된 심의委(분야별 5명)에 맡긴데다, 심의위원도 대중적 인기 · 지명도를 우선 고려하는 관행에 따라 左성향 인물들이 포함되기 때문이라는 지적

- * 심의위원에 「작가회의」 소속 신덕룡 · 임철우 · 이정록 등이 포진, '제 식구 챙기기' 행태 지속

➡ 건전 문예계에서는 하반기 심사부터는 이러한 폐단이 시정될 수 있도록

❶ 문체부가 나서 예술委 공모심사 체계를 심의委 추천(1.2배수) → 이사회 승인(2차)으로 전환, 이사회에서 작품을 최종 선정토록 개선하고

- * 특정정당 · 이념편향 논란 등 물의야기시 차기년도 지원대상 제외 등 불이익 규정 필요 의견

❷ 심의위원 임명(3월)시 과거 활동경력은 물론 이념편향 여부에 대한 철저한 검증을 통해 건전 예술인사 참여를 늘려야한다고 제언

유진룡 문체부 장관은 팩스를 받자마자 당일인 2월 21일에 김기춘 실장의 집무실을 직접 찾아가 「이념편향 논란의 도서 또는 사업 선정 관련 대책방안」을 보고한다. 「이념편향 논란의 도서 또는 사업 선정관련 대책 방안」[21] 문서는 크게 '1.우수도서 심사·선정 문제'와 '2.문예진흥기금 공모사업 문제'로 이루어져 있다.

---

21 문화체육관광부 출판인쇄산업과 작성, 「이념편향 논란의 도서 또는 사업 선정관련 대책 방안」, 2014.02.21.

1. 우수도서 심사·선정 문제

□ 논란 사항

주간지 미래한국 온라인 사이트에서 2013년 선정 우수도서 가운데 이념편향 문제를 제기하며 심사위원의 자격 및 책임 문제 거론

<미래한국 거론 서적 사례>

① 청소년에게 반미감정을 유발할 수 있는 "체게바라와 랄랄라 라틴아메리카(서울대 최광열 작)
② 민주노총 김진숙 씨의 추천사를 받은 "비정규직 출근 하세요(어린이책 작가모임 작)"
③ 김일성 중심의 일제 항거를 담은 한국의 레지스탕스(조한성/친일반민족신상규명위원)
④ 시장경제의 불완전성을 강조하는 책("고장난 거대기업" , "이제는 사회적 경제다 등")

2. 문예진흥기금 공모사업 문제

□ 논란 사항

지난해 12월 심사하고 금년에 발표한 한국문화예술진흥원의 문예진흥기금 지원대상 사업(448건: 단체 238개, 개인 210명)중 이념편향을 보인 단체나 개인이 포함되었음 지적

< 논란이 되는 사업 >

① 민예총 산하 민족미학연(대표 조성래)의 학술지 민족미학 발간사업(2011년부터 계속. 2011년 8백만원, 2012년 8백만원, 2013년 6백만원, 2014년 4백만원)
② 지난해 '봄페스티벌-국보법', '아이리스 PC방' 연극으로 물의를 빚은 극단 「혜화동1번지」·「서울프린지네트워크」를 재선정
 · 혜화동1번지: 2014년 3천만원(2011~2013년은 지원실적 없음)
 · 서울프린지네트워크: 2010년부터 매년 5천만원
③ 민예총산하 작가회의 소속의 '고영철 · 박몽구 · 신용목' 을 집필기금 대상에 포함 (1인당 1천만원)

'1.우수도서 심사·선정 문제'에 대한 '향후 조치 계획'으로는 "심사위원 구성시 이념편향적 인사 배제, 도서 심사기준 및 선정 절차 강화(이념편향 도서 제외 명시 등)"의 내용이 기재되었다.[22] 이 보고를 마친 후, 문체부는 곧바로 후속 조치를 취해 나가는데 2월

22 블랙리스트 진상조사위, 「'창비 등 '세종도서' 부당배제 사건'」, 『문화예술계 블랙리스트 진상조사 및 제도개선위원회 백서 2-4, 진상조사 결과보고서: 문학-출판』, 497쪽.

28일에 「우수도서 선정보급 사업 개선방향」이 마련되어 청와대로 올라간다.

> 이 보고를 마친 후 문체부는 후속조치를 취한다. 2014년 2월 28일에 문체부의 OOO 사무관은 '우수도서 선정보급 사업 개선방향 보고'라는 문건을 작성해 청와대 교문수석실에 보낸다.
> 여기에는 첫째, 우수도서 선정 사업을 출판문화진흥원으로 통합하고, 둘째, 선정시스템을 도서 내용을 중심으로 심사하는 '심사위원회'와 이념 편향 등 결격사유를 중심으로 심사하는 '선정위원회'로 이원화하고, 셋째, 이념 편향 등 결격사유를 중심으로 심사하여 우수도서 최종(안)을 선정하되 비공식적으로 문체부 등 관계기관이 최종안을 재확인하는 절차를 마련한다는 구체적 방안이 담겼다.
> 실제 이 방안대로 2014년 4월에 우수도서 명칭은 '세종도서'로, 사업주관은 출판진흥원으로, 그리고 심사위원회에서 두 차례 검토한 후 선정위원회가 최종 3차 심사를 하는 것으로 확정되었다.[23]

결국 '우수도서'의 명칭이 '세종도서'로 바뀌고 사업주관 주체가

23 박근용 기자, 「"용서가 안된다"던 청와대가 만든 '극비리스트' -[판결문으로 본 박근혜 국정농단3] 박근혜 정부 문화예술계 블랙리스트 사건의 전모①」, 『오마이뉴스』, 2019.08.09. 〈https://www.ohmynews.com/NWS_Web/View/at_pg.aspx?CNTN_CD=A0002560171&CMPT_CD=P0010&utm_source=naver&utm_medium=newsearch&utm_campaign=naver_news〉(검색일: 2024.04.08.)

한국출판문화산업진흥원(이하 '출판진흥원')으로 넘어간 후, 세종도서사업은 한동안 블랙리스트 실행의 온상이 된다.

문예진흥기금 공모사업의 향후 조치 계획도 그대로 속속 실행된다. '2.문예진흥기금 공모사업 문제'의 후속 조치는 다음과 같이 계획되었고, 그대로 실행되었다.

□ **향후 조치 계획**

○ 문화예술위의 책임심의위원 위촉방식 개선, 사업관리

- 위원구성에 있어 문체부와 사전 조율토록 조치(※ 2014년 책임심의위원 구성을 일단 보류토록 기 조치, 별도 협의로 진행)
- 심의위원 선정기준 강화: 이념편향, 반정부행위 관여자 배제 등
- 책임심의위원에 분야별로 문화예술위 직원 1명씩 포함시켜, 관리
- 사회적 물의를 빚은 단체나 개인에 대해서는 지원에서 제외토록 관리

※ 위원회 전체회의에 지원사업 선정권을 넘기는 문제: 명망가 중심의 문화예술위 위원 구성상 외부 또는 정치적 요구에 더 취약할 우려

2014년 2월 21일에 김기춘 비서실장은 문체부로부터 예술위의 '2014년도 문예진흥기금 지원대상'을 보고 받고는 문체부 장관에게 "문체부 예산과 기금이 좌파세력에게 흘러들어 가고 있고, 지원대상을 선정하는 심사위원에도 문제가 있는 만큼 국정원과 협의해 정체성을 검증하라"는 지시도 내린다. 문체부는 다음 날인 2월 22일에 바로 국정원에 문예진흥기금 지원사업과 관련하여 이념편향성 인물에 대한 검증을 요청하였다.

이후 문체부는 국정원에 지속적으로 검증을 요청하게 된다. 2014년 3월 19일에 국정원은 「문예계 내 左성향 세력 현황 및 고려사항」이라는 보고서를 청와대로 올리는데 여기에는 좌성향 문

제 단체 15개와 인물 249명이 열거되었다. 249명의 인물들은 활동전력과 영향력에 따라 A급(24명), B급(79명), C급(146명)으로 분류되었다. 장르별로는 문학 48명, 미술 28명, 연극 22명, 음악 30명, 영화 104명, 방송 7명, 기타 10명이었다. 국정원 적폐청산 TF가 밝힌 블랙리스트 작성 과정은 아래와 같다.

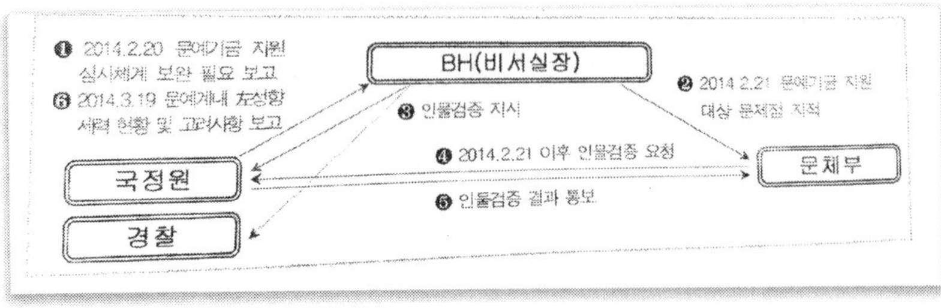

인물 검증 과정은 국정원의 문체부 담당 I/O가 문체부로부터 검증요청 명단을 문서 또는 이메일 편으로[24] 받은 후, 국정원 내 분석 부서에 명단을 보내 지휘부 보고를 거쳐 대상자의 시국선언 참여 및 국보법 위반 전력 등을 확인하는 것이었다. 확인된 신원 특이자 명단은 다시 I/O가 구두로 문체부에 통보하는 식이었다. 국정원은 2014년 2월부터 2016년 9월까지 문체부로부터 약 8,500여명의 인물검증 요청을 받아 이 중에서 민주당·구 통진당 당원, 정부비판·시국선언 참여, 국가보안법 위반 전력자 등 348명을 '문제 인물'로 선별·통보하였다.

한편 2014년 3월 14일경에 김기춘 비서실장은 박준우 정무수석에게 수석실별로 나눠져있는 업무관련 비서관들을 모아서 TF를

---

24 초기에는 외부 유출에 대비하여 종이 문서 형태로 받다가 이메일로 전환되었다.

만들라고 지시한다. 이 지시에 따라 청와대의 국민소통비서관, 행정자치비서관, 사회안전비서관(이상 정무수석실), 경제금융비서관(경제수석실), 교육비서관, 문화체육비서관(이상 교문수석실), 보건복지비서관, 고용노동비서관(이상 고용복지수석실) 등이 참여하고 박준우 정무수석이 주재하는 '민간단체보조금 TF'가 구성된다. '민간단체보조금 TF'는 2014년 4월 4일부터 5월 하순까지 운영되는데 이곳에서 5월 말에 일종의 블랙리스트 사건의 초기 마스터플랜에 해당하는 「문제 단체 조치내역 및 관리방안」이라는 보고서를 완성한다. 그리고 박준우 수석과 신동철 소통비서관은 이 보고서를 5월 말에 김기춘 실장과 박근혜에게 보고한다.

국정원 적폐청산 TF 결과 보고에 따르면 2014년 3월 17일에 문체부는 좌성향 단체가 참여하는 '현장예술인 지원사업'을 폐지한다는 방침을 세웠고, 실제로 3월 21일에 폐지하였다. 문체부는 "예술인복지재단에서 주관하는 '현장예술인교육지원사업'에 민족미술인협회, 한국작가회의, 우리만화연대, 서울연극협회 등 左성향 단체들이 대거 선정된 것과 관련 사업자체를 폐지하고 경제적 여건이 어려운 예술인들을 지원하는 사업으로 변경할 계획"[25]을 세웠다. 당시 '현장예술인 지원사업'은 이미 3월 5일에 선정 결과가 나왔는데 3월 7일로 예정되었던 선정결과 발표를 중단하고 사업을 폐지하기에 이른 것이다. 한국예술인복지재단의 2015년 3월 21일 제 5차 정기이사회 회의자료에 의하면 예술인 복지사업 변경

---

25 국정원 적폐청산TF 보고서, 「문체부, 左성향단체 참여 '현장예술인지원사업' 폐지 방침(2014.03.17.)」, 2017.10.30.

계획(안)의 추진 배경은 "배우 우OO씨 자살, 송파 세모녀 자살 등 현행 복지제도가 혜택이 필요한 사람들에게 도움이 되지 못하는 사례 발생", "한정된 예산 하에서 긴급지원이 필요한 어려운 예술인들을 발굴하고 지원할 수 있는 방향으로 사업 재설계 필요"[26] 등으로 제시되었다.

일명 '송파 세 모녀 사건'은 서울 송파구에 거주하던 세 모녀가 생활고로 고생하다 2014년 2월에 집안에서 번개탄을 피워 놓고 동반 자살한 사건이다. 세 모녀는 마지막 집세와 공과금 70만원, 죄송하다는 내용의 유서를 남겼다. 당시 세 모녀는 수입도 없는데다 질병에 시달리고 있었지만 국가와 지방자치단체가 마련한 어떤 사회보장제도의 도움도 받지 못했다. 이를 계기로 2014년 12월에 소위 '송파 세 모녀법'으로 불리는 '국민기초생활보장법' 및 '긴급복지지원법' 개정안, '사회보장급여의 이용·제공 및 수급권 발굴에 관한 법률' 제정안 등 3개 법률이 국회를 통과했다. 온 국민의 연민과 애도가 집중되었던 사건을 문체부와 예술인복지재단이 블랙리스트를 실행하는 방편으로 활용한 것은 더욱더 공분을 살 일이다. "위 사업을 폐지하고 생활고를 겪는 예술인 지원사업으로 변경할 경우 비판언론 및 진보진영에서 배경에 의구심을 가질 수 있어 내부 직원들을 대상으로 철저 입단속 중"[27]이라는 보고 문건은 국가가 얼마나 다급하고 교활하게 사업 폐지를 획책했는지 짐

26 예술인복지재단, 제 5차 정기이사회 자료, 19쪽.

27 국정원 적폐청산TF 보고서, 「문체부, 左성향단체 참여 '현장예술인지원사업' 폐지 방침(2014.03.17.)」, 2017.10.30.

작하게 한다.

2014년 3월(3.13.~3.31)에 예술영화전용관인 대구의 '동성아트홀'에서 '독립다큐멘터리 특별전'이 열리고 그중 한 작품으로 〈천안함 프로젝트〉가 상영되었다. 〈천안함 프로젝트〉는 이미 2013년 9월에 메가박스 등에서 상영이 중지된 바 있고, 김기춘이 연극 〈개구리〉와 함께 "용서 안돼"라고 지목한 바 있다. 2014년 4월에 영진위에서는 '예술영화전용관 지원사업' 심의가 진행되고 있었는데 4월 24일경 문체부 영상콘텐츠산업과 이OO 사무관이 동성아트홀 지원여부를 청와대에 문의했고, 문체비서관 김소영은 "즉시 문체부 조현재 제 1차관에게 동성아트홀이 영화 '천안함 프로젝트'를 상영한 것을 이유로 '동성아트홀에 대한 지원을 배제해 달라'고 연락하였으며, 순차 지시를 받은 이OO은 영진위 문OO 국내진흥부장에게 연락하여 지원심의를 중단하도록 요구하였다."[28] 당시 청와대 교육문화수석비서관이었던 모철민에 대한 수사 녹취록(2017.12.27.)에 의하면 "2014.3.경 동성아트홀에서 열린 독립영화특별전에 대한 언론 보도 후, 김기춘 실장이 회의 때 자신을 질책하면서 '어떻게 영진위 공공기관에서 천안함 같은 좌성향 영화에다 돈을 지원을 하느냐? 패널티를 줘라'고 지시하였고, 그 후 자신이 비서관 회의에서 비서관 김소영에게 김기춘 실장의 위 지시

28 블랙리스트 진상조사위, 「영화진흥위원회 예술영화전용관 지원 배제 사건」, 『문화예술계 블랙리스트 진상조사 및 제도개선위원회 백서 2-5, 진상조사결과보고서:영화』, 583쪽.

를 전달하였다."[29]

2014년 4월에 문체부에서 작성된 「독립영화 분야 지원 현황 및 개선 방안」(2014.4.24.)에 의하면 "독립·예술영화 지원을 영화제 지원 및 극장 중심이 아닌 우수영화 상영지원 형태로 전환하되, 우수영화 선정과정에서 문제 영화를 여과시킬 수 있는 심사 시스템 구축 병행"을 명시하고 있다. 영진위는 동성아트홀만 배제할 경우, 영화계 반발이 우려되어 심사 기준을 급조한 후, 2014년 8월 25일경에 동성아트홀을 포함한 5개 예술영화전용관을 지원에서 무더기로 배제하여[30] 심사결과를 발표한다. 이는 "공적영역에서 '문제 영화'를 상영한 동성아트홀 등의 영진위 예술영화전용관 지원 사업 배제는 물론, 최종적으로 예술영화전용관 지원사업의 수행방식 변경까지 단행한 본격적인 영화계 블랙리스트 실행 사건의 선례가 되었다."[31] 블랙리스트 진상조사위의 조사가 진행 중이던 2018년 4월에 영진위는 〈천안함 프로젝트〉 외에도 〈다이빙 벨〉, 〈자가당착:시대정신과 현실참여〉, 〈불안한 외출〉 등 이른바 '문제 영화'로 거론된 영화들에 대한 블랙리스트 실행과 지원 배제를 인정한 바 있다.[32]

---

29 서울중앙지방법원 2017고합 102 사건 증거기록 중.

30 이때 지원에서 배제된 영화관은 대구 동성아트홀, 대전 아트시네마, 부산 아트시어터 씨엔씨, 안동 중앙시네마, 거제 아트시네마로 총 5개이다.

31 블랙리스트 진상조사위, 「영화 '천암함 프로젝트' 상영 방해 사건」, 『문화예술계 블랙리스트 진상조사 및 제도개선위원회 백서 2-5, 진상조사결과보고서:영화』, 568쪽.

32 영진위, '영진위 대국민 사과와 혁신' 다짐 기자회견, 2018.04.04.

다수의 문체부 공무원들은 2014년 5월경부터 청와대로부터 구체적인 '블랙리스트'가 문체부로 하달되기 시작했다고 증언했다. 블랙리스트가 내려오면서 2013년 9월에 발족되었던 문체부의 '문화예술정책점검TF'는 2014년 5월에 '건전 콘텐츠활성화TF'로 명칭이 변경되었다. "명칭이 변경되면서 '점검'에서 '취지가 나쁜 콘텐츠를 죽이겠다'는 좀더 강화된 의미를 갖추었다.[33] TF의 회의 결과 보고서들은 청와대, 국정원, 경찰에 전달 후 '개구리'라는 이름의 폴더에 저장했다고 한다. TF 보고서를 작성했던 당시 문체부 창조행정담당관 김OO이 블랙리스트의 단초가 된 연극 〈개구리〉 사건으로부터 이름을 따와 폴더를 만들었고, 이 폴더는 후임자들에게 인계되었는데 나중에 삭제되어 블랙리스트 진상조사위는 이 폴더의 실체를 확인하지 못했다.[34]

2014년 7월 17일에 청와대는 블랙리스트 실행에 적극적이지 않았던 유진룡 문체부 장관을 경질하고, 김종덕을 새 장관으로 임명한다. 8월 21일에 새 문체부 장관으로 취임한 김종덕은 기조실장으로 새롭게 임명된 송수근에게 청와대의 지시 사항들을 전달하고 송수근은 「건전문화예술 생태계 진흥 및 지원방안」이라는 보고서를 완성하여 10월 21일에 김기춘 실장에게 직접 대면 보고한

---

33 블랙리스트 진상조사위, 「문체부 내 건전콘텐츠활성화TF 등의 구성 및 운영사건」, 『문화예술계 블랙리스트 진상조사 및 제도개선위원회 백서 2-1, 진상조사 결과보고서:기관별』, 414쪽.

34 블랙리스트 진상조사위, 「문체부 내 건전콘텐츠활성화TF 등의 구성 및 운영사건」, 『문화예술계 블랙리스트 진상조사 및 제도개선위원회 백서 2-1, 진상조사 결과보고서:기관별』, 379쪽 참조.

다. 김기춘은 이 보고서를 보고 흡족해했으며 이후 송수근은 '건전 콘텐츠활성화TF'의 단장이 되어 매주 이행 상황을 김종덕 장관과 교문수석실에 계속 보고했다. 「건전문화예술 생태계 진흥 및 지원방안」은 이후 블랙리스트 실행의 기본 지침이 되었는데 이 보고서가 나중에 문제가 될 수도 있다고 보고 TF에서 작성 관련자를 최소화했다고 한다.

'세월오월' 사건

시각예술 분야에서 이상 징후가 크게 터져 나온 것은 2014년 8월에 개최된 '광주비엔날레 특별전-달콤한 이슬'에 전시 예정이었던 홍성담 작가의 걸개그림 〈세월오월〉이 전시 취소된 사건이었다. 애초에 〈세월오월〉은 박근혜 대통령을 허수아비로 묘사했다가 논란이 일자 작가가 박 대통령 부분을 닭 모양으로 바꾸어 다시 그린 후 테이프를 붙여 수정했지만 전시가 유보되었다. 당시 광주비엔날레 재단이 〈세월오월〉의 전시를 유보한 데 항의해 같은 전시에 참여하기로 했던 다른 작가들이 작품을 자진 철거하기도 했다.

〈세월오월〉 사건에서 보듯이 2014년 4월 16일 세월호 참사 이후, '세월호'는 박근혜 정권의 최대 금기어였다. 작품에서 '세월호'를 소재로 삼거나 '세월호'를 언급하는 것만으로도 철저히 검열 대상이 되었다. 작가 자신은 〈세월오월〉 작품을 다음과 같이 설명하였다.

> 걸개그림 〈세월오월〉은 자신도 치유 받지 못한 광주시민군들

이 부러진 총으로 비유된 목발을 짚고 상처받은 다른 사람들을 치유하고 위로하기 위해서 달려가야 하는 우리 현실의 슬픈 드라마가 연출되어 있습니다. 그들이 바다에 가라앉은 세월호를 들어올려 수많은 아이들을 우리들의 품으로 귀환시키고 있습니다.[35]

이 사건이 발생한 지 2년 후인 2016년 11월에 윤장현 광주시장은 〈세월오월〉 작품 전시와 관련하여 당시 김종 문체부 차관이 압력을 행사했던 사실을 언론에 공개한 바 있다. 그 즈음 청와대에서는 어떤 일이 벌어졌을까. 2016년 말에 공개된 '고(故) 김영한 민정수석 업무수첩'에서는 2014년 8월 6일에 "광주 비엔날레 특별전, 광주시장(윤장현)"이라는 메모가 발견되고, 8월 8일 대수비[36]에서 이 문제가 구체적으로 거론된 사실을 확인할 수 있다.

오늘부터 국민세금 37억원(국비 21억원과 시비 16억원)을 지원하여 광주시립미술관에서 개최되는 광주비엔날레 행사(8.8~11.9)와 관련, 광주시가 소위 걸개그림 작가 홍성담의 〈세월오월〉(VIP 풍자그림)이 전시하기에 부적절한 작품이라고 판단, 작품설치를 불허하는 입장을 밝혔는데 앞으로도 국민혈세의 낭비를 방지하고 광주비엔날레의 권위 유지를 위해서도 예술을 빙자한 저급한 정치성 작품이 발을 붙이지 못하도록 노력

35 홍성담 전시 자진 철회 기자회견문 중에서, 2014.08.24.

36 대통령이 주재하고 수석비서관들이 참여하는 회의를 일명 '대수비' 라 한다.

해가야 함[37]

〈세월오월〉 사태는 당시 예술위의 이OO 예술진흥본부장이 2014년 8월 26일에 예술위 간부들에게 보낸 이메일에서도 중요하게 언급된다. 이 이메일 캡처 화면은 당시 아르코 직원이었던 OOO에 의해 제보되어 2015년 국정감사에서 공개된 바 있다.

안녕하세요? 지난 주 목요일, 서울 대학로 회의 때 위원장님께서, 광주비엔날레 홍성담 화가 작품의 전시 논란 사례를 언급, 예를 드시고, 오늘 나주에서 다시 지시하셨습니다. 지시하신 사항을 전달 드리고자 합니다.

1) 문예진흥기금 지원 또는 직접 운영하는 공간에서도 유사한 사례가 발생할 여지는 없는지?
2) 유사 사례를 미리 파악, 예방하기 위한 대책은 무엇인지?
3) 유사 사례가 발생할 때 어떻게 대처해야 하는지?[38]

이OO 예술진흥본부장의 이메일은 중요한 사실을 알려주고 있다. 당시 예술위 권영빈 위원장이 홍성담 작가의 〈세월오월〉 논란을 언급하며 문예진흥기금 지원에 있어 사전 검열 및 예방책을 지

37 서울고등법원 2017노2425(병합), 「항소심 증거기록」, 325쪽~326쪽.

38 블랙리스트 진상조사위, 「한국문화예술위원회 블랙리스트 실행을 위한 지원 및 심사제도 개편 사건」, 『문화예술계 블랙리스트 진상조사 및 제도개선위원회 백서2-1, 진상조사 결과보고서: 기관별』, 472쪽.

시했다는 점이다. 이후 문체부가 2014년 10월에 작성하여 청와대에 보고한 「건전 문화예술 생태계 세부 실행계획」은 "예술위가 주관하는 일반공모사업과 관련하여 종전의 '공모(신청 및 접수)→심사(책임심의위원)→의결(예술위 전체회의)→집행'의 구조를 바꾸어서 다음과 같은 개선책을 제시하고 있다.[39]

- 기존 관행적 지원20~40% 축소
- 심사단계 1차 검증강화-정치편향 작품/단체/예술서 선정 배제, 예술위 간부 간사 심사에 참여(*비공식 내부 가이드라인으로 관리)
- 최종의결 전 재확인(문제 발생시 최종의결에서 배제)

〈세월오월〉 사태 이후 2014년 9월 16일, 제 40회 국무회의 석상에서 박근혜 대통령은 "대통령에 대한 모독이 도를 넘었다"고 언급하였다. 그 직후 검찰이 서울중앙지검에 '사이버 명예훼손 전담팀'을 설치하여 온라인 공간을 직접 모니터링하는 등 정부는 '국가원수 모독'으로 여겨지는 사안에 대해 강력히 대처하기 시작했다.[40] 2014년 10월 팝아티스트 이하 작가가 머리에 꽃을 꽂은

39 위의 보고서, 476쪽.

40 당시 검찰이 '사이버 명예훼손 전담팀'을 구성하고 실제 카카오톡이 검찰의 감청영장을 받아왔다는 사실까지 드러나자 이용자들은 해외에 서버를 둔 메신저 텔레그램에 가입하는 소위 '사이버 망명'을 벌이기도 했다. 「민간인 정보 '전부' 수집, '테러방지'면 괜찮아?」, 『오마이뉴스』, 2016.10.07. 참조. 〈http://www.ohmynews.com/NWS_Web/View/at_pg.aspx?CNTN_CD=A0002248762〉(검색일: 2025.09.04.)

박근혜 대통령이 그려진 '미친 정부' 전단을 서울 동화면세점 옥상에서 대량 살포하고 현장에서 체포되었다. 이로 인해 2014년 11월 3일 '대통령 모욕 전단 살포 행위'에 대해 '경범법 법정형 상향 개정' 지시가 있었다.

'다이빙벨' 사건

2014년 9월에는 영화 〈다이빙벨〉이 문제가 되었다. 2014년 9월 2일 제 19회 부산국제영화제 미디어데이 행사에서 〈다이빙벨〉을 포함한 상영 프로그램이 공개되었고 〈다이빙벨〉은 10월 6일부터 상영 예정이었다. 이 소식을 들은 "김기춘 비서실장은 2014.9.경 실수비에서 다이빙벨이 상영되지 않도록 대응할 것을 지시하였고, 2014.10.2.경 실수비에서 '예술을 가장한 이념과 정치성향은 지양되어야 한다. 다이빙벨을 비롯한 문화예술계의 좌파 각종 책동에 투쟁적으로 대응하라'는 취지의 지시를 하였다."[41] 이에 당시 조윤선 정무수석은 정무수석실의 정관주 소통비서관 등에게 부산국제영화제에서 다이빙벨 상영 저지를 위해 대응하라는 취지의 지시를 하였다. 김종덕 당시 문체부 장관은 서병수 부산시장에게 연락하여 "부산 국제영화제에서 다이빙벨이 상영되지 못하도록 해달라"고 요구하였고, 서병수 부산시장은 9월 4일경에 주최측(위원장 이용관)에 직접 '상영철회'를 강하게 요구했다.

그러나 〈다이빙벨〉 상영이 예정대로 진행되자 심지어 〈다이빙벨〉

---

41 블랙리스트 진상조사위, 「부산국제영화제 외압 사건」, 『문화예술계 블랙리스트 진상조사 및 제도개선위원회 백서 2-5, 진상조사 결과보고서:영화』, 25~26쪽.

티켓을 사재기하는 일이 벌어진다. JTBC 뉴스룸(2017.10.18.)은 2014년 9월 25일 오전 09:00:06부터 09:32:56까지 약 33분 동안 부산은행의 현금거래를 통해 약 114장 (전체 티켓의 4분의 1)이 팔려나간 의혹을 보도한 바 있다. 블랙리스트 관련 재판기록에서는 "신동철 비서관이 지시한 내용으로" "부산국제영화제의 다이빙벨의 상영 중단이 안되어 대응방안으로 465석(전좌석) 일괄 매입하여 보수단체에서 객석을 채워버리자고 하였는데, 정무비서관실에서 일괄 매입한 것으로"[42] 안다는 진술이 있었다.

〈다이빙벨〉이 부산국제영화제에서 상영된 후, 2014년 10월 23일부터 일반상영관 개봉을 앞두게 되자 당시 김기춘 비서실장은 실수비에서 "영화 다이빙벨 상영과 관련하여 대관료 등 자금원을 추적하여 실체를 폭로하라"고 지시하였다. 이후 청와대 교문수석실과 문체부는 〈다이빙벨〉을 상영한 것에 대한 제재로 인디스페이스 등 일부 예술·독립영화전용관에 대한 지원 중단, 부산국제영화제에 대한 지원금 삭감 방침을 정하였다. 이밖에도 이용관 집행위원장에 대한 사퇴 압력 및 집행위 관계자들에 대한 고소와 고발 등 부산국제영화제에 대해 광범위한 외압이 이루어졌다.

2014년 12월경 청와대는 문체부에 부산국제영화제에 대한 이듬 해 영진위 지원금을 전액 삭감하라고 지시하였다. 이에 대하여 문체부(김종덕 장관)와 영진위는 일거에 지원금을 삭감하는 경우 영화계의 심한 반발이 우려된다는 의견을 청와대에 전달하고, 2014년에 14억 6천만원이었던 지원금을 2015년에 8억 원으로 대폭 삭감했다.

---

42 2017고합 102사건의 증거기록 중.

'세종도서' 사건

앞서 기술한 대로 기존에 '우수문학도서'(문학나눔) 사업은 2014년부터 한국출판문화산업진흥원(이후 '출판진흥원')으로 통합되었다. 원래 출판진흥원은 교양, 학술 2개 분야에 한해서만 '우수도서' 사업을 진행해 왔고, 문학분야는 '우수문학도서'(문학나눔) 사업이라는 명칭 하에 민간단체인 '책읽는 사회문화재단'이나 '도서관협회' 등이 운영해 왔는데 보수 언론에서 이 사업을 문제 삼자 2014년도부터 문학부문까지 출판진흥원으로 통합되면서 '세종도서'로 사업 명칭이 바뀌었다.

문체부가 작성한 「건전 문화예술 생태계 진흥 세부실행계획」(2014.10) 중 '세종도서' 부분에는 심사 및 선정 과정을 3단계로 설정하였는데 최종 3차 심사에서 "도서 결격사유(저작권 위반, 출판사별 선정 총량 초과, 욕설 등이 담겨 국민에게 권장하는 것이 부적절한 도서 등) 점검시 정치편향 도서는 선정되지 않도록 선정위원회에 비공식 의견 제출"을 할 수 있도록 설정했다.

2014년 11월 4일에 문체부 출판인쇄산업과 이OO 사무관이 작성한 「세종도서 건전화 추진 동향 보고」문건에서 '문학분야 논란 가능도서 현황'에는 『그리운 나무』, 『기룬 어린 양들』, 『봄눈』, 『영통의 기쁨』, 『장촌 냉면집 아저씨는 어디 갔을까?』, 『체 게바라 만세』, 『검은 눈, 하얀 바람』, 『소년이 온다』 등 9종의 도서가 기재되어 있다. 이 중 한강의 『소년이 온다』에 대한 검토 의견에는 "2014 만해문학상 수상작이나, 저자는 "한강"이며, 광주민주화운동 당시 계엄군에 맞서 싸우던 중학생과 그 주변 인물과 그 후 남겨진 사람들의 고통 받는 내면을 그려내고 있음"이라고 기술되었다. 이 9종의 도서는 모두 3차 심사에서 제외되었다. 2015년 세종도서 선정에서도 『꿈결에 시를 베다』(실천문학사)를 비롯한 총 8건의 문학부문 도서가 블랙리스트였다.[43]

2014년 11월 19일에는 신은미 작가가 조계사에서 '통일 토크콘서트'를 진행하였는데 이를 두고 일부 언론에서 '종북 콘서트'라고 규정하여 큰 문제가 되었다. 신은미는 북한 여행 경험을 '재미동포 아줌마, 북한에 가다'라는 제목으로 30회에 걸쳐 『오마이뉴스』(2012.6~2012.10)에 기고하였고 이 기고문들을 묶어 동일 제목의 책으로 발간하였다. 이 책은 2013년 6월에 문체부가 주최하고 '책읽는 사회문화재단'(이하 '책사회')이 주관하는 '우수문학도서' 사업에서 우수도서로 선정되었다. 국정원이 2013년 11월 1일자로 작성한 문건에 의하면 "유진룡 장관은 '재미동포 아줌마, 북한에 가다'(저자 신은미) 제하 북한을 미화하는 서적이 우수문학 도서에 선정되고 언론에서도 이에 대해 문제를 제하는 등 파문이 확산되자 '우수문학도서 선정기관 및 주관부서를 변경, 관리를 강화하라'고 각별 지시"[44]했다는 내용이 있다. '종북 콘서트' 논란이 일자 문체부는 2015년 1월 7일경 '책사회'에 신은미의 책에 대한 우수문학도서 선정을 취소하도록 하였고, 책사회는 신은미의 책을 우

---

43 블랙리스트 진상조사위, 「한국출판문화산업진흥원 블랙리스트 실행 사건」, 『문화예술계 블랙리스트 진상조사 및 제도개선위원회 백서 2-4, 진상조사 결과보고서:문학-출판』, 374~484쪽 참조.

44 블랙리스트 진상조사위, 「창비 등 '세종도서' 부당배제 사건」, 494쪽.

수도서 목록에서 삭제하였다.[45]

조선일보는 2014년 11월 21에 "서울 한복판 '종북 토크쇼'"란 제하의 기사에서 신은미와 황선 전 민주노동당 부대변인이 방북 경험을 소개한 것을 두고 북한에 대한 "칭찬만을 늘어놓았다"며 이들을 '종북 인사'로 규정했다. 조선일보는 이날부터 신은미가 강제 출국하는 날까지 총 44일(일요일 제외) 가운데 320일 동안이나 집중 보도했다. TV조선도 36일에 걸쳐 91꼭지의 관련 보도를 냈고, 채널에이는 34일간 61꼭지를 보도했다.[46]

신은미는 급기야 전북 익산에서 공개 강연 중 사제폭탄 테러를 겪었고, 국가보안법 위반죄로 향후 5년간 미국으로 강제 추방되는 고초를 겪었다. 그는 미국에 거주하던 중, 2011년에 처음으로 북한 여행을 하게 된 후로 아홉 번이나 북한에 다녀온 경험이 있다. "그가 말한 '대동강 맥주가 맛있다', '북한의 핸드폰 수가 수백만이다', '북한의 강물이 깨끗하다'는 표현이 박근혜 정권하에서는 국가보안법위반죄라는 것을 알고 큰 충격을 받았다."[47] 2021년 10월 10일, 헌법재판소는"검찰이 북한을 찬양했다는 이유로 신은미씨에게 기소유예를 선고한 것은 법리 오해의 잘못이 있는 자의적인

---

45 위의 보고서, 499쪽.

46 김효실 기자, 「종편들 '묻지마 종북몰이' … 사생활 캐기도」, 『한겨레』, 2015.01.12. 참조. 〈https://www.hani.co.kr/arti/society/media/673223.html〉(검색일:2025.09.30.)

47 김성수 기자, 「'재미동포 아줌마, 북한에 가다' 신은미가 미국에 정착한 사연」, 『오마이뉴스』, 2021.01.14. 〈https://www.ohmynews.com/NWS_Web/View/at_pg.aspx?CNTN_CD=A0002711118&CMPT_CD=P0010&utm_source=naver&utm_medium=newsearch&utm_campaign=naver_news〉(검색일:2025.09.30.)

검찰권 행사라면서 기소유예를 취소하라고 판결했다.

> '신은미 종북콘서트 사건'은 21세기판 마녀사냥이다. 일부 매체가 자신들이 특정한 사람들을 빨갱이로 낙인찍고 우리 사회에서 격리 배제하자는 선동을 시작한다. 그러면 극우단체가 나선다. 바로 이어서 검찰과 경찰이 사법의 칼을 꺼내 든다. 이것이 빨갱이 사냥의 전형적인 모습이다. 이전에 수없이 반복된 행태가 그대로 재연된 사건이 '신은미 종북콘서트 사건'이다.[48]

서울연극제 대관 배제 및 아르코 대극장 폐쇄 사건

이와 같은 일들이 벌어지고 있었음에도 문화예술계에서는 이를 조직적인 검열로 인지하지 못했다. 연극계에서 석연치 않은 이유로 지원배제 의혹이 처음 불거진 것은 2014년 말에 '2015 서울연극제'가 아르코예술극장 대관 심의에서 탈락한 사태였다. 서울연극제가 매년 관례적으로 대관해오던 공공극장의 대관심의에서 탈락했다는 것은 매우 충격적인 일이었다. 그러나 연극계는 당시 이 사태를 '검열'로 인식하지 못했고 단순히 공공기관이 민간단체를 표적으로 삼은 연극탄압으로 규정했다.

서울연극협회는 2015년도에 개최될 제 36회 서울연극제(2015.4.4.~5.17.)

48 최창우, 「헌법재판소의 신은미씨 무죄 판결과 국가보안법」, 『천지일보』, 2021.10.14. 〈https://www.newscj.com/news/articleView.html?idxno=911368〉(검색일:2025.09.30.)

를 주최하기 위해 한국공연예술센터의 '2015년 정기대관공모'에 아르코 예술극장 대극장을 대관 신청하였다가 2014년 11월 14일에 대관 탈락 사실을 통보받았다. 서울연극제는 오랫동안 아르코 예술극장을 사용하는 것이 관례화되어 있었기 때문에 뜻밖의 대관 탈락 사태는 연극계에 큰 파장을 몰고 왔다. 서울연극협회는 '연극 탄압 저지를 위한 비상대책위원회'를 발족했고 11월 18일과 20일에 「연극탄압에 대한 성명서 1,2」가 발표되었다. 2014년 12월 12일, 서울연극협회는 급기야 한국공연예술센터(이하 '한팩')를 고소하기에 이르렀다. 연극계의 반발이 거세게 일어나자 12월 31일에 한국공연예술센터는 2015년 4월 말부터 3주간 아르코예술극장 대극장을, 5월초부터 2주간 아르코예술극장 소극장을 다시 대관해주기로 하였다. 그런데 느닷없이 2015년 4월 3일에 예술위는 「아르코예술극장 대극장 폐쇄 알림」 공문을 통해 극장 구동부의 중대한 이상으로 긴급 점검 및 보수를 위해 아르코예술극장 대극장을 2015년 4월 13일부터 5월 17일까지 폐쇄하기로 했다고 서울연극제 집행위원회 측에 통보했다. 폐쇄기간은 4월 13일부터 5월 17일까지로 서울연극제 기간(4.4~5.10)과 절묘하게 겹쳤다.

블랙리스트 진상조사위에 의해 서울연극제 대관 탈락 사태는 '한국공연예술센터 2015년도 정기대관공모'에서 블랙리스트에 오른 19개 단체가 무더기로 탈락한 사태의 일환임이 밝혀졌다. 문체부 공연전통예술과가 2014년 10월 31일에 작성한 「2015 한국공연예술센터 정기대관공모 관련 보고」 문서에 의하면 하루 전날인 10월 30일에 "BH 협의 결과, 심사위원 3인(김석만, 김미도, 김채현) 제외, 19개 신청단체(서울연극협회, 조은컴퍼니 등) 미선정 요청"이라고 되어 있다. 즉 청와대가 3인의 심사위원을 배제하고 19개 단체를 대관에서 배제하라고 직접 지시했다는 것이다.

2014년 11월 7일에 작성된 예술위 내부 결재 문서 「2015년도 정기대관공모 접수결과 및 심의추진 수정계획(안) 보고」에 의하면 심사 일정이 연기되고 심사 절차도 변경되어 심의위원회는 작품을 추천만 하고 작품 선정은 센터장이 결정했으며 최종 결정은 위원장이 한 후 발표했다는 사실이 확인된다. 문제가 되는 단체들의 탈락을 유도하기 위해 대관신청자를 A,B,C,D 그룹으로 나눠서 심사위원들이 표기하도록 심의 방법을 바꾸었고, 높은 점수를 받을 것으로 예상되는 단체들을 배제하기 위해 대관 신청서 미비나 과거 3년간 대관 후 실적 등 대관 배제의 근거가 될 만한 사유를 미리 수집하여 심사위원들에게 전달하였다. 이러한 과정을 통해 19개 단체가 아르코예술극장 대관에서 배제되었다.

블랙리스트 진상조사위에 의하면 "예술위가 아르코예술극장 대극장의 구동부 장치 고장을 명분으로 서울연극제 기간 동안 반드시 필요한 것이 아니었던 긴급 안전점검을 실시하는 방법으로 서울연극제가 아르코예술극장 대극장에서 개막하는 것을 배제하였다는 사실을 확인"하였다. "아르코 대극장 폐쇄 전날인 2015.4.2. 권영빈 예술위원장과 김종덕 문체부 장관의 면담이 있었고, 권영빈 위원장이 김종덕 장관을 면담한 후 예술위의 입장을 전달하였고 장관은 이에 대하여 청와대 교문수석실과 협의하여 결정하도록 하였고, 결국 아르코예술극장 대극장 폐쇄 결정이 이루어졌다는 사실이 확인되었다."[49] 청와대 문체비서관 김소영이 다시 배제하라는 지시를 내리고[50], "예술위는 아르코예술극장 대극장의 구동부 장치 고장을 명분으로 서울연극제 기간 동안 반드시 필요한 것이 아니었던[51] 긴급 안전점검을 실시하는 방법으로 서울연극제가 아르코 예술극장 대극장에서 개막하는 것을 배제"[52]하였던 것이다.

서울연극제가 대관에서 배제된 가장 큰 이유는 국정원이 작성한 여러 문서를 통해 서울연극협회가 '좌성향' 단체로 분류되었기 때문이었다. 서울연극협회는 국정원이 2014년 3월 17일에 작성한 「문체부, 左성향단체 참여 '현장예술인지원사업' 폐지 방침」에 이미 배제 대상 단체로 거론되고 있음을 확인할 수 있다.[53]

1. 문체부는 예술인복지재단에서 주관하는 '현장예술인교육지원사업'에 민족미술인협회, 한국작가협회, 한국작가회

---

49 블랙리스트 진상조사위, 「2015 서울연극제 대관 배제 및 아르코 대극장 폐쇄 사건」, 『문화예술계 블랙리스트 진상조사 및 제도개선위원회 백서 2-2, 진상조사결과보고서: 공연1』, 81쪽.

50 서울중앙지법 2017 고합77, 「김OO 증인신문조서(제 2회)」, 37~38쪽, 2017.04.25.

51 이와 관련하여 오OO은, 당시 예술위 보고서에 따르면 관객의 안전을 위해 반드시 (매뉴얼에 따른) 필요한 조치였으며, 당시 예술위 사무처장을 통해 이같은 사실을 확인하고 내부 보고를 하였다는 취지로 이의 제기하였다.(2018.11.07.)

52 블랙리스트 진상조사위, 「2015 서울연극제 대관 배제 및 아르코 대극장 폐쇄 사건」, 『문화예술계 블랙리스트 진상조사 및 제도개선위원회 백서 2-2, 진상조사 결과보고서:공연1』, 81쪽.

53 위의 보고서, 82쪽.

의, 우리만화연대, 서울연극협회 등 左성향 단체들이 대거 선정된 것과 관련 사업자체를 폐지하고 경제적 여건이 어려운 예술인들을 지원하는 사업으로 변경할 계획[54]

또한 국정원이 2014년 9월 26일에 작성한 「문체부, 문예진흥기금 비판단체 지원 차단책 추진」 문서에 따르면 2015년도 문예진흥기금 지원사업에서 문제가 되는 개인이나 단체들을 배제시킬 구체적 실행 계획을 고안했다.

□ 문체부는 문화예술진흥기금(약칭: 문예진흥기금)의 左성향 단체 지원 시비를 불식시키기 위해 내년도 사업 심의시 신규사업 지원 확대, 구체적인 사업계획서 제출 의무화 등을 통해 기존에 문제가 되었던 사업을 배제시킬 방침[55]

즉, 2015년도 문예진흥기금 지원사업 심의시 '구체적인 사업계획서 제출을 의무화'함으로써 지원배제에 따른 명분을 마련하려 한 것이다. 이를 위해 문체부는 "세부 사업내용에 대한 확인 없이 (사업계획이 미확정된 상태에서 신청) 지원대상을 결정했었던 관행을 개선, 세부 사업계획서를 제출토록하여 문제사업을 걸러내는

54 국정원 작성, 「문체부, 좌성향 단체 참여 '현장예술인지원사업' 폐지 방침」, 2014.03.17.

55 국정원 작성, 「문체부, 문예진흥기금 비판단체 지원 차단책 추진」, 2014.09.26.

방향으로 개선책 강구"[56]를 예술위에 지침으로 하달했다.

이러한 지침을 하달 받은 예술위는 2015년 문예진흥기금공모사업에서 지원 배제를 위한 문체부의 '외압'에 대해 다음과 같이 기술하여 블랙리스트 진상조사위에 보고[57]했다.

〈당시 회의 주요 내용〉

● **문체부 주요 전달사항**

- 2015년도 정기공모 진행 시 **사회적 논란을 가져올 예술가나 단체에 대한 지원을 제한하는 조치가 불가피**한 상황
- 이러한 **조치를 이행하지 못할 경우 사업 수행에 큰 어려움이 예상**되는 상황임
- 지원 제한 조치가 가능한 상황(지원심의 제도 등 구조와 진행방식)인지 여부를 점검하여 심의 진행에 대비할 필요가 있음

● **예술위 참석자 입장 및 답변 주요 내용**

- 사회적 논란이 예상된다 하여 **지원심의에 개입하는 것은 옳지 않은 일이며, 가능하지도 않음**
- 지원사업의 심의는 오로지 예술가 등 외부의 전문가들

56 위의 문서.

57 예술위 '블랙리스트 자체조사 TF', 「2015/2016년도 문예진흥기금 지원심의 관련 정부의 외압내용 및 결과에 대한 보고서(2018.4.현재)

로 구성된 심의위원회의 권한이며, 심의에 개입할 명분과 방법이 없음

● **예술위 답변에 대한 문체부 추가 요구사항**

- 2015년도 정기공모 지원사업에서 가장 중요한 이슈는 정부의 지시를 반영하는 것임을 거듭 강조
- 2015년도 **정기공모 지원사업의 진행단계마다 문체부와 협의**하여야 함
- 심의 진행 전 일정, 지원신청 내역, 심의위원 구성 등의 내용을 문체부와 공유하고, 정부의 의견을 반영하여야 함
- **심의 진행 후 결과를 문체부에 통보하고, 승인을 받은 후에만 발표 및 지원이 가능함**

2015서울연극제를 비롯하여 19개 단체가 무더기로 대관 심사에서 탈락한 사태는 블랙리스트를 통한 조직적 검열과 지원 배제가 매우 철저하게 작동하기 시작한 대표적 사례라 할 수 있다. 서울연극제의 아르코예술극장 대관탈락 사태를 계기로 연극계에서는 페이스북에 '대학로X포럼'이라는 자발적인 토론의 장을 생성시켰다. 2015년 1월 6일, 대학로X포럼은 '우리는 생산적 논의를 원한다!-한팩의 공공성 훼손과 서울연극제 문제에 대한 시선과 주장'이라는 1차 오프라인 토론회를 개최했다. 대학로X포럼은 블랙리스트 사태가 본격화된 이후, 연극계의 여론을 모으고 투쟁 방향을 잡아나가는 매우 중요한 플랫폼이 되었다.

3. 검열 폭로와 예술계의 저항

문화예술계 검열에 대한 의혹이 본격적으로 제기된 것은 2015년 9월 9일 JTBC를 통해 「지원자에 작품포기 종용… 순수예술 '정치검열' 의혹」이 보도되면서부터였다. 박근형 작·연출의 〈모든 군인은 불쌍하다〉가 예술위 '창작산실' 연극부문 심의에서 선정되었으나 예술위 직원들이 심사위원들을 재소집하여 심사결과 번복을 요구하였다는 내용이었다. 이 보도에서 몇 가지 중요한 사실들이 암시되는데 예술위 직원들이 박근형을 찾아가 "청와대에서 하는 거"라고 털어놨다는 것과 심사위원이 "문화관광부 그리고 내부적으로 그 위에서부터 이미 기본적인 어떤 것들이 전해져 내려온"다는 것 등이다.[58] 예술위는 이미 4월 11일에 마무리된 '2015 창작산실' 심의 결과를 두 달 넘게 발표하지 않고 있다가 심의위

58 강신후 기자, 「지원자에 작품포기 종용, 순수예술 정치검열 의혹」, JTBC 뉴스룸 '탐사플러스', 2015.09.09. 〈https://news.jtbc.co.kr/article/NB11026116〉(검색일: 2025.09.03.)

원들을 재소집하여 박근형 배제를 노골적으로 요구했다. 이러한 내용들은 심의위원 중 연극평론가 김미도가 도종환 의원실에 제보한 후, 도종환 의원실이 JTBC와 자료를 공유하고 JTBC가 관련 당사자들을 취재하여 보도함으로써 알려지게 되었다.

'2015 공연예술 창작산실' 연극부문 사건

'2015 공연예술 창작산실' 연극부문은 2014년에 대본공모를 통해 최대 5개 작품을 선정하고, 2015년도 시범공연지원공모 선정작 중에서 최소 5개 작품을 선정하여 2014년 10월부터 12월까지 공연할 계획이었다. 이 사업의 심사는 2015년 4월 11일에 8개 작품을 선정하는 것으로 완료되었는데 두 달이 지나도록 심사결과가 발표되지 않고 있었다.

문체부 예술정책과 오OO 사무관이 2015년 5월 11일에 작성한 「문화예술분야 지원사업 관련 현안」 문서에 따르면 심사 전에 검열을 통해 '특이사항' 4건을 '발굴'했다는 사실을 알 수 있고, 심의위원 중 일부와 "사전에 협의했음에도 불구"하고 "현장에서 공연을 직접 보면서 인터뷰하는 실연 심사 방식상" 5명 중 2명의 심사위원이 강하게 발발하여 1건의 배제가 결국 불발되었다고 보고하였다. 그 한 건이 박근형 작·연출의 〈모든 군인은 불쌍하다〉였다.

참고 **2015년 문제사업 현황('15.5.13 현재)**

분야	내용
①공연예술창작산실육성지원 (연극-우수작품 제작지원)	심사완료('15.4.11) 및 특이사항 3건 포함 -심사전: 4건 발굴(3건 제외, 1건 배제 불발) -심사후: 특이사항 2건 통보 -현장에서 공연을 직접 보면서 인터뷰하는 실연 심사방식상, 사전에 협의했음에도 불구, 5명중 2명의 심사위원이 강하게 반발하여 1건 배제 불발)

* 총 8개 작품 선정완료상태

작품명	단체명	검토의견	비고
모든군인은 불쌍하다	극단 골목길 (이호열)	다양한 모습의 군인들(탈영군인, 일본의 자살 특공대, 이라크 무장단체 등)을 통해, 군인들은 가해자이면서 피해자가 될 수밖에 없는 현실을 그려냄 *박근형(개구리연출) 전 대표 연출·작품	중간동위 작품
고제 *심사후통보	극단 돌파구 (전인철)	사회주의의 몰락과 민주화 이후 우리 사회와 그 안에 살고 있는 사람들에 대해 이야기하는 작품으로, 1990년 5월과 '현재'의 시간을 오가며 극이 전개됨. 변한 '나'의 모습과 삶의 방식에 대해 성찰하는 작품	심의위원 전원 추천
떠도는 땅 *심사후통보	극단 뛰뛰 (동이향)	농촌도시의 어느 벌판에서 한 여름 밤에 펼쳐지는 기묘한 일들에 대한 이야기로, 아버지 장례로 20년 만에 고향을 찾은 미스터 노를 주인공으로 하여 '빚'과 '죄의식', '삶과 죽음'의 문제를 그려냄	심의위원 전원 추천

2015년 6월 18일에 예술위 진흥본부장 이OO과 창작지원부장 장OO은 심사위원들을 대학로 예술가의 집으로 재소집하여 심사 결과 번복을 요구하였다. "세 개 작품이 문제인데 박근형의 〈모든 군인은 불쌍하다〉만 빼주면 나머지는 봐주겠다"고 했다. 심사위원

들은 창작산실 사업 자체가 폐지될 수도 있다는 예술위 직원들의 협박에 못이겨 심사 결과는 번복하지 않되 예술위 직원들이 박근형을 만나 지원 수혜 포기를 설득해보기로 하였다. 같은 날 오후 2시 경에 이OO과 장OO은 박근형 연출가를 만나 상황 설명을 했고, 이에 박근형은 나머지 7개 작품이라도 공연이 될 수 있도록 하기 위해 지원사업 포기 의사를 밝혔다.

JTBC의 검열 폭로 보도가 나가자마자 연극계를 위시한 문화예술계 전 분야에 큰 파장이 일었고 검열 의혹에 대한 규탄 성명들이 연이어 발표되었다.

곧이어 열린 2015년 국정감사에서 도종환 의원은 문화예술계에 대한 검열 의혹을 본격적으로 제기하였다. 2015년 9월 18일 국정감사에서는 유기홍 의원이 예술위의 '다원예술창작지원' 사업 선정 과정에서 〈안산순례길〉도 검열에 의해 배제된 의혹을 제기했다. 이러한 의혹은 심의위원 중 연극평론가 OOO의 제보에 의해 국정감사에서 공개되었다. 게다가 국정감사 과정에서 6월 22일에 예술위의 두 직원이 다시 박근형 연출가를 만나 '사업 수행 포기' 의사를 밝히는 문서에 사인할 것을 요구했다는 사실이 새롭게 드러났고, 예술위는 소위 포기각서를 받아낸 후 예술위 직원이 행정시스템에 직접 접속하여 포기문서를 처리하는 불법행위를 저질렀다는 사실도 밝혀졌다.

블랙리스트 진상조사위에 의하면 "2015.10.7. 국회 교문위 국정감사에서 예술위 장OO 부장이 박근형 연출가에게 공연 포기 각서를 받아오도록 지시 받은 사실이 없다고 위증을 하였고, 그러한 위증은 청와대·문체부와 사전 논의를 거쳐 그렇게 진술하였던 것이라는 사실이 확인되었다. 예술위가 자체 감사 과정에서, 문체부의 배제 지시에 따라서 박근형 연출에게 포기 각서를 받아온 사실을 알고서도 예술진흥본부장 이OO과 창작지원부장 장OO에 대하여 '개인적으로 문제점을 예상하여 지원심의위원을 만나고 박근형을 만나 우려를 표명하였다'는 허위 내용을 감사결과 보고서에 작성하고 두 직원을 징계한 사실도 확인되었다."[59]

당시 국정감사에서 새누리당 한선교 의원은 "정치적인 논란에 휩싸이게 될 것이 예상된다면 지원을 철회하는 것이 옳다"[60]고 했고, 박대출 의원은 "대통령이나 군인을 비하하고 깎아내리는 그런 내용을 나랏돈으로 지원할 수는 없다"[61]고 주장했다. 9월 18일에 새누리당 박대출 의원은 박명진 당시 예술위 위원장에게 '첫 번째 국격을 손상시키고 국위를 훼손시키는 작품, 두 번째 국가기관에 대한 명예 훼손이나 폄훼하는 행위, 국가기관이라 하면 대통령도 해당, 세 번째 전선을 지키는 군인들이라든지 나라를 지키는 분들에 대한 기본적인 모멸감을 주거나 비하하는 그런 내용'들에 대해서는 나랏돈으로 지원해서는 안된다는 주장을 펼친다. 이에 대해 박명진 당시 예술위 위원장은 "그래서 저도 예술표현의 자유가 무

59 블랙리스트 진상조사위, 「2015년 공연예술창작산실 심사번복 요구 및 공연포기 강요 사건」, 『문화예술계 블랙리스트 진상조사 및 제도개선위원회 백서 2-2, 진상조사결과 보고서: 공연1』, 112쪽.

60 「2015년 9월 11일 국정감사 교육문화체육관광위원회 회의록」, 58쪽.

61 위의 회의록, 86쪽.

제한한 것도 아니고 무조건적인 것도 아니기 때문에 이것이 한계가 엄연히 존재하는데 공공자금으로 지원하는 창작예술품에서 허용할 수 있는 표현의 자유의 범위가 어디인지 이것을 좀 폭넓게 사회적인 의견을 듣겠습니다"라고 답변한다.[62]

2015년 9월 9일 JTBC의 검열의혹 보도와 국정감사 이후 문화예술계가 줄기차게 전개한 저항의 과정들을 나열해본다.[63]

2015년 9월 11일: 서울연극협회, '문화계의 정치 검열에 대한 서울연극협회의 입장' 발표

2015년 9월 13일: 연극미래행동네트워크, '청와대, 문화체육관광부, 한국문화예술위원회의 정치 검열과 헌법 파괴를 강력하게 규탄한다' 성명서 발표

2015년 9월 14일: 한국작가회의, '예술지원사업 공공성 회복하라' 성명서 발표

2015년 9월 17일: 대학로X포럼 주최, '긴급 심야토론-예술위 검열 사태 무엇을 할 것인가', 토론회 개최

2015년 9월 20일: '예술인 탄압을 통탄하는 원로·중견 연극인들의 성명서' 발표

2015년 9월 21일: '예술 검열을 반대하는 연극 단체들의 연대

62 「2015년 9월 18일 교육·문화체육관광위원회 국정감사 회의록」, 77~78쪽.

63 검열백서위원회, 『검열백서 준비 2호』 참조.
임인자, 「빼앗긴 극장, 여기 다시 세우다-'대학로 X포럼'에서 '광장극장 블랙텐트'까지」, 한국연극평론가협회 편, 『세월호 이후의 한국연극-블랙리스트에서 블랙텐트까지』, 연극과 인간, 2017.6. 참조.

성명서' 발표

한국희곡작가협회 '연극계의 정치 검열에 대한 한국희곡작가협회의 입장' 발표

2015년 9월 22일: 연극저항집단 백치들, '예술가는 권력을 거부한다-정부의 정치 검열 사태에 대한 연극저항집단 백치들의 성명문' 발표

2015년 10월 1일: '검열을 거부하는 극작가들의 모임' 성명 발표

2015년 10월 5일: 979명의 연극인이 서명한 '검열 및 한국문화예술위원회 파행에 대한 우리의 입장' 발표

2015년 10월 5일: 예술인 연대포럼, '검열과 파행' 개최

2015년 10월 6일: 연극인들이 한국문화예술위원회에 관한 청문회를 요구하며 979명의 서명이 담긴 성명서를 국회 의원회관에서 박주선 국회 교육문화체육관광위 위원장에게 전달

'아르코 문학창작기금' 사건

연극계에서의 창작산실 사건과 유사한 일이 비슷한 시기에 문학 쪽에서 벌어지고 있었다. 2025년 1월 쯤, '2015년 우수문예지발간지원사업'의 결과 발표가 상당히 지연되고 있어 이상 징후가 감지되었다.

'2015 우수문예지발간지원사업'에는 총 98종이 신청했는데 최종 14종만 선정되었고, 통상 1월 초에 발표되던 결과가 3월 31일에야 발표되었다. 블랙리스트 진상조사위의 조사 결과에 의하면

"예술위는 2014. 11. 11.경 우수문예지발간지원 사업 접수를 마감하고 지원신청자 명단을 문체부에 송부하였고, 정무수석실의 검토를 거쳐 11개 문예지가 배제대상으로 하달되었다. 예술위 및 문체부는 차례로 청와대에 배제대상으로 하달된 문예지 중 '실천문학', '문학동네'를 배제하면 심사 자체가 불가능하다는 의견을 전달하였고, 이에 두 출판사는 양해를 받아 2015. 3. 31.자로 최종 선정되었다는 사실을 확인하였다. 최종적으로 9건이 블랙리스트 작동으로 해당 사업에서 배제되었다는 사실을 확인하였다."[64]

이 사업에서 2013년에 55건, 2014년에 39건이 선정되었던 데 비해 2015년에 14건만 선정되어 총 10억 원의 예산 중 7억 원의 잔여 예산이 발생하였다. 심사위원들이 『실천문학』과 『문학동네』를 배제하면 심사 자체가 불가능하다고 항의하자 청와대가 두 문예지를 양해하는 대신 다른 9개의 문예지를 배제하는 과정에서 선정 건수가 대폭 축소되었다. 문체부는 이 사업에서 향후 블랙리스트 적용이 어렵다고 판단하여 해당 사업을 폐지했다.

문학 쪽에서 터진 결정적 검열 사건은 '아르코 문학창작기금 지원사업'이었다. 이 사업은 역량 있는 문학인들이 창작에 전념할 수 있도록 연간 1천만원 씩 100여 명에게 지원하는 10억 규모의 대표적인 창작지원 사업이었다.

예술위는 2014년 11월에 청와대 및 문체부의 지시에 따라 2015

64 블랙리스트 진상조사위, 「'2015 우수문예지발간지원 사업' 파행사건」, 『문화예술계 블랙리스트 진상조사 및 제도개선위원회 백서 2-4, 진상조사 결과보고서: 문학-출판』, 98쪽.

아르코문학창작기금 공모 신청자 929명의 명단을 송부하였다. 이에 청와대 및 문체부는 76명의 배제 대상자 명단을 하달하였다. 예술위는 2015년 1월 21~22일에 1차 심의를 통과한 198명의 명단을 다시 문체부에 보고하였고, 문체부는 청와대의 검증을 거친 후 다시 16명의 배제 명단을 예술위에 하달하였다. 그러나 예술위는 16명의 배제 명단에 대한 뚜렷한 배제 명분을 찾지 못해 심의를 미루다가 2015년 3월말 경 2차 심의를 진행하였는데 심의를 통과한 102명 중에 청와대에서 배제 지시가 있었던 16명 중 5명이 포함되었다. 이에 문체부는 이 5명에다가 이윤택을 추가하여 6명에 대한 배제 지시를 하달하였고, 4월 23일 경에 추가로 8명에 대한 배제 지시가 내려와서 총 14명을 배제해야 할 상황에 이르렀다. 이 14명에 대한 배제 명분 역시 찾기가 어려워서 최종 심의가 미루어지다가 2015년 6월 26일에야 3차 심의가 이루어졌는데 책임심의위원들은 예술위의 배제 요청을 거부하고 2차 심의를 통과한 102명을 원안대로 확정하였다. 그런데 이후 예술위는 14명을 배제하기 위한 방법을 최종적으로 강구하다가 선정인원을 70명으로 축소하여 32명을 무더기로 배제하기로 하고 2015년 7월 17일에 위원회 서면결의를 통해 이를 확정했다. 그 결과 원래 블랙리스트로 배제 지시가 내려온 5명 외에 27명의 아무 이유 없는 피해자가 발생했다.

아르코 문학창작기금 사건에서 심의위원들은 아르코 공연예술창작산실 사건에서와 마찬가지로 예술위의 부당한 배제 지시를 완강히 거부했으나 예술위원회의 일방적 결정에 의해 32명이 무더기로 배제되는 결과를 낳았다는 점에서 또 다른 문제점을 노정하였다. 이 과정에서 예술위원회 위원 전원이 청와대와 문체부로부터 블랙리스트 검열과 배제 지시가 이루어지고 있다는 사실을 공공연히 알면서도 위원들 스스로가 검열의 칼날을 행사하였다는 점은 경악할 만한 사실이다.

특히 이 과정에서 예술위 문학분야 위원이었던 오OO가 블랙리스트 배제 과정에 적극 가담하였다는 점이 매우 충격적이다.

③아르코문학 창작기금 지원 *15년 정기공모사업중미해결사업	1,2차 심사를 통해 총 83건중 69건 배제 조치 및 14명 미해결 상태 -후보자 102건중 14건 특이사항 통보(기존6+추가8) -1안: 14건 전원제외조치 시도중(문학분야 오OO 위원, 심사위원 5인 대상 설득 작업중) -2안: 14건중 기수혜자 7건 제외한 7건 처리 곤란

문체부 예술정책과 오OO사무관이 작성한 「문화예술분야 지원사업 관련 현안」(2015.5.21.) 문건에 의하면 문학분야 위원 오OO가 배제 실행을 거부하고 있는 심사위원 5인을 대상으로 설득 작업을 벌이고 있다는 내용이 담겨 있다.

2. 비밀리에 진행 불가능 : 현재의 문제 폭넓게 구체적으로 알려져 있음 (박OO 지적)
위원회 위원들 -오OO 위원등 심의위원들에게도 물론, 담당 책임자들 상세히 설명한 듯-
하급 직원들도 다 알고 있는 사실 (실제 사업 담당자 들이므로)

위의 문건은 박명진 예술위 위원장이 2015년 10월 2일에 김종덕 문체부 장관에게 보고하기 위해 만든 '장관님 면담 참고자료'인데 여기서도 오OO 위원이 심의위원들에게 설명한 사실이 적시되어 있다. 이 문건에서 보듯이 당시 예술위의 하급 직원들까지 블랙리스트 실행 사실을 광범위하게 인지하고 있었으며, 더이상 비밀리에 블랙리스트 배제를 실행하기 어렵다는 의견이 나타나 있다.

'팝업씨어터' 사건과 '소월산천'사건

'2015 공연예술 창작산실' 사건과 '아르코 문학창작기금' 사건은 국정감사 과정에서 큰 파문을 일으켰고, 당시 문화예술계는 검열에 대한 분노로 들끓고 있었다. 그 와중에 연극계에서는 또 일명 '팝업씨어터' 사건이 터진다. 한국공연예술센터는 자신들이 기획한 팝업씨어터의 〈이 아이〉 공연에서 '노스페이스', '수학여행' 등 세월호를 연상시키는 단어가 등장했다는 이유로 공연을 방해했다.

2015년 10월 17일, 팝업씨어터 프로그램[65]의 첫 작품인 김정 연출가의 〈이 아이〉 첫 회 공연이 있었다. 그런데 이 공연을 관람하던 예술위의 임OO 문화사업부장이 이 프로그램의 담당 직원 김진이에게 "수학여행이랑, 노스페이스가 왜 나와? 이거 세월호 얘기잖아"라고 하며, 그 즉시 일어나 공연장인 씨어터 카페의 영업을 재개시켰다. 이 날 예술위 문화사업부장 임OO, 공연예술센

---

65 '팝업씨어터'는 예술위가 기획한 '대학로 봄업 프로젝트'인 〈공원은 공연 중〉의 2015년 10월 프로그램으로 마련되었다. 김정 연출의 〈이 아이〉, 윤혜숙 연출의 〈후시기나 포켓또〉, 송정안 연출의 〈불신의 힘〉이 대학로 예술극장 내 씨어터 카페와 아르코예술극장 앞마당 등에서 10월 17일부터 25일까지 공연될 예정이었다.

터장 유OO, 운영총괄부장 양OO 등은 대책회의를 갖고, 다음 날 공연을 취소하기로 하였다. 그러나 이 공연의 담당 기획자인 직원 김진이가 이에 불응하자 다음 날인 18일 공연에서 문화사업부장과 공연예술센터장을 비롯한 직원들이 직접 공연을 방해하는 일이 벌어졌다. 이들은 "팝업씨어터 공연의 취지에 맞게 공연을 진행해야 하니 카페 테이블도 못 움직이고 음악 소리도 줄일 수 없다고 하는 등 카페 영업을 정상적으로 운영하도록 하는 방법으로"[66] 공연을 방해하였다. 10월 20일, 씨어터카페에서는 더 이상 공연을 할 수 없다는 통보를 받았고 대안으로 북스테이지에서 공연을 하라면서 두 공연팀의 연출가들에게 사전 대본 제출을 요구하였다. 공연팀이 씨어터카페에서의 공연 불허에 대해 강력히 항의하자 임OO 문화사업부장이 사과 후 다시 씨어터카페 사용을 허용하였으나 공연팀들은 공연 방해 및 대본 제출 요구에 대한 공식적인 해명을 요구하며 공연을 보이콧했다.

10월 27일에 김정 연출가가 예술위 홈페이지에 항의글을 게시하였고, 29일부터 연출가 3인의 일인 시위가 시작되면서 수많은 동료 예술가들이 다양한 항의 문구가 적힌 피켓을 들고 시위에 동참했다. 예술가들의 11월의 추운 날씨 속에서도 계속 이어지다가 11월 22일에 '사과 받지 않겠습니다'라는 퍼포먼스로 시위를 마무리하였다.

---

66 블랙리스트 진상조사위, 「한국문화예술위원회 2015년 팝업씨어터 공연방해 및 검열 의혹 사건」, 『문화예술계 블랙리스트 진상조사 및 제도개선위원회 백서 2-2, 진상조사 결과보고서: 공연1』, 891쪽.

팝업씨어터 사건의 특이점은 이 프로그램에 섭외된 3명의 연출가가 블랙리스트에 등재된 예술가들이 아니었다는 것이다. 3명의 연출가들은 '공모'가 아닌 '섭외'의 형태로 선정되었는데 "이는 공모를 통해 선정된 예술가들이 블랙리스트에 등재되어 있을 경우, 사후에 배제하기가 매우 곤란했기 때문으로 보인다."[67] 섭외 과정에서 문제가 된 연출가는 전진모였다. 블랙리스트 진상조사위에 의하면 "문체부 예술정책과 오OO 사무관이 작성한 '리스트-16.2.1. 현재' 문서에서 2015년 9월 16일 경 〈공원은 공연중〉 사업에서 연출가 전진모를 배지하라는 지시가 있었다는 사실이 확인"되는데 "문체부의 배제 지시를 받은 예술위가 전진모 연출가를 배제하기 전에 전진모 연출가 스스로 일정상의 문제로 공연 거절 의사를 표명하였다는 사실이 확인된다"[68]고 하였다. 즉 〈이 아이〉 공연 취소는 이 작품의 연출가가 블랙리스트에 있었기 때문이 아니라 공연 중에 '세월호'를 연상시키는 내용이 나왔다는 이유 때문이었다.

'세월호'는 박근혜 정부가 가장 두려워하는 키워드였다. 앞에서 살펴본 바와 같이 '아르코 문학창작기금' 사건에서 배제된 문학인들이 '세월호' 관련 시국선언에 참여했다는 이유만으로 블랙리스트에 올랐듯이 박근혜 정부는 예술가들이 어떤 방식으로든 세월호 문제를 다루는 것을 극도로 경계했다. 그 상징적인 사건은 홍

---

67 김미도, 「문화예술계 블랙리스트 피해 양상 및 후속 조치에 관한 연구(1)-'팝업씨어터 사건'」, 한국연극학회, 『한국연극학』 83호, 2023. 24~25쪽.

68 블랙리스트 진상조사위, 「한국문화예술위원회 2015년 팝업씨어터 공연방해 및 검열 의혹 사건」, 888~889쪽.

성담 화가의 작품 〈세월오월〉이 2014년 8월의 광주 비엔날레 출품을 앞두고 작품 수정을 요구받다가 끝내 전시되지 못했던 사건이었다. 이후 문화예술계에서 세월호를 다루는 작업은 정부의 검열망을 벗어나기 어려웠고, 이러한 분위기에 휩싸여있던 예술위 직원들은 '자기 검열'에 의해 갑자기 공연을 중단시키는 난동을 부리기에 이르렀던 것이다.

팝업씨어터 사건이 연극계의 분노를 최대치로 끌어올린 가운데 국립국악원에서는 '소월산천' 사건이 터졌다. 국악그룹 앙상블 시나위 대표인 신현식은 2015년 8월말 경에 국립국악원으로부터 '금요공감' 프로그램에 2015년 11월 6일의 공연 섭외를 받았다. 신현식은 〈소월산천〉이라는 공연을 극단 골목길과 함께 협업하며 준비 중에 있었다. 그런데 공연 2주 전에 갑자기 국악원으로부터 공연장 문제를 이유로 협업 공연이 아닌 앙상블 시나위의 단독 공연으로 해달라는 요청을 받았다. 앙상블 시나위 측은 이러한 요구가 극단 골목길의 박근형 연출가를 배제하기 위한 의도라고 판단하여 공연 자체를 취소하기에 이른다. 박근형 연출가는 이미 2015 공연예술 창작산실 사업에서 지원 배제 뿐 아니라 포기 각서까지 쓰는 수모를 겪은 터였다.

이 사태와 관련하여 당시 국립국악원의 예술감독이었던 김서령은 정치적 검열에 반발하며 사퇴했다.[69] 안무가 정영두는 이에 반발하여 자신의 공연도 취소하고 1인 시위를 벌였다. 당시 실무자

---

69 문학수 기자, 「김서령 예술감독, '예술 검열'에 항의 사퇴」, 『경향신문』, 2015.11.11. 〈https://www.khan.co.kr/article/201511112108365〉(검색일: 2025.09.30.)

로 지목된 용호성은 국립국악원에 부임하기 전에 박근혜 정부의 청와대 선임행정관이었다. 국립국악원 사태 이후에 용호성이 주영문화원장으로 나가자 안무가 정영두는 런던 영국문화원 앞에서까지 피켓 시위를 벌이기도 했으나 뚜렷한 해명이나 사과를 받지 못했다.

블랙리스트 진상조사위의 조사결과에 의하면 〈소월산천〉 공연 2주 전, 용호성 당시 기획운영단장이 국악원 과장 및 계장에게 박근형 연출가와의 협업 사실을 문제 삼아 공연 조정을 지시했다. 이에 직원들이 이미 홈페이지에 업로드되었던 〈소월산천〉 홍보물을 삭제했고, 앙상블 시나위측과 김서령 예술감독에게 연출 및 연극요소를 뺀 단독음악공연으로 변경요청을 했다. 앙상블 시나위측은 이에 반발하여 공연취소 의사를 밝혔고 〈소월산천〉 공연이 최종 취소되었다. "당시 A 단장이 국악원 내에서 주도적 권한과 역할을 차지했던 사실을 인정할 수 있는 바, 해당 사건은 국악원 자체 내에서 행해진 사건으로, 당시 기획운영단장이었던 A가 사건에서 주도적 역할을 한 것으로"[70] 보인다. 당시 국립국악원장이었던 김해숙은 "용단장은 문체부에서 오래 일했기에 당시 사정을 잘 알았을 것이고, 조직을 지키고 싶은 마음도 컸을 것"[71]이라며 용호성의 배제 지시를 인정한 바 있다.

---

70 블랙리스트 진상조사위, 「2017전2 국립국악원 '소월산천' 공연취소 사건」, 『블랙리스트 진상조사 및 제도개선위원회 백서2-2, 진상조사결과보고서: 공연2』, 376쪽.

71 「김해숙 국립국악원장 "블랙리스트? 문체부 산하기관은 따를 수밖에"」, 『한국경제』, 2017.02.07. 〈http://plus.hankyung.com/apps/newsinside.view?aid=201702070172A〉(검색일: 2025.09.30.)

문화예술계 검열의혹은 2016년으로 넘어오며 정치권에서는 관심 밖으로 밀려났지만 연극계의 투쟁은 식지 않고 가열차게 전개되었다. 젊은 연극인들은 2016년 6월부터 10월까지 무려 21개 극단의 22개 작품이 참여하는 '2016권리장전_검열각하' 공연을 릴레이로 이어갔다. '검열각하' 공연릴레이는 2016년 6월 9일에 시작되어 10월 30일까지 144일간 21개 극단과 개인의 22개 작품, 110회 공연이 이루어졌다. 크라우드펀딩에 427명의 후원자들이 참여했고, 332명의 배우와 스태프가 참여했으며, 총 6,671명의 관객이 관람하였다.[72]

---

72 김미도, 「블랙리스트, 네버엔딩 스토리」, 『세월호 이후의 한국연극』, 2016, 107~108쪽.

4. 블랙리스트의 실체 확인

정치권에서 더 이상 큰 문제로 다뤄지지 않던 검열 이슈는 뜻밖에도 '최순실 게이트'와 함께 다시 터져 나왔다. 2016년 10월 10일 도종환 의원은 국정감사에서 예술위의 2015년 11월 6일 제173차 회의록을 근거로 블랙리스트가 실재함을 주장했다. 도종환 의원은 2015년 11월 6일 예술위 회의에서 박병원 위원(한국경영자총협회 회장)이 "포스코에서 미르재단에 30억 내겠다고 했는데, 이것을 이사회에서 추인만 하는 거라고 해서 부결 못하고 왔다"고 한 내용 등이 빠졌다고 주장했다. 173차 회의록은 도 의원이 다른 경로로 확보한 원본(45쪽)보다 14쪽 분량이 빠져 있었는데 거기에는 블랙리스트 존재 여부와 관련하여 "청와대에서 이 사람은 배제한다고 얘기해서 우리 맘대로 심사할 수 없다"고 한 부분도 삭제되어 있었다.

블랙리스트 진상조사위 조사결과에 의하면 2015년 5월 29일의 161차 예술위 회의록에서 이미 블랙리스트의 존재에 대한 언급들이 확인되고 있다.

■ 권영빈 위원장: 지금까지는 우리 예술위원들이 추천해서 책임심의위원들을 선정하면 해당기관에서 그분들에 대한 신상 파악 등을 해서 "된다, 안 된다"는 얘기가 나오고 있습니다.(중략) 또 하나는 책임심의위원을 선정해 놓고 보니까 여러 가지 문제 중에 지원해 줄 수 없도록 판단되는 리스트가 있는데 거기에 대해서 아무도 책임을 안 진다는 겁니다. 그래서 우리 직원들이 굉장히 곤욕을 겪고 있습니다. 이런 문제는 여기 위원님들도 참여를 해주시고, 앞으로는 조금 더 자유롭게 이 문제를 해결할 수 있는 유연성 있는 심사제도로 가야 되지 않느냐는 겁니다.

■ 정OO 위원: 저의 개인적인 의견은, 위원은 심의위원회에 당연직으로 참여해야 한다고 생각하고요. 또 여기에 대한 책임 역시 일정 부분 져야한다고 생각합니다.[73]

예술위 위원들은 최소한 2015년 5월 29일 이후, 블랙리스트의 작동 여부를 충분히 인지하고 있었다. 여기서 예술위 위원들의 블랙리스트 묵인, 방조에 대한 책임 문제가 대두된다. 심지어 예술위 위원이 블랙리스트 실행에 협조하는 행태를 보이기도 한다.

■ 장OO 창작지원부장: 지금 오OO 위원님과 계속 논의를 하고

73 예술위, 「제 161차 위원회 회의록」, 2015.5.29.

있는데 이번 주에 결정이 됐으면 오늘 위원회 회의에 상정을 했겠습니다만 다음 주 금요일 정도에 예정되어 있습니다.(하략)

■ 오OO 위원: 이번에 얘기를 들으면서 책임심위원이라는 것에 대해서 생각하게 됐습니다. 그런데 어떻게 방법이 없고, 차선책으로 다음 주에 심의위원회를 다시 개최해서 심의위원들이 논의를 해야 되는 문제들입니다.[74]

여기서 장OO 창작지원부장과 오OO 위원 사이에 오고간 발언들은 '2015아르코 문학창작기금' 결과 발표 지연에 대한 문제이다. 예술위에서는 회의록 삭제를 인정하지 않고 발뺌하다가 결국 국정감사가 진행되는 동안 원본을 차례차례 제출했다. 2015년~2016년 사이 예술위 회의록의 원본과 삭제본을 비교해 보면 모든 회의록에서 적게는 2~3쪽, 많게는 14~15쪽씩 삭제하거나 조작한 것이 드러났다. 국회 교문위는 국회의 국정감사 자료 요구에 대해 허위로 자료를 제출하고 위증한 박명진 전 예술위 위원장을 고발하고 관련 직원에 대한 징계를 요구했다.

블랙리스트의 존재를 끊임없이 추적하던 도종환 의원이 2016년 10월 10일 국정감사에서 블랙리스트의 존재를 주장했고, 당일 오후 한겨레신문에서 이 내용을 단독으로 보도했다.[75] 이틀 뒤인 2016년 10월 12일에는 한국일보 보도를 통해 드디어 9,473명의

---

74 위의 회의록.

75 손준현 기자, 「[단독] 예술계 '블랙리스트' 존재 단서 나왔다」, 『한겨레』, 2016.10.10. 〈https://www.hani.co.kr/arti/culture/music/764932.html〉(검색일: 2025.09.30.)

블랙리스트 명단이 공개되기에 이른다.

> 문화정책에 밝은 예술계 한 인사는 이날 한국일보와 만나 "지난 해 5월 흔히 말하는 '블랙리스트'가 청와대에서 내려왔고 우리 입장에서는 이에 따라 행동할 수밖에 없다고 하는 문체부 공무원들의 푸념을 들었다"면서 "실제 이 문건을 직접 보기도 했거니와 너무 어처구니가 없어 사진으로 찍어두었다"고 말했다. 이어 "그 때는 저 말이 진짜일까 싶었는데 이후 예술계에서 이런저런 잡음이 들리면서 정부가 이 블랙리스트를 충실하게 실행하고 있다는 것을 알게 됐다"고 덧붙였다.[76]

이 자료는 구체적인 명단 없는 표지뿐이었지만 제보한 이는 "표지 뒤에는 9,473명의 구체적 명단이 리스트로 붙어 있었고, 이 때문에 이 문건은 A4용지로 100장이 넘어가는 두꺼운 분량이었다"고 증언했다.

한국일보에서 공개한 블랙리스트는 세월호 정부 시행령 폐기 촉구선언 문화예술인 594인, 세월호 시국선언 문학인 754인, 문재인 후보 지지 선언 6,517인, 박원순 후보 지지 선언 1,608인 등 총 9,473인으로 이루어져 있었다.

블랙리스트 진상조사위에 의하면 2015년 5월경 문체부 오OO

76 「세월호 선언 등 9473명, 문화계 블랙리스트 확인」, 『한국일보』, 2016.10.12. 〈http://www.hankookilbo.com/v/0abb634242a64afca79799b09f8564f4〉(검색일: 2025.09.30.)

사무관은 "김OO 선임행정관으로부터 '세월호 정부 시행령 폐기 촉구 선언', '세월호 시국선언', '문재인 후보 지지선언', '박원순 후보 지지선언' 등 범주에 포함된 사람들을 인터넷으로 확인하여 문체부 장관에게 보고한 후 송부하라는 지시를 받아 총 9,473명의 명단을 작성한 후 이를 교문수석실에 송부"[77]했기 때문으로 보인다. 즉 '세월호, 문재인, 박원순' 등의 키워드를 입력하여 연관 검색이 되면 모두 배제하는 저인망식 방법을 활용했다. 이런 대규모 명단을 바탕으로 지원신청 명단이 들어오면 일차적으로 배제 대상자를 거르는 장치로 활용했던 것이다. 앞에서 언급한 '아르코 문학창작기금' 사업의 경우는 이러한 블랙리스트가 어떻게 작동했는지 여실히 보여주는 사례라 할 수 있다.

* 세월호관련 문학인 시국선언 해당됨

순번	이름	신청사업	작품 내용	지원내역
1	김은경 (김박은경)	시집<주기적인가족>발간	가족의 해체를 통해 소통의 해법과 최선의 방향을 찾아내려는 작품.	○ 지원내역없음
2	박남희	시집 <놀이터의 배후> 발간	일상에 담긴 시적인 새로움이나 진리에 대한 탐구를 하는 작품.	○2006/예술창작지원/8백만원/예술위 ○2007/예술창작및표현활동지원/12백만원/예술위
3	이성목	시집 <단어들로 이루어진 사람> 발간	존재를 끊임없이 오류에 빠지게 하는 인어에 관한 사유와 고민에 대한 작품.	○ 지원내역없음
4	박진성	시집 <낮과 편자> 발간	인간들의 개별적인 삶의 모습에 집중하고 타인의 고통에 귀 기울이는 내용의 작품.	○2004/신진예술가지원/7백만원/예술위 ○2007/예술창작및표현활동지원/12백만원/예술위 ○2007/창작활동및생계비지원/6백만원/예술위 ○2008/조건부기부금사업지원금/1백만원/예술위
5	김병곤	시집 <빈 방 이슬> 발간	희미해지는 것들이 잠시 시인의 눈에 머무는 시간을 붙잡아 이야기한 작품	○ 지원내역없음
6	이정록	시집 <내가 좋다> 발간	쉽고의미깊은시에중점을두어모두가떠난빈집의씁쓸함을이야기한작품.	○2005/예술창작지원/8백만원/예술위 ○2007/예술창작및표현활동지원/12백만원/예술위 ○2015/지역문화예술창작지원/3백만원/충남문화재단
7	박석근	소설집 <이미테이션> 발간	이미테이션가수의 일대기를 통해 이미지가실체를 지배하고 전복하는 시대를 풍자한작품.	○ 지원내역없음
8	전석순	소설집 <고공행진> 발간	살인이나 자살현장을 청소하는 특수청소부를 화자로 삼아 감정노동자에 대해 이야기한 작품.	○ 지원내역없음

77 김기춘 외 3인 1심 판결, 15~19쪽 참조.

9	정광모	소설집 <토스쿠> 발간	필리핀의민삼을배경으로또다른세상에사는나를만나는과정을통해인간의양면성을 그린작품.	○2013/지역문화예술육성지원/3백원/부산문화재단
10	김혜정	동화 <내가 들어줄게> 발간	12살 아이들이 익명의 고민상담 사이트를 만들어 직접 상담해주면서 소통의 중요성과 고민 해결의 방법을 주체적으로 찾아나가길 기대하는 작품.	○2012/해외창작거점예술가파견지원1차/19백만원/예술위 ○2012/작가창작활동지원/10백만원/서울문화재단
11	강정연	동화 <그래도 행복한 우리집> 발간	교통사고로 엄마를 잃은 가족의 이야기를 밝게 그려내 상처를 가진 사람들에게 위로가 되고자 하는 작품.	○2008/예술창작및표현활동지원/12만원/예술위 ○2010/문학창작활성화지원/10백만원/서울문화재단
12	하신하	동화 <바늘장군 김돌쇠> 발간	김돌쇠가 바늘로 왜적과 싸웠다는 충청지역의 야사를 바탕으로 임진왜란이라는 역사적 상황을 그린 작품.	○ 지원내역없음
13	이상권	수필집 <야생초 밥상> 발간	야생초 밥상과 그 요리를 하는 사람들의 이야기를 소설형식으로 소개한 작품.	○ 지원내역없음
14	이윤택	희곡집 <꽃을 바치는 시간> 발간	향가<헌화가>와 접목하여 극화한 시극으로 조선 여성을 통해 주체적인 삶의 의식을 다룬 작품.	○ 지원내역없음 *국립단체 중복지원으로 배제

이처럼 문체부 예술정책과 오OO 사무관이 작성한 「문화예술분야 지원사업 관련 현안」(2015.5.21.) 문건에 적시된 14명의 배제 명단은 '세월호 관련 문학인 시국선언에 해당됨'이라고 그 사유가 기재 되어 있다. 단지 세월호의 진실을 밝히라는 시국선언에 서명했다는 이유만으로 수많은 문화예술인들이 블랙리스트에 포함되었던 것이다.

블랙리스트의 존재가 확인 된 이후 전개된 문화예술계 주요 투쟁 활동을 나열해 본다.

2016년 10월 중순: 블랙리스트 문화예술계 대응 모임 발족

2016년 11월 4일: 220개 문화단체가 연명하고 7,200명의 문화예술인이 서명한 시국선언 및 '박근혜 퇴진 광화문 캠핑촌' 농성 돌입

2016년 11월 6일: 블랙리스트 문화예술계 대응 모임이 '박근혜 퇴진과 시민정부 구성을 위한 예술행동

위원회'로 전환

2016년 11월 8일: 블랙리스트 진상규명, 박근혜 퇴진 음악인 2,300명 시국선언

2016년 11월 11일: 대학로 X포럼, '현 시국에 관한 긴급 심야 토론'

2016년 11월: 블랙리스트 법률대응모임 결성(민주사회를 위한 변호사 모임+참여연대 공익법센터+문화예술계)

2016년 11월 21일: 독립영화인 800인 시국선언

2016년 11월 21일: 문학인 5개 단체 대통령 퇴진 촉구 공동선언문 발표(국제펜클럽한국본부, 한국문인협회, 한국소설가협회, 한국시인협회, 한국작가회의)

2016년 11월 28일: 연극계 '검열백서 준비위원회' 구성

2016년 12월 3일: 전국 풍물인 700인 시국선언(전국 풍물인연석회의)

2016년 12월 12일: 박영수 특검에 박근혜, 김기춘, 조윤선, 김종덕 등 고소·고발

2016년 12월 26일: 검열백서 준비위원회, 검열백서 발족 포럼

2017년 1월 7일: 광화문 광장에 '광장극장 블랙텐트' 설립

2016년 1월 10일: 광장극장블랙텐트 개막식 및 개막기념공연

2017년 1월 11일~12일: 김기춘, 조윤선 즉각 구속 촉구 1박 2일 블랙리스트 버스(세종시 문체부 항의 방문)

2017년 1월 16일: 블랙리스트 문화예술인 500여명 국가 손배 청구 소송 및 기자회견

2017년 2월 18일~25일: 검열백서 준비위원회, 검열백서 홍보 및 모금활동

2017년 3월 7일: 블랙리스트 몸통 국정원 검찰 고발 및 기자회견(국정원 앞)

2017년 3월 28일: 검열백서 준비위원회, 검열백서 3월 포럼 '예술검열의 사건 개요 및 분석을 위한 개관' 개최

2017년 4월 7일: 각 당 대선후보 캠프 초청 문화혁신 공개토론회

2017년 4월 18일: '블랙리스트 타파와 공공성 확립을 위한 연극인회의' 발족

2017년 4월 19일: 문화예술인 블랙리스트 헌법소원 청구 기자회견

2017년 4월 26일: 문재인 대통령 후보 캠프와 정책협약식 진행

2017년 4월 27일: 검열백서준비위원회가 '검열백서위원회'로 전환, 『기록할 수 없는 이야기-검열백서 준비1호: 사건일지와 질문들』 발간

2017년 5월 22일: 블랙리스트 문화예술인 500여명 국가 손배 청구 2차 소송 돌입

2017년 5월 '박근혜 퇴진과 시민정부 구성을 위한 예술행동위원회'가 '적폐청산과 문화민주주의를

위한 문화예술대책위원회'로 전환

2017년 6월 20일: 감사원 문체부 감사결과 규탄 기자회견

2017년 6월 23일: 한국연극평론가협회 『세월호 이후의 한국 연극-블랙리스트에서 블랙텐트까지』 발간

2017년 6월 26일: 검열백서위원회, 검열백서 6월 포럼, '블랙리스트 사태를 바라보는 정밀한 관점!' 개최

2017년 6월 30일: 문화혁신포럼, 현장 문화예술인+국민인수위원회 공동주최(대한민국 국민정책소통 플랫폼 광화문 1번가)

2017년 7월 3일: '청산과 개혁-블랙리스트 타파와 공공성 확립을 위한 대토론회'(대학로 이음센터)

2017년 7월 17일: 검열백서위원회, 블랙리스트 사태 재판 방청자 및 기록자 간담회

2017년 7월 31일: 문화체육관광부, '문화예술계 블랙리스트 진상조사 및 제도개선 위원회' 발족

블랙리스트와 맞서 싸워온 문화예술계의 투쟁은 지속적이면서도 결사적이었다. 특히 촛불혁명의 중심이었던 광화문 광장에서 2016년 11월 4일부터 2017년 3월 25일까지 지속된 '박근혜 퇴진 광화문 캠핑촌' 농성은 촛불혁명을 평화적, 예술적으로 이끌어간 가장 중요한 동력이었다. 광화문 캠핑촌은 4개월이 넘는 기간 동안 광화문 광장을 중심으로 궁핍현대미술광장, 광장극장 블랙텐트, 광화문미술행동, 목요춤교실, 하야하락콘서트, 광장신문, 광장

토론회, 광장정치학교, 비주류예술가들의 '옳', 길거리 붓글씨쓰기, 시화전, 대동풍물판굿, 광장문화행진, 다큐영상제, 매주 토요일 집중 광장 예술행동 등을 진행하였다.

특히 '광장극장블랙텐트'는 2017년 1월 7일에 기습적으로 설치되었고 1월 10일에 극단 고래 〈빨간시〉로 개막공연을 연 이후, 416가족극단 노란리본 〈그와 그녀의 옷장〉, 드림플레이테제21 〈검열언어정치학: 두 개의 국민〉, 연희단거리패 〈씻금〉, 무브먼트 당당 〈광장, 꽃피다〉, 극단 돌파구 〈노란봉투〉, 여기는당연히극장 〈킬링타임〉 등의 연극들이 이어졌다. 공연 외에도 광장극장블랙텐트 포럼 '공공극장으로서 광장극장블랙텐트의 운영방안에 대해서'가 열렸고, 독립영화 〈7년-그들이 없는 언론〉 특별상영이 있었다. 2017년 3월 9일에 광장극장 블랙텐트는 마지막 공연을 올렸고, 3월 10일에 박근혜 대통령의 탄핵이 인용되었다. 그리고 3월 18일에 광장극장 블랙텐트는 해체되었다.

2016년말 연극계를 중심으로 구성된 '검열백서위원회'(위원장 김미도)는 민간 차원에서 블랙리스트 사태와 관련된 모든 자료를 수집하며 정기적으로 검열백서포럼을 개최하는 한편 검열백서 '준비 1호'(2017.4)와 '준비 2호'(2017.9)를 차례로 발간하였다.

문재인 정부가 들어선 이후, 도종환 문체부 장관은 취임 직후인 2017년 6월 30일, 가칭 '블랙리스트 진상조사 및 제도개선위원회'를 위한 사전준비팀을 가동시켰다. 약 한달 간의 사전준비팀 활동을 통해 2017년 7월 31일에 '문화예술계 블랙리스트 진상조사 및 제도개선 위원회'가 출범하였다.

문재인 정부는 2017년 7월 19일 100대 국정과제를 발표하였는데 국정과제 1호로 '문화계 블랙리스트 청산'을 내걸었다. 2017년 7월 31일에 '문화예술계 블랙리스트 진상조사 및 제도개선위원회'가 출범했고, 2018년 6월 30일까지 11개월간 활동하며 총 108건의 신청사건과 31건의 직권조사 결과보고서를 생산하고 제도개선 방안을 마련했다.

3장
피해자의 입장에서 본 블랙리스트 사태

1. 국립극단에서의 블랙리스트 실행에 관한 연구

2. 문화예술계 블랙리스트 피해 양상 및 후속 조치에 관한 연구(1)
– '팝업씨어터' 사건

3. 문화예술계 블랙리스트 피해 양상 및 후속 조치에 관한 연구(2)
– '서울프린지네트워크 선정 배제 사건' 을 중심으로

1. 국립극단에서의 블랙리스트 실행에 관한 연구*

1) 서론

박근혜 정부에서 예술가들을 검열하고 있다는 사실이 표면적으로 드러난 것은 2015년 9월 9일 JTBC 보도 '지원자에 작품 포기 종용… 순수예술 '정치 검열' 의혹'[1]을 통해서이다. 보도의 요지는 박근형의 〈모든 군인은 불쌍하다〉가 '2015 공연예술 창작산실' 심의를 통해 선정되었는데 한국문화예술위원회(이하 '예술위')가 심의위원들을 재소집하여 박근형의 배제를 요구했고, 심의위원들이 이를 거부하자 예술위 직원들이 박근형을 직접 찾아가서 지원금 수혜를 포기하도록 종용했다는 것이다. 예술위는 그 과정에서 박근형을 배제하는 이유로 2013년 9월에 국립극단에서 공연한 〈개

---

* 이 논문은 『한국연극학』 제 80호(2022)에 발표되었으며 일부 내용이 수정되었다.

1 강신후 기자, 「지원자에 작품 포기 종용… 순수예술 '정치 검열' 의혹」, 『JTBC 탐사플러스』, 2015.09.09. 〈https://news.jtbc.joins.com/article/article.aspx?news_id=NB11026116〉(검색일자: 2022. 01.14).

구리〉를 문제 삼았다. 2017년 7월부터 2018년 6월까지 활동한 '문화예술계 블랙리스트 진상조사 및 제도개선 위원회'(이하 '블랙리스트 진상조사위')의 조사 결과에 의하면 〈개구리〉는 블랙리스트 사태의 시발점에 놓인다.

국립극단의 공연이 블랙리스트 사태의 서막을 장식한다는 사실은 국립극단이 문화체육관광부(이하 '문체부')의 산하기관이라는 사실과 무관하지 않다. 문체부는 블랙리스트를 실행·감독하면서 심지어 블랙리스트 관련 문건들을 '개구리'라는 이름의 폴더 안에 저장하고 후임자에게 인계하였다. 문체부 창조행정담당관이었던 황OO의 진술에 의하면 "전임자인 김OO으로부터 '개구리'라는 폴더를 인수인계 받았는데, 그 폴더는 청와대 보고용으로 회의 결과를 보관하였던 용도로 알고 있다"[2]고 진술했다. 즉 2013년 9월부터 블랙리스트는 이미 작동하고 있었는데 문화예술계는 2015년 9월에 JTBC를 통해 검열 의혹이 본격적으로 불거져 나오기까지 이런 사실을 인지하지 못했다.

박근혜 정부의 검열이 국립극단으로부터 본격적으로 시작되었다는 사실은 큰 시사점을 던져 준다. 처음으로 〈개구리〉 공연을 문제 삼았던 중앙일보 기사에 의하면 "노무현 전 대통령은 미화하고 박정희 전 대통령은 깎아내리는 연극이 공연되고 있다. 정치적으로 민감한 연극을 만든 게 일반 민간극단이 아닌, 국립극단이

---

2 문화예술계 블랙리스트 진상조사 및 제도개선위원회, 「박근혜 정부 블랙리스트 사태의 주요 경과」, 『문화예술계 블랙리스트 진상조사 및 제도개선위원회 백서1, 위원회 활동 보고서』, 문화체육관광부, 2019.02. 44쪽.

라는 점에서 논란이 되고 있다"[3]고 하였다. 이 기사는 바꾸어 말하자면 국립극단은 정치적으로 민감한 연극을 해서는 안 된다는 의미로 해석된다. 〈개구리〉를 관람한 당시 유진룡 장관 보좌관 조OO는 "연극을 관람하던 중 '저거 분명히 문제 삼을 텐데, 누군가' 라고 생각을 하고 이와 관련해서 유진룡 장관에게 문자로 보고하였다고 진술하였다." 또 당시 문체부 예술정책관 김OO은 "개구리가 공연되고 있는 시점에 중앙일보의 최OO 기자가 '정부예산으로 이렇게 하면 되나?'라는 말을 했고 예술국 소속 과장이 '큰일났습니다. 청와대에서 지금 기리기리합니다'라고 했다"[4]고 진술하였다. 〈개구리〉가 공연 중이던 2013년 9월 9일에 문체부는 다급하게 '문화예술정책점검TF'를 구성했다. 문재인 정부 출범 이후 가동된 국정원 개혁위 적폐청산TF의 조사 결과에 따르면 문체부는 "문화예술계 내 좌편향 작품·행사·사업 등을 사전 스크린하고 보수지형을 확대하는 방향에서 대응책을 논의"하기 위해 2013년 9월 9일에 조현재 1차관을 단장으로 하여 '문화예술정책점검TF'를 출범시켰다고 한다. 그런데 이미 〈개구리〉 공연 이전인 2013년 8월 16일에 국정원은 「문화예술계 좌성향 세력 활동 실태」라는 보고서를 김기춘 대통령비서실장에게 올렸고, 이에 따라

---

3 최민우 기자, 「박정희·박근혜 풍자냐 비하냐… 국립극단 연극 논란」, 『중앙일보』, 2013.09.12. 〈https://www.joongang.co.kr/article/12589817〉(검색일: 2022.01.14.).

4 「문체부 내 건전콘텐츠활성화TF 등의 구성 및 운영 사건」, 『문화예술계 블랙리스트 진상조사 및 제도개선위원회 백서 2-1, 진상조사결과보고서: 기관별』, 364쪽.

김기춘은 8월 21일 실수비[5]에서 종북세력이 15년간 문화계를 장악하고 있다며 문체부에 '특정 편향(左편향) 예술 지원 실태 및 대책'을 보고하라고 지시하였다. 이에 부응하여 문체부는 유진룡 장관의 지시로 2013년 9월 3일에 「문화예술 분야 좌편향 대응책 보고」를 청와대로 올린다. 공교롭게도 이 보고서가 올라간 9월 3일은 연극 〈개구리〉의 개막일이었다. 이 보고서는 대응 방안으로 "순수예술이 아닌 특정 편향성이 강한 작품에 대한 지원이 배제될 수 있도록 문화예술진흥기금 지원금 관리규정 개정"을 적시하고 있다. 이후 2014년 1월부터는 민간단체 보조금 지원 현황을 전수조사하고, 다른 한편으로 블랙리스트를 작성함으로써 이후 블랙리스트를 통한 조직적이고 체계적인 지원배제가 이루어진다.[6]

이 논문에서는 문화예술계 블랙리스트 사태의 시발점이 되는 〈개구리〉로부터 국립극단에서 박근혜 정권 내내 벌어진 블랙리스트 실행의 전모를 면밀히 분석할 것이다. 블랙리스트 진상조사위가 발간한 『문화예술계 블랙리스트 진상조사 및 제도개선위원회 백서』(이하 '블랙리스트 백서')를 근간으로 하되 2013년부터 2016년에 이르는 국립극단 공연 관련 자료들을 망라하여 블랙리스트 백서가 미처 밝히지 못한 국립극단 내 블랙리스트 실행의 퍼즐을 맞춰갈 것이다. 〈개구리〉 이후 석연치 않았던 국립극단의 여러 가지 행태들은 블랙리스트 실행이라는 중심축을 상정하고 보면 대부분의 의혹들을 해명할 수 있게 된다.

---

5 대통령 비서실 실장 주재 수석비서관 회의

6 「문체부 내 건전콘텐츠활성화TF 등의 구성 및 운영 사건」, 372~381 참조.

현재까지 국립극단의 블랙리스트 실행에 관한 총체적이고도 구체적인 연구 성과는 거의 없는 실정이다. 김미도는 「문화예술계 블랙리스트 작동 방식에 관한 연구」[7]의 '자기검열의 작동과 배제'에서 국립극단의 블랙리스트 실행 문제를 부분적으로 다룬 바 있다. 이 논문은 여기서 한 걸음 더 나아가 국립극단에서 벌어진 블랙리스트 실행의 양상을 전체적으로 다루면서 블랙리스트 백서가 미처 규명하지 못한 부분들을 보다 선명하게 입증하고 새롭게 규명된 사실들을 추가할 것이다. 이를 위해 블랙리스트 실행이 본격적으로 이루어진 손진책 예술감독과 김윤철 예술감독의 시기를 나누어 블랙리스트 실행의 면면을 상세히 분석하고, 국립극단을 필두로 블랙리스트 사태가 발생했던 이유를 분석하게 될 것이다. 아울러 국립극단에서 블랙리스트가 실행될 수밖에 없었던 구조적 문제점을 제시하고, 이러한 비극적 역사가 되풀이되지 않도록 국립극단이 나아가야 할 제도개선의 방향성을 제시하고자 한다.

2) 국립극단의 블랙리스트 실행 양상

(1) 손진책 예술감독 시기

① 〈개구리〉와 〈알리바이 연대기〉에 대한 자기검열

국립극단은 2013년 9월부터 11월에 걸쳐 아리스토파네스의 희극 3부작 〈개구리〉, 〈구름〉. 〈새〉를 차례로 공연했다. 세 작품 모두 원작 그대로가 아니라 동시대 우리 현실을 반영하여 각색·연

---

7 김미도, 「문화예술계 블랙리스트 작동 방식에 관한 연구」, 『한국연극학』, 77, 한국연극학회, 2021.

출된 형태로 기획되었다.

문제가 된 작품 〈개구리〉는 2013년 9월 3일부터 9월 15일까지 국립극단 백성희장민호극장에서 공연되었다. 서론에서 언급한 대로 2013년 9월 12일, 중앙일보 최민우 기자는 「박정희·박근혜 풍자냐 비하냐… 국립극단 연극 논란」이라는 기사를 올린다. 그런데 김기춘 전 대통령 비서실장의 재판을 통해 알려진 박준우 전 청와대 정무수석의 업무수첩에는 2013년 9월 9일에 "천안함(영화) 메가박스 상영문제. 종북세력 지원 의도. 제작자 펀드 제공자 용서 안 돼. 국립극단 개구리 상영 용서 안돼"[8]라고 적혀 있다. 청와대에서 〈개구리〉에 대한 김기춘의 언급이 있은 지 3일 후, 중앙일보에 〈개구리〉 논란 기사가 나갔다.

블랙리스트 진상조사위에 의해 공개된 「국립극단 기획공연 〈개구리〉 관련 현안 보고」는 문체부 공연전통예술과 김OO 과장이 2013년 9월 12일경에 최종 완성하여 청와대에 보고하였다. 이 문서에 기술된 〈개구리〉의 문제점과 후속 작품에 대한 조치는 아래와 같이 요약된다.

①'내용상 문제점'으로, '그분(노무현 전 대통령 상징)'과 '카멜레온(박정희 전 대통령)'의 대화를 통해 '그분'을 미화하고 '카멜레온'을 비하적으로 묘사한 점, ②국정원 선거개입 사건을 '기말고사 컨닝'으로 풍자한 점, 윤창중 전 대변인 스캔들을 풍자

8 박광수 기자, 「"김기춘, 회의 때마다 나라가 많이 좌편향 돼있다" 자주 언급」, 『중앙일보』, 2017.05.04. 〈https://www.joongang.co.kr/article/21541749〉(검색일: 2022.01.15).

한 점 등을 지적하면서, ③'국립극단 예술감독(손진책) 조치사항'으로, 연출가로 하여금 결말을 수정하도록 하고 과도한 정치적 풍자를 대폭 완화하도록 하는 등 문제의 소지를 최소화하도록 조치하였다고 보고하고 있다. ④한편 '향후 조치계획'으로는 '향후 국립극단 작품에서 '편향된 정치적 소재'는 배제토록 강력 조치', '현 국립극단 예술감독(손진책) 교체 추진' 등의 보고를 하면서, ⑤현재 공연 중인 작품에 대한 추가 조치 요구(수정 등)는 불필요한 논란을 초래할 수 있다고 하고 있다.[9]

「국립극단 기획공연 〈개구리〉 관련 현안 보고」를 작성한 김OO 문체부 공연전통예술과장은 블랙리스트 진상조사위에서 "최초로 〈개구리〉가 문제가 된다는 것을 인지한 것은 9.3개막 주 금요일쯤이었고(2013.9.6.~7경으로 기억) 청와대 문체비서관실로부터 〈개구리〉 공연이 굉장히 정치편향적이라는 문제 제기를 받고 공연을 본 후 김OO 예술국장과 통화하였는데"[10]라고 진술하였다. 이러한 내용들을 다시 시간 순으로 배열해 보면 2013년 9월 3일 〈개구리〉가 개막한 후, 9월 6~7일 경에 청와대 문체비서관실로부터 문체부 공연전통예술과로 〈개구리〉에 대한 대책 마련 지시가 내려왔고, 9월 9일에 김기춘은 청와대 실수비에서 〈개구리〉에 대해 격노했고, 문체부는 다급하게 국립극단에 모종의 조치를 취한 후 그 결과를 「국립

---

9 「(재)국립극단 블랙리스트 실행사건」, 『문화예술계 블랙리스트 진상조사 및 제도개선위원회 백서 2-3, 진상조사 결과보고서: 공연2』, 243쪽.

10 「(재)국립극단 블랙리스트 실행사건」, 247쪽.

극단 기획공연 〈개구리〉 관련 현안 보고」 문서로 정리하여 9월 12일에 청와대로 보고했고, 같은 날 중앙일보에 문제의 기사도 보도된다. 여기서 청와대 문체비서관실이 〈개구리〉를 문제 삼게 된 경위와, 언제쯤 손진책 예술감독이 박근형 연출가로 하여금 결말 부분을 수정하도록 요구하였는지가 불분명하다. 〈개구리〉 대본이 수정된 부분은 위 문서에 다음과 같이 적시되어 있다.

<국립극단 예술감독(손진책) 조치사항>

- ㅇ 당초 극본 초안에는 ▲그분(노무현)을 지상으로 모시고 오는 결론이었고 ▲정치적 풍자 및 표현 등이 과도했던 바, **연출가로 하여금 결말을 수정토록 하고(어머니가 지상으로 오는 결말), 과도한 정치적 풍자를 대폭 완화**토록 지도하는 등, **문제의 소지를 최소화하도록 조치**
- ㅇ 수정된 현 내용의 정치적 풍자 수준은 국민들이 수용(이해)할 것이라고 분석(손진책)

문서작성자인 문체부 김OO 과장의 진술에 따르자면 손진책 예술감독과 대본 수정에 관해 협의한 것은 개막 이후 9월 6~7일경으로 보여진다. 그런데 참고인으로 블랙리스트 진상조사위에 출석한 김재엽 연출가는 "〈개구리〉 공연을 대략 일주일 내지 5일 가량 앞둔 어느 날 새벽" 박근형로부터 전화가 왔다면서 박근형이 "손진책 예술감독이 〈개구리〉 연습실로 찾아왔다고 했습니다. 〈개구리〉의 '그분(노무현 전 대통령)이 지상으로 살아 돌아오는 결말'을 바꾸는 등 작품에 대한 관여를 많이 하셨다고 했습니다"[11]라고 진술하였다. 박근형 역시 "위원회 조사에서 연극 〈개구리〉를 준비하는 동안 손진책 감독이 너무 예민한 게 아닌가 하여" 김재엽에게 "〈개구리〉에 대하여 이렇게 할 정도면, 너네 팀은 더 심했을 것 같

---

11 「(재)국립극단 블랙리스트 실행사건」, 245쪽.

은데, 도대체 뭐라고 말씀을 하시더냐"라는 취지로 전화를 한 적이 있다면서, 김재엽 연출이 "〈알리바이 연대기〉 공연에서 박정희 액자가 꼭 필요한데 손진책 감독님이 그 액자가 꼭 있어야 되냐고 계속 물어봐서 골치 아프다고 말을 하곤 하였다"[12]고 진술하였다. 한편 손진책은 "위원회 조사에서 〈개구리〉 시연회가 끝난 후 박근형 연출가를 '한 차례' 면담하여 직접적인 풍자 부분에 대하여 '예술감독으로서' 미학적인 차원에서 조언을 하여 박근형 연출가가 수용하였고 '그 이후 그 문제에 대하여 연출가에게 어떤 언급도 하지 않았다는' 취지로 진술하였다."[13](밑줄 필자) '국립극단 예술감독(손진책) 조치사항' 중 "연출가로 하여금 결말을 수정토록 하고(어머니가 지상으로 오는 결말)"의 결과는 당시 이런 조치사항을 전혀 눈치 채지 못하고 있었던 평론가 임선옥의 리뷰에서 보듯이 "갑자기 마지막에 모성신화 등장처럼 나타나는 동자승 어미의 이승 출발은 작품의 전체 맥락에서 툭 떨어져 나와 어리둥절한 결말로 보일 수밖에 없었다."[14]

블랙리스트 진상조사위의 참고인 진술들을 종합해 볼 때 〈개구리〉 결말 부분의 수정이 언제 이루어졌는지에 대해서는 시점이 다소 엇갈린다. 박근형과 김재엽 연출가는 공통적으로 〈개구리〉 연습 중에 그런 일이 있었다고 하며, 예술감독 손진책은 시연회가

12 「(재)국립극단 블랙리스트 실행사건」, 253쪽.

13 「(재)국립극단 블랙리스트 실행사건」, 248쪽.

14 임선옥, 「아리스토파네스와 국립극단, 피상적 만남에 그치다 《개구리》《구름》《새》」, 『연극평론』 2013년 겨울, 24쪽.

끝난 후로 기억한다. 어쨌든 세 사람의 진술은 결말 부분의 수정이 〈개구리〉 개막 이전으로 모아지며, 개막 후 청와대의 지시가 내려오자 손진책 감독과 모종의 협의를 했다는 문체부 김OO 과장의 진술과는 배치된다. 그렇다면 문체부가 개입하기 이전에 손진책 예술감독은 이미 〈개구리〉를 주시하면서 박근형 연출가에게 작품 수정을 요구하고 있었다고 볼 수 있으며, 위의 문서에 기록된 '〈국립극단 예술감독(손진책) 조치사항〉'은 문체부의 지시 이전에 손진책 예술감독이 자발적으로 행한 조치로 보인다. 이 부분에 대해 당시 국립극장 사무국장이었던 최OO도 블랙리스트 조사위에서 "이 문서에서 '향후 조치 계획' 관련해서는 문체부로부터 지시받은 기억은 없다"[15]고 하였으며, 당시 문체부 공연전통예술과 정OO 사무관 역시 "위 문서에서 '국립극단 예술감독(손진책) 조치사항' 부분은 손진책 예술감독님의 판단으로 조치한 것이 아닐까 생각은 합니다"[16]라고 진술하였다. 즉 이 모든 상황을 종합하면 손진책 예술감독은 문체부의 지시가 내려오기 이전에 박근형 연출가에게 작품 수정을 요구한 것이다.

손진책 예술감독은 김기춘이 2013년 8월에 대통령 비서실장으로 부임한 이후 곧바로 소위 '좌파' 예술인들을 척결하려 했던 상황에서 '자기검열'의 기제를 작동시켰을 가능성이 크다. 국정원 적폐청산 TF의 「前, 정부 특정 문예인 지원배제 소위 '블랙리스트' 조사 결과」(2017.10.30.)에 따르면 국정원은 김기춘 부임 직후인

15 「(재)국립극단 블랙리스트 실행사건」, 248쪽.

16 「(재)국립극단 블랙리스트 실행사건」, 245쪽.

8월 16일에 「문화예술계 左성향 세력 활동 실태」 보고서를 청와대로 올린다. 국정원이 2013년 9월 3일에 작성한 「문체부, BH 지시로 문화예술 분야 좌편향 대응책 보고」 문서에 의하면 문체부는 김기춘 비서실장이 '특정 편향(좌편향) 예술 지원 실태 및 대책' 보고를 지시한 것과 관련하여 보고서를 작성한 후, "근거를 남길 경우 잡음 발생 개연성에 대비 8.30 저녁 교문수석실 A행정관에게 인편으로 자료를 전달하였다고 보고하고 있다."[17] 즉 김기춘 비서실장 취임 직후인 8월 16에는 국정원으로부터 청와대로, 8월 30일에는 문체부로부터 청와대로 좌파 예술에 대응하기 위한 보고서가 올라갔다. 이러한 상황 하에서 〈개구리〉 연습 기간이었던 2013년 8월에 문체부와 국립극단, 국정원 IO(정보관)와 국립극단 사이에 이미 〈개구리〉가 문제시 되고 있었을 가능성이 높다. 문체부 서울사무소가 서계동에 위치한 국립극단과 한 건물 안에 상주하고 있는 것도 청와대의 분위기가 문체부를 통해 국립극단으로 손쉽게 전해질 수 있는 배경이 된다. 2013년 10월 2일에는 국정원으로부터 다시 「문예계 내 左성향 세력 再확산 시도 차단 건의」가 청와대로 올라갔다. 국정원에서 올라간 문서들에는 "국립극단·발레단 등 국립단체가 먼저 이념·정치편향 작품 필터링을 위한 사전 공모제 확대 및 심사기준 강화"[18]가 명시되어 있었다. 〈개구리〉는 세 가지 측면에서 블랙리스트 사태의 징후적 특징들을 보여준다.

---

17 「한국문화예술위원회 블랙리스트 실행을 위한 지원 및 심사제도 개편 사건」, 『문화예술계 블랙리스트 진상조사 및 제도개선위원회 백서2-1, 진상조사결과보고서:기관별』, 431쪽.

18 「한국문화예술위원회 블랙리스트 실행을 위한 지원 및 심사제도 개편 사건」, 430쪽.

첫째, 좌편향성에 대한 정치적 신경증이다. 즉, 〈개구리〉는 정치적 편향성, 좌파 종북논쟁, 정부비판적 입장, 그리고 박정희-박근혜 비판에 대해 박근혜 정권이 보여준 신경증적 반응을 징후적으로 드러냈다.(중략)
둘째, 〈개구리〉는 외부적 강압과 내면적 검열이 어떻게 조우하는가를 보여주는 사례이다. 박근형의 〈개구리〉 검열 사건을 블랙리스트가 리스트에 의한 지원배제만이 아니라 작품의 내용에 대한 개입 및 규제에까지 이루어질 수 있음을 보여준다.(중략)
셋째, 〈개구리〉는 '지원을 통한 배제'라는 신자유주의 검열 시스템으로 전환되는 길목에서 과거 중앙집권적 검열에서 블랙리스트 검열로 이행하는 문제틀을 드러낸다.[19]

손진책 예술감독의 검열 기제는 〈개구리〉와 같은 기간에 공연된 〈알리바이 연대기〉(2013.9.3~9.15, 소극장 판)의 연습과정에서도 작동하고 있었다. 김재엽 연출은 블랙리스트 진상조사위에서 "손진책 예술감독이 연극무대에 걸려 있는 박정희 사진에 대해서 우려가 많았고, 극중 내용 중에서 박정희의 일생 중에서 사회주의자로서의 활동 경력, 밀고 및 전향 경력 등이 직접 거론되는

19 박현선, 「논란이 된 작품으로 본 블랙리스트 사태: 블랙리스트의 텍스트성과 폭력의 징후들」, 『문화예술계 블랙리스트 진상조사 및 제도개선위원회 백서4, 블랙리스트 사태의 총체적 조망』, 230~231쪽.

것에 대하여 계속해서 우려를 표하였다"[20]고 진술했다. 즉 손진책 예술감독은 같은 기간(2013.9.3.~9.15.)에 공연될 〈개구리〉와 〈알리바이 연대기〉의 두 작품 모두에서 정치적으로 민감하다고 생각되는 부분들에 대해 청와대에서 문제 삼기 이전인 연습과정에서부터 관여하고 있었다.

② 〈구름〉 대본의 빨간줄과 작성 주체 및 전달 과정

국립극단 공연에 대한 검열이 가장 심각하게 벌어진 것은 〈개구리〉 이후 공연된 〈구름〉(남인우 연출, 2013.9.24.~10.5. 백성희장민호극장)에서였다.

문체부가 작성한 「국립극단 기획공연 〈개구리〉 관련 현안보고」 문서에는 '향후 조치계획'에서 "향후 국립극단 작품에 '편향적 정치적 소재'는 배제토록 강력 조치"하겠다면서 "아리스토파네스 시리즈 2차 작품(구름, 9.24~10.5) 등 2013년 국립극단 후속작품에 정치적 소재의 내용은 배제토록 조치(국립극단)"라고 기술하였다. 문화예술계 블랙리스트 사태를 통틀어 가장 경악할 만한 사실은 〈구름〉의 연출가 남인우에게 '빨간줄이 그어진 대본'이 전달되었다는 것이다.

> 참고인 남OO 연출가는 위원회 조사에서 〈개구리〉 공연이 올라가고 난 뒤, 〈구름〉 공연을 대략 2주 가량 앞둔 어느 날 손OO 담당 피디가 대본을 보여 달라고 하여서 대본을 주었는데 손진

20 「(재)국립극단 블랙리스트 실행사건」, 254쪽.

책 예술감독이 예술감독 방으로 자신을 불러 풍자의 내용보다는 미학적인 완성도가 중요하다는 취지로 말을 하였고 그 후 최OO 국립극단 사무국장이 특정 대사에 자로 대고 반듯하게 그은 빨간줄이 그어진 대본을 가지고 극장에 찾아와서 미안해 하면서, 빨간줄이 그어진 부분에 대해서 수정이나 보완이 가능하겠느냐고 물어보아서, 빨간줄을 누가 그은 것인지 물어보았더니 최OO 사무국장은 대답은 하지 않고 한숨만 쉬면서 '이 대본은 볼 필요도 없다'고 하였고, 대본 중에서 OOO 등 구체적인 정치인에 대하여 알 수 있는 풍자 부분에 대하여 지적하기도 했다는 취지로 진술하였다.[21](밑줄 필자)

한편 최OO 국립극단 사무국장은 블랙리스트 조사위에서 "〈구름〉 공연 연습 당시 손진책 예술감독이 자신에게 대본을 주면서 '코멘트를 단 것이다'라고 하면서 남OO 연출에게 전달해 달라고 하였던 기억이 있지만", 봉투를 "열어본 기억은 없고, 빨간줄을 친 대본을 확인한 기억도 없다"[22]고 진술하였다. 손진책 예술감독은 "〈구름〉의 공연대본에 코멘트를 달아 최OO 사무국장에게 전달하라고 지시한 적이 없고, 공연 대본에 빨간줄이 쳐진 것에 대해서 보고 받은 적이 없어 알지 못한다"[23]고 진술하였다.(밑줄 필자)

이러한 진술들 간에는 큰 차이가 있는데 남인우 연출가의 진술

---

21 「(재)국립극단 블랙리스트 실행사건」, 256쪽.

22 「(재)국립극단 블랙리스트 실행사건」, 257쪽.

23 「(재)국립극단 블랙리스트 실행사건」, 257쪽.

에 의하면 분명히 최OO 사무국장과 문제의 봉투를 함께 열어보고 빨간줄이 그어진 부분을 확인한 것으로 보인다. 그러나 최OO 사무국장은 손진책 예술감독으로부터 '코멘트를 단' 대본을 받기는 했으나 남인우 연출가에게 전달했는지는 기억에 없다고 했으며, 손진책 예술감독은 그 모든 일을 알지 못한다고 부인했다. 남인우 연출가가 당시의 정황을 가장 구체적으로 기억하고 있는 점으로 보아 최OO 사무국장이 남인우 연출에게 문제의 봉투를 직접 전달한 것과, 손진책 예술감독이 '코멘트를 단' 대본을 최OO 사무국장에게 준 것은 움직일 수 없는 사실로 보인다. 남인우 연출가에 의하면 국립극단은 김광보 예술감독 취임 이후, 자체적으로 블랙리스트 후속조치를 진행하고 있는데 2021년 8월 19일 오후 7시에 백성희장민호극장에서 최OO 전 사무국장과 〈구름〉 공연팀의 만남이 있었다. 최OO 전 사무국장이 이 자리에서 손진책 예술감독으로부터 대본이 들어있는 노란 봉투를 받아 남인우 연출가에게 전달한 후, 같이 줄이 그어진 부분을 확인했던 사실을 인정하고, 〈구름〉 공연팀에게 사과하였다.[24](밑줄 필자)

여기서 남는 문제는 '코멘트를 단' 것이 빨간줄을 그은 것이라면 빨간줄을 손진책 예술감독이 직접 그었는지, 아니면 청와대나 문체부로부터 빨간줄이 그어진 상태로 손진책 예술감독에게 내려왔는지의 여부이다. 최OO 사무국장이 문제의 대본을 남인우 연출

24 필자는 2022년 4월 11일 오후 2시 50분 경, 남인우 연출가와 텔레그램 메시지를 통해 이와 같은 사실을 추가로 확인하였다. 이러한 내용들은 추후 국립극단의 블랙리스트 후속조치가 마무리 된 후, 공식적으로 공개될 예정이다.

가에게 '전달'만 했듯이 손진책 예술감독도 단순한 '전달자'라면 블랙리스트 조사위에서 그렇게 진술했어야 마땅하다. 이와 관련하여 주목할 것은 문체부 공연전통예술과 사무관 정OO의 진술 내용이다.

> (가) 〈구름〉(아리스토파네스 원작/남OO 연출)에 나오는 '윤창중 전 대변인의 성추행 추문 등 패러디 내용' 등을 빼기 위한 노력이 있었는지에 대하여, 문체부에서 예술감독에게 그러한 조치를 요구하는 것은 어려운 일이었다고 하면서 손진책 감독님께서 스스로 판단하셔서 그렇게 하셨을 것으로 생각한다는 취지로 진술하였고, (나) '全국립예술단체 주관 공연에는 정치적 편향 내용은 배제토록 협조 요청' 부분과 관련하여서는 실제 어떤 조치도 취하지 않았다는 취지로 진술하였다.[25](밑줄 필자)

이 모든 진술들을 종합할 때 손진책 예술감독이 〈구름〉 대본에 직접 빨간줄을 그었다는 의심을 사기에 충분하다. 손진책 예술감독이 이러한 의심으로부터 벗어나는 길은 문제의 대본이 다른 윗선으로부터 내려왔다고 진술하는 것밖에 없다.[26] 손진책 예술감독

---

25 「(재)국립극단 블랙리스트 실행사건」, 256쪽.

26 이 논문이 발표된 이후 남인우가 '대한민국'과 '재단법인 국립극단'을 상대로 제기한 손해배상 소송의 1심 판결에 의하면 "피고 대한민국 소속 성명 불상의 공무원은 이 사건 연극의 대본을 검열하여 그 일부 내용에 관하여 삭제 또는 수정 등의 조치가 필요하다고 판단하였고, 손진책을 통하여 원고에게 일부 내용에 붉은 줄을 그은 대

은 문체부 작성 문서 「국립극단 기획공연 〈개구리〉 관련 현안 보고」에서 "現 국립극단 예술감독(손진책) 교체 추진(임기:2013.11.8.)"이라고 적시된 바대로 임기 종료와 함께 예술감독직에서 물러났다.

(2) 김윤철 예술감독 시기

① 문체부의 블랙리스트 배제 지시와 공연에 미친 영향

손진책 예술감독의 뒤를 이어 2014년 2월에 김윤철이 국립극단 예술감독(2014.2.4.~ 2017.11.9.)으로 취임했다. 손진책 예술감독이 물러난 후 석 달 이상의 공백기가 있었던 것은 국립극단 예술감독의 임명 권한을 지닌 문체부에서 〈개구리〉 사건으로 인해 급작스럽게 예술감독을 교체할 수밖에 없었고 인선에 난항을 겪었던 정황을 추측케 한다. 당시 연극계에서는 국립극단의 〈개구리〉가 논란을 빚어 손진책 예술감독이 물러난 것으로만 알았지 블랙리스트가 작동되기 시작했다는 사실에 대해서는 인지하지 못했다. 그러나 돌이켜 보면 손진책 예술감독의 후임을 정하는 일은 당시 문체부 내에서 매우 엄중한 사안이었다. 이미 청와대, 국정원, 문체부 사이에 작동하기 시작한 블랙리스트 실행을 거부하기 어려운 인물로 골라야 했기 때문이다.

국립극단이 예술감독제를 도입한 이래(초대 감독 이윤택, 2004년) 연극평론가가 예술감독을 맡는 일은 처음이어서 당시 연극현

본을 전달하였던 것이라고 인정할 수 있다"고 하였다(남인우 제공, 사건 『2022가단5301930 손해배상(김), 판결문, 2024.10.16.). 그런데 이 판결에서 빨간줄을 그은 주체가 누구인지는 여전히 분명치 않다. 빨간줄을 그은 주체가 '성명 불상의 공무원'이라면 손진책 전 예술감독이 이 부분을 스스로 명확히 밝힐 필요가 있다.

장에서는 거센 반발이 있었다. 김윤철은 문체부 산하 한국예술종합학교 연극원 교수였기에 문체부로서는 블랙리스트 실행을 용이하게 할 수 있는 유력한 후보로 검토했을 것이다. 김윤철은 당시 국립예술자료원 원장직도 맡고 있다가 국립극단 예술감독에 임명되면서 사임했다. 국립극단 예술감독은 원래 상임제인데 2014년 1월 22일에 개최된 제 17차 국립극단 이사회에서 문체부는 정관 제 5조 2항 "예술감독을 제외한 임원은 비상임으로 한다"를 "임원은 비상임으로 한다. 단, 예술감독은 상임 또는 비상임으로 할 수 있다"[27]로 무리하게 개정까지 하면서 김윤철을 그 자리에 앉혔다.

김윤철 예술감독이 취임 후 블랙리스트와 관련하여 처음 취한 조치는 김재엽 작·연출의 〈알리바이 연대기〉의 재공연을 취소하고자 한 것이다. 김재엽은 블랙리스트 진상조사위에서 다음과 같이 진술하였다.

> 〈알리바이 연대기〉가 2013년 연말 한국연극평론가협회 선정 올해의 연극 베스트3, 대한민국연극 대상, 2014년 초 동아연극상 작품상·희곡상 등을 수상한 후 2014년 제 35회 서울연극제(2014.4.14.~5.11)에 참가하고 국립극단에서도 재공연하기로 약속이 되어 있었는데, 2014년 2월 4일 경 신임예술감독으로 취임한 김윤철 감독이 국립극단에서 재공연하기로 약속하였던 〈알리바이 연대기〉 공연을 하지 않았으면 좋겠다, 혹은 국립극

27 이 조항은 2015년 4월 1일자로 다시 "예술감독을 제외한 인원은 비상임으로 한다"로 개정되었다.

단에서는 이틀 정도만 공연을 했으면 좋겠다는 등 〈알리바이 연대기〉 공연을 국립극단에서 하는 것이 부담이 된다는 취지의 발언을 하였다고 진술하였다.[28]

김윤철 예술감독은 이와 관련하여 그런 말을 한 기억이 없다고 부인하였지만 참고인 박OO 국립극단 공연기획팀장은 "김윤철 예술감독이 2014년 2월 경 예술감독 취임 직후 〈알리바이 연대기〉의 예술적 완성도에 만족할 수 없다면서 재공연을 하지 않으면 어떻겠느냐고 자신에게 물어보면서" 김재엽 연출가와는 "이미 얘기가 되었다고 하였다는 취지로 진술하였다." 김재엽 연출가에 의하면 김윤철 예술감독은 〈알리바이 연대기〉가 아닌 다른 작품을 공연하면 안 되겠느냐면서 당시 김재엽 연출가가 남산예술센터에서 준비 중이던 김수영 시인에 관한 작품을 국립극단에서 하자고 제의하기도 했다.[29] 결과적으로 김재엽 연출가가 〈알리바이 연대기〉의 공연 취소와 다른 작품의 공연 제의를 모두 수용하지 않으면서 〈알리바이 연대기〉는 2014년 4월 25일부터 5월 11일까지 백성희장민호 극장에서 공연되었다.

김윤철 예술감독이 취임 직후 〈알리바이 연대기〉 공연을 취소하려고 시도했던 점으로 미루어 볼 때, 김윤철은 취임 초기부터 블

---

28 「(재)국립극단 블랙리스트 실행사건」, 252~253쪽.

29 김윤철 예술감독의 공연 취소 요구에도 불구하고 결과적으로 공연이 이루어진 부분에 대해 김재엽 연출과 2022년 1월 17일 오전 9시 20분경부터 전화 인터뷰를 진행하여 그 경과를 확인하였다.

랙리스트의 작동 사실을 인지하고 있었거나 최소한 전년도의 〈개구리〉 논란을 상당히 의식하고 있었던 것으로 보인다. 통상 국립극단 레퍼토리 라인업은 전년도에 발표되므로 2014년에 공연된 국립극단의 작품들은 손진책 예술감독 시기에 확정된 것이었다. 문체부는 김윤철 예술감독 취임 후 진행된 2015년 공연들부터 본격적으로 국립극단에 개입하기 시작한다. 국정원 적폐청산 TF가 발표한 「前정부, 특정 문예인 지원배제 소위 '블랙리스트' 조사 결과」 중 '문체부 조치사항 관련 출력물'[30]에는 문체부가 블랙리스트 실행을 위해 국립극단에 지시한 내용들이 상세히 기록되어 있다.

문체부 조치 사항 관련 출력물

2015.3.6	문체부장관, 국립단체 공연작 선정시 左성향 작품 배제 지시 2015. 3. 6 □ 김종덕 장관은 3.5 김상욱 예술정책관으로부터 국립극장·명동극장 공연작품에 손진책·이윤택·김광보 등 左성향 연출가들의 작품이 포함되어 있다는 보고를 받고 '취소시 파장을 고려, 이번 건은 그대로 진행하되 내년도 공연작 선정(2015년 상반기 결정)시 배제시키라'고 지시 □ 關聯 動向 o 문체부장관은 - 2015년 국립극장·명동극장 공연작에 노무현 대통령을 미화하고 박정희 대통령을 비하적으로 묘사한 연극 '개구리'를 공연(13.9), 물의를 야기한 손진책 감독의 작품 '삼월의 눈'(3.13~29, 국립극장)과 - BH에서 2015.1 左성향 인물로 분류, 리스트를 내려보낸 김광보 연출가의 작품 'Saint Joan-잔다르크'(12.2~28, 명동극장) 및 - 左성향 극단인 '연희단 거리패'를 이끌고 있는 이윤택 연출가의 작품 '키 큰 세여인'(10.3~18, 명동극장), '혜경궁 홍씨'(12.12~27, 국립극장), '문제적 인간 연산'(7.1~26, 명동극장)이 포함되어 있는데 * 15년 공연작은 14.6월 내부적으로 결정 → 14.6~7 섭외진행(연출가, 주연배우) → 14.8 섭외확

30 「(재)국립극단 블랙리스트 실행사건」, 260쪽.

이 문건은 2015년 3월 6일에 김종덕 문체부 장관이 직접 국립극단에 지시한 내용으로 2015년도 국립극단에서 공연 예정인 손진책, 김광보, 이윤택의 작품들을 문제 삼고 있는데 "취소 시 파장을 고려, 이번 건은 그대로 진행하되" 2015년 상반기에 결정될 2016년도 라인업에서는 블랙리스트에 오른 인물들을 배제시키라고 적시하였다. 그런데 이 문건에서 언급되는 김광보와 이윤택의 작품들은 당시 명동예술극장 레퍼토리였고, 국립극단은 2015년 4월에 명동예술극장을 흡수·합병했다. 즉 2015년도 명동예술극장 레퍼토리는 국립극단이 결정한 것이 아니라 2014년에 명동예술극장 기획팀에서 결정한 사안이었고, 이미 다 공표된 후였기에 문체부로서도 취소를 강행하기 어려웠다.(밑줄 필자)

명동예술극장 기획팀장이었다가 국립극단 홍보팀장으로 자리를 옮긴 정OO는 특히 한불수교 30주년을 기념하여 기획된 〈빛의 제국〉에 대하여 "국가와 국가간의 약속인데 어떻게 취소하느냐고 반발"하였고, 구OO 전 명동예술극장 극장장은 '2015-2016 한-불 상호교류의 해' 예술감독 최OO와 함께 문체부 김OO 예술국장을 찾아가 적극적으로 소명하였고, 김윤철 국립극단 예술감독 역시 "순교를 해서라도 지키겠다"고 말하는 등 다각적인 노력에 의해 공연이 예정대로 올라갔다. 〈빛의 제국〉 공연에서는 원작자인 김영하와 배우 문소리가 블랙리스트 인물이었다.[31]

이윤택의 경우는 〈문제적 인간 연산〉(2015.7.1.~7.26) 연습 과정에서 이윤택이 "국립극단 직원에게 성희롱 발언을 하게 된 사실

31 「(재)국립극단 블랙리스트 실행사건」, 261~265 참조.

이"있는데 "공론화를 원하지 않는 피해자의 의견을 존중하여 해당 연출가로부터 대신 사과를 받아 전달하고"[32] 공연은 그대로 진행되었다. 이런 사정에 의해 2015년 하반기에 계획되었던 〈키 큰 세 여자〉의 연출은 이병훈으로 교체되었고, 이윤택의 〈혜경궁 홍씨〉 재공연(2015.12.12.~27, 국립극장 달오름 극장)은 취소되었다. 김광보 연출로 예정되었던 〈Saint Joan-잔다르크〉(2015.12.2.~28.)는 문체부의 양해를 받았지만 김광보가 2015년 6월에 서울시극단장으로 임명되면서 작품이 〈시련〉(박정희 연출)으로 대체되었다. 손진책 연출의 〈3월의 눈〉은 2016년 라인업에서 결국 제외되었다.

2015년 상반기에 명동예술극장 레퍼토리 때문에 이미 상당한 진통을 겪고 있었던 국립극단으로서는 2015년 자체 공연들에 대해서도 각별히 신경을 쓰지 않을 수 없었다. 블랙리스트 진상조사위는 국립극단 2015기획대관 공연이었던 〈조치원 해문이〉와 〈망루의 햄릿〉에서 다음과 같이 문체부의 검열과 그에 따른 국립극단의 조치가 있었음을 확인하였다.

> 문체부의 지시를 받은 국립극단이 국립극단 기획대관공연 〈조치원 해문이〉 (2015.8.24.~ 9.13.) 공연에 대하여 포스터 등 홍보물에서 '그린피그', '윤한솔' 등의 이름을 빼달라는 요청을 하였지만 그린피그는 '그린피그', '윤한솔'의 명칭을 뺀 별도 파일을 하나 더 만들어서 국립극단에 보내주고 국립극단의 요청을 수용하지 않았다는 사실이 확인된다.

32 「(재)국립극단 블랙리스트 실행사건」, 260쪽.

〈망루의 햄릿〉(2015.6.26.~7.5, 김현탁 연출)의 경우, 문체부의 지시를 받은 국립극단이 문체부의 지시라는 사실은 숨긴 채 극단 측에 포스터 수정을 요청하여 포스터가 수정되었다는 사실이 확인된다.[33]

극단 그린피그와 국립극단이 공동제작했던 이철희 작·박상현 연출의 〈조치원 해문이〉에서는 '그린피그'와 '윤한솔'이 블랙리스트였다는 점이 문제가 되었다. 그린피그와 윤한솔은 '리스트-2014/2015년도분(654명)-확정' 문서에서 '소외계층문화순회[2015 예술위 공모사업]' 부분에 '전원 제외'로 명기되어 있으며 그 이유는 '13년 사업 "빨갱이, 갱생을 위한 연구" 공연(국가보안법 비판)'[34]이라고 되어 있다. 김현탁이 연출한 〈망루의 햄릿〉의 경우, 블랙리스트 진상조사위에서 국립극단 윤OO 사무국장은 문체부 OOO 주무관으로부터 "이순신 장군 상에 물을 뿌리는 포스터에 대하여 '이것이 무슨 의미냐?' 등을 물어보고 포스터 수정을 지시" 받았으며, 박OO 국립극단 공연기획팀장은 "포스터가 광화문 광장과 용산 참사를 연상시킨다면서 포스터를 전면 수정하고 온라인 상에서는 삭제하라는 지시를" 받았다고 진술하였다.[35]

국립극단은 김윤철 예술감독 취임 이후 2014년과 2015년에 블

33 「(재)국립극단 블랙리스트 실행사건」, 271쪽.

34 『문화예술계 블랙리스트 진상조사 및 제도개선위원회 백서2-블랙리스트 진상조사 종합보고서』, 556쪽.

35 「(재)국립극단 블랙리스트 실행사건」, 269쪽.

랙리스트에 의한 검열을 혹독하게 겪으면서 위의 문체부 문건이 지시하는 대로 2016년 라인업에서는 블랙리스트 예술가들을 철저히 배제하게 된다. 2016년에 유독 외국연출가들의 공연이 늘어난 것은 블랙리스트에 오른 우리 연출가들을 원천적으로 기용할 수 없었기 때문이다.

> 총 16개 작품 중에 외국 작품이 10개이다. '기획초청' 공연이었던 〈날 보러와요〉를 제외하고 보면 2/3를 차지한다. 더구나 가을 시즌에 창작극은 〈산허구리〉가 유일했다. 10개의 외국 작품 중 〈리차드 3세〉는 중국 국가화극원 초청공연이었고, 〈나 말볼리오〉는 영국문화원과의 공동초청 공연이었다. 나머지 8개의 외국 작품 중 5개를 외국연출가들이 만들었다. 〈겨울 이야기〉는 로버트 알폴디 연출, 〈갈매기〉는 펠릭스 알렉사 연출, 〈로베르토 쥬코〉는 장 랑베르·로랑조 말라게라 공동연출, 〈더 파워〉는 알렉시스 부흐 연출, 〈미스 줄리〉는 다시 펠릭스 알렉사 연출이었다. 펠릭스 알렉사는 2014년에 〈리차드 2세〉를 연출한 데 이어 김윤철 예술감독 임기 중에 세 차례나 국립극단 연출을 맡았다. 한불공동제작공연이었던 〈빛의 제국〉 연출이 아르튀르 노지시엘이었으니 올 한해 외국인 연출은 총 6인이나 된다.[36]

2016년도 국립극단 라인업은 "진작부터 의심은 했지만, '블랙리

36 김미도, 「국립극단, 문제를 통해 숙제를 생각한다!」, 『한국연극』, 2017.01, 18쪽.

스트'로 인해 실제로 초청 가능한 국내 연출가 풀이 극도로 제한돼 있었을 수도"[37] 있으며, "지난 3년간 검열정국과 관련해서 가장 논란이 많은 부분이다. 국립극단 해외연출가 공연은 국내 창작자를 외면하고 해외연출가의 '안전한 시각'을 수입한다는 혐의를"[38] 받았다. 이처럼 2016년 라인업에 대해 제기되었던 공통적인 의혹들은 결국 국립극단이 문체부의 지시를 수용하여 블랙리스트를 실행한 것이었음이 명확해졌다.

블랙리스트에 오른 국내 연출가들이 2016년 이후 국립극단 공연에서 거의 배제되는 가운데 연출가 고선웅의 잇따른 기용은 눈에 띄는 대목이다. 고선웅 연출은 중국작가 기군상 원작의 〈조씨고아, 복수의 씨앗〉을 2015년 11월 4일부터 22일까지 명동예술극장에서 연출하여 동아연극상, 올해의 연극 베스트3, 올해의 공연 베스트7, 대한민국연극대상 등을 휩쓰는 쾌거를 이룬다. 그 후 고선웅은 2016년에 국립극단에서 국내 연출가 중 유일하게 '신작' 창작극 〈한국인의 초상〉(2016.3.12.~3.28. 소극장판)을 연출한다. 그런데 〈한국인의 초상〉은 국립극단 역사상 처음으로 '공동창작' 방식으로 무대화된다. 2016년 하반기에는 '근대희곡의 재발견' 시리즈인 〈산허구리〉(2016.10.7.~10.31. 백성희장민호극장)를 연출했다. 2017년 초에 고선웅은 〈조씨고아, 복수의 씨앗〉(2017.1.18.~2.12. 명동예술극장)을 재공연했다.

---

37 허순자, 「번역극 공연의 회고와 문제점」, 『연극평론』, 2017년 봄, 117쪽.

38 김옥란, 「국립극단의 프로그램 분석과 정체성, 2011-2017」, 『연극평론』, 2017년 겨울, 132쪽.

고선웅은 원래 블랙리스트에 있었으나 “문체부 오OO 사무관이 작성한 ‘리스트-’16.2.1 현재’ 문서(26쪽)에서 고선웅 연출가가 국정원(K)과 청와대(B)의 동의를 얻어 양해조치되었다는 사실이 확인된다.”[39]

연출가 고선웅 ('15.12.8)		ㅇ양해됨(K.B 동의/ 1차관)

이 문서를 통해 고선웅이 양해조치를 받는 과정에서 당시 문체부 1차관이었던 박민권이 관여하고 있음을 알 수 있다. 이러한 사실이 처음 알려진 것은 2017년 1월에 도종환 의원이 ‘최순실 게이트’ 진상규명을 위한 국회 국정조사특별위원회 청문회에서 위 문건을 공개했을 때이다. 도 의원은 “(문체부 1차관이) 이 사람이 만든 ‘조씨고아’라는 작품을 보니 너무 좋아서 직원에게 이런 걸 공연하자고 하니, 직원이 ‘블랙리스트에 들어 있다’고 말했다”며 “그래서 (1차관이) 깜짝 놀라 ‘B’에 전화해 담당 비서관에게 ‘이 사람 리스트에서 빼달라’고 했다”고 말했다. 이어 “그랬더니 (비서관이) ‘차관님 의견대로 하시죠’라고 해서 ‘K한테 전화해 빼달라’고 했고, 그래서 양해를 하고 난 뒤에 리스트에서 빠졌다”고 덧붙였다.[40] 도 의원은 당시 청문회에서 고선웅이 블랙리스트라는 이유

39 「(재)국립극단 블랙리스트 실행사건」, 276쪽.

40 홍정규•김동호 기자, 「블랙리스트 문건에 ‘K(국정원)·B(청와대) 동의’」, 『연합뉴스』, 2017.01.09. 〈https://www.yna.co.kr/view/AKR20170109133300001?input=1195m〉(검색일: 2022.01.19).

로 '장한 어머니상'에서 배제된 사실도 밝힌 바 있다.[41] 고선웅은 2015년 4월 3일에 작성된 '정무리스트' 중 '2015년 연중사업 리스트'에서 '15년 장한 어머니상'의 배제 리스트에 올라 있음을 확인할 수 있다.[42] 그러나 고선웅은 2015년 11월에 공연된 〈조씨고아, 복수의 씨앗〉의 호연을 통해 블랙리스트로부터 '양해'된다. 이러한 고선웅의 양해조치 과정을 통해서 당시 블랙리스트에 대한 청와대, 국정원, 문체부 간의 긴밀한 협조 체계를 확인할 수 있다. 한편 고선웅의 양해조치와 관련하여 박OO 국립극단 공연기획팀장은 블랙리스트 진상조사위에서 "이 과정에서 고선웅 연출이 각서를 썼다는 애기를 들었다는 취지로 진술하였다."[43] 한편 김윤철은 "고선웅 연출이 2015년도에 두 작품을 했는데, 이미 정해진 거였어요. 이게 다 정해져 있었는데 〈한국인의 초상〉 할 때 문제가 좀 됐었어요. 그때 그 해결을 다른 김영하, 이윤택에 비해서 상당히 빠른 시간 안에 해결이 돼서, 저도 굉장히 다행스럽게 생각했고, 여러 채널에서 구제하는 것에 애썼다고 나중에 알게 됐던 거예요"[44]라고 했다. 이런 진술들을 종합할 때 고선웅은 특별한 '양

---

41 「최순실 국정농단 국정조사 7차 청문회⑧」, YTN, 2017.01.09. 〈https://news.naver.com/main/read.naver?mode=LSD&mid=sec&sid1=100&oid=052&aid=0000955752〉(검색일: 2022.01.19.).

42 『문화예술계 블랙리스트 진상조사 및 제도개선위원회 백서2, 블랙리스트 진상조사 종합보고서』, 562쪽.

43 「(재)국립극단 블랙리스트 실행사건」, 276쪽.

44 김나볏 정리, 토론회 「젊은 극작가들의 창작환경과 공공극장의 역할-국립극단 '작가의 방' 사태를 넘어서-」, 『연극평론』, 2017년 여름, 139쪽.

해조치'에 의해 2016년 이후에도 국립극단 작품들의 연출을 담당할 수 있었다는 사실이 확인된다.

② '작가의 방' 사태로 본 국립극단의 자기검열

국립극단은 2016년에 소위 '작가의 방' 사태로 큰 물의를 빚는다. 국립극단은 2016년 5월에 창작극개발 프로젝트인 '국립극단 작가의 방'을 시작했는데 이는 등단 10년 미만의 30대 극작가들을 중심으로 10명을 선정하여 워크숍을 통해 창작극을 개발한다는 기획이었다. 이 프로젝트에 '책임작가'로 참여한 극작가 고연옥은 계간 『연극평론』에 「국립극단 '작가의 방', 왜 극작가를 교육, 교정하려 하는가?」라는 글을 기고한 바 있다. 고연옥은 '작가의 방'이 시작되는 "공식적인 첫 모임에서 흘러나온 가장 충격적인 말은 첫째, '개구리'같은 작품을 쓰지 말아달라는 것과, 둘째, 국립극단을 위한 작품을 써달라는 것이었다"[45]고 분개했다. 작가의 방에 참여했던 김슬기 작가도 "첫 모임 때 정명주 공연기획팀장이 '〈개구리〉때 일 기억하시죠 작가님들, 그런 일이 일어나지 않도록 작품을 써주시면 감사하겠습니다'라고 했다"며 이런 증언을 뒷받침했다. 또 구자혜 작가는 "작가들이 '정부 혹은 국가를 비판하는 희곡을 써도 되냐'고 물으니, 정팀장이 '노!'라고 답했다"고 했고, 이오진 작가는 "'사회 비판은 극단에 가서 하시고, 국립극단 위한 걸 써주세요'라고 해 모든 작가들이 '그런(개구리) 사태를 만들지

---

45 고연옥, 「국립극단 '작가의 방', 왜 극작가를 교육, 교정하려 하는가?」, 『연극평론』, 2017년 봄, 119쪽.

말라'라는 뉘앙스로 알아들었다"고 했다.[46]

이 사태와 관련하여 한국연극평론가협회는 「젊은 극작가들의 창작 환경과 공공극장의 역할-국립극단 '작가의 방' 사태를 넘어서-」라는 토론회(2017.05.02, 좋은 공연 안내센터 다목적홀)를 개최하였다. 이 자리에 참석한 정명주 국립극단 공연기획팀장은 "그 말씀은 제가 그 자리에서 하면 안 되었던 이야기인데 그 이야기를 했던 것은 큰 실수로 남습니다. 자기검열이라는 실수로. 하지만 제가 그 말을 했던 요지는 무엇이냐면 '국립극단으로서의 제약이 있을 수 있어서 여러분들에게 모든 작품을 한다고 다 약속을 못하니 일단 마음대로 다 쓰십시오, 그리고 국립에서 못한다고 하면 밖에 나가서 하면 되니까 다 쓰십시오'라고 말을 했는데 그 말을 뒤집어 말하면 '국립에서 못하는 작품은 쓰지 말라'는, 분명히 오해의 소지가 있었습니다"[47]라고 발언했다. 정명주 공연기획팀장은 블랙리스트 진상조사위에서 "'작가의 방' 참여 작가 선정과정에서 블랙리스트가 적용되거나 '양해'되는 사실이 전혀 없었고, 도리어 검열의 대상이 될까봐 문체부에 작가 리스트를 보고조차 하지 않았고, 이는 제작 공연이 아니라 작품 개발 과정이었기 때문에 가능했던 일이었다"[48]고 진술했다.(밑줄 필자)

46 손준현, 「[단독] 국립극단도 검열했다… "'개구리' 같은 작품 쓰지 말라" 강요」, 『한겨레』, 2017.03.16. 〈https://www.hani.co.kr/arti/culture/music/786748.html〉(검색일: 2022.01.19).

47 김나볏 정리, 토론회 「젊은 극작가들의 창작환경과 공공극장의 역할-국립극단 '작가의 방' 사태를 넘어서-」, 132쪽.

48 「(재)국립극단 블랙리스트 실행사건」, 283쪽.

블랙리스트에 올라있던 고연옥[49]이 '작가의 방' 책임 작가로 참여하면서 문체부로부터 배제 지시가 없었던 것은 정명주 공연기획팀장의 말대로 정식 '제작 공연'이 아니라서 문체부에 보고되지 않았기 때문일 수 있다. 그러나 국립극단이 '작가의 방'과 같은 형태의 소위 인큐베이팅 프로그램을 마련한 것은 그 자체가 검열을 강력히 의식한 결과라고 할 수 있다. 블랙리스트 진상조사위도 "공모제를 회피하였던 방식 자체가 블랙리스트 작가가 응모하는 것을 차단하고자 하는 검열 의도가 없었다고 단정하기는 어렵다"[50]고 결론지었다.

국립극단이 '작가의 방'같은 인큐베이팅 사업을 통해 검열을 피해가려고 했던 것은 한국문화예술위원회(이하 '예술위')가 2016년부터 지원제도 자체를 기획사업 위주로 개편했던 일과 유사하다. 기획사업으로의 변화를 주도한 박명진 예술위 위원장은 "이러한 기획사업은 문체부에 사업 주관처만 보고하고, 지원 예술가나 단체의 명단을 제출하지 않도록 설계한 사업으로 정부의 외압을 막고, 지원배제 압력의 폐해를 막을 수 있었습니다"[51]라고 변명한

49 블랙리스트 진상조사위는 「극작가 고연옥에 대한 블랙리스트 적용 사건」을 별도로 조사하였다. 『문화예술계 블랙리스트 진상조사 및 제도개선위원회 백서 2-2, 진상조사 결과보고서: 공연1』, 1132~1148쪽.

50 『문화예술계 블랙리스트 진상조사 및 제도개선위원회 백서2, 블랙리스트 진상조사 종합보고서』, 284쪽.

51 「한국문화예술위원회 블랙리스트 실행을 위한 지원 및 심사제도 개편 사건」, 『문화예술계 블랙리스트 진상조사 및 제도개선위원회 백서2-1, 진상조사결과 보고서: 기관별』, 562쪽.

바 있다. 국립극단 내부에서도 문체부의 블랙리스트 검증을 피해갈 수 있는 범위 안에서 다른 프로그램을 모색하는 '자기검열'이 암암리에 작동한 결과로 '작가의 방'과 같은 기획사업이 탄생한 것이다. '작가의 방' 프로젝트가 시작될 때 공연기획팀장으로부터 명백히 표현의 자유를 제한하는 발언이 나온 것은 이러한 사업의 기획 단계에서부터 작동한 자기검열의 무의식적 발현이었을 것이다.

국립극단의 '자기검열'은 2017년에 '한민족 디아스포라전'으로 이어진다. 국립극단 라인업은 통상 1년 전에 이루어지므로 2016년에 이루어진 2017년 라인업도 블랙리스트로부터 자유로울 수 없었다. '한민족 디아스포라전'의 작가들은 전원 재외 거주 상태여서 블랙리스트에 있을 리가 없다. 즉 이 기획은 블랙리스트의 압박을 자연스럽게 피해갈 수 있는 기획이었던 것이다. 주지하다시피 2016년 가을에서 겨울로 넘어가며 박근혜 대통령 탄핵을 요구하는 촛불 시위가 걷잡을 수 없이 번졌고, 2017년 5월 10일에 문재인 정부로 정권교체가 이루어졌다. 국립극단은 2017년에 이루어진 2018년 라인업부터 블랙리스트에서 벗어날 수 있었다.

③ 〈날아가버린 새〉에서 나타난 1,2차 가해 양상

국립극단의 블랙리스트 실행에 있어서 가장 당혹스러운 사건 중 하나는 블랙리스트였던 전인철 연출가가 2016년도 국립극단 공연에서 배제되는 와중에 장지혜 작가가 덩달아 피해를 입은 사실이다. 전인철 연출가의 경우 '2016 국립극단 젊은연출가전'에서 배제되었고, 청소년극 〈날아가버린 새〉에서도 배제되었다. 장지혜 작·전인철 연출의 〈날아가버린 새〉는 2015년 12월 5일에 '2015년도 예술가청소년창작벨트 창작희곡 낭독 쇼케이스'의 일환으로 국립극단 소극장 판에서 공연되었다. 이후 2016년에 정식 공연으로 기획되었지만 전인철 연출가가 블랙리스트에 들어 있어 공연이 취소되었다.

김윤철 예술감독은 블랙리스트 진상조사위에서 〈날아가버린 새〉에 대하여 "이 사안의 경우 아마 팀장 회의에서 논의가 되었을 것으로 보이는데 아마 젊은 연출가전에서 빠졌던 것처럼 전인철이 빠지게 된 것이 아닌가 생각됩니다. 전인철은 청소년극보다는 다른 기회를 보장해 주는 것으로 생각하고 연기하기로 하였던 것입니다. 배제를 하려고 했다기보다는 작업을 함께 하는 시기를 좀 연기한다는 생각을 하였습니다"라고 진술하였다. 또 '젊은연출가전'에서 "전인철 연출가의 경우 배제 대상이라는 것을 직원으로부터 보고를 받아서 알았습니다. 그래서 박OO 팀장에게 전인철을 만나서 얘기해 보라고 했는데, 박OO 팀장은 그것을 배제하라는 지시로 이해했을 수 있다고 생각합니다"라고 진술하였다. 그러나 김윤철을 제외한 당시 국립극단 관계자들은 블랙리스트 진상조사위에서 전인철이 블랙리스트라서 배제되었다고 공통적으로 진술하였다.[52]

2017년 11월 10일 국립극단 예술감독으로 새롭게 취임한 이성열은 그 자신이 블랙리스트에 올라 가장 큰 피해를 입었던 연출가

---

52 「(재)국립극단 블랙리스트 실행사건」, 272~275쪽.

로서[53] 취임 후 첫 기자간담회에서부터 "국립극단도 블랙리스트를 촉발한 '개구리' 사태에서 보듯 때로는 상처받고, 때로는 자기검열의 모순에 빠졌지만 반성할 것은 반성하고, 고칠 것은 고치"[54]겠다는 포부를 밝혔다. 2018년 5월 18일에는 국립극단의 블랙리스트 실행에 대해 포괄적 사과문을 게시하기도 했다. 그러나 〈날아가버린 새〉의 공연 문제를 논의하는 과정에서 블랙리스트 피해자들에 대한 2차 가해가 발생하게 되고, 2019년 10월 21일에 국립극단 홈페이지에는 다음과 같은 사과문이 올라온다.

> 이후 국립극단 사무국 회의에서 〈날아가 버린 새〉 공연 추진에 대한 논의를 진행하였습니다. '문화예술계 블랙리스트 진상조사 및 제도개선위원회 백서'에 의해 국립극단에서 예술가들이 배제된 사실이 확인되었으나 이에 해당하는 모든 예술가의 작품을 다시 공연하는 것은 현재 시점에서 어렵다고 의견을 모으게 되었습니다. 따라서 〈날아가 버린 새〉 공연 추진 역시 어려운 것으로 결론을 내리게 되었습니다.
>
> 6월에 다시 장지혜 작가님을 만난 자리에서 現예술감독은 이

53 블랙리스트 진상조사위는 「'한국공연예술센터 2015년도 정기대관 공모' 사업 등 '극단 백수광부' 선정 배제 사건」(『문화예술계 블랙리스트 진상조사 및 제도개선위원회 백서 2-2, 진상조사 결과보고서: 공연1』)을 따로 조사한 바 있다. 이성열은 극단 백수광부의 대표였다.

54 박창욱 기자, 「이성열 국립극단 예술감독 "올해 1987년 같은 분기점 될 것"」, 『NEWS1』, 2018.01.24. 〈https://www.news1.kr/articles/?3215736〉(검색일: 2022.01.22.).

러한 입장을 밝혔으며, 이후 작가님과의 통화에서 "내가(장지혜 작가) 블랙리스트 피해자가 맞느냐"는 질문에 現예술감독은 "장지혜 작가의 〈날아가 버린 새〉는 어린이청소년극연구소 차원에서 2016년 공연사업 후보로 선정하기로 의견을 모았으나 前예술감독의 반대로 공연이 무산되었다. 前예술감독의 반대가 블랙리스트로 인한 것인지 여부에 대하여 現예술감독으로서 단정적으로 말하는 것이 곤란하다"고 대답했습니다. 이에 장지혜 작가님은 백서에 〈날아가 버린 새〉가 블랙리스트 피해 작품으로 명시되어 있음을 들며 "백서를 인정하지 않는 것이냐"고 되물었습니다. 이에 現예술감독은 "백서가 백퍼센트 맞다고 볼 수는 없다. 미안하다"는 말을 전했습니다. 이로 인해 장지혜 작가님께 본인이 블랙리스트 피해자임을 부정당했다고 느끼게 하였습니다.[55] (밑줄 필자)

이 사과문에 의하면 국립극단은 이성열 예술감독이 〈날아가버린 새〉의 공연을 추진하던 중에 이를 다시 취소하는 결정을 내림으로써 장지혜 작가와 전인철 연출가에게 2차 가해를 했다. 또한 장지혜 작가와의 논의 과정에서 블랙리스트 백서의 조사 결과를 부정하는 발언을 서슴지 않았다.

이후 〈날아가버린 새〉는 서울문화재단의 지원을 받아 2019년

55 「국립극단 블랙리스트 사건으로 피해를 입은 〈날아가 버린 새〉의 장지혜 작가님께 진심으로 사과드립니다」, 국립극단 홈페이지 공지사항, 2019.10.21. 〈http://www.ntck.or.kr/ko/content/board/notice/44156/form?〉(검색일: 2012.01.22.).

11월 5일부터 10일까지 홍익대 대학로아트센터 소극장에서 공연되었다. 장지혜 작가는 프로그램북에서 "15년도 문화계 블랙리스트 관련으로 공연이 무산되었고 진실을 마주하며 바로 잡아가는 과정 중에서 겪은 여러 일들이 눈을 질끈 감게" 했고 "이 상태에서 뭔가를 수정하고 덧붙인다는 것에 대해 가짜 같다는 생각이" 들었다고 썼다. 전인철 연출은 "국립극단은 장지혜 작가를 블랙리스트 피해자로 인정하지 않음으로 작가를 외면했고 한 번 더 상처를" 줬다면서 "국립극단의 예술감독님, 사무국장님, 각 팀의 팀장님들이 상처받은 연극인을 외면하면서 끝까지 지키려 했던 것은 무엇"이냐고 물었다.

④ 국립극단 간행물에 대한 검열 의혹들

김윤철 예술감독 시기에 국립극단이 갑자기 계간 『연극』을 폐간한 것 또한 블랙리스트 실행과 관련이 있다는 의혹이 있다. 계간 『연극』은 손진책 감독 취임과 더불어 창간되었고, 손진책 감독 재임기간 동안 2011년 겨울호를 시작으로 2014년 봄호까지 총 6호가 발간되었다. 김윤철 예술감독은 취임 후 편집위원장에 안치운, 편집위원에 김미도, 김재엽, 백정국, 이진아, 최진아를 위촉하고 2014년 여름호를 발간하였다. 그러나 2014년 가을호를 준비하던 중에 돌연 일방적으로 계간 『연극』의 폐간을 편집위원들에게 통보하였다. 폐간 결정 및 그 사유에 대해서는 어떤 공식적인 발표도 없었으며 편집위원들에게조차 납득할만한 이유를 설명하지 않았다.

취임 초기에 편집위원까지 교체하며 계간 『연극』 발간에 의욕을 보이던 김윤철 예술감독이 느닷없이 폐간을 결정한 데는 블랙리스트와의 연관성을 배제하기 어렵다. 편집위원장 안치운은 '2014 예술위 책임심의위원'에서 배제해야 할 블랙리스트 19명에 올라있는데 그 사유는 '전교조해직교사 철회촉구, 김상곤 지지'로 되어 있다.[56] 김미도는 문체부 공연예술전통과가 2014년 10월 31일에 작성한 「2015 한국공연예술센터 정기대관공모 관련 보고」에 "BH 협의 결과, 심사위원 3인(김석만, 김미도, 김채현) 제외"로 블랙리스트에 올라 있었다.[57] 한편 '정무리스트('15.4.13현재/중요)-59명)'에서 '극단 놀땅(부르태니카의숲)'이 '공연예술창작기금지원'에서 배제 대상으로 블랙리스트에 올라있었는데 편집위원 최진아는 극단 놀땅의 대표이다.[58] 김재엽은 2016년 10월 12일 한국일보가 보도한 9,473명의 블랙리스트 명단 중 '2014년 6월 서울시장 선거 박원순 후보지지 문화예술인 909명'[59] 명단에 올라 있었다. 이러한 정황에 비추어 볼 때 국립극단이 발간하던 계간 『연극』의 급작스러운 폐간도 블랙리스트와 관련되어 있을 것이다.

---

56 「한국문화예술위원회 블랙리스트 실행을 위한 지원 및 심사제도 개편 사건」, 『문화예술계 블랙리스트 진상조사 및 제도개선위원회 백서 2-1, 진상조사 결과보고서: 기관별』, 515쪽 참조.

57 「2015 서울연극제 대관 배제 및 아르코 대극장 폐쇄 사건」, 『문화예술계 블랙리스트 진상조사 및 제도개선위원회 백서 2-2, 진상조사 결과보고서: 공연1』, 32쪽.

58 『문화예술계 블랙리스트 진상조사 및 제도개선위원회 백서2, 블랙리스트 진상조사 종합보고서』, 560쪽.

59 「박원순 후보지지 선언 예술인 명단」, 『한국일보』, 2016.10.12. 〈https://www.hankookilbo.com/News/Read/201610120491157052?rPrev=201610120429856146〉(검색일: 2022.02.05.)

한편, 연극평론가 김옥란은 2015년 『국립극단 연감』의 청탁을 받고 원고를 작성하였으나 "원고가 완성된 시점에 아무런 해명 없이 정식 출판물이 아니라 비공개 내부 연차보고서 형식으로 변경되어 출간되었다"[60]고 밝힌 바 있다. 김옥란은 「2015 국립극단 총평-국립극단 2015 연차보고서」에서 "연간 라인업으로 예고되었던 하반기 작품들이 교체되거나 제작이 중단되었다"[61], "해외번역극 공연의 숨 가쁜 질주에 비해서, 2015년 국립극단 창작극 공연은 일단 숨고르기의 양상을 보인다. 우선 동시대 창작극보다는 근대극 발굴 공연에 집중했다"[62]고 평했다. 2014년 하반기의 계간 『연극』 폐간에 이어 2015년 『국립극단 연감』의 미발간은 문체부로부터 국립극단의 출판물에까지 검열이 작동하고 있었다는 의심을 갖게 하며, 최소한 국립극단이 자체적으로 자기검열을 했을 가능성이 있다. 이러한 정황은 2016년 이후 조직도에서 갑자기 '학술출판 연구원' 직제가 사라지고 출판 관련 업무가 프로그램북 제작 정도로 축소된 사실로도 뒷받침된다.

3) 블랙리스트의 온상이 된 국립극단의 구조적 문제

2020년은 국립극단 창립 70주년을 맞이하는 해였다. 이를 기념하여 발간된 『국립극단 70년사』에서 편찬위원장 김미도는 "국립

---

60 김옥란, 「2015 국립극단 공연 총평-국립극단 2015 연차보고서」, 『블랙아웃, 블랙리스트와 미투』, 소명출판, 2021. 15쪽.

61 위의 글, 16쪽.

62 위의 글, 24쪽.

극단의 70년은 애초부터 정부 산하 단체로서 검열이 지배하는 역사였고, 그 정점으로 드러난 것이 블랙리스트 사태였을 뿐"이라면서 "이제 기필코 이루어져야 할 일은 국립극단의 자율성과 독립성을 확보하는 것"[63]이라고 단언했다.

국립극단은 "태생부터 국립극장[64] 운영위원회의 위원장을 문교부 장관이 맡고, 내무부와 공보처에서 파견한 운영 위원들이 참여하고, 운영의 기본 방침에 관하여 문교부 장관의 자문에 응한다"는 조항은 국립극장이 국가 시책에 의해 좌지우지될 가능성을 상당히 내포하고 있었다.[65] 심지어 5.16 군사정변 후, 1961년에 「정부조직법」이 개정되면서 국립극장은 문교부 산하에서 공보부 산하로 이관되었었다. 이와 함께 나타난 가장 큰 변화는 공보부 소속 공무원이 국립극장장을 맡게 되면서 1962년부터 1963년까지 만 2년 동안 극장장이 여섯 번이나 바뀌기도 하였다. 제 3대 극장장 김창구는 "당시 장관으로부터 극장에 지시가 내려오기를, '5.16 혁명으로 인해서 이제 세상이 바로 서게 되었으니 온 국민이 합심하여 민족적 민주주의를 꽃 피우는 대본을 새로 만들어서 공연하라'는 것이었다"며 장관의 지시에 따라 극작가들에게 대본

---

63 김미도, 「국립극단 70년을 맞아, 지금 우리가 처음으로 해야할 일들」, 『국립극단 70+ 아카이빙』, 수류산방, 2020.11. 31쪽.

64 1950년 국립극장 창설 이후 1962년까지는 국립극단이 국립극장의 유일한 산하단체였으므로 이 시기 국립극장의 역사는 곧 국립극단의 역사가 된다.

65 김미도, 「앞으로 써야 할 역사를 위하여-국립극단 70년: 약사(略史)」, 『국립극단 70+ 아카이빙』, 111쪽.

집필을 의뢰했다고 회고했다.[66]

1973년에 국립극장이 장충동에 신축되어 이전한 후, 박정희 대통령 재임기간 동안 국립극단은 그야말로 대놓고 '국책연극'을 생산한 시기였다. 개관 공연이었던 〈성웅 이순신〉에서는 문공부 장관이 시연회에 와서 작품을 대폭 수정하는 일도 벌어졌다. 박정희 정권은 예술작품에 대한 검열을 노골적으로 시행하는 것은 물론 국립극단을 공공연히 정권 홍보의 도구로 삼았다. 1974년부터 시행한 '문화예술진흥 5개년 계획' 중에는 "9개 민간극단을 지원(1편당 100만원), 국립극단과 함께 새마을을 주제로 한 연극으로 전국 순회 공연을 실시한다"는 내용이 있다. 정부의 지원금을 받은 극단들은 국립극단과 함께 의무적으로 '새마을 연극'을 공연해야 했으니 소위 '화이트 리스트' 지원금의 출발이다.[67]

2022년 현재 국립극단의 정관에서도 문체부의 영향력은 쉽게 확인된다.

> **제6조(임원의 임면)**
>
> ① 이사장, 예술감독 및 감사는 문화체육관광부장관이 임면한다. <2015.04.01 개정>
>
> ② 문화체육관광부 예술정책관, 국립중앙극장장은 당연직 이사로 한다. <2015.04.01 개정>
>
> ③ 당연직 이사를 제외한 이사는 이사장의 제청에 의하여 문

66 김창구, 「시공관 국립극장 시절」, 『국립극단 50년사』, 연극과인간, 2000, 56~57쪽.

67 김미도, 「앞으로 써야 할 역사를 위하여-국립극단 70년: 약사(略史)」, 131쪽.

화체육관광부장관이 임면한다.

제30조(제규정) 법인은 다음 각 호에 해당하는 사항에 대한 규정을 제정하거나 개·폐할 때에는 이사회의 의결을 거쳐 문화체육관광부장관의 승인을 얻어야 한다.

1. 직제, 인사, 보수, 극단 운영 및 회계에 관한 사항
2. 기타 문화체육관광부장관이 정하는 사항

정관에 명시되어 있다시피 현재 국립극단의 예술감독은 문체부 장관이 임명하게 되어있는데 임명 과정에 대해서는 별도의 절차가 없다. 예를 들어 이사회 추천을 통한 2배수 내지 3배수의 예술감독 후보 중에 문체부 장관이 임명한다든지, 별도의 예술감독 추천위원회를 구성해서 복수의 후보를 추천한다든지 하는 규정이 없다. 극단적으로 말하자면 문체부 장관 마음대로 국립극단 예술감독이 정해질 수 있다는 것이다. "매번 예술감독을 발표할 때마다 연극계의 의견을 청취했다고 덧붙이지만, 인선에 관여하는 공무원의 사적 네트워크가 동원되는 것인지, 그 과정은 공개되어 있지 않다."[68]

주지하다시피 국립극단은 2010년에 국립극장으로부터 분리되어 재단법인화되었다. 재단법인화 자체도 문체부의 독단적인 결정에 의해 이루어졌다. 2008년 2월 문체부 장관에 취임한 유인촌은 갑자기 2009년 10월에 '국립극단 법인화 추진계획'을 발표했다.

---

68 김소연, 「국립극단 운영 분석 및 제언」, 『연극평론』, 2017년 겨울, 140쪽.

유인촌 장관의 급작스런 행보에 국립극단은 물론 온 연극계가 경악을 금치 못했지만 1월 28일에 국립극단 단원들이 해고 통보를 받았고 2월 1일에는 국립극단 정리추진단이 구성되었다. 성급한 결정에 국립극단 노조가 성명서를 발표하고 반대 여론이 거세게 일었는데 설상가상으로 외국인 예술감독 내정설까지 불거져 나왔다. 여론이 더욱 악화되자 문체부는 외국인 예술감독 내정 사실이 없다고 해명에 나섰다. 4월 28일에는 일방적으로 '재단법인 국립극단 설립 계획 설명회'를 개최했고, 6월 18일에 재단법인 국립극단 이사회가 구성되었다.

현재 "국립극장은 '정부조직법', '국가공무원법' 등을 따르지만 재단법인 국립극단은 '민법'과 '공익법인의 설립 운영에 관한 법률' 등을 따른다." "재단 법인화가 공무원 조직에서 민간 전문 조직으로의 변화라면 그 기본 원리는 독립성과 자율성, 개방성의 강화일 것이다."[69] 그러나 재단법인화 이후에도 (재)국립극단의 자율성과 독립성을 확보하려는 공론화 과정은 전무했고, 결국 국립극단은 박근혜 정부에서 블랙리스트 실행의 주체가 되었다.

위의 정관 제6조 2항에 보면 문체부 예술정책관과 국립중앙극장장이 당연직 이사로 되어 있다. 문체부 예술정책관이 국립극단의 당연직 이사가 되는 것은 국립극단이 문체부 산하기관이기에 문체부와 국립극단 간의 소통을 원활하게 할 수도 있으나 블랙리스트와 같은 국면에서는 예술감독의 자율성과 독립성을 침해하는

69 노이정, 「국가주의에서 공공성으로-국립극단의 조직과 예술감독제」, 『연극평론』 2019년 겨울, 163~164쪽.

직권남용을 행사할 수 있다. 국립극단이 국립극장으로부터 재단법인으로 독립한 지 10년도 넘었는데 아직까지 국립극장장이 국립극단 이사로 참여하고 있는 사실도 납득하기 어렵다. 국립극장장이야말로 문체부의 입김으로부터 결코 자유로울 수 없는 위치에 있다.

무엇보다도 문체부가 국립극단을 예속하고 있는 지점은 예산 '승인'권이다. 국립극단 정관 제 26조 1항에 의하면 "법인은 매 회계연도의 사업계획 및 예산안을 작성하여 이사회의 의결을 거쳐 당해 회계연도 개시 1개월 전에 문화체육관광부장관에게 제출하여 승인을 얻어야 한다." 즉 문체부의 승인 없이는 국립극단이 자유롭게 사업계획을 수립할 수 없다는 의미이다. "이 구조는 바꾸어야 한다. 우선은 스스로 경제주체가 될 수 있는 재산이 확보되어야 한다. 최소한 국립극단이 활동하고 있는 영역의 토지와 건물은 '재단법인' 국립극단의 것이 되어야 한다. 이사회는 원로 명망가들의 집단이 아니라 세대별로 안배된 활력 있는 협의체가 되어야 할 것이고, 예술감독은 최소한 이사회와 수평적인 관계를 가져야 한다."[70]

유감스럽게도 국립극단의 70년사는 검열과 블랙리스트로 얼룩진 역사였다. 국립극단으로 하여금 블랙리스트를 실행하게 한 주요 원인은 크게 두 가지로 볼 수 있다. 첫째, 국립극단의 태생 자체가 국가주의적 목적에 복무하는 성격을 지니고 있었다는 점이다. 1950년 창립부터 2010년 재단법인으로 독립하여 국립중앙극

70 박상현, 「'재단법인' 국립극단에 대하여」, 『연극평론』 2017년 겨울, 157쪽.

장의 울타리를 벗어나기까지 정부 시책에 반하는 연극은 감히 엄두를 내지 못했고, 심지어 유신체제하에서는 정부의 정책들을 선전하고 홍보하는 프로파간다적 연극들을 생산하기도 했다. 2010년 이후 재단법인으로 독립했지만 문체부 산하기관으로서의 위치는 변하지 않은데다 예술감독 선임으로부터 예산 항목에 이르기까지 모두 문체부의 승인을 받아야 하는 국립극단의 행정 구조는 여전히 정부의 통제로부터 자유롭지 못한 상태이다.

둘째, 과거 오랜 기간 군사정권을 거치며 내면화된 '자기검열'의 무의식은 어떤 배제의 지시가 내려올 때 과잉적으로 대응하거나 심지어 문제의 소지를 미리 알아서 없애고자 하는 순응과 복종의 기제로 작동했다. 〈개구리〉가 문제가 되자 〈구름〉 공연을 앞두고는 국립극단 내부에서 아예 대본에 자를 대고 빨간 줄을 긋는 검열관을 자처했다는 혐의가 짙다. 블랙리스트의 작동을 연극계에서 가장 먼저 인지했던 국립극단은 2015년도 레퍼토리부터 검열을 철저히 의식하게 되었고 그 결과 2016년에 번역극 일색에 해외 연출가들 초청 중심의 레퍼토리를 구성하게 된다. 심지어 젊은 극작가들의 인큐베이팅 프로그램으로 기획된 '작가의 방' 첫 모임에서 공연기획팀장이 〈개구리〉같은 작품을 쓰면 국립극단에서 공연되기 어렵다는 뉘앙스의 검열 지침을 스스럼없이 말하는 지경에 이르렀다.

블랙리스트 실행이 극심했던 2016년에 김윤철 예술감독은 월간 『한국연극』과의 인터뷰에서 "다만 박근형 사건 이후에 우리가 여러 가지 영향에서 완전 자유로울 수 있다고 할 순 없는데, 저는 기본적으로 국론을 분열시키는 연극은 하지 않겠다는 게 제 생각이에요. 정치적으로 특정 이념이 아니라 공통의 가치, 그런 걸 중심으로 추구하는 게 우리 국립극단의 할 일이 아닌가 생각하는 거죠"[71]라고 밝힌 바 있다. 이에 대해 김재엽 연출가는 다음과 같이 반론을 피력한 바 있다.

> 김재엽: '국립극단은 국민들의 것이다'라고 소극장 판이 있는 건물 벽에 써 있습니다. 국민이 '네이션nation'이 아닌 '피플people'이더군요. 영문에서는 김윤철 선생님 인터뷰에 국론을 분열하는 작품은 좀 피하고 싶다고 말씀하셨는데 저는 '피플'에는 국론을 분열시키는 사람도 있고요, 그 사람들이 또 다 세금을 낸다고 생각합니다. 국립극단의 프로듀서들도 월급 받으실 때 문체부가 주는 것처럼 보이지만 '피플'이 주는 거고요. 그런데 우리는 이미 어렸을 때부터 국가주의가 스물스물 들어와 있어서 '싫어할 거야'라고 생각합니다.[72]

김윤철 예술감독은 블랙리스트를 의식하여 재임기간 동안 최대한 '정치적 이슈'를 만들지 않는 방향으로 레퍼토리를 구성하였다. 그것이 국립극단을 블랙리스트의 격랑으로부터 보호하는 것이라

---

71 「"국립과 연극, 그 정체성에 관하여" 국립극단 예술감독 김윤철」(진행 임인자), 『한국연극』, 2016년 2월호, 23쪽.

72 김나볏 정리, 토론회 「젊은 극작가들의 창작 환경과 공공극장의 역할-국립극단 '작가의 방' 사태를 넘어서-」, 134쪽.

믿었을 것이다. 손진책·김윤철 예술감독뿐 아니라 블랙리스트 백서에 기록된 진술서들을 아무리 훑어보아도 국립극단 내부에서는 블랙리스트에 저항하는 목소리를 전혀 찾아볼 수 없다. 단지 최대한 양해조치를 받아서 공연을 성사시키는 정도의 노력을 했을 뿐이다. 국립극단의 공연이 블랙리스트의 직접적 영향을 받은 것은 최소 2013년 9월부터 2017년 11월 이성열 감독이 취임한 때까지로 볼 수 있다. 그러나 〈날아가버린 새〉와 같이 이성열 감독 체제하에서 일어난 2차 가해를 고려하면 블랙리스트 여파는 2022년 현재 김광보 예술감독 체제에까지 영향을 미치고 있다. 2020년 11월에 취임한 김광보 예술감독은 블랙리스트 2021년 1월 첫 기자간담회에서 '공공성 강화, 표현의 자유 보장, 적극적인 기후 행동'이라는 3개 운영기조를 발표하면서 블랙리스트 사태와 관련하여 "피해자 목소리에 귀 기울이고 시간이 걸리더라도 모두 만족할 수 있는, 진정으로 변화된 국립극단의 모습을 보여줄 것"[73]이라 했다. 또한 "피해자 명예회복과 사회적 기억을 위해 국립극단 관련 블랙리스트 사례집을 만들겠다", "블랙리스트처럼 인간이 저지른 부당한 행위는 인간 스스로 해결해야 한다"고 강조했다.[74]

연극평론가 김방옥은 국립극단 70주년을 맞이하면서 국립극단의 가장 큰 당면 과제는 '정부의 간섭'으로부터 완전히 벗어나야

---

73 김세운 기자, 「국립극단 김광보 신임예술감독 "연극은 누구에게나 평등하게 향유돼야"」, 『민중의 소리』, 2021.1.18. 〈https://www.vop.co.kr/A00001541801.html〉(검색일: 2022.01.27.)

74 문수경 기자, 「국립극단 "온라인 극장 개시… 블랙리스트 사례집 발간"」, 『노컷뉴스』, 2021.01.18. 〈https://www.nocutnews.co.kr/news/5483776〉(검색일: 2022.01.27.)

한다고 강조했다.

> 이제 창단 70년을 넘어서는 독립 법인 체제의 국립극단은 국가와 국민이라는 개념에 대한 성찰과 사유의 긴장감을 늦추지 않되 정부의 간섭으로부터는 가능한 한 완전히 해방되어야 한다는 기본 기조를 지키도록 노력해야 한다. 국가 재정의 지원을 받되 실제 극단 운영에서 일체의 정치적 코드나 진영 논리, 특정 프레임, 정권 교체에 따른 이해관계들로부터 자유롭고 그것을 넘어 앞서 가도록 자율적인 시스템을 구축해야 한다. 그리고 이를 통해 예술 생산의 주체로서 독자적이며 자유롭고 열린 자세를 견지하는 노력을 계속해야 한다.[75]

국립극단이 행정구조적으로, 재정적으로 독립을 확보하지 못한다면 블랙리스트 사태는 언제든 재발할 여지가 있다. 그리고 그것은 정부의 입맛에 맞는 예술감독에 의해 더욱 은밀하게, 표면화되지 않는 방식으로 작동될 수도 있다. 이는 비단 국립극단의 문제에 국한되지 않는다. 지금처럼 국립극단이 고정 단원 없이 시즌단원제를 유지하며 연간 많은 작품을 거의 프로덕션 시스템으로 생산하는 상황하에서 연극계 전체 생태계에 직간접적인 영향을 미칠 수밖에 없다. 극작가와 연출가로서 국립극단의 공연에 참여한다는 것, 배우로서 국립극단 무대에 선다는 것은 그 자체로 큰 주목을 받고 있는 게

75 김방옥, 「국립극단의 정체성을 다시 묻는다-'국가' '민족' '전통'의 개념을 중심으로」, 『국립극단 70+아카이빙』, 84쪽.

현실이다. 국립극단은 블랙리스트의 뼈아픈 과오를 거울 삼아 이제는 기필코 '독립성'과 '자율성'을 확립해야 한다.

4) 결론

총 10권으로 발간된 블랙리스트 백서는 1년도 채 안 되는 조사 기간 동안에 이루어진 작업이라고는 믿기 어려울 만큼 방대한 조사보고서를 담고 있다. 그러나 블랙리스트 백서는 블랙리스트가 대대적으로 실행된 주요 기관들과 피해자들로부터 조사 의뢰된 사건들 중심의 보고서이기에 블랙리스트 실행의 총체적 면모를 파악하는 데는 어려움이 있다. 특히 강제 수사권이 없는 상태의 조사 과정에서 블랙리스트 백서는 철저히 피해자와 참고인들의 진술에 의존하여 서술되었고, 가해자의 위치에서 출석한 피해자들은 대부분 블랙리스트 실행 사실을 부인하거나 변명으로 일관한 경우가 많다.

블랙리스트 백서는 문화예술계 블랙리스트 연구에 있어서 가장 중요한 밑그림을 제시하고 있는 정도이다. 이 논문에서 다룬 국립극단의 경우에도 피해자와 가해자들 간의 진술들은 많은 부분에서 상치된다. 그런 경우 많은 조사보고서의 결론이 "~대하여는 명확하게 밝히지 못하였다", "~에 대하여는 진상규명하지 못하였다"로 마무리되고 있다. 철저히 객관적 중립성을 유지해야 하는 조사관들 입장에서는 불가피한 서술 방식이었을 것이다.

이 논문은 블랙리스트 백서에 서술된 어긋나는 진술들 사이에서 거의 사실로 확정할 수 있는 부분을 논리적으로 규명하고, 블랙리스트 진상조사위에서 다루지 않은 주변 관련 자료들을 동원하여 백서에서 미처 도달하지 못한 실체적 진실을 밝히고자 하였다. 그 결과 이 논문에서 새롭게 밝힌 국립극단의 블랙리스트 실행 양상은 다음과 같이 요약될 수 있다.

첫째, 박근형 연출의 〈개구리〉 결말 부분이 수정된 것은 청와대와 문체부로부터 국립극단으로 모종의 지시가 내려오기 전에 손진책 예술감독의 자발적 검열에 의해 수행된 것으로 보인다. 피해자인 박근형과 김재엽의 진술에서 결말 수정 요구가 〈개구리〉 개막 전 연습 기간이었다는 점이 공통적으로 확인되고, 문체부 공무원들도 손진책 예술감독에게 작품 내용의 수정을 주문한 바 없다고 일관되게 진술하고 있기 때문이다.

둘째, 남인우 연출가가 〈구름〉 공연을 앞두고 받은 '자로 대고 반듯하게 그은 빨간줄이 그어진 대본'은 역시 손진책 예술감독의 자기검열에 의해 수행되었을 가능성이 크다. 남인우 연출가는 최OO 사무국장으로부터 빨간줄 대본을 전달 받았다고 하고, 최OO 사무국장은 손진책 예술감독으로부터 그 대본을 받았다고 진술하였다. 손진책 예술감독이 빨간줄을 그은 장본인이 아니라면 청와대나 문체부로부터 빨간줄이 그어져 내려왔음을 진술해야만 그 혐의로부터 자유로울 수 있다.

셋째, 김윤철 예술감독은 이미 공표되었던 2015년도 레퍼토리를 문체부의 양해를 받아 대부분 무대화 시켰지만 2016년도 라인업부터는 문체부의 지시대로 블랙리스트 예술가들을 최대한 배제하는 방식으로 기획하였다. 그 결과 양해조치를 받은 고선웅 외에 국내 연출가들이 철저히 배제되었고, 대신 해외연출가들을 대거 초빙하여 연출작업을 맡겼다.

넷째, 2016년에 새롭게 등장한 창작극개발 프로젝트인 '작가의 방'에서 국립극단의 자기검열에 의해 표현의 자유를 심각하게 제한하는 발언들이 있었다. '작가의 방'이라는 기획사업 자체가 정부의 검열을 강력히 의식하여 문제의 소지를 만들지 않기 위한 방식이었다. 이러한 자기검열의 기획은 2017년의 '한민족 디아스포라전'으로까지 이어진다.

다섯째, 김윤철 예술감독 초기에 국립극단의 정기간행물이었던 계간 『연극』이 폐간 된 것도 블랙리스트와 관련이 있어 보인다. 이는 편집위원 중 대다수가 블랙리스트에 올라있었던 정황을 통해 합리적 추론이 가능하다. 매년 발간되던 『국립극단 연감』도 2015년에 비공개 내부 연차보고서로 대체된 것은 문체부가 국립극단의 간행물들에 대해서도 일정한 검열을 하고 있었거나 최소한 국립극단의 자기검열 기제가 작동했던 것으로 보인다.

블랙리스트 실행이 국립극단에서 촉발되고 공연 단체 중 가장 적극적으로 이루어진 것은 국립극단이 태생부터 문체부 산하기관으로서 자율성과 독립성을 확보하지 못했기 때문이며 이러한 문제점은 재단법인으로 독립하여 10년 이상이 흐른 현재 시점까지 지속되고 있다. 블랙리스트 재발 방지를 위해서는 예술감독 임명권을 비롯하여 문체부로부터 철저히 관리 감독을 받고 있는 현재의 행정조직과 체계를 과감히 개선해야 한다.

이 모든 실행 양상에 있어 국립극단에서의 블랙리스트 실행은 유독 '자기검열'의 기제가 강력히 작동하고 있었다는 점을 발견할 수 있다. 김미도는 「문화예술계 블랙리스트 작동 방식에 관한 연구」에서 블랙리스트의 작동방식을 단계별로 유형화했는데 '1) 불리한 정보 흘리기와 다단계 장치들, 2) 직접적인 배제 요구에서 포기 각서까지, 3) 심의위원과 배제 시나리오 사전 협의, 4) 자기검열의 작동과 배제'[76]로 크게 구분한 바 있다. 이 중 네 번째 유형인 '자기검열의 작동과 배제'는 검열이 내면화되어 의식적, 무의식적 배제가 이루어지는 경우인데 국립극단에서 이루어진 블랙리스트 실행이 대부분 이 유형에 해당된다는 사실은 매우 유감스럽다.

국립극단에서의 블랙리스트 실행 양상을 보다 구체적으로 검증하는 가운데 가장 아쉬운 것은 국립극단 구성원 중 아무도 블랙리스트에 저항하지 않았다는 것이다. 김윤철 예술감독은 "순교를 해서라도" 계획되었던 공연을 올리려 노력했다지만 순교를 해서라도 블랙리스트를 무력화 시키려고는 하지 않았다.

> 김윤철: 그 2015년 가을쯤인가 김종덕 장관으로부터 사임 압력이 들어왔어요. 그만두라고. 다른 자리 줄 테니까 떠나달라고. 제가 거절했습니다 '나를 해고하라. 해고 당하면 내가 성명서 발표하고 나 스스로의 명예를 회복하든 들어 드리겠다. 내가 전문가가 아닌 자리에서 무슨 일을 하느냐'며 엄청나게 싸웠습니다. 국립극단이라고 하는 조직의 장으로서 내가 구호를 외치면서 선동하는 것이 과연 이게 적합한 행동이냐에 대

76 김미도, 「문화예술계 블랙리스트 작동 방식에 관한 연구」, 153~154쪽.

해서는 나는 동의하지 않습니다.[77]

김윤철 예술감독이 당시에 자리를 박차고 나와 정부의 만행을 고발했다면 최소한 국립극단의 명예는 지킬 수 있었을 것이다. 당시 국립극단 사무국장이었던 윤OO은 블랙리스트 진상조사위에서 추가 진술을 통해 다음과 같은 입장을 밝힌 바 있다.

한 국립기관의 행정 실무책임자로서 국가의 지원을 받을 자격이 있는 공연이라면 지원을 받게 하고 이 공연이 어떤 외압과 외풍 속에서도 트집 잡히지 않게 하며 관객들과 만나 공연이 잘 이루어지도록 하는 것까지만 본인의 역할이라 생각했습니다. 부당한 외압이나 역사적으로 퇴행하는 문화정책에 대한 공식적이고 공개적인 저항까지는 본인의 일이라 생각하지 않았습니다.[78]

철저히 예술가의 편에 서야 할 예술행정가들이 정부의 외압에 별다른 저항 없이 굴종했다는 사실은 국립극단의 역사에서 가장 수치스럽게 남을 것이다. 이는 문체부 공무원들이나 한국문화예술위원회 직원들의 굴종과는 다른 차원의 일이다. 연출가로서, 평론가로서, 기획자로서 오랜 동안 연극계에 종사해 왔던 예술가들

77 김나볏 정리, 토론회 「젊은 극작가들의 창작 환경과 공공극장의 역할-국립극단 '작가의 방' 사태를 넘어서-」, 136쪽.

78 「(재)국립극단 블랙리스트 실행사건」, 272쪽.

이 그 동료들을 배제하는 일에 가담한 것이기 때문이다. 국립극단에서 2022년 현재 진행되고 있는 블랙리스트 재발 방지를 위한 후속조치들과 자체적으로 제작 중인 '블랙리스트 사례집'이 국립극단의 역할과 사명을 바로 세우는 시금석이 되기를 바란다.

참고문헌

1차 문헌

문화예술계 블랙리스트 진상조사 및 제도개선위원회, 『문화예술계 블랙리스트 진상조사 및 제도개선위원회 백서1, 위원회 활동 보고서』, 문화체육관광부, 2019.

문화예술계 블랙리스트 진상조사 및 제도개선위원회, 『문화예술계 블랙리스트 진상조사 및 제도개선위원회 백서2-블랙리스트 진상조사 종합보고서』, 문화체육관광부, 2019.

문화예술계 블랙리스트 진상조사 및 제도개선위원회, 『문화예술계 블랙리스트 진상조사 및 제도개선위원회 백서 2-1, 진상조사결과보고서: 기관별』, 문화체육관광부, 2019.

문화예술계 블랙리스트 진상조사 및 제도개선위원회, 『문화예술계 블랙리스트 진상조사 및 제선위원회 백서 2-2, 진상조사결과보고서: 공연1』, 문화체육관광부, 2019.

문화예술계 블랙리스트 진상조사 및 제도개선위원회, 『문화예술계 블랙리스트 진상조사 및 제도개선위원회 백서 2-3, 진상조사 결과보고서: 공연2』, 문화체육관광부, 2019.

2차 문헌

고연옥, 「국립극단 '작가의 방', 왜 극작가를 교육, 교정하려 하는가?」, 『연극평론』, 2017년 봄, 119~125쪽.

김나볏 정리, 「젊은 극작가들의 창작환경과 공공극장의 역할-국립극단 '작가의 방' 사태를 넘어서-」, 『연극평론』, 2017년 여름, 130~140쪽.

김미도, 「국립극단, 문제를 통해 숙제를 생각한다!」, 『한국연극』, 2017.01, 18~19쪽.

김미도, 「국립극단 70년을 맞아, 지금 우리가 처음으로 해야할 일들」, 『국립극단 70+아카이빙』, 수류산방, 2020.

김미도, 「앞으로 써야 할 역사를 위하여-국립극단 70년: 약사(略史)」, 『국립극단 70+아카이빙』, 수류산방, 2020.

김미도, 「문화예술계 블랙리스트 작동 방식에 관한 연구」, 『한국연극학』, 77호, 2021.02, 153~209쪽.

김방옥, 「국립극단의 정체성을 다시 묻는다-'국가' '민족' '전통'의 개념을 중심으로」, 『국립극 70+아카이빙』, 수류산방, 2020.

김소연, 「국립극단 운영 분석 및 제언」, 『연극평론』, 2017년 겨울, 135~142쪽.

김옥란, 「국립극단의 프로그램 분석과 정체성, 2011-2017」, 『연극평론』, 2017년 겨울, 121~134쪽.

김창구, 「시공관 국립극장 시절」, 『국립극단 50년사』, 연극과인간, 2000.

노이정, 「국가주의에서 공공성으로-국립극단의 조직과 예술감독제」, 『연극평론』 2019년 겨울, 163~175쪽.
박상현, 「'재단법인' 국립극단에 대하여」, 『연극평론』 2017년 겨울, 154~158쪽.
박현선, 「논란이 된 작품으로 본 블랙리스트 사태: 블랙리스트의 텍스트성과 폭력의 징후들」, 문화예술계 블랙리스트 진상조사 및 제도개선위원회, 『문화예술계 블랙리스트 진상조사 및 제도개선위원회 백서 4, 블랙리스트 사태의 총체적 조망』, 문화체육관광부, 2019.
임선옥, 「아리스토파네스와 국립극단, 피상적 만남에 그치다 《개구리》《구름》《새》」, 『연극평론』 2013년 겨울, 21~29쪽.
허순자, 「번역극 공연의 회고와 문제점」, 『연극평론』, 2017년 봄, 113~118쪽.

기타 신문기사 및 칼럼

강신후, 「지원자에 작품 포기 종용… 순수예술 '정치 검열' 의혹」, 『JTBC 탐사플러스』, 2015.09.09. 〈https://news.jtbc.joins.com/article/article.aspx?news_id=NB11026116〉(검색일: 2022.01.14).
김세운, 「국립극단 김광보 신임예술감독 "연극은 누구에게나 평등하게 향유돼야"」, 『민중의 소리』, 2021.01.18. 〈https://www.vop.co.kr/A00001541801.html〉(검색일: 2022.01.27).
문수경, 「국립극단 "온라인 극장 개시… 블랙리스트 사례집 발간"」, 『노컷뉴스』, 2021.01.18. 〈https://www.nocutnews.

co.kr/news/5483776〉(검색일: 2022.01.27).

박광수, 「“김기춘, 회의 때마다 나라가 많이 좌편향 돼있다” 자주 언급」, 『중앙일보』, 2017.05.04. 〈https://www.joongang.co.kr/article/21541749〉(검색일: 2022.01.15).

박창욱, 「이성열 국립극단 예술감독 “올해 1987년 같은 분기점 될 것”」, 『NEWS1』, 2018.01.24. 〈https://www.news1.kr/articles/?3215736〉(검색일: 2022.01.22).

손준현, 「[단독] 국립극단도 검열했다… “‘개구리’같은 작품 쓰지 말라” 강요」, 『한겨레』 2017.03.16. 〈https://www.hani.co.kr/arti/culture/music/786748.html〉(검색일: 2022.01.19).

최민우, 「박정희·박근혜 풍자냐 비하냐… 국립극단 연극 논란」, 『중앙일보』, 2013.09.12. 〈https://www.joongang.co.kr/article/12589817〉(검색일: 2022.01.14).

홍정규, 「블랙리스트 문건에 ‘K(국정원)·B(청와대) 동의’」, 『연합뉴스』, 2017.01.09. 〈https://www.yna.co.kr/view/AKR20170109133300001?input=1195m〉(검색일: 2022.01.19).

2. 문화예술계 블랙리스트 피해 양상 및 후속 조치에 관한 연구(1) -'팝업씨어터' 사건*

1) 서론

2017년 7월 31부터 2018년 6월 30일까지 문화체육관광부(이하 '문체부') 직속으로 활동한 '블랙리스트 진상조사 및 제도개선위원회'(이하 '블랙리스트 진상조사위')는 2018년 6월 27일 마지막 전원회의에서 블랙리스트 책임규명과 관련하여 131명에 대한 수사의뢰 및 징계를 권고하였다. 이에 대하여 문체부는 2018년 9월 13일에 사실상 '징계 0명'이라는 책임규명 이행계획을 발표했다가 예술계의 거센 반발에[1] 부딪혀 재검토를 수용한 뒤, 2018년

* 이 논문은 『한국연극학』 83호(2023)에 발표되었으며, 일부 표현이 수정되었다.

1 "문체부는 겨우 형사처벌 권고 7명, '주의' 처분 10명을 하면서 여기에 수사의뢰 대상자 2명을 징계 권고자 수에 포함시켜 12명의 숫자를 만들고, 여기에 특검이 이미 기소한 3명과 지난 해 감사원 감사결과 주의 처분 받은 자(9명)를 포함하여, 처분 받은 인원 27명이란 숫자를 만들고, 징계를 받지 않은 전보 조치 대상자 22명을 포함하여 조치 인원 48명이란 숫자를 만들어냈다. 숫자놀음을 통해 마치 68명 중 48명에 대한 대단한 조치라도 한 것 같은 착시 효과를 만들어낸 것이다. 말과 숫자를 가지고 피해 예

12월 31일에 문체부 공무원과 산하기관 임직원 10명을 검찰에 수사의뢰하고, 68명을 징계 또는 주의 조치하는 것을 골자로 한 '블랙리스트 책임규명 권고안 최종 이행방안'을 발표했다. 2019년 2월에는 『문화예술계 블랙리스트 진상조사 및 제도개선위원회 백서』(이하 '블랙리스트 진상조사위 백서')도 발간되었다. 블랙리스트 피해자 및 피해 단체들이 국가를 상대로 낸 손해배상청구소송도 잇따라 승소했는데 특히 2022년 8월에 피해자 500여 명이 국가(대한민국)와 박근혜 전 대통령, 조윤선 전 문체부 장관, 김기춘 전 대통령 비서실장 등을 상대로 낸 손해배상청구소송 3건에서 모두 원고 일부 승소 판결을 받았다.

> 재판부는 "정부가 표방하는 것과 다른 정치적 견해나 이념적 성향을 갖고 있다는 이유로 문화예술인 명단을 조직적으로 작성·배포·관리하고, 공모사업 등에서 일방적으로 배제하는 행위 등은 헌법과 법률에 위배되는 불법행위에 해당한다"며 "국가가 손해를 배상할 책임이 있다"고 밝혔다.
> 이어 "대한민국 소속 공무원들이 한 문화예술계 지원배제 등은 정치권력 기호에 따라 지원금 지급을 차별함으로써 결과적으로 헌법 등이 보장하는 문화 표현과 활동에서 차별받지 않

술인과 국민들을 현혹하고 기만한 것이다." 블랙리스트 타파와 공공성 확립을 위한 연극인 회의(블랙타파), 성명서 「블랙리스트 실행 문체부 공무원 징계 0명, 문체부 공무원 도종환 장관은 책임지고 사퇴하라」, 2018.09.13. 〈https://www.facebook.com/blacktapa/posts/pfbid031hw6bATNWEcSz42kazo7wVFSSJV3DLG2mVUCDYfNJP1YsnMfzuAE3DUfL2cwa86Gl〉(검색일: 2023.01.27).

을 권리를 심각하게 침해했다"며 "건전한 비판을 담은 창작 활동을 제약할 수도 있어 검열을 금지하고 있는 헌법 정신에도 어긋난다"고 지적했다.

재판부는 피해 정도에 따라 원고들에게 각 1000만 원 혹은 1300만 원씩 배상하라고 판결했다. 그러면서 "위법한 공권력 행사로 원고들은 생존에 상당한 위협을 받았을 뿐만 아니라, 이런 사실이 밝혀지기 전까지 추가로 제재를 받을 수 있다는 압박감을 겪는 등 상당히 오랜 기간 동안 고통을 받았을 것으로 보이는 점" 등을 고려해 정신적 고통에 대한 위자료 금액을 정했다고 설명했다.[2]

그러나 블랙리스트 사태를 주도한 박근혜 정부의 김기춘 대통령 비서실장과 조윤선 문체부 장관에 대한 재판은 대법원으로부터 파기환송[3]

---

2 김희진 기자, 「법원, 박근혜 정부의 '문화계 블랙리스트' 국가 책임 인정」, 『경향신문』, 2022.08.25. 〈https://www.khan.co.kr/national/court-law/article/202208251603001〉(검색일: 2023.01.27).

3 "대법원 전원합의체(재판장 김명수 대법원장, 주심 안철상 대법관)는 김 전 실장 등의 상고심 선고에서 원심을 파기하고 사건을 서울고등법원으로 돌려보냈다. 그러나 대법원은 14개의 직권남용 혐의 중 2개만을 다시 심리하라고 판단했을 뿐 기본 판단을 유지했다. 김 전 실장 등이 박근혜 전 대통령과 공모해 박 전 대통령 뜻에 따라 개인 또는 단체의 이념적 성향이나 정치적 견해 등을 이유로 정부의 지원을 배제한 것은 직권남용에 해당하고, 예술위원장 등에게 배제 지시를 전달하고 지원배제를 위한 명분을 발굴하는 등의 행위는 직원들에게 '의무 없는 일'을 하게 한 게 맞다며 유죄라고 봤다. 김 전 실장 등을 기소한 특별검사팀은 입장문을 통해 "대법원 판결은 큰 틀에서 특검에서 기소한 직권남용 범죄사실을 인정했고, 다만 실무차원에서 통상적으로 이루어질 수 있는 명단 송부 행위 등 보고행위가 의무 위반 행위에 해당하는지 추가로 심리하여야 한다는 취지로 판시한 것"이라며 "파기환송심에서 공소유지에 만전을

된 채 2023년 2월 현재까지 마무리 짓지 못하고 있다.[4] 문재인 정부는 문화예술계 블랙리스트 사태 해결을 국정과제 1호로 설정해 놓고도[5] 정권이 바뀔 때까지 대통령 차원에서 공식적으로 사과하지 않았다.[6]

문화예술계 블랙리스트 사태에서 아직 해결되지 않은 가장 큰 문제는 대통령으로 대표되는 국가의 사과 및 가해자들에 대한 적절한 처벌, 그리고 가해자들의 직접적인 사과가 이루어지지 않은 데 따른 피해자들의 트라우마이다. 블랙리스트 진상조사위는

기할 것"이라고 밝혔다." 최우리 기자, 「대법원, '문화계 블랙리스트' 김기춘 등 '파기환송'」, 『한겨레』, 2020.01.30. 참조. 〈https://www.hani.co.kr/arti/society/society_general/926201.html〉(검색일, 2023.01.27).

4 "국정농단의 마지막 사건인 '문화체육관광부 블랙리스트' 재판을 특별검사팀이 아닌 검찰이 마무리한다. 문체부 블랙리스트 사건 재판은 2021년 1월 파기환송심 첫 재판이 열리고 2년 가까이 재판이 열리지 않았다. 공소를 유지해야 할 특검팀 지휘부가 와해된 데 따른 것이다. 특검이 사퇴했는데도 대통령이 후임을 임명하지 않아 특검 자리가 장기간 공석으로 남았다. 그러던 중 특검법이 개정되면서 인계가 가능하게 됐다. 개정법에는 특검과 특검보가 모두 공석인 경우 해당 사건은 검찰청 검사장에게 승계된다고 적시됐다. 이에 따라 서울고검이 사건을 이관 받을 수 있게 됐다. 김기춘 전 청와대 비서실장, 조윤선 전 문화체육관광부 장관은 문체부 블랙리스트 사건으로 2017년 2월 기소됐고 2심에서 각각 징역 4년, 징역 2년을 선고받았다." 최현만 기자, 「'문체부 블랙리스트' 검찰이 마무리한다… 특검팀 와해로 2년 공전」, 『news1』, 2022.12.30. 〈https://www.news1.kr/articles/4910298〉(검색일: 2023.01.27).

5 『문재인 정부 국정운영 5개년 계획』(2017.7.)에 의하면 국정과제 1호는 "적폐의 철저하고 완전한 청산"이며 과제 양대 목표 중 하나로 "문화계블랙리스트 관련 사실관계 파악, 재발 방지 및 문화행정체계 혁신"을 명시하였다. 〈https://www.korea.kr/archive/expDocView.do?docId=37595〉(검색일: 2023.01.27).

6 도종환 문화체육부장관이 2018년 5월 16일, 국립현대미술관 서울관에서 열린 '사람이 있는 문화-문화비전 2030'을 발표하면서 문화예술계 블랙리스트 사태에 대해 공식적으로 사과한 적은 있다.

2018년 5월 '진상조사 및 제도개선 결과 종합 발표'에서 "단체 342개, 개인 8931명 등 총 9273개(중복제외) 명단이 주요 문건에 등재돼 사찰, 검열, 배제 등의 피해를 입은 것으로 확인"[7]된다고 하였다. 더불어민주당 신동근 의원이 '문화민주주의실천연대 블랙위원회'와 공동으로 피해자 500명을 대상으로 하여 2019년 9월에 진행한 설문조사에 의하면 응답자 300명 가운데 절반 이상이 트라우마에 시달리고 있는 것으로 나타났다.

> 블랙리스트 사태 이후 가장 힘든 점으로 응답자의 절반 이상(51.3%)이 '트라우마 등 피해 기억'이라고 답했다. 생활고(18.3%), 본업 복귀의 어려움(6.7%) 등이 뒤를 이었다. 이들은 또 정부에 피해 배상을 강력하게 요구하고 있다. 명예 회복과 피해 배상 필요성이 있다는 응답이 97.3%를 차지했으며, 블랙리스트 피해 배상을 정부에 요구할 의향이 있다는 응답도 87%를 차지했다. 이미 응답자의 57%는 블랙리스트 피해 배상을 위한 민사소송에 참여하고 있었다. 하지만 이들 피해자 대다수(75.3%)는 문체부의 후속 조처와 제도 개선 내용을 전혀 알지 못하고 있었다.[8]

7 문화예술계 블랙리스트 진상조사 및 제도개선위원회, 『진상조사 및 제도개선 결과 종합 발표』 자료집, 국립현대미술관 서울관, 2018.05.08, 19쪽.

8 서영지 기자, 「블랙리스트 피해자 절반 "트라우마 시달려"」, 『한겨레』, 2019.10.17. 〈https://www.hani.co.kr/arti/politics/assembly/913635.html〉(검색일: 2023.01.27).

피해자들이 겪는 트라우마의 가장 큰 원인 중 하나는 블랙리스트를 실행한 가해자들이 죄목에 합당한 처벌을 받지 않았다는 점이다. 처벌을 받기는커녕 가해자들이 버젓이 공적인 영역에서 활발히 활동하는 사례들을 접하며 피해자들은 끊임없이 2차 가해에 시달리고 있다. 대표적인 사례로 박근혜 정부에서 2014년 10월부터 문체부 기획조정실장으로 근무하며 '건전 콘텐츠 활성화 TF' 단장을 맡아 블랙리스트 관리를 총괄했다는 의혹을 받는 송수근 전 문체부 1차관이 계원예대 총장으로 부임하면서 예술계는 물론 계원예대 학생들과 교수들이 크게 반발했다.[9] 또한 한국문화예술위원회(이하 '예술위') 심의위원으로 참여하여 블랙리스트 실행에 가담했다는 의혹을 받는 안호상 전 국립극장장이 2021년 9월 세종문화회관 사장에 내정되면서부터 취임 이후까지 예술계는 장기간 항의 시위를 이어간 바 있다.[10]

피해자들이 겪는 트라우마의 또 다른 주요 원인은 가해자들 및 국가로부터 진심어린 사과를 받지 못했다는 점이다. "지난 과거를 딛고 다시 일어나 상처를 치유하고 무너진 신뢰를 회복하는 일은 검열기관이 되어버렸던 가해자나 검열과 배제의 대상이었던 피해자나 모두가 바라는 일일 것이다. 예술인들이 '제대로 된 사과' '사

---

9 조문희 기자, 「문화계 블랙리스트 책임자 송수근 계원예대 총장 사퇴하라」, 『경향신문』, 2020.01.28. 〈https://www.khan.co.kr/national/education/article/202001281606001〉(검색일: 2023.01.27).

10 임석규 기자, 「'블랙리스트' 혐의 벗었다는 안호상, 뒤집는 진술 나왔다」, 『한겨레』, 2021.09.30. 〈https://www.hani.co.kr/arti/culture/culture_general/1013394.html〉(검색일: 2023.01.27).

과 받는 이를 고려한 사과'를 원하는 것은 바로 그 때문이다. 즉 그것이 블랙리스트 사태를 극복하는 '유일한 시작'이기 때문이다."[11]

『블랙리스트 진상조사위 백서』를 통해 블랙리스트의 피해 범위의 광대함과 그 실행 양상의 무자비한 실태가 상당히 규명되었다. 그러나 블랙리스트 관련 연구는 좀처럼 진척되지 않고 있으며 특히 피해자들의 서사는 거의 드러나지 않았다. 블랙리스트 연구가 난항을 겪고 있는 이유는 일단 총 10권으로 이루어진 방대한 분량의 백서를 섭렵하기 어렵고, 백서가 사건 위주로 서술되어 있어 전체적인 맥락을 파악하기가 복잡한 때문이다. 이 논문은 블랙리스트 사태의 가장 대표적인 사례라 할 수 있는 '팝업씨어터 사건'을 최초로 총정리함으로써 문화예술계 블랙리스트 연구의 새로운 장을 열고자 한다. 이를 위해 우선 백서에서 이미 정리된 '팝업씨어터 사건'의 전말을 보다 이해하기 쉽게 기술할 것이다. 이어서 백서 발간 이후 후속조치가 이행되는 동안 벌어진 2,3차 가해 양상과 피해자가 제기한 재판 관련 사항을 기록하고 분석할 것이다. 특히 피해자들이 겪고 있는 심리적 트라우마에 대한 이해와 공감의 지평을 넓히고자 한다. 이를 통해 미약하나마 피해자들에게 치유의 발판을 제공하고, 피해자들의 명예회복과 사회적 기억사업에 대한 국가적 책임을 환기하려 한다. '팝업씨어터 사건'이라는 하나의 대표적인 예시를 통해 문화예술계 블랙리스트 사태의 전

---

11 이진아, 「블랙리스트 사태가 문화예술계에 남긴 상흔」, 『문화예술계 블랙리스트 진상조사 및 제도개선위원회 백서4-블랙리스트 사태의 총체적 조망』, 문화체육관광부, 2019, 152-153쪽.

체적인 흐름을 이해하는 데도 기여하고자 한다.

"블랙리스트 피해자는 검열, 배제, 차별이 이뤄졌던 시기에는 사건의 실체를 인지하지 못했다. 국가기구가 조직적으로 개입한 '정책을 가장한 국가범죄'이기에 사후적으로 피해의 기억이 재구성되었다. 피해 당시의 가해 실체의 불명료성으로 인해 피해자의 사후적 공포는 가중되고, 트라우마도 극심하다. 사후적으로 재구성된 피해이기에, 피해자의 증언을 통한 사회적 기록 작업으로 사건을 명료화하여 예술가들이 내적 무기력감을 극복할 수 있도록 해야 한다."[12] 이 논문은 팝업씨어터 피해자들의 목소리를 최대한 존중하되 『블랙리스트 진상조사위 백서』와의 대조를 통해 사실관계를 확인하면서 최대한 객관적인 연구를 수행할 것이다.

2) 팝업씨어터 사건의 개요

'팝업씨어터'는 예술위가 기획한 '대학로 붐업 프로젝트'인 〈공원은 공연중〉의 2015년 10월 프로그램으로 마련되었다. 당시 '팝업씨어터' 연극부문 프로그램은 아래 표와 같다.

연출가	작품명	장소	일정
김정	이 아이	씨어터 카페	10.17(토), 18(일)

12 오창은 외, 『문화예술분야 블랙리스트 사건의 사회적 기억과 회복을 위한 방안 연구』, 문화체육관광부, 2021.4. 19쪽. 이 연구보고서는 문체부 홈페이지의 『블랙리스트 재발방지 제도개선 이행협치추진단 백서』 링크를 통해서도 열람할 수 있다. 〈https://www.mcst.go.kr/kor/s_notice/notice/noticeView.jsp?pSeq=17001&fbclid=IwAR2sb13QnmIUl24Fagu4bkLNk3Afk7-CVEuIO2h3Lhw6gjvc7ZT9fQrQXzQ〉(검색일: 2023.01.25).

윤혜숙	후시기나 포켓또	씨어터 카페	10.24(토), 25(일)
송정안	불신의 힘	아르코극장 앞마당	10.24(토), 25(일)

2015년 10월 17일, 팝업씨어터 프로그램의 첫 작품인 김정 연출가의 〈이 아이〉 첫 회 공연이 있었다. 이 공연을 관람하던 예술위의 임OO 문화사업부장이 팝업씨어터 담당 직원 김진이에게 "수학여행이랑, 노스페이스가 왜 나와? 이거 세월호 얘기잖아"라고 하며 그 즉시 일어나 카페의 영업을 재개시켰다.[13] 17일 공연 종료 후 공연예술센터장, 운영총괄부장, 문화사업부장이 〈이 아이〉 공연 취소를 결정하고 담당직원 김진이에게 이를 공연팀에 전달하라고 했다. 김진이가 이에 불응하자 18일 공연에서 문화사업부장과 공연예술센터장을 비롯한 직원들이 직접 공연을 방해하는 일이 벌어졌다. 관객 황OO이 10월 19일, 예술위 홈페이지에 게시한 '주최측의 팝업씨어터 공연 방해'라는 제목의 민원글에 의하면 "드디어 4:30분이 되어 검은 옷을 입은 사람이 나와서 책상을 잠시 옮겨 달라고 하면서 연극이 시작되는 듯"했는데 "카페 한쪽에서 직원 신분증을 걸고 앉아 있던 여자가 갑자기 책상을 옮기지 말라며 소리를 질렀다. 그 여자는 히스테리를 부리듯이 사람들에게 계속 소리를 질렀다"고 했다.[14]

---

13 김정, '대학로 엑스포럼' 페이스북, 2015.11.09. 〈https://www.facebook.com/groups/1524165964529525/posts/1658263114453142/〉(검색일: 2023.01.25).

14 팝업씨어터 사건의 기본 사건일지는 피해 예술가들이 2015년 11월 9일에 문체부 홈페이지 국민신문고와 페이스북에 올린 글을 바탕으로 하되 블랙리스트 진상조사위 백서와 대조하여 사실관계를 확인하였다. 팝업씨어터 사건은 블랙리스트 진상조사위에서 「한국문화예술위원회 2015년 팝업씨어터 공연방해 및 검열 의혹 사건」으로 다

18일의 공연방해 사태를 알게 된 17일의 관객은 다음과 같이 말했다.

> 제가 토요일 공연을 보았을 때 무대에 소품이라고는 테이블 2개 붙여 놓은 게 다였거든요.
> 그런데 그 테이블 2개 붙이는 걸 소리치며 하지 말라고 하셨다지요? 컴플레인 한 고객이 대체 무엇을 불만 표현 했길래…
> 공연이 아닌 일반 커피숍에서도 사람이 많이 가면 따로 떨어져 있는 테이블도 붙여서 앉는 판에… 심지어 팝업씨어터 공연을 위해 내어준 공연 속에서 그 테이블 붙이는 거 가지고 심지어 공연을 기획한 쪽에서 더군다나 배우가 나와서 공연이 시작이 되었는데도 그 난동이 있었다는 것에 대해…
> 조금 웃길 정도로 어이가 없는 거 같습니다.[15]

2015년 10월 20일에 주최측은 팝업씨어터의 남은 두 연극팀 연출가인 윤혜숙과 송정안에게 사전 대본 제출을 요구하였다. 아울러 카페 이용객들의 '컴플레인'을 이유로 윤혜숙 연출가에게 씨어터카페를 공연장소로 사용할 수 없다고 통보하였다. 10월 21일에 윤혜숙이 공연장 변경에 항의하자 문화사업부장이 전화를 걸어와

루어졌으며, 조사결과는 『문화예술계 블랙리스트 진상조사 및 제도개선위원회 백서 2-2, 진상조사결과보고서: 공연1』의 855쪽에서 895쪽까지 수록되어 있다.

15 김정, '대학로 엑스포럼' 페이스북, 2015.10.27. 〈https://www.facebook.com/groups/1524165964529525/posts/1654638511482269〉(검색일: 2023.01.25).

개인적으로 사과하고 씨어터카페 사용 불허를 번복하였다. 그러나 10월 23일에 윤혜숙과 송정안은 〈이 아이〉 공연 방해 및 사전 대본 제출 요구에 대해 강력한 의구심을 품고 남은 공연을 보이콧하겠다는 내용의 이메일을 담당자 김진이에게 발송했다. 김진이는 문화사업부장에게 이메일 내용을 알렸으나 두 연출가는 어떤 답변도 받지 못했으며 예술위는 공연 취소에 대한 공식적 고지를 하지 않은 채 24일, 25일 양일간 씨어터카페를 찾은 관객들에게만 공연 취소를 알렸다.

2015년 10월 27일에 김정 연출가가 예술위 홈페이지에 '팝업씨어터 〈이 아이〉 연출 김정입니다'라는 제목의 항의 글을 게시하였고[16], 10월 29일에 임OO 문화사업부장이 답변을 올렸다. 임부장은 "제가 생각한 '팝업씨어터'는 기존에 했던 RPG나 커피플레이 등의 공연과 달리 생각지 못한 곳에서 갑자기 공연이 시작하는 게릴라식 공연"이었다면서 "17일 김정 연출의 〈이 아이〉를 보러 갔을 때 저는 테이블이 가장자리로 다 치워져 있는 상태에 대해서 팝업씨어터의 취지와 맞지 않다고 생각했습니다. 더군다나 그라인더 소리 때문에 커피 주문도 중지시켰다는 것을 알고 담당자에게 화를 내며 '누가 카페를 정지시켰냐!'고 흥분"했으며 "18일 공연 전에 테이블을 원상복구하라고 했던 것도 이러한 저의 '팝업'에 대한 강한 요구를 관철 시키기 위한 것이었습니다. 18일에 카페에

16 김정, '대학로 엑스포럼' 페이스북, 2015.10.27. 〈https://www.facebook.com/groups/1524165964529525/posts/1654638511482269〉(검색일: 2023.01.25). 현재 예술위 홈페이지에 게시했던 원글은 검색할 수 없다.

와서는 당초에 공연 끝나자마자 옮겨두어야 할 것조차 옮기지 않고 내내 테이블을 방치했다는 사실에 심하게 화를 냈습니다"[17]라고 했다. 이러한 답변에 대해 10월 30일, 3인의 연출가는 "17(토) 〈이 아이〉 공연 이후 공연예술센터장, 운영총괄본부장, 문화사업부장 등이 모여서 대책회의를 통해 18(일) 〈이 아이〉 공연을 취소할 것, 여의치 않을 경우 공연을 방해할 것을 논의한 사실, 이 회의의 결과에 따라 18(일) 〈이 아이〉 공연을 문화사업부장, 센터장이 직접 나서서 방해한 사실을 인정하시고, 이에 대해 해명하시길" 바란다면서 "이 사건을 임OO 문화사업부장 개인의 문제로 축소시키지 마시고, 공연예술센터장님이 총괄책임자로서 이 사태에 대해 책임이 있다는 사실에 대해 다시 신중히 '회의'하시고 공공기관으로서 정당한 민원에 대해 응답"[18]하라고 요구했다. 임OO 문화사업부장의 답변에 대해서는 담당직원 김진이 역시 노컷뉴스와의 인터뷰(11.3)에서 "그 전후 사정은 다 거짓말이고 저한테 해명하신 본부장님조차 대책회의를 하지 않았다는 거짓말을"[19] 했다고 성토했다.

10월 29일부터 연출가 3인의 1인 시위가 시작되었다. 시위는 팝업씨어터의 공연 장소였던 씨어터카페가 있는 대학로예술극장 앞

---

17 김정, '대학로 엑스포럼' 페이스북, 2015.11.09. 〈https://www.facebook.com/groups/1524165964529525/posts/1658263114453142〉(검색일: 2023.01.25).

18 윤혜숙, '대학로 엑스포럼' 페이스북, 2015.10.30. 〈https://www.facebook.com/groups/1524165964529525/posts/1655435741402546/〉(검색일: 2023.01.25).

19 시사자키 정관용입니다, 「"수학여행이 왜 나와? 이거 세월호 이야기 아냐?"」, 『노컷뉴스』, 2015.11.03. 〈https://www.nocutnews.co.kr/news/4498609〉(검색일: 2023.01.21).

과 아르코예술극장 앞의 마로니에 공원에서 이루어졌다. 팝업씨어터 사태의 심각성과 연출가들의 1인 시위 모습이 SNS를 통해 확산되면서 수많은 동료 예술가들이 각종 항의 문구가 적힌 피켓을 들고 릴레이 시위에 동참했다. 씨어터카페 앞에서 연극인들을 중심으로 연일 피켓 시위가 계속되는 가운데 2015년 11월 3일에는 '팝업씨어터' 담당 직원이었던 김진이가 CBS 라디오에 출연하여 사건의 전모를 폭로하였다.

> 우선 17일 첫 공연 시에 조엘 폼므라의 원작에서 김정 연출이 각색을 하면서 두 단어를 고쳤습니다. 하나는 원작에서는 하늘색 잠바를 입고 돌아온 시체 아이로 표현이 됐는데 그걸 노스페이스라는 상표의 잠바를 입은 시체로 표현을 했고 그리고 원작에서는 캠핑을 갔다가 돌아온 아이로 추정을 했는데 그걸 수학여행을 갔다가 돌아온 아이로 설정을 했습니다. 그래서 17일에 공연을 진행하던 도중 공연 중간에 저희 담당하는 책임자이신 임OO 문화사업부장님께서 그 공연을 보시고 저에게 '이거 세월호 얘기 아니야? 노스페이스랑 수학여행이 왜 나와?' 그러면서 화를 내면서 나가셨고요. 그날 저녁에 이에 관해서 공연을 취소시킬지 어떻게 할지에 대해서 저희 한국문화예술위원회 유OO 공연예술센터장님과 운영총괄본부장님이신 양OO 본부장님과 저희 문화사업본부장님 등 모여서 대책회의를 하셨다고 들었습니다. 그리고 그날 저녁 11시경에 저한테 전화로 임OO 부장님께서 직접 전화하셨고요. 저한테 일단은

공연을 취소하라고 하셨는데 제가 그 부분은 도저히 납득하기 어려워서 취소를 못 하겠다고 말씀을 드렸습니다.[20]

예술위는 예술가들의 항의 시위가 계속되자 11월 5일자로 유OO 한국공연예술센터장과 간부 2명의 직무를 정지시키고 팝업씨어터 공연 방해 논란에 대한 조사를 벌였다. 또 한국공연예술센터장 직제를 폐지하고 센터가 기존에 관리하던 아르코예술극장과 대학로예술극장을 예술위 사무처가 직접 담당하도록 조직개편을 했다. 그러자 문화예술계에서는 "정치 검열에 대한 진정성 있는 사과나 해명 없이 예술위가 책임의 꼬리 자르기에 급급한 것이 아니냐"[21]는 비판이 거세게 일었다. 예술위는 2015년 11월 6일부터 10일까지 진행된 '팝업씨어터 사업에 참여 중인 공연단체에 대한 공연방해 및 취소 요구 등의 진위 여부 조사' 결과에서 "극장공연이든 장소특정형 공연이든 장소에 대한 제약은 불가피한 요소임. 이를 방해라고 주장하기 위해서는 부당함이 명확해야 하나 공연장이 카페라는 점에서 충분히 가능한 제약으로 보임. 공연 동영상에서도 확인할 수 있듯이 공연은 방해 받지 않고 예정대로 진행됨. 그리고 주최측이 공연을 방해한다는 것은 논리적으로 타당하지

20 위의 인터뷰.

21 손준현 기자, 「연출가엔 아무런 사과도 없이… 예술위, '정치검열' 꼬리자르기?」, 『한겨레』, 2015.11.18. 〈https://www.hani.co.kr/arti/culture/music/718098.html〉(검색일: 2023.01.25).

않음"[22]이라는 황당한 조사 결과를 내놓았다.

예술가들의 시위는 추운 날씨에도 불구하고 11월 중순을 넘기며 지속되었고 피해 연출가 김정·송정안·윤혜숙은 11월 22일에 시위를 마무리하는 퍼포먼스로 '사과 받지 않겠습니다'를 기획했다. 이들은 동료 연극인들과 함께 대학로 예술극장 둘러서기, 입에 사과 물고 대학로 행진하기, 선언문 낭독 등을 진행했다.

팝업씨어터 사건에 대한 본격적인 진상조사는 결국 2017년 7월 31일에 출범한 블랙리스트 진상조사위로 넘겨졌다. 블랙리스트 진상조사위는 2018년 6월 27일에 「블랙리스트 사태에 대한 책임규명 권고안」을 확정하였으며, 예술위는 2018년 7월 3일에 문체부로부터 예술위 직원 23명에 대한 징계권고를 통보받았다. 예술위는 "징계권고 대상자의 위반행위가 명확치 않은 경우 증거자료, 문답서 등 관련자료를 검토하고, 2018.9.1.부터 징계처분을 위한 위반행위를 특정하였으며 징계권고 대상자별 징계시효 등을 검토"한 후, 2018년 10월 11일에 "최종 회의를 실시하여 조사결과, 징계처분을 위한 양정의 결정 등을 논의하여 최종 확정하였다."[23] 그러나 예술위의 징계권고 이행 과정은 팝업씨어터이 사건 발생한 지 만3년이 되어가는 2018년 10월 당시 팝업씨어터 피해자들에

---

22 예술위, 「팝업씨어터 관련 조사결과 보고」, 1쪽. 2015.12.31. 『문화예술계 블랙리스트 진상조사 및 제도개선위원회 백서 2-2, 진상조사결과보고서: 공연1』, 870쪽에서 재인용.

23 한국문화예술위원회 감사부, 「블랙리스트 진상조사위 징계권고안 검토결과 및 징계처분 요구서-블랙리스트 진상조사위원회 책임규명 권고안 및 사건별조사보고서 검토-」, 2018.10. 〈https://www.arko.or.kr/board/view/901?bid=510&cid=1803775〉(검색일: 2023.01.25).

게 전달되지 않고 있었다.

예술위에서 징계 검토가 마무리된 2018년 10월 11일에 이를 모르고 있었던 팝업씨어터 피해자들은 가해자들의 징계 시효 만료가 도래하고 있다면서 조속한 징계를 촉구하였다.

> D-6.
>
> 그로부터 3년이 지나, 정권이 교체된 지금, 블랙리스트 조사위원회가 발족되고 나서야 사안에 관해 구체적인 사건 조사가 이루어졌습니다.
>
> 하지만 여전히 징계 시효 만료 6일을 앞둔 지금, 문예위는 여전히 "조사 중"이라는 말만 앞세워 시간 끌기를 하고 있습니다. 그 시간 끌기가 유효하다면, 6일 후 가해자들의 처벌은 없던 일이 됩니다.
>
> (중략)
>
> 더욱 견딜 수 없는 것은 당시, 공연을 방해했던 문예위 직원들은 여전히 조직의 비호를 받으며 우리 곁에 있고, 예술공무원으로서의 위치 또한 단단히 보존되고 있다는 것입니다.[24]

팝업씨어터 피해자들은 사건 발생일인 2015년 10월 18일을 기점으로 했을 때 징계시효를 3일 앞둔 2018년 10월 15일부터 씨어터카페 앞에서 다시 피켓시위를 시작했고 많은 동료 연극인들이

24 김정, '대학로 엑스포럼' 페이스북, 2018.10.10. 〈https://www.facebook.com/groups/1524165964529525/posts/2239947406284707/〉(검색일: 2023.01.25).

이에 동참했다. "한편 문예위는 블랙리스트 실행과 관련해 가해자들을 조치하려고 준비 중이라는 입장이다. 징계시효 만료를 앞두고 있는데, 아직 아무 조치도 없이 시간을 끌고 있다는 지적이 나오자 급히 징계위원회를 꾸리고 지난 12일부터 14일까지 3일간 회의를 한 것으로 확인됐다. 징계위원회는 문예위 직원과 외부위원 등 약 7명으로 구성됐다. 하지만 지난 3일간의 마라톤 회의 끝에도 징계 대상자와 수위에 대한 결론을 내지 못했다. 징계위는 오는 19일 2차 회의를 열고 결론을 짓겠다는 방침이다. 하지만 이 날은 '팝업씨어터' 사건 징계 시효가 만료된 뒤다."[25] 예술위가 징계권고 이행 발표를 미루고 있었던 이유는 당시 예술위 위원장이 대행 체제[26] 상태였고, 11월 초에 신임 위원장이 임명될 상황이었기 때문으로 보인다. 예술위 '현장소통위원회' 위원들은 11월 1일에 공동입장문을 내고 징계안 확정을 촉구했다.

> 여전히 블랙리스트의 피해자들은 '세월호를 연상한다 하여 공연 중간에 중단을 시키는' 바로 그 사건으로 여전히 고통을 호소했습니다. 시간이 지나 무뎌졌다는 말은 언제나 가해자의

---

25 유연석 기자, 「세월호 연상된다고 공연 방해… 3년 전 모멸감 여전한데」, 『노컷뉴스』, 2018.10.15. 〈https://www.nocutnews.co.kr/news/5045053〉(검색일: 2023.01.25).

26 블랙리스트 진상조사위 조사 결과 예술위가 블랙리스트의 핵심 집행기관으로 판명됨에 따라 2017년 6월에 박명진 위원장이 임기를 1년 가까이 남겨두고 사퇴했다. 이후 공모 절차를 거쳐 2017년 11월에 황현산 위원장이 취임했으나 2018년 2월에 암이 재발하여 사퇴했다. 이후 예술위는 최창주 예술위 위원의 위원장 권한대행 체제를 유지하다가 공모 절차를 거쳐 2018년 11월 2일에 박종관 위원장이 임명되었다.

> 말이라는 것을 기억할 필요가 있습니다. 정권과 문화부의 수행기관으로서 아르코가 사실상의 '종범'이 아니냐는 지적에도 불구하고 정작 그런 권력의 요구를 예술인들과 가장 가까운 기관인 아르코가 지켜주지 못했다는 상실감은 결코 가벼운 것이 아닙니다. (중략)
> 이미 인사위원회를 거친 징계안이 위원장이 없다는 이유로 미뤄져서는 안 됩니다. 아무 것도 결정할 수 없는 위원회의 위원들이라면 차라리 그 자리에서 내려오시길 바랍니다. 또한 책임을 논하는 자리에 정작 피해자들이 참여할 수 없었다는 점에 인사위를 책임진 아르코 사무처에 유감을 표합니다.[27]

예술위는 2018년 11월 21일에 '블랙리스트 책임규명 권고안'에 대한 처리 결과를 최종 공개했다. "예술위는 진상조사위의 징계 권고 대상자 23명 중 '퇴직' 6명, '선행처분' 1명, '징계시효 종료' 3명 등 징계처분 대상이 아닌 10명을 제외한 13명에 대해 '1개월 정직' 4명, '3개월 감봉' 3명, '견책' 4명, '엄중주의' 2명으로 징계를 결정했다. 예술위 관계자는 "견책과 주의는 6개월간 인사상 불이익을 받게 된다"고 했다. 예술위는 징계시효가 종료된 3명에 대해서도 엄중주의 처분을 줘 모두 16명이 징계를 받게 됐다."[28] 팝

---

27 한국문화예술위원회 '현장소통위원회' 페이스북, 2018.11.01. 〈https://www.facebook.com/groups/2430672940308410/posts/2727668543942180〉(검색일: 2023.01.26).

28 김미영 기자, 「예술위, 블랙리스트 관련자 23명 중 16명 정직·감봉 등 징계」, 『한겨레』, 2018.11.21. 〈https://www.hani.co.kr/arti/culture/culture_general/871106.

업씨어터 사건 관련 핵심 인물인 임OO 문화사업부장은 징계를 받았으나 유OO 한국공연예술센터장은 이미 퇴사한 상태였다.[29] 팝업씨어터 피해자들은 이들의 징계시효를 팝업씨어터 사건 발생 시점인 2015년 10월 18일로부터 계산하여 2018년 10월 18일을 징계시효 만료로 알고 있었으나 예술위는 블랙리스트 실행 기간 동안 직원들이 관여한 사건들 전체를 대상으로 징계를 검토했기에 팝업씨어터 사건의 가해자도 징계에 포함되었다.

3) 팝업씨어터 사건에 대한 후속조치와 추가 피해 양상

(1) 예술위의 공개 사과와 논란

예술위는 2018년 11월 초, 박종관 위원장의 취임 직후부터 팝업씨어터 피해예술인들과 만나 공개적인 사과의 형식과 내용에 대해 협의하였다. 그 결과 2019년 7월 19일에 예술위는 사건 현장인 씨어터카페에서 피해예술인들 및 동료예술인들이 지켜보는 가운데 사과문을 발표하기로 했다. 이 사과문이 나오기까지의 과정은 결코 순탄하지 않았던 것으로 보인다. 공익 제보자 김진이는 7월 19일의 사과문 발표를 앞두고 페이스북에 올린 장문의 글에서 그간의 지난했던 과정을 다음과 같이 요약했다.

---

html〉(검색일: 2023.01.16).

29 한국문화예술위원회 감사부, 「블랙리스트 진상조사위 징계권고안 검토 결과 및 징계 처분요구서」, 2018.10. 〈https://www.arko.or.kr/board/view/901?bid=510&cid=1803775〉(검색일: 2023.01.16).

작년 10월 징계시효가 끝나기 직전, 〈팝업씨어터〉 세 연출가를 비롯한 여러 분들이 다시 한번 거리로 나와 그들의 징계를 촉구하는 시위를 벌였습니다. 그리고 이어진 (11월 징계 발표 직전) 새로 취임한 박종관 위원장님과의 피해자 간담회 자리에 저도 참석하여, 그 자리에서 〈팝업씨어터〉 사태에 대한 엄정한 처리와 사과, 그리고 재발방지 대책 등에 대한 약속을 받았습니다. 그러나 그로부터 5개월간 저를 비롯한 피해자들은 그에 대한 어떠한 답도 들을 수 없었습니다.

지난 3월 31일 블랙리스트 백서 발간 축하 파티가 씨어터카페에서 있었습니다. 그때 저는 사건 이후 처음으로 가본 씨어터카페에서 다시 박종관 위원장님을 뵈었습니다. 저로서는 마지막으로 사과와 후속 조치에 대한 요청을 드렸고, 다시 한번 '꼭 이행할 것'이라 약속받았습니다.

그리고 그 약속 이행의 힘겨운 첫걸음이 떼진 것은 4월 초부터였습니다. 저는 〈팝업씨어터〉 피해자들, 그리고 제가 알고 있는, 사건 당시 함께 연대했던 몇몇 예술가분들께 연락을 드려 도움을 요청했습니다. 약 두 달이 넘는 기간 동안 한국문화예술위원회 측과 함께 만나 사과문에 대해 논의했습니다. 더하여 후속 조치에 대해서도 논의하려 했으나 섣부른 단발성의 '공연', '지원 사업' 등의 성격을 갖는 성급한 후속 조치가 언급될까 걱정됐습니다. 또한 의도치 않은 선택과 배제를 통하여 상처를 덧나게 할 뿐이라는 우려를 갖게 되었습니다. 한국문화예술위원회가 정확한 사실인정과 책임인정, 그에 기초한 사과 없이는 그 어떤 후속 조치도 논의할 수 없다는 것을 알게 되었습니다.

한국문화예술위원회와 합의할 수 있는 사과문의 기초인 '사실'은 블랙리스트 진상조사위가 발표한 조사 결과에 있었습니다. 블랙리스트 백서가 그동안 사람들이 겪은 고통과 피해를 모두 드러내 줄 수는 없겠지만, 여러 차례의 논의 끝에 백서를 합의의 근거로 할 수밖에 없었습니다. 한국문화예술위원회가 발표한 사과문이 '사실'이 나열된 건조한 문장들로 여겨지는 것도, 나름의 의미가 있는 것도 이 때문일 것입니다.[30]

이 글을 통해 알 수 있는 사실은 예술위 박종관 위원장이 취임 직후 팝업씨어터 피해자들과 간담회 자리를 가졌고 사과와 대책 마련에 대한 약속을 했으나 피해자들은 그 후 5개월간 아무 연락도 받지 못했다는 점, 2019년 3월 31일 씨어터카페에서 열린 『블랙리스트 진상조사위 백서』 발간기념회 자리에서 피해자들이 박종관 위원장을 우연히 만나게 되어 약속 이행에 대한 재다짐을 받았던 점, 4월초부터 예술위와 피해자들 간에 약속 이행에 대한 협의를 가졌으나 결국 『블랙리스트 진상조사위 백서』에 적시된 내용들로 한정하여 예술위의 사과문이 '건조한 문장들로' 작성되었다는 점이다.

---

30 김진이, '대학로 엑스포럼' 페이스북, 2019.07.08. 〈https://www.facebook.com/groups/1524165964529525/posts/2421112001501579〉(검색일: 2023.01.25).

박종관 예술위 위원장은 7월 19일 공개 사과 자리에서 "지난 정부 하 소위 블랙리스트 사태 당시 청와대와 문체부를 통해 전달된 예술인 배제 및 사전검열 지시를 거부하지 못하고 해당 예술인 및 단체에 불이익을 주는 등 조직의 본분과 사명을 저버렸습니다. 이는 다시는 자행되어서는 안 될 국가 폭력이었다"라고 밝혔다. 이하 예술위가 사과문에 포함시킨 사실관계는 다음과 같다.

> 그러나 '팝업씨어터'는 2015년 9월 참여 예술가 섭외 과정부터 블랙리스트가 적용, 시행되었습니다. 섭외 예정이었던 예술가들의 출생년도와 명단을 문체부 공연전통예술과에 제출하여 청와대 등에서 블랙리스트 여부에 대한 신원검증을 받았고, 이 과정에서 섭외 대상이었던 전진모 연출가에 대해 문체부로부터 배제 지시가 있었습니다.
>
> 이후 2015년 10월 17일, '팝업씨어터' 참가작인 김정 연출의 〈이 아이〉가 씨어터카페에서 공연되었습니다. 동 공연을 관람한 문화사업부장은 '세월호를 연상시킨다'고 예술위원회 경영전략본부장, 공연예술센터장 등에게 보고했고, 이에 당일 밤 공연예술센터장, 운영총괄본부장, 문화사업부장 등이 모여 대책회의를 했습니다. 해당 회의에서 익일 공연의 취소 여부를 논의하였고, 결국 공연을 위해 준비한 카페 테이블 및 의자 배치, 음악 소리 크기 조정 등이 '팝업씨어터'공연 취지에서 벗어난다는 것을 문제 삼아, 카페 영업 정상화를 명분으로 10월 18일 〈이 아이〉 둘째 날 공연 진행을 방해하기로 결정했습니다.

이후, 문화사업부장은 '팝업씨어터' 담당자 김진이에게 〈이 아이〉 '공연 취소를 지시'했습니다. 이에 담당자가 공연 취소 지시를 거부하자, 문화사업부장은 카페 테이블 및 의자 이동 불가, 음악 중지 불가, 카페 영업 중단 불가를 통보했습니다.

상기 언급의 실례로 2015년 10월 18일 〈이 아이〉 공연 시작 전, 문화사업부장은 〈이 아이〉 공연팀에게 직접 카페 테이블 및 의자 이동 불가, 음악 중지 불가, 카페 영업 중단 불가를 통보하였습니다. 또한 공연예술센터장과 문화사업부장 등의 지시로 예술위원회 직원들은 배우 동선을 따라 배치된 씨어터카페 내 테이블을 모두 카페 영업을 위한 상태로 재정리하였습니다. 한편 공연 시작 직후 임영준 배우가 동선 확보를 위해 관객에게 테이블 이동을 요청하였으나 문화사업부장이 이를 저지하며 공연을 중단시켰습니다. 또한 공연 재개 이후에도 카페 영업을 정상적으로 운영하도록 하는 방법으로 공연을 방해한 사실이 있습니다.

예술위원회는 상기 사태 이후, 차기 공연 예정이었던 〈불신의 힘〉과 〈후시기나 포켓또〉의 공연대본에 논란이 될 만한 내용이 있는지 여부를 미리 살피는 의도를 포함하여 대본 제출과 함께, 〈후시기나 포켓또〉의 공연장소 변경을 요구하였습니다. 이를 통해 윤혜숙, 송정안 연출을 비롯한 공연팀의 항의와 공연 보이콧 선언 등 공연을 취소하도록 만드는 동인을 제공했습니다.

예술위원회는 두 공연이 취소되고 〈이 아이〉 공연 방해 및 〈후시기나 포켓또〉와 〈불신의 힘〉의 대본 검열 논쟁이 공론화되자, 문체부의 지시에 따라 사건의 사실 관계와 다른 사과문을 게시하였습니다. 또한 자체 내부조사(2015.11.11.-11.13.)를 시행하였으나, 예술위원회 조직을 방어하고자 "공연방해는 없었다"는 "조사결과 보고(2015.12.31.)"를 작성했습니다. 공익제보를 통해 이 사태를 세상에 알린 김진이 사업 담당자에게는 정기인사에서 인사상 불이익을 주고자 부당한 전보 조치를 한 사실도 있습니다.[31]

예술위의 공식 사과에서 확인되는 주요 사실들에 대해 좀 더 자세히 분석해 보기로 한다.

첫째, 팝업씨어터에 참여할 연출가들의 섭외과정에서부터 블랙리스트가 적용되었는데 이때 배제된 연출가는 전진모이다. 2015년 11월 2일, 팝업씨어터 담당 직원 김진이가 작성하여 박명진 예술위 위원장에게 보고하였던 자술서에 의하면 2015년 9월 3일에 "섭외대상 리스트를 문화사업부장님께 보고드렸고 검토하시며 몇몇 예술가를 제외하라고" 했다. 김진이는 9월 4일에 수정 자료를 문화사업부장에게 메일로 전달했는데 9월 7일에는 문체부의 C사무관으로부터 "섭외 대상 리스트에 있는 예술가들이나 공연단체 대표자의 출생연도를 기재해서 보내달라"는 요구를 받고, 당일 "오후 5시 40분 경, 출생연도를 표기한 리스트를 담당 사무관에

31 한국문화예술위원회, 「'팝업씨어터' 사태 사과문」, '팝업씨어터' 사태에 대해 사과문 발표' 보도자료 붙임, 2019.07.15. 〈https://www.arko.or.kr/board/view/4057?bid=557&cid=1602208〉(검색일: 2023.01.22).

게" 보냈다. "문화부에서 컨펌해준 연극분야 리스트에서 일정이 가능한 연출들은 3팀밖에" 없었고, 예술위 문화사업부장은 3편만으로 진행하라는 지시를 내렸다.[32] 문체부 예술정책과 오OO 사무관이 작성한 '리스트-'16.2.1현재' 문서에 따르면, 2015년 9월 16일 경 〈공원은 공연중〉 사업에서 연출가 전진모를 배제하라는 지시가 있었던 것으로 확인된다.[33] 임OO 문화사업부장은 블랙리스트 진상조사위에서 "문체부 C사무관은 너무 신진 예술가들이어서 프로필 검색이 안된다고 하면서, 아마 자신이 담당 직원에게 전진모 연출이 성기웅 연출의 조연출이어서 안 했으면 좋겠다는 이유로 말하고 배제하였을 것이라는 취지로 진술하였다."[34]

예술위가 2015년 8월 21일자로 작성한 「대학로붐업프로젝트 〈공원은 공연중〉 10월 프로그램-팝업씨어터 세부 추진 계획(안)」에 따르면 애초에는 공모를 통해 예술가들을 선정하려 했는데 김진이의 진술을 통해 볼 때 공모가 아닌 섭외 형태로 진행된 사실을 알 수 있다. 이는 공모를 통해 선정된 예술가들이 블랙리스트에 등재되어 있을 경우, 사후에 배제하기가 매우 곤란했기 때문으로 보인다.

---

32 김진이가 박명진 위원장에게 보고한 글, 2015.11.02. 김진이 제공.

33 문체부 예술정책과 오OO 사무관 작성, '리스트-'16.2.1.현재', 25쪽. 『문화예술계 블랙리스트 진상조사 및 제도개선위원회 백서 2 – 블랙리스트 진상조사 종합보고서』, 564쪽.

34 「한국문화예술위원회 2015년 팝업씨어터 공연방해 및 검열 의혹 사건」, 『문화예술계 블랙리스트 진상조사 및 제도개선위원회 백서 2-2, 진상조사결과보고서: 공연1』, 865-866쪽.

둘째, 예술위 직원들은 10월 17일 밤에 대책회의를 진행했다는 점과 10월 18일에 직접 공연 방해 행위를 수행한 점에 대해 거짓 변명을 일삼으며 사건 초기부터 피해자들에게 극심한 정신적 피해를 유발하였다. 예술위는 10월 19일, 홈페이지에 올라온 관객의 항의 글에 대하여 10월 20일 답변을 통해 "공연 전에 공연 공간을 확보하고 카페의 영업을 중지시키는 형태는 팝업씨어터 공연의 취지에 맞지 않기 때문에 18일 공연에 대하여 담당직원을 통해 공연단체 측에 카페의 테이블 이동 없이 공연하도록 요청하였다"[35]고 밝혔다. 그러나 이러한 답변은 예술위가 10월 6일자로 배포한 보도자료의 내용, 즉 "횡단보도, 로비, 카페 등 둔감해진 일상적 공간을 모두의 놀이터로 만들고자, 각기 다른 공연이 극장 밖 공간에서 릴레이식으로 진행된다"[36]는 설명과 배치된다. 연출가 김정에 의하면 10월 18일 공연 전에 담당자 김진이가 굉장히 곤란해하면서 "당일 공연에서는 카페 내 어떤 것도 공연을 위해 변경시킬 수 없으며 심지어 테이블과 의자 위치조차 움직일 수 없다"는 말을 들었다. 공연이 종료된 후 배우들에게 그러한 환경에서 공연을 하게 한 자신에 대한 자괴감과 억울함을 임OO 문화사업부장에게 토로하자, 임OO 부장은 '저희가 제작자잖아요. 돈 안

---

35 「한국문화예술위원회 2015년 팝업씨어터 공연방해 및 검열 의혹 사건」, 『문화예술계 블랙리스트 진상조사 및 제도개선위원회 백서 2-2, 진상조사결과보고서: 공연1』, 867쪽.

36 「"공원은 공연중" 10월 프로그램」, 예술위 보도자료 2015.10.06. 〈https://www.arko.or.kr/board/view/4057?bid=557&cid=361003〉(검색일: 2023.01.22).

받으셨어요?'"[37]라고 했다.

셋째, 〈이 아이〉에 이어서 공연 예정이었던 〈후시기나 포켓또〉와 〈불신의 힘〉에 대한 대본 제출 요구는 '사전 검열'에 해당한다. 그러나 임OO 문화사업부장은 윤혜숙 연출가와의 통화에서 "대본은 제가 애초에 팝업을 기획할 때부터 담당자에게 받으라고 했습니다. 당연히 작품하고 연출가하고 같이 그 기획의도에 들어가야 하기 때문에 받았어야 하는 것인데, 받지 않았다는 것을 여러 가지 상황 속에서 이번에 알게 되었다. 그래서 받으라고 다시 확인을 한 것뿐이다"[38]라고 했다. 그러나 김진이는 "제가 다음 주 팝업씨어터는 어떻게 되는지 여쭤보았습니다. 우선 남은 연극팀들의 대본을 받으라고 하셨습니다. 대본을 보고 결정하자고 하셨습니다"[39]라고 진술하였다. 이처럼 엇갈리는 진술에 대해 예술위는 "공연을 제작 기획하는 주최측의 입장에서 공연의 내용을 파악하는 것은 당연한 의무임"[40]이라고 자체 조사결과를 내놓았었다. 예술

---

37 김정, '대학로 엑스포럼' 페이스북, 2015.10.27. 〈https://www.facebook.com/groups/1524165964529525/posts/1654638511482269/〉(검색일:2023.01.25).

38 연출가 윤혜숙과 예술위 임OO 문화사업부장의 통화 녹취록, 2015.10.21, 오후 3시경. 「한국문화예술위원회 2015년 팝업씨어터 공연방해 및 검열 의혹 사건」, 『문화예술계 블랙리스트 진상조사 및 제도개선위원회 백서 2-2, 진상조사결과보고서: 공연1』, 884쪽에서 재인용.

39 「한국문화예술위원회 2015년 팝업씨어터 공연방해 및 검열 의혹 사건」, 『문화예술계 블랙리스트 진상조사 및 제도개선위원회 백서 2-2, 진상조사결과보고서: 공연1』, 886쪽에서 재인용.

40 예술위, 「팝업씨어터 관련 조사결과 보고」, 1쪽, 2015.12.31. 위의 보고서, 871쪽에서 재인용.

위는 마치 대본 제출이 사전 고지되었던 것처럼 꾸며댐으로써 〈이아이〉 공연 방해 사건 이후의 대본 검열 의도를 은폐하고자 했던 것이다.

예술위의 공개 사과 자리에서 박종관 위원장의 공식적인 사과 후에 블랙리스트 피해 예술인들과 동료 예술가들이 직접 입장문을 발표하였다. 팝업씨어터 기획 단계에서 블랙리스트로 인해 배제되었다는 사실을 나중에 알게된 전진모는 다음과 같이 말했다.

> 저는 제가 지원하지도 않은 프로젝트의 섭외 리스트에 올랐다는 사실만으로, 알지 못하는 사이에 신원 검증을 당했고, 마치 범법 사실이라도 있는 것마냥 공문서에 기재되어 배제 지시를 받았습니다. 단순 하달에 의한 블랙리스트 적용이 아니라, 문화예술위원회의 '보고' 또는 '의뢰'에 따라 조치를 받게 된 것입니다. 이 조치를 실무진에게 구두 전달/지시하는 과정에서 당시 문화사업부장은, 이 일을 개인적인 감정에 의한 자신의 지시로 가장하였습니다. '개인적인 감정'으로 그런 지시를 내릴 수 있다니, 그조차 문화예술위 스스로 공정성 없음을 드러낸 저열한 수준의 거짓말이었다고 생각합니다만, 한편으론 부당한 지시를 같은 편의 입장에서 숨겨주고 둘러댄, 적극적인 부역의 한 사례가 아닌가 여겨집니다.[41]

---

41 전진모, 「'팝업씨어터' 사과에 대한 입장문 ① 블랙리스트 적용 피해」, 2019.7.19, 김진이 제공.

전진모는 특히 임OO 문화사업부장이 김진이에게 전진모의 배제를 지시하는 과정에서 '성기웅의 조연출'[42] 경력을 문제 삼아 '개인적인 감정에 의한 자신의 지시로 가장'했다는 점을 당혹스러워했다.

공연 〈이 아이〉 상연을 방해받은 김정 연출가와 황순미·임영준·김원정 배우는 "우리는 4년 가까운 시간 동안 단 한 번도 이 사건의 가해 당사자나 기관으로부터 제대로 된 사과를 받지 못했"다면서 "우리의 공연을 찾아와준 관객들과 우리의 친구들, 그리고 가족들이 보는 앞에서 우리가 소중히 만들어 온 공연을 짓밟은 잔인하고 폭력적인 행위를 기억"한다고 했다.[43]

대본 제출 요구에 대해 항의하며 공연을 보이콧했던 윤혜숙·송정안 연출가는 "지금 이 자리에 서기까지 참여 연출로서 바란 것은 한가지"였다면서 그것은 바로 "실제 벌어진 일들에 대한 문예위의 사실 인정"이라고 강조했다. 그러나 "문예위는 피해 당사자들이 버젓이 존재하는데도 그간의 진상 요구에 의례적, 형식적인 답변을 내놓거나, 사건을 축소·은폐하기 위해 사실과는 다른 내부

---

42 문체부 예술정책과 오OO 사무관이 작성한 '리스트-' 16.2.1현재' 문서에서 연출가 성기웅은 '연극분야 [2015예술위 공모사업]-12명' 부분에 '일본 도쿄, 한국 서울 공연 〈모험왕/신모험왕〉' 지원에서 '제외' 라고 명시되어 있다(7쪽). 또한 '기존관리 리스트-149명' 에서 '공연과 관리(중요)-79명' 의 리스트에도 올라있다(13쪽). 『문화예술계 블랙리스트 진상조사 및 제도개선위원회 백서 2 – 블랙리스트 진상조사 종합보고서』, 552-559쪽.

43 황순미·임영준·김원정·김정, 「[팝업씨어터' 사과에 대한 입장문]② 〈이 아이〉 공연 방해 및 중단 피해」, 2019.7.19, 김진이 제공.

조사 결과를 전시"하였다고 규탄했다.[44]

팝업씨어터 기획을 담당했던 예술위 문화사업부 소속 김진이, 김준수, 염한별은 사건 이후 "좋아했고 꿈꾸던 일을 포기하기도" 했다면서 "한국문화예술위원회는 아무런 변화 없이 운영되고 있는데, 왜 우리만 꿈꿔왔던 일을 그만두면서 환멸을 느끼게 된 건지 알 수 없었던 시간"이라고 토로했다.[45]

피해 예술가들과 지속적으로 연대해온 동료예술가들의 입장 발표도 있었다.

> 가해 당사자의 사과는 받을 수 있을까요. 이번 사과문을 작성하는 과정에서 검열의 행위자에 대한 이름은 명시되지 않았습니다. 그것은 행위자의 명예를 지켜주기 위함은 아닙니다. 여전히 그 당사자가 사실을 온전하게 인정하지 않기 때문입니다. 그렇기에 이번 사과문은 진실을 인정하지 않는 해당 공무원을 대신하여 상급 공무기관이 대리하는 의사표시로 여겨집니다.[46]

약 1시간 50분 동안 진행된 예술위의 공개 사과는 피해예술가들을 위로하지 못했을 뿐만 아니라 객석으로부터 때때로 고성이

---

44 윤혜숙·송정안 「['팝업씨어터' 사과에 대한 입장문]③ 〈후시기나 포켓또〉, 〈불신의 힘〉 대본 검열 피해」, 2019.7.19, 김진이 제공

45 염한별·김준수·김진이, 「['팝업씨어터' 사과에 대한 입장문]④ '팝업씨어터' 담당 직원」, 2019.7.19, 김진이 제공.

46 나희경·이연주·전윤환·정진세, 「['팝업씨어터' 사과에 대한 입장문]⑤ '팝업씨어터' 사태에 연대한 동료 예술가들」, 2019.7.19, 김진이 제공.

터져 나오며 예술위에 대한 거센 항의와 질타의 목소리들이 이어졌다. 발언자들은 한결같이 가해 당사자의 직접적인 사과 없이는 진정한 사과가 이루어질 수 없다고 지적했다. 예술위 사무처장 전효관이 '시스템의 문제'를 운운하자 기획자 정소은은 "시스템은 결국 개인에서 출발"한다면서 "개개인들이 이 조직의 미션을 어떻게 해석하고 있는지 그거를 좀 강력하게 내재화했으면 좋겠는데" 예술위는 "직원들에게 그런 거를 좀 내재화시켜주실 의지와 열정이 있으신지" 따져 물었다. 배우 박지일은 "우리는 최근에 굉장히 역사적인, 사회적인 사건들을 많이 겪으면서 너무나 명확하게 알고 있는 단순한 진리가" 있다고 전제하고 "가해자는 반드시 자기 잘못을 인정하고 진정으로 사과했을 때 피해자가 위로를 받는다"고 단언했다. 사회를 맡았던 이연주 연출가는 결국 진정한 사과가 이루어지지 않았다고 못박고, 피해자들이 요구한 후속 '공청회' 개최를 재확인하며 자리를 마무리했다.[47]

(2) 문체부 장관의 사과와 '피해자 명예회복 및 사회적 기억사업' 약속

2019년 12월 2일, '블랙리스트 재발방지 제도개선 이행협치추진단'[48](이하 '이행협치추진단')과 한국문화예술위원회는 공동 주

47 「'팝업씨어터' 사태에 대한 사과 및 재발방지를 위한 약속」 기록영상, 한국문화예술위원회 제공.

48 블랙리스트 진상조사위가 해산한 후, 2018년 8월에 민관합동으로 '블랙리스트 재발방지 제도개선 이행협치추진단'이 출범하였다. 이행협치추진단에는 문체부 공무원들과 함께 민간위원 김미도, 이양구, 정윤희, 한승준, 현린, 황승흠이 참여하였다. 이행협

최 형식으로 팝업씨어터 사건 현장인 씨어터카페에서 '팝업씨어터 공개사과 이후-블랙리스트 피해자 명예회복과 사회적 기억사업을 시작하며' 공청회를 개최하였다. 이는 2019년 7월 19일 예술위의 공개사과 자리에서 있었던 피해자들의 공청회 요구에 대한 응답이자, 이행협치추진단이 2019년 4월에 취임한 박양우 문체부 장관에게 '블랙리스트 피해자 명예회복과 사회적 기억사업' 추진을 요구하여 그 약속을 공표하는 자리이기도 했다. 박양우 장관은 이날 행사 시작 전에 팝업씨어터 사건의 피해자들을 직접 만나 위로했으며, 행사를 여는 인사말에서 팝업씨어터 피해예술인들에게 공식적으로 사과하고, '블랙리스트 피해자 명예회복과 사회적 기억사업'의 "상징적 지점이자 출발점이 바로 팝업씨어터 사건"이라고 강조했다.[49] 피해자들의 명예회복이 중요한 이유는 "긍정적 자기관계의 가능성이 다른 주체들의 인정에 의존하고 있기 때문이다. 즉 한 개인이 완전한 자기 정체성에 도달할 수 있는 것은 오직 자신의 속성과 특성이 사회적 상호작용 상대자의 격려와 지지를 받게 될 때이다. 따라서 '명예'란 각 개인의 특성이 상호주관적으로 인정받는다는 전제에 구조적으로 연관되어 있는 긍정적인

치추진단은 2022년 10월에 활동 결과를 모아 『블랙리스트 재발방지 제도개선 이행협치추진단 백서』를 발간하였으며, 『예술인의 지위와 권리에 관한 법률』 시행과 함께 마련된 '예술인 권리보장위원회' (2023.1.26. 출범)에 남은 과제들을 이관하고 해산할 예정이다.

49 팝업씨어터 공개사과 이후_공청회 1부. 〈https://www.youtube.com/watch?v=TYhHaKlUv74〉(검색일: 2023.01.25).

자기관계의 속성이다."[50]

이 공청회에서는 팝업씨어터 사건의 피해 당사자인 윤혜숙 연출가와 담당 직원이었던 김진이가 직접 발제자로 나섰다. 피해자들 스스로 공적 발언의 장에 나왔다는 사실은 그 자체로 매우 중요한 의미를 지닌다. 이제 피해자들로 하여금 "어떤 상처를 입었는지 떳떳하게 말할 수 있게 하고, 만족할 수 없는 가해자의 법적 책임 추궁을 넘어 어떤 정치적 책임 추궁을 해야만 가해·피해의 관계를 넘어 당당한 동등관계로 회복할 수 있는지 주장하며, 구체적으로 어떤 회복 조치가 필요하다고 생각하는지 공개적으로 발언하고, 회복의 과정을 혼자 감당하지 않기 위해서 함께 회복하는 과정으로서 어떤 조치를 원하는지 등을 원하는 방식으로 말하게 해야 한다."[51]

윤혜숙 연출가는 "응당 처벌받아야 할 가해 직원들에게 커다란 우산이 되어주었던 한국문화예술위원회는, 공익 제보한 담당자에게 불이익을 주기 위해 전보 조치를 실행, 결국 퇴사를 하게 만들며 자신의 권력을 가장 비겁한 방식으로 행사하였"다면서 "이후 수많은 블랙리스트 피해 사건들이 팝업씨어터 사건을 최소 기준점으로 삼아 제대로 된 사실 인정, 진심어린 사과, 책임자 처벌, 실천적

---

50 악셀 호네트, 『인정투쟁』, 문성훈·이현재 역, 사월의 책, 2011, 64쪽.

51 오동석, 「블랙리스트 피해자 명예 회복 및 사회적 기억의 원칙과 방향」, 팝업씨어터 공청회 『팝업씨어터 공개사과 이후』 자료집, 2019.12.02. 〈https://www.arko.or.kr/board/view/5040?bid=648&cid=1602648〉(검색일: 2023.01.25).

인 후속 조치의 단계로 이어지길 진심으로"[52] 바란다고 하였다.

공익 제보자로서 부당한 전보 조치를 받고 예술위를 퇴사했던 김진이는 자신도 모르는 사이에 검열 행위의 일부가 되었음을 개탄했다.

> 진상조사 결과에도 밝혀져 있듯, 제가 '팝업씨어터'를 담당하면서 섭외하고자 작성했던 예술가들의 이름은 문화체육관광부를 통해 신원검증 리스트로 바뀌었습니다. 진상조사 결과를 읽고 또 읽으면서 저는 제 자신에게 되물었습니다. 왜 저의 평범하고 자연스러운 일상이 블랙리스트 실행과정의 일부가 되어야 했을까요?
>
> 누군가는 시간이 지나 검열이나 블랙리스트를 과거의 일로 바라보겠지만, 저는 여전히 제 삶과 일상에서 다시금 벌어질 수 있는 일이라는 두려움을 갖고 있습니다. 그것들은 우리의 경험보다 더욱 교묘해진 방법으로서 알아차리지 못하게 되돌아오는 것은 아닐지, 혹은 스스로 적극적으로 실행에 참여하거나 동료의 실행을 묵인하고, 후배에게 또다시 이 괴로움을 겪게 하는 일이 생기지는 않을지, 저는 이 질문에 대해 여전히 자신이 없습니다. 제가 두려운 것은 다시 피해자가 되는 것이 아니라 가해자가 될지도 모르기 때문입니다.[53] (밑줄 필자)

52 윤혜숙, 「팝업씨어터 사건은 우리에게 무엇인가」, 위의 자료집.

53 김진이, 「'팝업씨어터' 후속 조치는 왜 필요한가?-우리에게 남은 질문들에 대한 답을 위하여」, 위의 자료집.

여기서 피해자인 김진이가 스스로를 '가해자'이기도 하다는 이중적 위치에서 인식하고 있는 점은 매우 중요하다. 자신이 담당했던 사업의 업무과정에서 예술위의 상관이나 문체부 사무관이 요구하는 자료들을 작성하여 보고한 것이 검열을 보조하는 결과로 남은 것이다. 블랙리스트 진상조사위에서 조사업무를 수행했던 극작가 이양구는 조사위를 찾아온 공무원들이 관련 문서와 다른 사람들의 진술을 보면서 몹시 놀랐다고 한다. "자신이 했던 일이 결코 작은 악이 아니었고, 커다란 악의 한 조각이었다는 사실을 깨달았던 것이다."[54] 김진이가 팝업씨어터 사건에서 수행한 업무는 애초에 그가 예술위 직원으로 입사하여 예술가들을 위해 일하고, 예술가들을 지원하려 했던 본연의 취지에 완전히 상반된다. 2015년 10월에 시작된 그의 고통은 문체부 장관이 나서서 피해자 명예회복을 약속하는 2019년 12월에도 현재진행형일 수밖에 없었다.

마지막 발제자로 나선 정진세 작가는 팝업씨어터 사건의 피해자 범위가 이 프로그램에 참여했던 예술가들이나 내부고발자에 한정되지 않으며, 여전히 끝나지 않은 사건임을 강조했다. 그는 "그 이후에 있었던 한국공연예술센터(문예위 산하)의 대본 검열 행위와 이에 항의하는 팝업씨어터 예술가에 대한 공연취소, 그리고 그 사실에 대한 공개와 이에 대한 동료 예술가들의 릴레이 퍼포먼스에 이르기까지, 이에 대한 내부자의 진실 고백과 거짓 사과, 이를 받지 않겠다는 거부 의사표시를 비롯하여 그 다음 해에 이

54 이양구, 「피해자의 눈으로 본 블랙리스트 사태」, 『문화예술계 블랙리스트 진상조사 및 제도개선위원회 백서 4-블랙리스트 사태의 총체적 조명』, 294쪽.

어진 화학작용 페스티벌과 권리장전 페스티벌, 블랙텐트를 비롯하여 블랙리스트 조사위원회의 활동에 이르기까지, 최근 문예위의 공개 사과 이후에 아직도 끝나지 않은 사건임을 실감하고 있다”[55]고 했다.

(3) 아르코·대학로 예술극장 극장장 임명 과정과 논란

블랙리스트 진상조사위는 블랙리스트를 실행한 주요 기관들에 구체적인 제도개선을 권고하였다. 예술위 권고사항 중에는 ‘사무처 혁신을 통한 개방성 및 전문성 강화’를 주문하면서 구체적으로 “현장 참여 및 전문성 확보를 위하여 사무처 주요 직위(사무처장 외)를 예술현장에 개방”하라는 내용이 있었다.[56] 예술위는 이 권고사항을 이행하기 위하여 2020년 2월 24일자로 ‘아르코·대학로예술극장 극장장’ 채용공고를 냈다. 아르코·대학로예술극장 극장장은 팝업씨어터 사건 당시 한국공연예술센터의 센터장이 담당했던 업무인데 사건 이후 센터장 직제가 폐지되었고 센터장이 담당했던 아르코·대학로예술극장 업무는 예술위 사무처로 이관된 바 있다.

예술위는 2020년 3월 18일에 아르코·대학로예술극장 극장장의 임용과정 및 최종 임용자 정OO의 면접내용을 공개하였다. 이에 대해 팝업씨어터 사건 피해자들 중심의 ‘팝업씨어터 후속조치를

55 정진세, 「팝업씨어터 후속조치를 위한 제언-“관계회복을 위한 만남은 어떻게 이뤄질 수 있을까”」, 『팝업씨어터 공개사과 이후』 자료집.

56 『문화예술계 블랙리스트 진상조사 및 제도개선위원회 백서3-블랙리스트 방지를 위한 제도개선 종합보고서』, 99쪽.

위한 모임'은 2020년 4월 1일에 페이스북의 '한국문화예술위원회 현장소통소위원회' 페이지를 통해 다음과 같은 문제를 제기했다.

> 2020.3.18.(수) 한국문화예술위원회 홈페이지 공지를 통해, 한국문화예술위원회 신임 극장장 면접 인터뷰의 질문과 답변을 확인하였습니다. 신임 아르코·대학로예술극장 극장장은 2015년 서울연극제 대관 배제를 위한 아르코대극장 폐쇄, 팝업씨어터 공연 방해 등 사건의 책임이 있는 공연예술센터장의 직위에 해당하는 자리입니다. 면접 당시의 상황, 질문과 답변의 맥락을 고려하더라도 신임 극장장님의 팝업씨어터 사건에 대한 인식에 대하여 우려를 하지 않을 수 없습니다. 가령 <질문 4>에 대한 답변 중 '단견으로 공연을 중지', '단견이나 오해로 직원이 공연을 중지한 사태'라는 표현을 예로 들 수 있습니다.[57]

문제가 된 표현은 면접과정에서 "직원이 공연을 중단시킨 상황을 가정했을 때의 대처 방안은?"이라는 질문에 대한 답변이었다. 이에 대해 정OO은 다음과 같이 답변하였다.

> - 직원이 공연을 중단시킨 상황이라면 내부적으로 다시 설명할 기회, 예를 들어서 우리가 "단견으로 공연을 중지시켰지

57 송정안, 한국문화예술위원회 '현장소통위원회' 페이스북, 2020.04.01. 〈https://www.facebook.com/groups/2430672940308410/posts/4221968474512172/〉(검색일: 2023.01.26).

만 돌아보니 그것은 부적절한 일이었다" 라고 사과해야 함.

- 사실 극장 안에서 이미 해결되었어야 하는 사안임. 이 문제가 위원회로 올라가서 사건을 지연시키기보다는 새로운 미션으로 관객들을 환대하고 소통하는 일을 해야 하는 우리가 단견이나 오해로 직원이 공연을 중지한 사태에 대해서 스스로 반성하고 여기에 대해서 관련 예술가들에게, 그리고 예술계에 '죄송하다'라고 극장장으로서 사과를 해야 한다고 생각함.[58]

개조식 문장으로 다소 거칠게 정리된 점을 감안하더라도 정OO 신임 극장장의 답변은 팝업씨어터 사건에 대한 최소한의 이해를 결여하고 있다. "단견으로 공연을 중지시켰"다는 인식은 팝업씨어터 사건을 개인적 실수로 축소시키고 있으며, "위원회로 올라가서 사건을 지연"시켰다는 인식도 예술위의 조직적인 축소, 은폐 사실을 간과하고 있음을 보여주었다. 이후 정OO 극장장의 추가 답변이[59] 있었으나 팝업씨어터 피해자들을 제대로 납득 시키지 못했다.

팝업씨어터 피해자들과 예술위의 관계는 다시 악화되었고 피해자들은 예술위에 지원신청 자체를 하지 않거나 예술위로부터의

58 「한국문화예술위원회 아르코·대학로예술극장장 최종임용자 발표 및 임용과정 공개」, 2020.03.18. 〈https://www.arko.or.kr/board/view/4054?bid=5109&cid=1603000〉(검색일: 2023.01.26).

59 홍태림, 한국문화예술위원회 '현장소통위원회' 페이스북, 2020.04.08. 〈https://www.facebook.com/groups/2430672940308410/posts/4248654315176921/〉(검색일: 2023.01.27).

지원 제의를 거부하였다. 대표적으로 2020년 가을에 윤혜숙 연출가가 포함된 혜화동1번지 7기 동인의 2020년 가을 페스티벌 '맞; 춤'에 예술위로부터 연습공간 제의가 왔으나 7기 동인들은 이를 거부하였다. 윤혜숙은 7기 동인들과의 논의 과정에서 "공개적인 모집의 형식이 아니라 개인적으로 들어온 제의이기 때문에 거절하는 것이 맞다고 생각하였다"고 밝혔다.[60]

2020년 12월 10일에 이행협치추진단은 예술위와 팝업씨어터 피해자들 간에 간담회 자리를 마련하였다. 피해자들 다수가 참여한 가운데 예술위에서는 박종관 위원장과 정OO 극장장 등이 참여하였고, 이행협치추진단에서는 팝업씨어터 문제 해결을 위해 지속적으로 노력해온 김미도, 이양구 위원과 함께 문체부 직원들도 배석하였다. 팝업씨어터 피해자들은 진정한 사과가 이루어지고 있지 않은 상태에서 신임극장장의 발언이 논란을 일으킨 점, 그 이후 의도가 불분명한 지원 제의가 개인적인 경로로 이어지고 있는 점 등을 문제로 지적하였다. 이 자리에 동석한 이연주 연출가는 "사건이 미해결된 상태로는 그런 제안을 받아들이기 힘들다"고 일갈했다.

2022년 1월에 아르코·대학로예술극장의 새 극장장으로 취임한 강량원은 팝업씨어터 사건 피해자들과 '팝업씨어터 사건 재발방지와 사회적 기억을 위한 아르코·대학로예술극장의 약속'을 체결하였다. 그 내용은 다음과 같다.

---

60 윤혜숙으로부터 사실 확인, 2023.03.02.

1. 아르코·대학로예술극장은 팝업씨어터 사건의 재발방지를 위한 조직문화 개선, 공익제보자 보호 등 내부개혁 조치를 지속적으로 시행하겠습니다.
2. 아르코·대학로예술극장은 예술인과 예술작품을 존중하기 위한 노력을 지속하며, 특히 젊은 예술인들이 존중받을 수 있는 프로그램을 기획하고 시행하여 나가겠습니다.
3. 공연방해 및 대본 검열 등 팝업씨어터 사건에 대한 기억 방안에 대해 고민하겠습니다.

이는 비록 문서 한 장의 약속이지만 아르코·대학로예술극장이 팝업씨어터 사건의 피해자들을 위한 기억사업을 공식화했다는 점에 의의가 있다. 그 구체적 방안과 결과들은 앞으로 지켜볼 일이다.

4) 공익 제보자 김진이의 국가 상대 소송과 배상의 의미

팝업씨어터 사건은 블랙리스트 피해 사례 중 유일하게 행정기관 직원의 공익 제보를 통해 세상에 알려졌다는 점에서 그 상징적 의미가 매우 크다. 2015년 11월 3일, 김진이는 CBS의 '시사자키 정관용입니다'에 출연하여 팝업씨어터와 관련된 예술위의 만행을 고발했다. 그가 일신상의 불이익이 충분히 예상됨에도 불구하고 방송 출연을 결심한 이유는 다음과 같다.

우선은 저에게 내려왔던 일들 그리고 이런 지시와 그 공연 방해 자체가 부당한 행동이라고 생각이 됐습니다. 저는 공연예술센터에서 공공기관에서 일을 하는 사람이고 제가 이 일을 하면서 해야 되는 일은 아티스트와 관객이 만나는 일을 도와주는 역할이라고 생각을 했고 이것은 모두 공공의 일이라고 생각을 했는데요. 실은 현장에서 제가 이번 사태를 겪으면서 제가 그런 일을 하지 않고 오히려 공연을 관객들하고 만나지 못하게 하는, 방해하는 그런 죄를 짓고 있다는 생각을 했습니다. 그래서 이 일을 이렇게 알리고 이렇게 말해야 한다고 생각했습니다. 그래야 제가 일을 잘 하고 있는 거라고 생각을 했습니다.[61]

"블랙리스트가 작동했던 지난 시간 동안 그 관계를, 자신과 연결된 공동체를, 자신이 사회와 맺고 있는 관계를, 그 의무와 의미를 잊지 않았던 유일한 이는 한국문화예술위원회 공연예술센터 직원이었던 김진이이다. 그는 '팝업씨어터 사태' 당시 공연예술센터 내에서 일어난 일을 내부고발하면서 '검열의 존재'를 증언했다. 그는 예술가를 지원하는 역할을 맡은 자로서 그들의 공연을 방해할 수 없었다고, 그 이유로 거짓을 꾸며 말하라는 상관의 명령을 따를 수 없었다고 말한 유일한 이다."[62]

김진이는 2015년 11월 5일, 페이스북에 다음과 같은 사과글도 게재했다.

---

61 〈https://www.nocutnews.co.kr/news/4498609〉(검색일: 2023.01.21).

62 이진아, 앞의 글, 157쪽.

제가 더 이상 할 수 있는 게 없어서 너무 슬픕니다. 연출가님들과 배우분들, 그리고 관심 있게 지켜보신 모든 분들께 진심으로 사과드립니다.
또한 사실을 고백하는 과정과 방법이 많은 분들에게 상처가 되었을 것입니다. 폭력적이었음을 인정합니다. 부장님, 본부장님, 센터장님께 죄송합니다. 또한 위원회 센터 모든 직원들에게 죄송한 마음입니다. 마음이 너무 아픕니다. 다시 한 번 죄송합니다.
저는 용기를 낸 것이 아닙니다.
공연이 취소될까봐,
사과를 하지 않을까봐,
회사에서 저의 잘못으로 여길까봐,
사람들이 제 말을 믿어주지 않을까봐…
저는 제가 알고 있는 것, 들은 것,
본 것을 사실대로 고백한 것입니다.
두렵고 무서운 마음에서 출발했습니다.
아무도 저한테 하라고 강요한 사람은 없습니다.
모두들 말렸습니다.
사실 저도 하기 싫었습니다. 어디론가 숨어버리고 싶었습니다.
하지만 할 수 밖에 없었습니다.[63]

---

63 김진이, '대학로 엑스포럼' 페이스북, 2015.11.5. 〈https://www.facebook.com/groups/1524165964529525/posts/1657069571239163/〉(검색일: 2023.01.25).

이 글에는 김진이의 두렵고 떨리는 심정, 그리고 피해 예술가들에게 뿐만 아니라 예술위의 상관들에게도 미안해하는 양가적 심정이 담겨 있다. 모두 말리는 상황에서도 그가 방송 출연을 결심한 가장 큰 이유는 그의 말대로 예술위가 "사과를 하지 않을까봐" 일 것이다. 방송 출연 후 예술위는 내부 조사를 실시했고, 그는 그 결과를 받기도 전에 기획자의 업무와는 무관한 무대예술부로 인사 발령이 났으며 결국 퇴사를 결정했다.

김진이는 블랙리스트 진상조사위 결과가 나오기까지, 그 이후 가해자들에 대한 예술위의 징계가 확정되기까지, 그리고 예술위의 공식 사과가 나오기까지 오랜 시간을 기다리며 팝업씨어터 피해자들과 함께 엄청난 정신적 고통을 감내해야 했다. 그러나 위에서 살펴본 바와 같이 예술위의 사과는 가해자들의 반성과 사과가 부재한 형식적인 모양에 그쳤고, 이후 개방직 공모를 통해 임명된 아르코 극장장은 그들의 상처를 덧나게 했다. 문체부 장관이 팝업씨어터 피해자들 앞에서 피해자 명예회복과 사회적 기억사업 추진을 약속했지만 이 사업을 위한 예산은 야당의 반대에 부딪혀 국회를 통과하지 못했다. 김진이는 결국 2020년 5월에 국가(대한민국)와 예술위를 상대로 손해배상청구소송을 제기했다. 당시 주요 청구원인은 다음과 같다.

> 위와 같이 단순히 공연 내용의 일부가 세월호 사건을 연상시킨다는 주관적 이유만으로 피고 예술위는 연극 「이 아이」 공연을 조직적으로 방해하였습니다. 이는 박근혜 정부 당시 대통

령 비서실이 문체부와 공공기관의 직원으로 하여금 세월호 문제에 대해서 매우 민감하게 대응하고 신속하게 공연을 중단할 것을 지시하였고, 이러한 지시에 따라 피고 예술위와 같은 공공기관에서 세월호와 관련한 블랙리스트 실행이 공공연하게 받아들여지고 있었음을 보여주는 것입니다.(중략)
한편, 이와 같이 오랜 기간 피고 예술위를 통한 블랙리스트의 실행 및 예술위의 자체 검열 행위가 있었음에도, 피고 예술위 내부에서 이를 거부하고 외부로 알린 직원은 오직 원고 단 한 명이었습니다.(중략) 또한 전체 블랙리스트 사태에서 유일하게 원고만이 피고 공무원들의 부당한 지시를 거부하는 데서 나아가 외부로 이를 알리고 '검열의 존재'를 증언한 것인데, 그 이유로 결국 원고는 피고 예술위에서 그 직을 잃고 나올 수밖에 없는 불이익한 처분을 받게 된 것입니다.[64]

한편 예술위 박종관 위원장은 2020년 국정감사에서 "예술위가 항소를 포기할 의사가 있냐"는 전용기 더불어민주당 의원의 질문에 "블랙리스트 사건의 엄중함을 유념하고 재판 과정에 응할 것"이라며 항소 포기 의사를 밝혔다.[65] 한편 정OO 아르코 극장장은 재판부에 보낸 '의견서'를 통해 "내부 절차로 문제 해결이 될 수

---

64 서울중앙지방법원 제 40부 민사부(합의) 「조정을 갈음하는 결정」(사건 2020가합540467 손해배상(기), 김진이 제공.

65 권혜민 기자, 「'문화계블랙리스트' 내부고발자 소송… 예술위 "항소 포기"」, 『머니투데이』, 2020.10.19. 〈https://www.mt.co.kr/politics/2020/10/19/2020101913587686667〉(검색일:2023.01.26).

없다고 판단하여 공익제보를 한 김진이씨를 당초 소속된 공연기획전담 부서(당시 문화사업부)에서 무대기술지원 부서(무대예술부)로 전보 배치시킨 예술위의 조치는 헌법적 가치에 입각하여 사회정의의 회복을 요청하는 단순하고 명료한 구성원의 요청을 묵살한 구차하고 옹색한 거부이자 확실한 배제의 의사표시였다"[66] 고 밝혔다. 김진이는 뒤늦게나마 팝업씨어터 사건을 구체적으로 이해하고 소송을 지지해준 정OO 극장장의 의견서가 위안이 되었다고 밝혔다.[67]

재판부는 2021년 7월 5일에 최종적으로 원고에게 배상 판결을 내렸는데 이는 블랙리스트 피해자들에 대한 국가 배상의 책임뿐 아니라 부당한 업무지시를 한 공무원의 불법행위에 대하여 국가배상 책임을 명확히 했다는 점에서 큰 의미가 있다. 원고는 청구원인에서 "피고 대한민국은 문화예술인에 대한 부당한 탄압과 배제를 산하 공공기관을 통하여 지속적으로 실행하고, 공공기관의 직원들에게 부당한 업무지시를 한 소속 공무원의 직무상 불법행위에 대하여 국가배상법 제2조 제 1항의[68] 국가배상 책임을 진다"고

66 정OO, 「의견서」, 김진이 제공.

67 김진이 인터뷰, 2023.02.13.

68 『국가배상법』 제2조(배상책임) ① 국가나 지방자치단체는 공무원 또는 공무를 위탁받은 사인(이하 "공무원"이라 한다)이 직무를 집행하면서 고의 또는 과실로 법령을 위반하여 타인에게 손해를 입히거나, 「자동차손해배상 보장법」에 따라 손해배상의 책임이 있을 때에는 이 법에 따라 그 손해를 배상하여야 한다. 다만, 군인·군무원·경찰공무원 또는 예비군대원이 전투·훈련 등 직무 집행과 관련하여 전사(戰死)·순직(殉職)하거나 공상(公傷)을 입은 경우에 본인이나 그 유족이 다른 법령에 따라 재해보상금·유족연금·상이연금 등의 보상을 지급받을 수 있을 때에는 이 법 및 「민법」에

요구한 바 있다.

"국가범죄의 처벌과 배상은 정의의 근본 요구이다. 피해자들은 처벌을 배제하고 배상만 요구한 적이 없다. 오히려 가해자나 정부 쪽에서 처벌을 회피하고자 배상을 선호했다."[69] 팝업씨어터 사건의 피해자들이 가장 절실하게 원했던 것은 가해자들의 진심어린 사과였다. 그 사과의 범위에는 공연을 방해하고 취소한 가해 당사자들을 비롯하여 가해자들의 행위에 동조하거나 사건의 축소 및 은폐에 가담했던 예술위, 그리고 예술위로 하여금 자발적 검열까지 하게 만들었던 문체부와 청와대, 즉 국가까지가 포함된다. 팝업씨어터 사건의 가해자들은 끝내 직접 사과하지 않았다. 피해자들이 오랜 고통의 시간을 견디다 못해 다시 거리로 나서고, 블랙리스트 진상조사위로부터 명명백백한 조사결과가 나오자 가해자는 나타나지 않은 채 기관장이 대신 사과하는 일이 벌어졌다. 문체부 장관도 사과했지만 사과의 자리에서 공언했던 사회적 기억사업의 약속은 지켜지지 않고 있으며 끝내 국가의 사과는 없었다. 그가 최종적으로 선택한 것이 국가상대 소송이었다.

김진이가 국가로부터 배상을 받은 것은 블랙리스트 가해자들의 행위를 '불법'으로 규정하고, 김진이의 공익제보를 공식적으로 정의롭게 역사화했다는 점에서 의미가 있다.

범죄는 보편적 의지를 훼손하는 개인적 행위로 묘사되기 때문

따른 손해배상을 청구할 수 없다. 〈개정 2009. 10. 21., 2016. 5. 29.〉

69 이재승, 『국가범죄』, 앨피, 2010, 179쪽.

에 이에 대한 반작용은 역으로 법에서 이탈한 개인에 대하여 상호주관적 권력을 다시금 정당화하는 것을 목적으로 한다. 그러나 이것, 즉 '훼손된 보편적 인정 상태로의 복귀'는 범죄자의 처벌이라는 형식 속에서만 성립할 수 있다. 이를 통해 범죄행위는 응징되고, 깨진 권리인정관계도 곧 재건된다. (중략) 통일된 권리 인격체들은 처벌의 시행 속에서 최초로 그들의 규범적 공통성이 법이라는 객관화된 형태를 취하는 것을 본다. 이 법은 또한 모든 부정적 조항의 총괄 개념을 표현하며, 이것을 통해서 국가의 제재라는 위협하에서 주체들 간의 권리관계가 형식적으로 규율된다.[70]

"피해자가 받는 보상/배상을 지극히 사적인 것으로 치부하는 사람들이 없지 않은데, 이는 잘못된 생각이다. 배상 또는 보상을 제공하는 쪽은 가해자로서 불법적인 결과에 대해 책임을 이행하는 것이고, 역설적으로 배상 또는 보상은 이들에게 인간적인 공동체로 통합될 수 있는 기반을 형성하기 때문에 지극히 공공적인 사안이다."[71] 국가로부터의 배상이 이루어졌다고 해서 김진이의 피해가 복구된 것은 아니다. 김진이는 예술위의 부당한 전보 조치로 인해 퇴사한 후 복직되지 않았고, 사과하지 않은 가해자들 중 일부는 여전히 예술위에 남아 예술가들을 상대하고 있다. 팝업씨어터 사건과 관련하여 예술위 경영인사부장 강○○는 블랙리스트

70 악셀 호네트, 앞의 책, 120-121쪽.

71 이재승, 앞의 책, 181쪽.

진상조사위에서 "예술위가 공연단체들에게 보호막이 되어야 하는데 오히려 시키지도 않았던 공연 방해를 하였고 그 책임을 가장 지위가 낮은 말단 직원에게 전가하고 또 은폐하려고 했던 수치스러운 일"[72]이라고 하였다. 김진이는 아직 예술가들을 위한 기획 업무를 수행하고 있지만 또 다시 블랙리스트가 되살아나 부지불식간에 그 자신이 가해자의 위치에 설 수 있다는 두려움도 떨쳐내지 못하고 있다. 팝업씨어터 사건은 그에게 끝내 지워지지 않는 트라우마로 남아 있다.

5) 블랙리스트 피해자들의 치유를 위한 제언-결론을 대신하여

팝업씨어터 사건은 문화예술계 블랙리스트 사태에서 매우 특별한 위치를 갖고 있다. 팝업씨어터 공연에 최종 섭외된 김정, 윤혜숙, 송정안은 블랙리스트에 없었는데 김정 연출가의 〈이 아이〉 첫 공연을 지켜본 예술위 직원들이 단지 세월호를 암시하는 내용이 있다는 이유만으로 사전 모의를 거쳐 조직적으로 공연을 방해한 것이다. 예술위 직원들이 '세월호' 관련 작품에 대해 과민하게 반응한 것은 일찌감치 내부 지시가 있었기 때문이다. 2014년 8월 26일에 예술위 이OO 예술진흥본부장이 내부 간부들에게 다음과 같은 내용의 이메일을 보냈다.

72 『문화예술계 블랙리스트 진상조사 및 제도개선위원회 백서 2-2, 진상조사결과보고서: 공연1』, 879쪽.

안녕하세요?

지난 주 목요일, 서울 대학로 회의 때 위원장님께서, 광주비엔날레 홍성담 화가 작품의 전시 논란 사례를 언급, 예를 드시고, 오늘 나주에서 다시 지시하셨습니다. 지시하신 사항을 전달 드리고자 합니다.

1) 문예진흥기금 지원 또는 직접 운영하는 공간에서도 유사한 사례가 발생할 여지는 없는지?
2) 유사 사례를 미리 파악, 예방하기 위한 대책은 무엇인지?
3) 유사 사례가 발생할 때 어떻게 대처해야 하는지?[73]

이 메일에서 언급한 홍성담 화가의 작품은 〈세월오월〉이다. 박근혜 정부로부터 소위 'VIP 모독 그림'으로 낙인 찍힌 "홍성담 작가의 걸개그림 〈세월오월〉은 2014년 8월 8일 개최될 '광주비엔날레 특별전-달콤한 이슬'을 위해 광주비엔날레 재단과 출품계약을 체결하고 기획된 작품이다. 2014년 7월 7일, 주필 홍성담을 중심으로 광주시각매체연구회 소속 협업작가들이 함께 착수한 이 작품은 7월 17일과 8월 3일에 걸쳐 수정이 요구되었으며, 작가가 이를 최종적으로 거부하자 그 의사와 상관없이 8월 8일 개막식에서 '전시 유보'를 이유로 작품은 전시되지 못했다. 또한 이는 전시 취

73 「한국문화예술위원회 블랙리스트 실행을 위한 지원 및 심사제도 개편 사건」, 『문화예술계 블랙리스트 진상조사 및 제도개선위원회 백서 2-1-진상조사 결과보고서:기관별』, 472쪽.

소의 외압을 가한 것에 그치지 않고 2017-2018년도 광주비엔날레에 대한 국고지원이 이전 31억에서 18억원으로 결정되며 13억 정도의 예산이 삭감되는 사건으로 이어졌다."[74]

위 메일에서 보듯이 예술위 내에서 이미 2014년 8월에 '세월호'와 관련된 작품에 대해 사전 '예방' 및 사후 '대처'에 대한 지시가 있었기에 그 이후 '세월호'는 예술위의 지원사업 심의는 물론 기획사업의 준비와 공연 과정에서 매우 민감하게 다루어졌으리라 본다. 〈이 아이〉의 첫날 공연에 대해 임OO 문화사업부장은 김진이에게 "회사가 어떤 상황인지도 모르고 저의 잘못된 판단으로 이런 공연 내용을 하면 큰일이 벌어질 수 있다는 내용과 작품의 내용을 체크하지 않았다며 폭언을" 쏟았다.[75] 특정한 소재가 다루어지는 것을 금기시했다는 점에서 "팝업씨어터 사건은 명백히 예술위 직원들의 자기검열에 의한 과잉 반응인데다 후속 공연들의 대본까지 검열하려는 검열관의 역할을 자처하였다. 2015년 상반기에 예술위 내부에서 배제 조치들이 노골적으로 자행되면서 예술위 간부 직원들 사이에는 검열이 내면화되었던 것으로 보인다. 더구나 2015년 9월에 공연예술창작산실 사업의 검열 사실이 폭로된 이후, 예술위 내부에서는 더이상 문제가 발생하면 안된다는 강박이 작동했을 것이고, 이는 정부에서 보기에 문제가 될만한 소재나

---

74 박현선, 「논란이 된 작품으로 본 블랙리스트 사태: 블랙리스트의 텍스트성과 폭력의 징후들」, 『문화예술계 블랙리스트 진상조사 및 제도개선위원회 백서 4-블랙리스트 사태의 총체적 조망』, 232쪽.

75 김진이가 박명진 위원장에게 보고한 글. 2015.11.02, 김진이 제공.

내용을 미리 차단하고자 하는 과잉 대응으로 나타났다."[76]

블랙리스트 실행에 저항 없이 순응했던 공무원들의 행위는 흔히 아이히만으로 대표되는 '악의 평범성'을 떠올리게 한다. 아이히만은 뉘른베르크 재판에서 "자신이 결코 사악한 동기에서 행동한 것이 결코 아니고, 누구를 죽일 어떠한 의도도 결코 갖지 않았으며, 결코 유대인을 증오하지 않았지만, 그러나 그와는 다르게 행동할 수 없었으며, 또한 죄책감을 느끼지 않는다고" 말했다. 또한 "최종 해결책에서 자신이 맡은 역할은 우연적인 것이었으며, 따라서 잠재적으로는 거의 모든 독일인들이 똑같이 유죄라고" 말했다.[77] "법원은 판결문에서 그런 범죄는 정부의 재원을 이용한 거대한 관료제에 의해서만 저질러질 수 있다는 점을 당연히 인정했다. 그러나 그것이 범죄인 한(그래서 물론 그것이 재판의 전제인 한) 그 기계의 모든 톱니바퀴의 이들은 그것이 얼마나 중요한가에 상관없이 법정에서는 즉시 범죄의 수행자, 즉 인간으로 변형된다"[78]고 판시했다.

블랙리스트 피해자의 명예회복과 사회적 기억사업이 답보 상태에 있는 현 상황은 매우 우려스럽다. 이는 블랙리스트 피해자들의 트라우마를 더욱 심화시킬 뿐 아니라 현장 예술가들과 지원 기관 사이의 불신이 영원히 회복되기 어려운 수렁으로 빠져들 위험을

---

76 김미도, 「문화예술계 블랙리스트 작동 방식에 관한 연구-연극계를 중심으로」, 『한국연극학』 77호, 2021.02, 180쪽.

77 한나 아렌트, 『예루살렘의 아이히만』, 김선욱 역, 한길사, 2006, 380-381쪽.

78 위의 책, 393쪽.

내포하고 있다.

> 특히 국가범죄는 피해자에 대한 일시적이고 일회적인 침해로 끝나지 않고, 피해자에 대한 낙인이 국가에 의해 반복·선전되어 이차적 침해가 발생하고 계속된다는 특징이 있다. 따라서 국가권력은 먼저 사죄하고 피해자의 실추된 사회적·도덕적 명예를 회복시켜 주고, 제도개선을 약속하고 추진해야 한다. 제도개선을 위한 국가적 조치는 국민 전체의 장래에 중대한 의미를 지니고 있으며, 피해자들의 신뢰 회복을 위해 반드시 필요하다.[79]

이 논문은 팝업씨어터 사건을 중심으로 블랙리스트 피해자들에게 남은 정신적 트라우마와 후속조치 과정에서까지 벌어진 2,3차 가해 양상을 집중적으로 살펴보았다. 피해자들을 위해 마련된 후속조치가 오히려 피해자들의 상처를 키워온 상황은 참담하기 그지없다. 가해자도, 예술위도, 국가도, 피해자들에게 사과다운 사과를 하지 않았으나 팝업씨어터 피해자들은 블랙리스트 피해자들 가운데 가장 적극적으로 힘든 투쟁을 계속하며 블랙리스트 후속조치와 제도개선을 촉구해왔다. 블랙리스트 진상조사위에서 조사업무를 수행했던 이양구는 우리가 그들에게 너무 많은 빚을 지고 있다고 말한다.

79 이재승, 앞의 책, 195쪽.

조사를 진행하는 동안 깨달은 것 하나를 마지막으로 말하자면, 생각보다 너무 많은 사람들이 블랙리스트 사태에 대해서 초기부터 알고 있었다는 사실이었다.(중략) 안타깝게도 그들은 침묵을 택했다. 그러나 다행히도 우리 중에는 자기가 겪은 일이 모호한 상태에서도 침묵하는 대신 공개적인 문제 제기를 지속한 사람들이 있었고, 자기가 겪은 일이 비교적 명확했을 때 불이익을 감수하고 폭로를 선택한 사람들이 있었다. 지금 우리가 누리는 자유로운 공기는 그들에게 빚지고 있다.[80]

헤겔에 의하면 "개인의 자유를 보장하기 위한 제도를 실천적, 정치적으로 관철하려는 사회 내적 동력이 바로 자신의 정체성을 상호적으로 인정받기 위한 주체들의 투쟁에서 비롯"하며 "여기서 자신의 정체성을 상호주관적으로 인정받으려는 개인들의 요구는 본래부터 사회적 삶에 내재하는 도덕적 긴장의 원천이 된다. 또한 이러한 인정에 대한 요구는 사회적 진보의 제도화된 수준을 넘어서 단계적으로 반복되는 투쟁이라는 부정의 방식을 통해 차츰 의사소통적으로 실현된 자유의 상태로 나아가게 된다."[81]

이 논문이 블랙리스트 피해자들에게 자유로운 공기를 선사할 수 있는 작은 단초가 되기를 바란다. 블랙리스트 사태는 아직 끝나지 않았다. 아니, 피해자들에 대한 사과를 비롯하여 그들의 고

---

80 이양구, 앞의 글, 294~295쪽.

81 악셀 호네트, 앞의 책, 33~34쪽.

통을 치유하기 위한 일들은 아직 한 걸음도 떼지 못했다. 피해자들의 기억을 제대로 기록하고 역사화하는 일로부터 그들에게 진 빚을 갚아나가야 한다. 아르코·대학로 예술극장의 강량원 극장장은 팝업씨어터 사건의 피해자들과 '팝업씨어터 사건 재발방지와 사회적 기억을 위한 아르코·대학로예술극장의 약속'을 협약한 바 있다. 그 약속을 실천하기 위해 우선 아르코·대학로 예술극장은 스스로 팝업씨어터 사건과 관련된 모든 기록들을 모아 자료집을 발간하고, '씨어터카페'를 사건 현장으로서 영원히 기억할 수 있는 방안을 찾아주기 바란다.

참고문헌

1차 자료

김진이 인터뷰, 2023.02.13.

서울중앙지방법원 제 40부 민사부(합의) 「조정을 갈음하는 결정」 (사건 2020가합540467 손해배상(기), 김진이 제공.

문화예술계 블랙리스트 진상조사 및 제도개선위원회, 『진상조사 및 제도개선 결과 종합 발표』 자료집, 국립현대미술관 서울관, 2018.5.8.

『문화예술계 블랙리스트 진상조사 및 제도개선위원회 백서2 – 블랙리스트 진상조사 종합보고서』, 문화체육관광부, 2019.

『문화예술계 블랙리스트 진상조사 및 제도개선위원회 백서3-블랙리스트 방지를 위한 제도개선 종합보고서』, 문화체육관광부,

2019.

블랙리스트 재발방지 제도개선 이행협치추진단, 『블랙리스트 재발방지 제도개선 이행협치추진단 백서』, 문화체육관광부, 2022.

「'팝업씨어터' 사태에 대한 사과 및 재발방지를 위한 약속」 기록영상, 한국문화예술위원회 제공.

팝업씨어터 공개사과 이후_공청회 1부. 〈https://www.youtube.com/watch?v=TYhHaKlUv74〉(검색일: 2023.01.25).

팝업씨어터 공개사과 이후_공청회 2부. 〈https://www.youtube.com/watch?v=YE4jm0qfUC0〉(검색일: 2023.01.25).

팝업씨어터 공청회 『팝업씨어터 공개사과 이후』 자료집, 2019.12.02. 〈https://www.arko.or.kr/board/view/5040?bid=648&cid=1602648〉(검색일: 2023.01.25).

「한국문화예술위원회 블랙리스트 실행을 위한 지원 및 심사제도 개편 사건」, 『문화예술계 블랙리스트 진상조사 및 제도개선위원회 백서 2-1-진상조사 결과보고서:기관별』, 문화체육관광부, 2019.

「한국문화예술위원회 2015년 팝업씨어터 공연방해 및 검열 의혹 사건」, 『문화예술계 블랙리스트 진상조사 및 제도개선위원회 백서 2-2, 진상조사결과보고서: 공연1』, 문화체육관광부, 2019.

2차 자료

권혜민 기자, 「[단독] 朴정부 '블랙리스트' 내부고발자, 국가 상대 2억 손배」, 『머니투데이』, 2020.10.19. 〈https://www.mt.co.kr/politics/2020/10/19/2020101908277655303〉(검색일:2023.01.26).

권혜민 기자, 「'문화계블랙리스트' 내부고발자 소송… 예술위 "항소 포기"」, 『머니투데이』, 2020.10.19. 〈https://www.mt.co.kr/politics/2020/10/19/2020101913587686667〉(검색일:2023.01.26).

김미도, 「문화예술계 블랙리스트 작동 방식에 관한 연구-연극계를 중심으로」, 『한국연극학』 77호, 한국연극학회, 2021, 109-156쪽.

김미영 기자, 「예술위, 블랙리스트 관련자 23명 중 16명 정직·감봉 등 징계」, 『한겨레』, 2018.11.21. 〈https://www.hani.co.kr/arti/culture/culture_general/871106.html〉(검색일: 2023.01.16).

김세운 기자, 「'가해자 빠진 사과' 한국문화예술위 "블랙리스트 '팝업씨어터' 죄송… 후속 조치할 것」, 『민중의 소리』, 2019.07.20.

김진이, 「김진이가 박명진 위원장에게 보고한 글」, 김진이 제공, 2015.11.02.

김진이, 「'팝업씨어터' 후속 조치는 왜 필요한가?-우리에게 남은 질문들에 대한 답을 위하여」, 팝업씨어터 공청회 『팝업씨어터 공개사과 이후』 자료집, 2019.12.02.

김희진 기자, 「법원, 박근혜 정부의 '문화계 블랙리스트' 국가 책임 인정」, 『경향신문』, 2022.08.25. 〈https://www.khan.co.kr/national/court-law/article/202208251603001〉(검색일:

2023.01.27).
나희경·이연주·전윤환·정진세, 「'팝업씨어터' 사과에 대한 입장문」⑤ '팝업씨어터' 사태에 연대한 동료 예술가들」, 김진이 제공, 2019.07.19.
박정환 기자, 「예술위 '블랙리스트 대국민 사과'…예술인들 "처벌 이후 사과 받겠다"」, 『news1』, 2018.05.17.
박현선, 「논란이 된 작품으로 본 블랙리스트 사태: 블랙리스트의 텍스트성과 폭력의 징후들」, 『문화예술계 블랙리스트 진상조사 및 제도개선위원회 백서 4-블랙리스트 사태의 총체적 조망』, 문화체육관광부, 2019, 222-249쪽.
배덕훈 기자, 「예술위, '팝업씨어' 사태 사과… 피해 예술인 "반쪽짜리" 비난」, 『노컷뉴스』, 2019.07.19.
서영지 기자, 「블랙리스트 피해자 절반 "트라우마 시달려"」, 『한겨레』, 2019.10.17. 〈https://www.hani.co.kr/arti/politics/assembly/913635.html〉(검색일: 2023.01.27).
손준현 기자, 「연출가엔 아무런 사과도 없이… 예술위, '정치검열' 꼬리자르기?」, 『한겨레』, 2015.11.18. 〈https://www.hani.co.kr/arti/culture/music/718098.html〉(검색일: 2023.01.25).
시사자키 정관용입니다, 「"수학여행이 왜 나와? 이거 세월호 이야기 아냐?"」, 『노컷뉴스』, 2015.11.03. 〈https://www.nocutnews.co.kr/news/4498609〉(검색일: 2023.01.21).
악셀 호네트, 『인정투쟁』, 문성훈·이현재 역, 사월의 책, 2011,
염한별·김준수·김진이, 「['팝업씨어터' 사과에 대한 입장문]④

'팝업씨어터' 담당 직원」, 2019.07.19.
오동석, 「블랙리스트 피해자 명예 회복 및 사회적 기억의 원칙과 방향」, 팝업씨어터 공청회 『팝업씨어터 공개사과 이후』 자료집, 2019.12.02.
오창은 외, 『문화예술분야 블랙리스트 사건의 사회적 기억과 회복을 위한 방안 연구』, 문화체육관광부, 2021.04.
유연석 기자, 「세월호 연상된다고 공연방해… 3년 전 모멸감 여전한데」, 『노컷뉴스』, 2018.10.15. 〈https://www.nocutnews.co.kr/news/5045053〉(검색일:2023.01.25.)
윤혜숙, 「팝업씨어터 사건은 우리에게 무엇인가」, 팝업씨어터 공청회 『팝업씨어터 공개사과 이후』 자료집, 2019.12.02.
윤혜숙·송정안 「['팝업씨어터' 사과에 대한 입장문]③ 〈후시기나 포켓또〉, 〈불신의 힘〉 대본 검열 피해」, 김진이 제공, 2019.07.19.
이양구, 「피해자의 눈으로 본 블랙리스트 사태」, 『문화예술계 블랙리스트 진상조사 및 제도개선위원회 백서 4-블랙리스트 사태의 총체적 조명」, 문화체육관광부, 2019. 274-295쪽.
이재승, 『국가범죄』, 앨피, 2010.
이재훈 기자, 「한국문화예술위원회, 블랙리스트 '팝업 시어터' 공개사과(종합)」, 『NEWSIS』, 2019.07.19.
이진아, 「블랙리스트 사태가 문화예술계에 남긴 상흔」, 『문화예술계 블랙리스트 진상조사 및 제도개선위원회 백서4-블랙리스트 사태의 총체적 조망』, 문화체육관광부, 2019, 145-171쪽.
임석규 기자, 「'블랙리스트' 혐의 벗었다는 안호상, 뒤집는 진술 나왔다」, 『한겨레』, 2021.09.30. 〈https://www.hani.co.kr/arti/culture/culture_general/1013394.html〉(검색일: 2023.01.27).
전진모, 「'팝업씨어터' 사과에 대한 입장문」①, 김진이 제공, 2019.07.19.
정진세, 「팝업씨어터 후속조치를 위한 제언-"관계회복을 위한 만남은 어떻게 이뤄질 수 있을까"」, 팝업씨어터 공청회 『팝업씨어터 공개사과 이후』 자료집, 2019.12.02.
조문희 기자, 「문화계 블랙리스트 책임자 송수근 계원예대 총장 사퇴하라」, 『경향신문』, 2020.01.28. 〈https://www.khan.co.kr/national/education/article/202001281606001〉(검색일: 2023.01.27).
최우리 기자, 「대법원, '문화계 블랙리스트' 김기춘 등 '파기환송'」, 『한겨레』, 2020.01.30. 〈https://www.hani.co.kr/arti/society/society_general/926201.html〉(검색일, 2023.01.27).
최현만 기자, 「'문체부 블랙리스트' 검찰이 마무리한다… 특검팀 와해로 2년 공전」, 『news1』, 2022.12.30. 〈https://www.news1.kr/articles/4910298 〉(검색일: 2023.01.27).
한국문화예술위원회 감사부, 「블랙리스트 진상조사위 징계권고안 검토결과 및 징계 처분 요구서-블랙리스트 진상조사위원회 책임규명 원고안 및 사건별조사보고서 검토-」, 2018.10. 〈https://www.arko.or.kr/board/view/901?bid=510&cid=1803775〉(검색일:

2023.01.16).

한국문화예술위원회, 「"공원은 공연중" 10월 프로그램」, 예술위 보도자료 2015.10.06. 〈https://www.arko.or.kr/board/view/4057?bid=557&cid=361003〉(검색일: 2023.01.22).

한국문화예술위원회, 「'팝업씨어터' 사태 사과문」, '팝업씨어터' 사태에 대해 사과문 발표' 보도자료 붙임, 2019.07.15. 〈https://www.arko.or.kr/board/view/4057?bid=557&cid=1602208〉(검색일: 2023.01.22).

한나 아렌트, 『예루살렘의 아이히만』, 김선욱 역, 한길사, 2006.

황순미·임영준·김원정·김정, 「[팝업씨어터' 사과에 대한 입장문]② 〈이 아이〉 공연 방해 및 중단 피해」, 김진이 제공, 2019.07.19.

온라인 자료

김정, 「10월 17일(토), 18일(일) 대학로예술극장 1층 씨어터카페에서 문화예술위원회 주최 '팝업씨어터'라는 타이틀로 조엘 폼므라의 희곡 〈이 아이〉 공연을 했던 연출 김정입니다. 아래는 17일 18일 양일 간의 관객후기입니다.」 페이스북, 2015.10.17. 〈https://www.facebook.com/groups/1524165964529525/posts/1654638511482269〉(검색일: 2023.01.25).

김정, 「아래는 문화체육관광부 홈페이지 국민신문고에 게시한 내용입니다」, 페이스북, 2015.11.09. 〈https://www.facebook.com/groups/1524165964529525/posts/1658263114453142/〉(검색일: 2023.01.25).

김정, 「D-6, 2018년 10월 17일, "팝업씨어터 사건"에 대한 가해자 징계 시효가 만료됩니다.」, 페이스북, 2018.10.11. 〈https://www.facebook.com/groups/1524165964529525/posts/2239947406284707/〉(검색일: 2023.01.25).
김진이, 「팝업씨어터 담당자로서, 그리고 한국문화예술위원회 공연예술센터 직원으로서 저의 잘못을 인정하며 사과드립니다」, 페이스북, 2015.11.05. 〈https://www.facebook.com/groups/1524165964529525/posts/1657069571239163/〉(검색일: 2023.01.25)
김진이, 「안녕하세요. 저는 2015년 〈팝업씨어터〉 담당자 김진이입니다.」, 페이스북, 2019.07.08. 〈https://www.facebook.com/groups/1524165964529525/posts/2421112001501579〉(검색일: 2023.01.25).
대한민국 정책브리핑, 『문재인 정부 국정운영 5개년 계획』, 2017.7. 〈https://www.korea.kr/archive/expDocView.do?docId=37595〉(검색일: 2023.01.27).
윤혜숙, 「아래는 한국문화예술홈페이지 사이버민원 게시판에 올라온 임OO 문화사업부장님의 답변에 대한 3인 연출의 공동입장입니다.」, 2015.10.30. 〈https://www.facebook.com/groups/1524165964529525/posts/1655435741402546/〉(검색일: 2023.01.25).
블랙리스트 타파와 공공성 확립을 위한 연극인 회의(블랙타파), 성명서 「블랙리스트 실행 문체 부 공무원 징계 0명, 문체부 공무원 도종환 장관은 책임지고 사퇴하라」, 2018.09.13. 〈https://www.facebook.com/blacktapa/posts/pfbid031hw6bATNWEcSz42kazo7wVFSSJV3DLG2mVUCDYfNJP1YsnMfzuAE3DUfL2cwa86Gl〉(검색일: 2023.01.27.).

팝업씨어터 후속조치를 위한 모임, 「한국문화예술위원회 신임 극장장님에게 질의합니다.」, 2020.04.01. 〈https://www.facebook.com/groups/2430672940308410/posts/4221968474512172/〉(검색일: 2023.01.26).

한국문화예술위원회, 「한국문화예술위원회 아르코·대학로예술극장장 최종임용자 발표 및 임용과정 공개」, 2020.03.18. 〈https://www.arko.or.kr/board/view/4054?bid=5109&cid=1603000〉(검색일: 2023.01.26).

한국문화예술위원회 현장소통위원회, 「[공동입장문] 한국문화예술위원회(이하 아르코)에 '바로 지금의' 블랙리스트를 묻는다」, 2018.11.01. 〈https://www.facebook.com/groups/2430672940308410/posts/2727668543942180〉(검색일: 2023.01.26).

한국문화예술위원회 현장소통위원회, 「안녕하세요, Jungahn Song선생님께서 지난 4월 1일 현장소통소위 페이스북 페이지에 올려주신 [한국문화예술위원회 신임 극장장님에게 질의합니다](https://www.facebook.com/…/permalink/4221968474512172/)에 대한 신임 아르코극장장의 답신을 아래와 같이 올려드립니다.」 〈https://www.facebook.com/groups/2430672940308410/posts/4248654315176921/〉(검색일: 2023.01.27.).

3. 문화예술계 블랙리스트 피해 양상 및 후속 조치에 관한 연구(2)

-'서울프린지네트워크 선정 배제 사건'을 중심으로*

1) 들어가며

'서울프린지네트워크'가 주최하는 '서울프린지페스티벌'은 1998년에 시작된 '독립예술제'를 모태로 하고 있다. "트자!놀자!비틀자!(Open! Play! Twist!) 언더그라운드 문화반란"이라는 부제를 달고 출발한 '독립예술제 1998'은 8월 25일부터 9월 15일까지 마로니에 공원 및 대학로의 15여 개 실내외 공연장과 전시장 및 거리에서 펼쳐졌다. 23일 동안 84개 문화예술 단체 및 개인과 120여 편의 독립영화가 참가하였으며 5만여 명의 관객들이 관람하면서 문화예술계에 일대 센세이션을 일으켰다.

한국문화예술진흥원에서는 2001년에 '독립예술 지원'이라는 사업 항목이 생겨났고, 2002년부터 '다원적 예술 지원'으로 사업 명칭을 바꾸었다. 독립예술제는 2002년부터 '서울프린지페스티벌'로 이름을 바꾸었고, 사무국 이름도 '독립예술제 사무국'에서 '서울프린지네트워크'(이하 '서울프린지')로 바꾸었다. 2005년에 한국문화예술진흥원이 한국문화예술위원회(이하 '예술위')로 전환됨에 따라 위원회 및 소위원회 체제가 구성되었고, 이때 '다원예술소위원회'가 설치되었다. 다원예술소위원회는 월례포럼과 토론회 등을 통해 현장의 의견을 수렴해 나갔다. 2004년 경기문화재단을 시작으로 다원예술 지원사업의 모태가 되는 사업이 차례로 시행되었고, 2006년을 기점으로 전국 광역 및 기초 자치단체 문예진흥기금 지원사업에 다원예술영역이 자리잡게 되었다. 예술위는 2006년부터 '다원예술지원'이라는 사업명을 사용하였고, '실험적 예술 및 다양성 증진 지원'(2009~2013)과 '다원예술창작지원'(2014~2015)이라는 이름 등으로 다원예술 지원사업을 이어갔다.[1] 서울문화재단은 2007년부터 무대공연 작품제작 지원사업 중 하나의 항목으로 다원예술분야 지원을 시행하였다.

서울프린지는 2004년부터 2014년까지 예술위로부터 매년 5,000만원의 지원금을 받았다. 그러다가 2015년에 서울프린지가 갑자기 지원금 수혜 대상에서 탈락하는 일이 벌어졌다. 지원금을 못받게 되자 주최측은 큰 혼란에 빠졌고, 탈락 사유를 납득하기 어려웠다. 급기야 2015년 11월에는 예술위의 기금지원 항목에서 서울프린지가 해당되는 '다원예술지원'사업이 아예 사라진 사실을 알게 되었다. 즉, 서울프린지는 2016년도부터 문예진흥기금의 신

---

* 이 논문은 『한국연극학』 88호(2024)에 게재되었다.

1 메타기획컨설팅, 『블랙리스트 이후 한국 다원예술의 생태계 진단 및 지원방안 연구(ARKO 수시연구 2022-01)』, 한국문화예술위원회, 2022, 7-8쪽 참조.

청 가능성조차 없어졌다.

서울프린지가 블랙리스트에 올라 지원배제 되었다는 사실을 정확히 인지한 것은 2016년 12월 말 SBS 뉴스 보도를 통해서였고, 이때부터 서울프린지는 블랙리스트 사태의 대표적 피해자로 호명되었다.

> 심증만 존재하던 '블랙리스트'를 확인시켜 준 건 지난해 12월 28일 SBS 보도다. SBS가 입수한 2015년 5월 12일자 정부 문건 '문화예술분야 지원사업 관련 현안'에는 "문화예술분야 영향력 있는 주요 정치적 편향단체 배제"가 적혀 있고 그 사례로 "서울프린지페스티벌(다원예술), 극단 혜화동1번지, 극단 그린피그(연극), 천연의 시작, 발견(문학잡지) 등 편향적인 문학 및 연극단체 배제"가 적시돼 있다. 이들 모두 2015~2016년 '지원사업 배제' 경험을 겪은 피해자다.(중략)
> '서울프린지네트워크(이하 프린지)'는 상징적인 피해자다. 다원예술 분야에서 지난 8여 년간 개근하다시피 선정돼 왔음에도 2015년 서류 심사에서 탈락했다. 당시 심사 과정을 아는 문예위 관계자가 프린지 측에 전해 준 말이다. 17년 간 독립예술 축제 '서울프린지페스티벌'을 이끌어오며 독립예술 성장에 기여했다는 평가를 받아 온 단체에게 '서류탈락'은 석연치 않았다.[2]

2 손가영 기자, 「블랙리스트 그림자, 10년 넘은 독립예술 지원금까지 끊겼다」, 『미디어 오늘』, 2017.01.17. 〈https://www.mediatoday.co.kr/news/articleView.html?idxno=134602〉(검색일: 2024.05.28)

'문화예술계 블랙리스트 진상조사 및 제도개선위원회'(이하 '블랙리스트 진상조사위') 출범(2017.7.31.) 이후 서울프린지는 2017년 12월, 블랙리스트 진상조사위에 서울프린지의 지원배제 경위에 대한 조사를 신청했다.

블랙리스트 진상조사위는 진상조사결과를 다음과 같이 요약하였다.

> 서울프린지네트워크가 블랙리스트로 2014년 2월 21일 경 청와대에서 문체부로 팩스로 내려보낸 팩스송부문서(다)에서 거론되는 등 블랙리스트 단체로서 2015년 예술위 주관 다원예술창작지원사업에서 지원 배제되었고, 한국예술인복지재단에서 주관하는 2015년 예술인 맞춤형 교육지원 사업에서도 지원 배제되었다는 사실이 확인되었다. 2016년 예술위 주관 공연기획 및 경영전문인력 지원 사업에서도 예술위 직원이 심사위원들에게 문체부의 배제 지시가 있었다는 사실을 알리고 배제 근거가 될 만한 사유를 제시하는 방법으로 배제하였다는 사실을 확인하였다.[3]

서울프린지가 블랙리스트 적용으로 여러 지원사업에서 배제되었다는 사실이 명백히 확인되었음에도 불구하고, 서울프린지는

---

3 문화예술계 블랙리스트 진상조사 및 제도개선위원회, 「한국문화예술위원회 등 '서울프린지네트워크' 선정 배제 사건」, 『문화예술계 블랙리스트 진상조사 및 제도개선위원회 백서(2-2)-진상조사 결과보고서: 공연 1』, 문화체육관광부, 2019, 819쪽.

그 어떤 보상도 받지 못했을 뿐만 아니라 축제 운영이 어려워진 것은 물론 내부 구성원들 간에 내홍을 겪는 등 돌이킬 수 없는 피해를 입었다. 또한 여타의 블랙리스트 사건들과 달리 단순한 지원 배제가 아니라 10여 년 동안 지속적으로 지원을 받던 사업 자체가 아예 폐지됨으로써 축제를 이어갈 수 있는 큰 동력을 상실하고 말았다.

블랙리스트 진상조사위는 기본적으로 조사 신청이 접수된 사건들 위주로 조사가 진행되는 바람에 진상조사 결과 역시 사건별로 파편화되어 백서에 수록되었다. 그 결과 조사 신청이 접수되었던 '서울프린지네트워크 선정 배제 사건'은 조사가 완료되었으나 다원예술로서의 성격을 갖고 있는 다른 유사 피해 사례들을 종합적으로 고찰하지는 못했다. 특히 예술위에서 '다원예술지원사업' 자체가 폐지된 사건에 대해서는 독립적으로 조사하지 못했다. 이 논문은 서울프린지 뿐만 아니라 다원예술지원사업에서 배제된 다른 사례들을 함께 고찰함으로써 다원예술지원사업 자체가 폐지되는 결과에 이른 이유를 규명할 것이다.

또한 이 논문은 블랙리스트 진상조사위의 조사결과를 참고하되 서울프린지가 스스로 발언하고 기록한 많은 자료들을 함께 분석하여 서울프린지 사건의 총체적인 면모를 더 상세히, 분명하게 규명하고자 한다.

기록함으로써 기억하지 않는 역사는 쉽게 잊혀진다. 이 논문은 문화예술계 블랙리스트 사태의 가장 상징적인 사건이자 무자비한 폭정의 피해 사례인 서울프린지 사건을 통해 국가폭력으로서의 블랙리스트 사태가 갖는 잔인하고도 폭력적인 면모를 적나라하게 드러낼 것이다. 이를 통해 이 땅에서 다시는 이러한 문화 말살의 역사가 되풀이되지 않도록 반면교사의 사례가 되기를 기대한다.

2) '서울프린지네트워크' 의 지원 배제 과정

사건 당시 서울프린지네트워크의 대표였던 오성화는 프린지네트워크가 블랙리스트에 오른 주요 이유에 대해 2012년 8월, 당시 박근혜 대선 후보측의 요청을 거절했던 일을 떠올린다. 2012년 여름, 서울프린지 축제 기간에 당시 박근혜 대선 후보측은 프린지 축제를 방문하여 젊은이들과 소통하는 장면을 연출하고 싶어 했다. 박근혜 캠프의 집요한 요청에도 불구하고 오성화 대표는 계속 거절했고, 축제에 오는 것은 뭐라 할 수 없으니 "축제에 오더라도, 축제에 피해가 가지 않도록 동선을 짜 달라"고 부탁했다. 이후 박근혜 후보는 젊은 여대생들을 대동하고 축제를 찾아와 대화를 나누는 영상을 찍고 돌아갔다.

> 박근혜 새누리당 후보가 자신의 취약층인 '2030 세대'의 표심 잡기에 연일 속도를 내고 있다. '반값 등록금' 공약을 강조한 데 이어 후보가 된 이후 첫 휴일인 26일에는 서울 홍익대 앞에서 열린 '서울 프린지 페스티벌' 현장을 찾아 젊은이들과의 스킨십 강화에 나섰다. 박 후보는 이날 독립예술인 축제인 프린지 페스티벌 현장의 한 커피숍에서 팥빙수와 커피 2잔을 주문

해 직접 계산한 뒤 앉아있던 20대 여성 3명과 동석했다.[4]

박근혜가 대통령에 당선된 후, 2013년 초에 당시 대통령 직속 청년위원회 쪽에서 오성화 대표에게 청년위원회 출범식 및 향후 사업을 기획해 달라는 연락이 왔지만 오성화 대표는 다시 거절했다.[5]

한편 서울프린지 운영위원이었던 정진세 작가는 "다른 다원예술 단체보다는 온건한 편이었던 프린지가 2014년 축제 포스터로 확실히 명단에 올랐을 거라 추측했다. 프린지는 '절대반역'이라는 문구와 함께 청와대, 세월호 참사를 상징하는 뒤집혀진 배가 함께 그려진 포스터를 제작했다."[6]

4 정녹용 기자, 「홍대 앞 간 박근혜, 팥빙수 먹고 썰렁 유머」, 『한국일보』, 2012.08.26. 〈https://www.hankookilbo.com/News/Read/201208261791946937〉(검색일: 2024.05.28)

5 문화예술계 블랙리스트 진상조사 및 제도개선위원회, 「한국문화예술위원회 등 '서울프린지네트워크' 선정 배제 사건」, 앞의 책, 831-832쪽 참조.

6 손가영 기자, 앞의 기사.

블랙리스트 진상조사위가 찾아낸 서울프린지네트워크 관련 문건들 중에서 가장 이른 시기의 것은 2014년 2월 21일 경 청와대에서 문체부로 내려보낸 예술위 관련 문서[7]이다. 이 문서에서 2013년에 소위 이념편향성 연극으로 물의를 빚은 극단 「혜화동 1번지」 「서울프린지네트워크」 등이 재선정 된 것을 문제 삼고 있다.

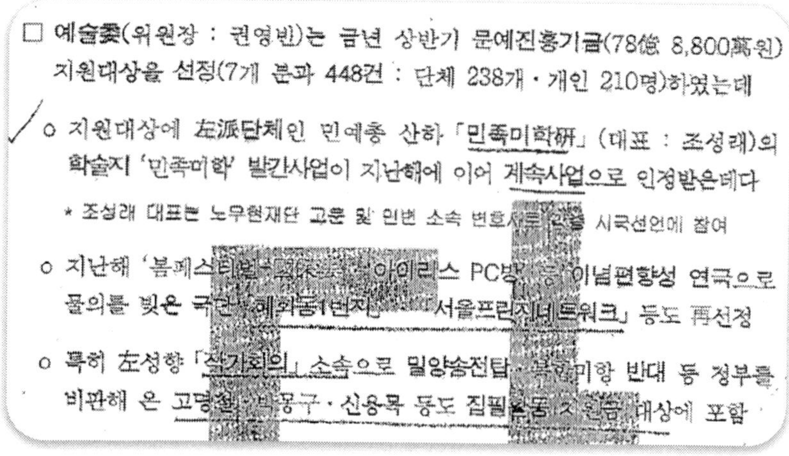

□ 예술委(위원장 : 권영빈)는 금년 상반기 문예진흥기금(78億 8,800萬원) 지원대상을 선정(7개 분과 448건 : 단체 238개 · 개인 210명)하였는데

○ 지원대상에 左派단체인 민예총 산하 「민족미학硏」 (대표 : 조성래)의 학술지 '민족미학' 발간사업이 지난해에 이어 계속사업으로 인정받은데다

* 조성래 대표는 노무현재단 고문 및 민변 소속 변호사로 [illegible] 시국선언에 참여

○ 지난해 '봄페스티벌' · [illegible] · '아이리스 PC방' 등 이념편향성 연극으로 물의를 빚은 극단 「혜화동1번지」 · 「서울프린지네트워크」 등도 再선정

○ 특히 左성향 「작가회의」 소속으로 밀양송전탑 · [illegible]미항 반대 등 정부를 비판해 온 고명철 · 박몽구 · 신용목 등도 집필활동 지원금 대상에 포함

이 문서에 대해 문체부는 2014년 3월 경에 대책 방안을 작성하여 김기춘 비서실장에게 보고하는데 그 보고 문건에서는 "다원예술사업(서울프린지네트워크)은 12월 20일 심사"예정인데 심의위원 선정 기준을 강화하여 "이념편향, 반정부행위 관여자"를 배제할 것이고 "책임심의위원에 분야별로 문화예술위 직원 1명씩 포함시켜, 관리"하며 "사회적 물의를 빚은 단체나 개인에 대해서는 지

---

7 문화예술계 블랙리스트 진상조사 및 제도개선위원회, 「한국문화예술위원회 등 '서울프린지네트워크' 선정 배제 사건」, 앞의 책, 826쪽에서 재인용.

원에서 제외토록 관리"[8]하겠다고 명시하였다.

문체부는 2014년 3월 5일 경에 「이념편향 논란의 사업선정관련 대책방안」이라는 문서를 작성한다. 여기에 첨부된 「붙임: 이념편향 논란사업 분석」 문서에 의하면 서울프린지네트워크는 "작가실험무대로서 독립예술을 지속적으로 육성할 수 있는 우수프로그램을 타 단체 및 유사 축제 등과의 협력 사업을 운영하는 등 사업실적이 탁월하고, 국내 예술가들의 교류 프로그램은 활발한 편이지만, 국제교류 사업의 활동은 다소 부족함, 국내에서 인지도가 높은 축제 중의 하나로 해당 지역의 문화관련 단체들과의 협력, 홍대 일원(소극장 및 거리일대)에서 다양하게 벌어지는 수많은 공연들로 일반관객에게 쉽게 다가가는 축제"[9]라는 평가를 받는다고 분석되었다. 지원 중단시 젊은 예술가들의 반발이 예상된다며 대표 개인의 활동이 문제이지 행사 자체는 "내용, 인지도, 파급 효과 측면에서 국내 최고 수준"이라고도 하였다.

문체부 예술정책과 오OO 사무관이 작성하고 김OO 예술국장이 2014년 12월 19일에 김종덕 장관에게 보고한 「2015년 문예진흥기금 공모사업 신청현황」에서는 '서울프린지네트워크'의 지원 여부에 대해 다음과 같은 검토의견을 제시하고 있다.

8 문체부 예술정책과, 「이념편향 논란의 도서 또는 사업 선정관련 대책방안(2014.3)」, 위의 책, 827쪽 참조.

9 문화예술계 블랙리스트 진상조사 및 제도개선위원회, 「한국문화예술위원회 등 '서울프린지네트워크' 선정 배제 사건」, 위의 책, 828쪽.

□ 검토의견

ㅇ **지원중단: 우수한 축제탈락에 대한 현장의 반발 및 젊은 예술가들의 동조 우려**

- 다원예술분야의 가장 대표적인 사업으로, 심의에서 무난하게 결정될 것으로 판단(*다원예술분야 개척, 문예기금 지원 신설계기)
- 특별한 문제없이 성공적으로 개최되고 있어 탈락시킬 사유가 많지 않음
- 국내 대표적인 다원예술가 그룹들(100여 단체 이상)이 거의 모두 참여하는 대표적인 예술행사로, 지원 중단시 현장의 반발이 매우 클 것으로 예상, 홍대앞 문화관련 단체들(라이브 음악발전 연대 등)의 연대 저항으로까지 확산 될 여지도 있음

*** 서울연극제보다 반향이 더 크고, 예술위 차원에서 대응하기에 명분이 약함**

ㅇ **지원액 삭감(50%): 현장의 반발을 잠재우면서 대표에 대한 경고 효과**

[정치활동 등 특이사항]

ㅇ 오성화 대표, 용산참사 해결, 철도파업지지 시국선언에 참여('13.12.27 민중의 소리/ '09.7.23 한겨레신문)

[예술계의 평가]

ㅇ 1998년 대학로에서 시작한 '독립예술제'가 전신이며, 평균 150여팀과 10만의 관객 및 시민이 만나는 차세대 예술가와 새로운 예술 발굴을 위한 행사로 평가됨, 예술의 다원성 확보 및 예술생태계 활성화에 크게 기여하고 있다는 평

ㅇ 두산아트센터와 협력사업으로 우수신작 시상 및 재공연 지원 등 신진 예술가들에게 다양한 실험적 활동무대를 제공

ㅇ 다원예술분야 우수축제사업으로 2000년부터 계속지원하는 사업으로 부산, 제주 등 지자체에서 벤치마킹 *해외유사사례:영국 에딘버러 프린지 페스티벌

ㅇ 국내에서 인지도가 높은 축제중의 하나로 해당지역의 문화관련 단체들과의 협력, 홍대 일원(소극장 및 거리일대)에서 다양하게 벌어지는 수많은 공연들로 일반관객에게는 쉽게 다가가는 축제

* 서울프린지네트워크 주요활동 평가

- 1기(1998년~2002년): 주류, 상업적인 예술의 대안, 독립예술 가치 전파
- 2기(2003년~2009년): 독립예술 성장을 위한 창작지원, 국내외 창작교류, 작품 실험 장려
- 3기(2010년~현재): 독립예술의 자생성 확보를 위한 새로운 예술생태계 구축 도모(지역 예술가 및 단체 교류, 지역사회, 행정 분야 등)

문서의 내용을 요약하면 "예술의 다원성 확보 및 예술생태계 활성화에 크게 기여하고 있다는 평"을 받고 있으며, "다원예술분야 우수축제사업으로 부산, 제주 등 지자체에서 벤치마킹"할 정도이지만 오성화 대표가 "용산참사 해결, 철도파업지지 시국선언에 참

여"한 전력을 문제 삼고 있다. "지원중단시 현장의 반발이 매우 클 것으로 예상, 홍대앞 문화관련 단체들(라이브 음악발전 연대 등)의 연대 저항으로까지 확산될 여지도 있음"에도 불구하고 결국 지원에서 배제하겠다는 것이다.

여기서 중요한 사실은 박근혜 정부의 블랙리스트가 '작품'보다는 '인물'을 기준으로 삼고 있다는 점이다. 과거 군사 정부에서의 검열도 요주의 인물들을 문제 삼긴 했지만 주로 정부의 이데올로기에 반하는 작품 '표현'의 부분들을 문제 삼으며 검열의 칼날을 들이댔다. 그에 비해 박근혜 정부에서는 철저히 체제 비판적인 '인물'들에 집중하여 그야말로 블랙리스트에 오른 인물들을 지원에서 무조건 배제하는 방식으로 검열을 작동시켰다.

블랙리스트 사태를 주도한 김기춘 외 6인에 대한 항소심 재판부는 피고인들이 "문화예술계의 특정 개인이나 단체가 정부에 반대하거나 비판적인 입장을 표명하였거나, 특정 이념적·정치적 성향을 가졌다는 이유로 그들에 대한 명단을 문체부를 거쳐 예술위, 영진위, 출판진흥원에 하달함으로써 정부 지원을 배제하도록 지시"하였는데, 이러한 피고인들의 행위는 "헌법과 관련 법률의 규정 등에 비추어 볼 때 위헌·위법·부당한 행위"에 해당한다고 규정했다.[10] 즉 재판부는 박근혜 정부의 블랙리스트 사태를 특정한 개인이나 단체에 대한 '명단'을 조직적으로 작성하고 하달하여 각

10 김기춘 외 6인(조윤선, 김상률, 김소영, 김종덕, 신동철, 정관주)에 대한 직권남용권리행사방해 등 판결: 서울고등법원 제3형사부(재판장 조영철), 2018.1.23. 선고. 2017노2425, 2017노2424 병합.

종 지원에서 배제하도록 한 사건으로 규정했다. 이러한 명단 중심의 블랙리스트를 가장 극명하게 보여준 것은 2016년 10월 12일에 한국일보가 보도한 9,473명의 블랙리스트이다.[11]

합계	총 9,473인
세월호 정부 시행령 폐기 촉구 선언	문화예술인 594인
세월호 시국 선언	문학인 754인
문재인 후보지지 선언	6,517인 (문화예술인 4,110인, 경남 문화예술인 869인, 전북 문화예술인 115인, 부산 문화예술인 423인, 서울연극협회 1,000인)
박원순 후보지지 선언	1,608인 (문화예술인 909인, 문화예술인 71인, 여성 문화예술계 628인)

이 문서는 '세월호 정부 시행령 폐기 촉구 선언, 세월호 시국 선언, 문재인 후보지지 선언, 박원순 후보지지 선언'의 명단을 마구잡이로 긁어모은 것이다. 그밖에도 이런 식으로 수집한 명단은 블

11 조태성 기자, 「세월호 선언 등 9473명, 문화계 블랙리스트 확인」, 『한국일보』, 2016.10.12. 〈https://www.hankookilbo.com/News/Read/201610120429856146〉(검색일: 2024. 11. 01)

랙리스트의 가장 기초적인 자료로 활용되었다.

2015년 5월 11일에 문체부 예술정책과 오OO 사무관이 작성하여 청와대에 보고한 「문화예술분야 지원사업 관련 현안」에서 '서울프린지 페스티벌'은 '주요 정치적 편향단체'로 분류되어 지원 배제되었음을 확인할 수 있다. 즉 오성화 대표뿐 아니라 서울프린지 페스티벌 자체도 블랙리스트로 분류되어 페스티벌 안에 포함되는 작품들의 내용과 관계 없이 인물과 축제를 무조건 배제하는 방향으로 블랙리스트를 실행하였다.

> ❑ **주요 조치에 대한 평가**
>
> ㅇ **문화예술분야 영향력 있는 주요 정치적 편향단체 배제**
>
> - **서울프린지페스티벌**(다원예술), 극단 **혜화동1번지**, **극단그린피그**(연극), **천년의 시작**, **발견**(문학잡지) 등 편향적인 문학 및 연극단체 배제

이후 문체부 예술정책과 오OO 사무관이 작성한 「리스트-'16.2.1」에서도 서울프린지페스티벌2015'가 지원에서 '제외' 되었음을 명시하였다.

그렇다면 한국문화예술위원회는 '서울프린지페스티벌'을 '다원예술창작지원'사업에서 어떤 방법으로 배제시켰을까? 당시 예술위 창작지원부장이었던 장OO은 블랙리스트 진상조사위에서 "서울문화재단의지원금을 받을 것으로 예상되는 상황을 사유로 하여 배제를 했을 것"이라 진술했고, 당시 심사위원이었던 이OO는 "1차 심사에서 예술위 장OO 창작지원부장이 서울프린지페스티벌은 다른 기관의 지원을 받는 사업이기 때문에 보다 많은 단체들이 혜택을 받을 수 있도록 예술위 지원사업에서는 지원하지 말자는

의견을 제시하여서 심사위원들도 큰 의심 없이 동의하였다"[12]고 진술하였다.

이런 식의 배제는 블랙리스트 실행 방식의 대표적인 수법으로 김미도는 이를 '불리한 정보 흘리기'로 규정한 바 있다. '불리한 정보 흘리기'의 대표적인 예로서 한국공연예술센터가 '2015 정기대관공모'에서 '2015 서울연극제'를 배제할 때 "아르코 대극장을 대관하여 주지 않더라도 동숭홀 등의 타 극장을 대안으로 마련해 줄 것"이라면서 심의위원들을 대관 배제 쪽으로 유도한 바 있다.[13] '서울프린지페스티벌'의 경우에는 서울문화재단으로부터 지원금을 받기 때문에 '중복 수혜'라는 이유를 들어 자연스럽게 지원 배제를 유도한 것이다.

'서울프린지네트워크'는 '다원예술창작지원사업' 뿐 아니라 2015년과 2016년에 예술위가 주관한 '공연기획 및 경영전문인력 지원사업'에서도 배제되었다. 2016년에 아르코예술인력개발원장을 지낸 이OO에 의하면 2016년 6월 17일에 열릴 지원심의를 앞두고 배제 대상인 단체들에게 불리한 '행정평가 지표'를 만들었다. 이때 '서울프린지네트워크'는 행정평가 'C'를 받아 지원배제 되었다. 그런데 이는 배제 사유를 객관적으로 제시하기 위해 고안된 방법이었고, 이OO이 심의 과정에 간사 역할로 참여하여 "문체부의 지원

12 문화예술계 블랙리스트 진상조사 및 제도개선위원회, 「한국문화예술위원회 등 '서울프린지네트워크' 선정 배제 사건」, 앞의 책, 836-837쪽.

13 김미도, 『문화예술계 블랙리스트, 실행과 작동의 기록』, 연극과 인간, 2021, 26-28쪽 참조.

배제 지시가 있었던 36개 단체가 지원한 42건을 별도로 체크 표시하였고", "체크 표시된 단체들이 지원배제 대상임을 직접적으로 알려"드렸으며 심의위원에게 제공했던 문서는 파기했다고 한다.[14]

여기서 2016년에는 예술위 직원들과 심의위원들 사이에 블랙리스트에 의한 배제가 공공연히 이루어졌으며 심지어 공모관계에 있었음을 확인할 수 있다. 예술위는 2015년 7월부터 심의위원제도를 폐지하고 심의위원 풀(pool) 제도를 도입하여 이미 블랙리스트 실행에 협조적인 심의위원들을 구성하고 있었다. 예술위는 친정부 성향의 인물들, 특히 국공립기관의 기관장이나 예술감독들로 심의위원을 구성하고, 심의 전에 특정 심의위원을 접촉하여 지원배제 명단을 공유하면서 심의 중에 배제 대상자가 지원후보로 거론될 경우에는 해당 심의위원이 부적격 의견을 제시하는 시나리오를 미리 짜놓기도 하였다. 즉 2015년 하반기 이후에는 예술위 심의에서 친정부적인 심의위원들과 함께 노골적으로 지원 배제를 결정하는 일이 수월해진 것이다.[15]

그런 대표적인 예가 한국예술인복지재단의 '2015 예술인 맞춤형 교육' 사업에서 '서울프린지네트워크'가 또 배제된 경우이다. 서울프린지네트워크의 홍은지가 배제 대상이었는데 한국예술인복지재단의 박계배 대표는 심의위원 구성을 미루다가 일방적으로 심의위원 명단을 직원에게 통보하였다. 당시 이 사업 담당자였던 예

14 문화예술계 블랙리스트 진상조사 및 제도개선위원회, 「한국문화예술위원회 등 '서울프린지네트워크' 선정 배제 사건」, 앞의 책, 842-843쪽.

15 김미도, 앞의 책, 44-45쪽 참조.

술인복지재단의 복지사업팀장 김OO는 블랙리스트 진상조사위에서 박계배 대표로부터 받은 심사위원들이 "예술인 복지와 관련하여, 예술현장을 잘 이해하지 못하는 분들이 다수 포함되어 있었습니다.", "대부분 박계배 대표와 친분이 있고, 정치적 성향을 잘 아는 사람들로 구성했다고 생각"[16]했다는 진술을 남긴 바 있다.

이상에서 살핀 바와 같이 '서울프린지네트워크'는 블랙리스트에 등재되어 2015년 예술위가 주관한 '다원예술창작지원'사업, 2015~2016년에 예술위가 주관한 '공연기획 및 경영전문인력 지원'사업, 2015년에 한국예술인복지재단이 주관한 '예술인 맞춤형 교육'사업 등에서 모두 배제되었다. 이러한 과정은 치열한 실험정신으로 관객들의 큰 사랑을 받던 한 예술단체 및 축제를 단기간에 무력화시킬 수 있는 무자비한 탄압이었다.

3) '다원예술창작지원' 사업 폐지

'서울프린지페스티벌'이 다년간 지원을 받아온 '다원예술창작지원' 사업이 2016년도부터는 아예 폐지되기에 이른다. 이는 2015년 '다원예술창작지원' 사업에서 블랙리스트로 인한 배제가 너무 많았던 데다 갈수록 배제할 만한 다른 명분을 갖다 붙이기가 매우 어려웠기 때문으로 보인다.

예술위의 공고에 따르면 '2015 다원예술창작지원'은 "사회문화적 통섭의 시대적 환경에 부응하는 새로운 예술활동을 지원하여

16 문화예술계 블랙리스트 진상조사 및 제도개선위원회, 「한국문화예술위원회 등 '서울프린지네트워크' 선정 배제 사건」, 앞의 책, 845쪽.

다원적 예술의 담론생산과 창작 기반을 조성"[17]하는 것을 목적으로 하며 다원적 특성을 가진 창작, 발표, 연구에 대하여 지원한다. 그런데 문체부 오OO 사무관이 작성한 「2015년도 문예진흥기금 공모사업 신청현황」 문건에 의하면 '다원예술창작지지원'에서 총 8건이 '특이사항'으로 문제시된다.

5. 융복합 · 다원예술분야

신청	특이사항	방안
총 225건 -다원예술창작지원 194 -융복합예술창작지원 31	총 8건 -다원예술창작지원 8	프린지페스티벌, 산울림편지콘서트 등 사업성과가 우수하고, 예술계에 파급효과가 큰 행사는 심사제외 곤란

· 세부내역

분야	신청자(단체)명	신청사업명	방안
공연	그린피그 (윤한솔)	트로이의 여인들- The Refugees	ㅇ심사에서 제외 ㅇ'13년 사업 "빨갱이, 갱생을위한 연구" 공연 (국가보안법 비판)
콘서트	극단 산울림 (임영웅)	산울림편지콘서트	서울연극제 파동과 연계하여 연극계 원로 우대차원에서 지원 필요
공연	극난 서울새남 (유영봉)	환상통로	심사에서 제외
콘서트	(사)우리만화연대 (차성재)	만화BOGO토크콘서트	심사에서 제외
축제	서울변방연극제 (임인자)	보이지만 보이지 않는 것 - 법과 자본과 사람의 발견 프로젝트 (가제)	ㅇ심사에서 제외 ㅇ'콜트콜텍 해고 노동자', '형제복지원 피해생존자'들과 함께, 법과 자본의 모순을 파헤치는 프로젝트
축제	서울프린지네트워크(오성화)	서울프린지페스티벌2015	ㅇ지원중단시 젊은 예술가들의 반발 및 부작용 예상 ㅇ대표 개인의 활동이 문제되며, 행사자체는 내용, 인지도, 파급효과 측면에서 국내최고수준 ㅇ심사(선정)가 없는 자유참가제도로 젊은 예술가들 선호 ㅇ대안으로 지원액 삭감하고 추후 행사세부내용 사전확인 강화
공연	고주영	안산 순례길	세월호 관련(윤한솔 연출)
축제	배인석	2015 제1회 저항예술제'예술-당신의 사회에 대한 위협'	연예총 관련

이 문건에서 보듯이 '서울변방연극제' 예술감독 임인자는 '콜트콜텍 해고 노동자', '형제복지원 피해생존자'들과 함께, 법과 자본

17 한국문화예술위원회 홈페이지, 「2015년 문예진흥기금 공모사업 지원신청 안내」, 2014.10.07.

의 모순을 파헤치는 프로젝트를 수행한 것이 문제시되고 있다. 임인자는 일찌감치 블랙리스트로 관리되고 있었는데 아래 문건 '6.기존관리 리스트-149명'은 2015문예진흥기금 사업 이외에 청와대에서 내려온 문건 등에 지원배제 대상으로 언급된 인물이나 단체를 문체부에서 정리한 자료인데[18] '연극-35명' 중에 '임인자(변방연극제)'를 확인할 수 있다. 이 외에도 임인자의 이름은 블랙리스트를 정리한 다른 문건들에서 거듭 확인된다.

6 기존관리 리스트 - 149명

분야	단체명	사업개요 및 검토내용	진행상황
공동 - 15명	①민예총, ②지역민예총 ③풍무팔라협동조합(민예총소관)	예술위 보조금사업 횡령으로 고발 및 환수조치(2010년) - 492백만원 중 5천만원 변제상태, 전액반납시까지 지원중단 민예총산하 민족문제연구소(대표 조성래, 이사장 채희완), 민미협(박홍순)	
	④작가회의	2010년 소고기파동 시국선언시 참여단체 작가회의 소속 ⑤고명철, ⑥박몽구, ⑦신용목 / ⑧광주전남소설가협회	
		⑨광주문화재단 정율성 음악제(인민해방가 등 작곡, 중국에서 영웅) ⑩부산국제영화제 구럽비, ⑪시네꾸프(정지영, 문성근) ⑫민족극운동협의회, ⑬전국민족극한마당, ⑭느티나무도서관재단(박영숙관장) ⑮문화연대(강내희, 임정희, 황평우)	
연극 -35명		①차근호(대전대교수), ②안치운(호서대교수), ③혜화동1번지, ④극단여행자, ⑤새벽, ⑥극단 골목길, ⑦그린피그(윤한솔), ⑧임인자(변방연극제) o 추가(2014.10월) ①극단 완자무늬 ②극단 사니너머 ③극단 그림연극 ④창작집단 사막별의 오로라 ⑤극단 산수유 ⑥극단 해를 보는 마음 ⑦극단 미연 ⑧극단 코티(KOTTI) ⑨㈜문화아이콘 ⑩극단 질현 ⑪극단 고래 ⑫극단 백수광부 ⑬극단 두비춤 ⑭극단 수수파보리 ⑮극단 산 ⑯ 노네임씨어터컴퍼니 o 추가(15.1월) ①전윤환(아날로그앤디지털), ②백장선(전남대산학협력단), ③서익진(ACC프로젝트), ④윤시중(하땅세), ⑤김광보(한일연극교류회), ⑥김소희(연희단거리패), ⑦한국민족극운동협회, ⑧도요창작스튜디오(이윤택), ⑨동숭무대(임정혁), ⑩연극실험실 혜화동 1번지, ⑪충북민예총	

임인자는 2015년도 예술위 지원사업 중 '2015 다원예술창작지원', '2015 공연예술 비평·연구활성사업지원', '2015 소외계층 문화순회사업(신나는 예술여행)'에 지원하였다. 2015년 5월 11일자로 문체부 오OO 사무관이 작성한 「문화예술분야 지원사업 관련 현안」 문건에 의하면 공모사업에서 총 213건을 배제 조치('14.6~

18 2017고합102 사건 재판기록(2016.12.27) 중.「오OO 2회 진술조서」 29쪽.

현재)했고, 이 중 다원예술분야에서는 11건이 배제된 사실을 확인할 수 있다.

	합계	1,044	545	256	39	완료
다원	다원예술창작지원	600	414	194	29	11건 배제 *당초5건+추가6건
	융복합예술창작지원	300	–	31	–	

문체부 오OO 사무관이 작성한 「리스트-'16.2.1.현재」를 통해 그 11건 가운데 임인자도 포함되었음을 확인할 수 있다.

9	축제	서울변방연극제	임인자	보이지만 보이지 않는 것 - 법과 자본과 사람의 발견 프로젝트 (가제)	ㅇ심사 제외 ㅇ'콜트콜텍 해고 노동자', '형제복지원 피해생존자' 들과 함께, 법과 자본의 모순을 파헤치는 프로젝트	

블랙리스트 진상조사위는 "서울변방연극제를 포함하여 「리스트-'16.2.1.현재」 문건에서 '다원예술창작지원' 사업 배제 지시가 있었던 것으로 확인되는 11개 단체 모두 1차 및 2차 심의에서 탈락하였으며 배제로 인하여 결과적으로 위 사업에서 잔여 예산이 발생하기도 하였다. 따라서 서울변방연극제에 대해 청와대의 배제 지시가 있었으며, 이로 인하여 탈락하였다는 사실이 명백하다"고 결론지었다.[19]

'2015 다원예술 창작지원'에서 블랙리스트로 배제된 또 다른 대표적 예술가는 윤한솔이다. 윤한솔은 여러 문건에서 블랙리스트로 등재되어 있는데 그 시초는 2013년 7월 15일에 111명이 참여한 연극계 시국선언에 참여했기 때문이다.

19 문화예술계 블랙리스트 진상조사 및 제도개선위원회, 「한국문화예술위원회 2015 문예진흥기금 공모사업 등 '서울변방연극제(임인자)' 선정 배제 사건」, 『문화예술계 블랙리스트 진상조사 및 제도개선위원회 백서(2-2)-진상조사 결과보고서: 공연 1』, 문화체육관광부, 2019, 933쪽.

배우, 제작자, 연출가, 극작가, 평론가 등 연극인들이 국가정보원의 대통령 선거 개입을 비판했다. 연극인 20여명은 15일 오후 서울 대학로 노을 소극장에서 시국 선언문 '진실 앞에 무릎을 꿇어라'를 발표했다.

이들은 "대통령선거에 국가정보원이, 그 수장의 지시에 의해 조직적으로 개입했고, 그에 대한 수사가 서울경찰청장의 지시에 의해 축소되고 왜곡됐다면, 이는 있어서는 안 되고, 있을 수도 없는 민주주의 체제의 전복이라 할 수 있다"면서 "당장 대통령이 사과하고 책임있는 자들은 해임·파면돼야 할 것이며, 죄 있는 자들은 철저히 수사하여 처벌해야 할 것"이라고 주장했다.

시국선언문 작성에는 극작가 고연옥·고재귀·최진아, 배우 기국서·나수아·남명렬·최종원, 연출가 변정주·부새롬·윤한솔씨 등 111명이 참여했다.[20]

'국정원 적폐청산TF'가 2017년 10월 30일에 발표한 「前 정부, 특정 문예인 지원배제, 소위 '블랙리스트' 조사 결과」에 의하면 문체부는 2013년 9월 3일, 청와대 A행정관에게[21] 문화예술분야의

20 이재훈 기자, 「연극계 111명 시국선언 '진실 앞에 무릎을 꿇어라'」, 『NEWSIS』, 2013.07.15. 〈https://n.news.naver.com/mnews/article/003/0005264282?sid=102〉(검색일: 2024.06.18)

21 블랙리스트 실행 관련 인물의 이름 표기는 블랙리스트 진상조사위의 백서 기준에 따른다.

좌편향 대응책을 보고하는 과정에서 당시 예술계에서 벌어지고 있는 시국선언 동향을 포함하였는데 연극계 시국선언 공동명의자 12인을 적시하였고 여기에 윤한솔이 포함되었다.[22]

이후 2013년 9월 경에 국정원이 「市·道 문화재단의 左편향·일탈 행태 是正 필요」 문건에서 윤한솔은 '국보법 폐지 연극 연출가'로 언급된다.[23]

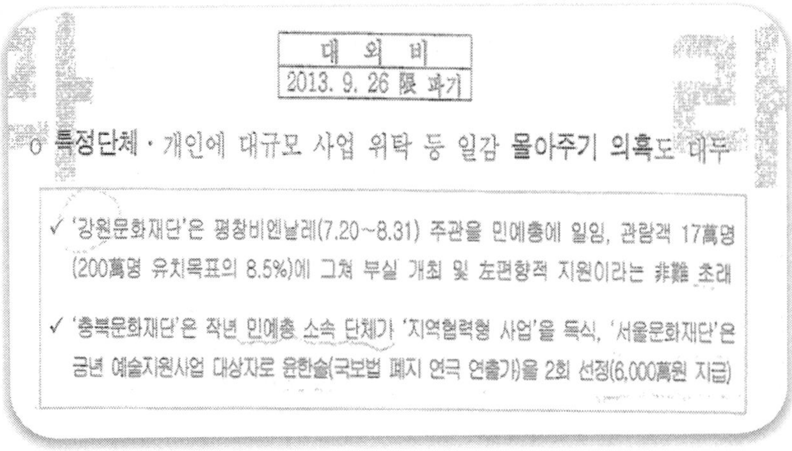

대 외 비
2013. 9. 26 限 파기

o **특정단체** · 개인에 대규모 사업 위탁 등 일감 **몰아주기 의혹**도 대두

✓ '강원문화재단'은 평창비엔날레(7.20~8.31) 주관을 민예총에 일임, 관람객 17萬명 (200萬명 유치목표의 8.5%)에 그쳐 부실 개최 및 左편향적 지원이라는 非難 초래

✓ '충북문화재단'은 작년 민예총 소속 단체가 '지역협력형 사업'을 독식, '서울문화재단'은 금년 예술지원사업 대상자로 윤한솔(국보법 폐지 연극 연출가)을 2회 선정(6,000萬원 지급)

그밖에도 윤한솔은 '이념편향성 연극으로 물의를 빚은 극단 「혜화동 1번지」'의 공동대표로서 계속 블랙리스트로 분류된다. 혜화동 1번지 5기 동인은 김제민, 김수희, 김한내, 이양구, 윤한솔의 5인 대표 체제였는데 문체부가 2014년 3월 5일에 청와대로 보고한

---

22 국정원 적폐청산TF, 「「前 정부, 특정 문예인 지원배제, 소위 '블랙리스트' 조사 결과」의 붙임1. 「'문체부, BH 지시로 문화예술 분야 左편향 대응책 보고' (2013.09.03.)」

23 문화예술계 블랙리스트 진상조사 및 제도개선위원회, 「윤한솔 연출가 관련 전면 배제 사건」, 『문화예술계 블랙리스트 진상조사 및 제도개선위원회 백서(2-2)-진상조사 결과보고서: 공연 1』, 문화체육관광부, 2019, 1053쪽.

「이념편향 논란의 사업선정관련 대책방안」 문서에 의하면 윤한솔은 특별히 '국가정보원 대선 개입 비판 연극계 시국선언 참여'를 문제 삼고 있다.

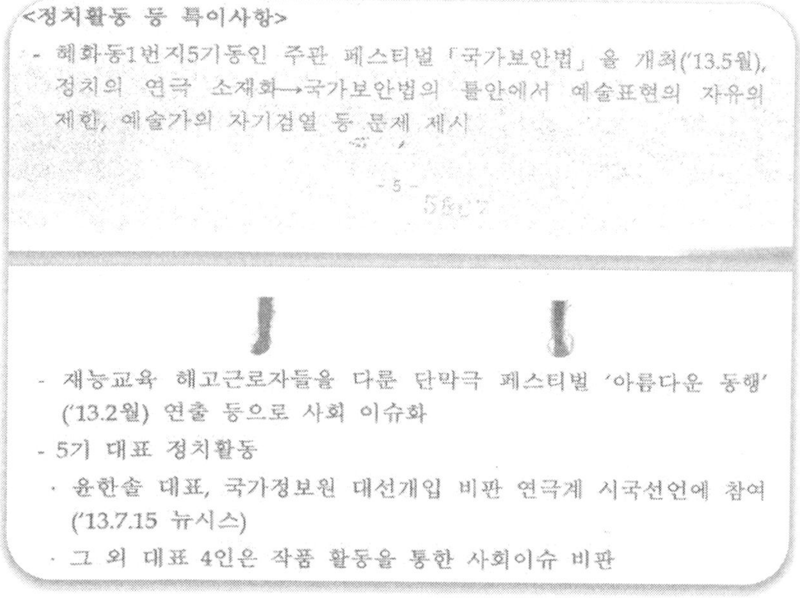
<정치활동 등 특이사항>

- 혜화동1번지5기동인 주관 페스티벌 「국가보안법」을 개최('13.5월), 정치의 연극 소재화→국가보안법의 틀안에서 예술표현의 자유의 제한, 예술가의 자기검열 등 문제 제시

- 5 -

- 재능교육 해고근로자들을 다룬 단막극 페스티벌 '아름다운 동행' ('13.2월) 연출 등으로 사회 이슈화
- 5기 대표 정치활동
  · 윤한솔 대표, 국가정보원 대선개입 비판 연극계 시국선언에 참여 ('13.7.15 뉴시스)
  · 그 외 대표 4인은 작품 활동을 통한 사회이슈 비판

블랙리스트 진상조사위는 윤한솔의 블랙리스트 등재 사유를 크게 세 가지로 정리하였다. "첫 번째는 2013.7.15. 대학로 노을소극장에서 있었던 '국정원 대선 개입 규탄 연극인 선언'에 참여한 사실이다. 두 번째는 국가보안법을 소재로 한 연극 〈빨갱이, 갱생을 위한 연구〉 작업을 한 사실이다. 세 번째는 재능교육 해고 근로자를 소재로 한 연극 〈비밀친구〉 작업을 한 사실이다."[24] 이와같은

24 문화예술계 블랙리스트 진상조사 및 제도개선위원회, 「윤한솔 연출가 관련 전면 배제 사건」, 위의 책, 1117쪽.

이유로 윤한솔과 극단 그린피그는 '2015 한국공연예술센터 정기대관공모 사업', '2015 다원예술창작지원', '2015 문예회관과 함께하는 방방곡곡 문화공감 사업', '2016 문예회관과 함께하는 방방곡곡 문화공감 사업' 등에서 탈락하였다.

특히 '2015 다원예술창작지원'심의 회의록에서 다음과 같은 내용에 주목할 필요가 있다.

> 심의위원 2인의 추천을 받은 서울프린지네트워크에 대하여 심의위원 1인이 '많은 단체나 예술가에게 기회를 주려면, 지자체나 다른 곳에서 지원을 받는 단체는 떨어트려도 될 것 같습니다. 75번 프린지페스티벌이 서울문화재단이나 마포구 쪽에서 많은 지원을 받는 것으로 알고 있습니다.'라고 하자, 창작지원부장 장OO이 '75번은 공공재원 중복지원으로 제외해도 되겠습니까?'라고 묻고 심의위원 일동이 동의하여 탈락하였다.
>
> 또한 그린피그의 경우 심의위원 1인의 추천을 받았으나 창작지원부 사원인 OOO이 '한 가지 고려하셔야 할 점이 있는 것 같습니다. 다원예술창작지원사업은 새로운 창작작품을 지원하는 사업입니다. 158번(열혈예술청년단)은 제가 지원서를 보니 기존의 작품에 몇 가지 요소를 더해 공연을 한다고 쓰여 있었습니다. 이러한 점도 2차 심의에서는 한 번 더 살펴봐 주시길 바랍니다'라고 하자 그린피그를 추천하였던 심의위원이 '그렇다면 89번(윤한솔) 철회하겠습니다'라고 하여 탈락하였다.[25]

25 문화예술계 블랙리스트 진상조사 및 제도개선위원회, 「한국문화예술위원회 2015 문

역시 예술위의 창작지원부장 장OO 등이 지원단체에게 '불리한 정보'를 흘림으로써 심의위원들이 추천을 포기하도록 유도한 것이다. 특히 서울프린지네트워크에 대해 먼저 문제를 제기한 '심의위원 1'은 예술위측과 사전에 배제 유도를 공모하였을 가능성이 매우 높다.

이상에서 살핀 바와 같이 오성화 외에도 임인자, 윤한솔 등 블랙리스트로 분류된 연극계의 대표적 예술가들이 '다원예술 창작지원' 사업에 응모하자 예술위는 2016년부터 아예 사업 자체를 폐지하기에 이른 것이다. 예술위는 기존 문제 사업들을 폐지하는 대신 자체 '기획 사업'으로 대체하려는 계획을 세웠다.

블랙리스트 진상조사위 조사 결과에 의하면 2015년 문예진흥기금 사업에서부터 문제 단체들을 배제하기 위하여 2014년 4월부터 10월 사이에 심의제도 개편을 위한 「건전 문화예술 생태계 진흥 세부 실행계획」을 작성하였고, 이를 2015년도 문예진흥기금공모사업에서 실행하였다. 그러나 일부 계획대로 실행되지 않는 사업들이 생겨나고 검열 의혹이 제기되는 등 여론이 악화되자 블랙리스트 실행을 더욱 용이하게 하기 위해 2016년도 문예진흥기금 지원사업을 대대적으로 개편하였다. 그 핵심 내용은 '공모사업의 비중을 줄이고 기획사업을 확대'하는 것이었다.[26] 당시 상황에 대

예진흥기금 공모사업 등 '서울변방연극제(임인자)' 선정 배제 사건」, 앞의 책, 918쪽.

26 문화예술계 블랙리스트 진상조사 및 제도개선위원회, 「한국문화예술위원회 블랙리스트 실행을 위한 지원 및 심사제도 개편 사건」, 『문화예술계 블랙리스트 진상조사 및 제도개선위원회 백서(2-1)-진상조사 결과보고서: 기관별』, 문화체육관광부, 2019, 참조.

해 박명진 전 예술위 위원장은 블랙리스트 진상조사위에서 다음과 같이 진술하였다.

> 문체부에 계속 문제를 제기하고(지원 배제 관련) 어필해서 예술가/단체의 피해를 줄이는 방법은 한계가 있는데다 근본적인 문제 해결 전망도 보이지 않아 위원회 간부들은 사업 개편 아이디어를 내기 시작했습니다. 예컨대 문학 및 공연 예술 분야에서 순회사업부의 협조하에 예산을 도움받아(2016년 순회사업 예산이 늘어난 것은 큰 힘이 됨) 기획사업 방식의 사업을 신설한 것이 대표적인 경우입니다. 물론, 사업 예산의 전용이라 나중에 문제가 될 수 있었지만 이런 위험을 감수하고 사업을 감행했습니다. 이러한 기획사업은 문체부에 사업 주관처만 보고하고, 지원 예술가나 단체의 명단을 제출하지 않도록 설계한 사업으로 정부의 외압을 막고, 지원배제 압력의 폐해를 막을 수 있었습니다. 구체적인 결과는 당시 담당 부장, 본부장들이 잘 알고 있을 것이나 결과는 고무적이었던 것으로 기억합니다.[27](밑줄 필자)

박명진 위원장의 이런 진술은 예술위가 지원사업의 구조를 기획사업 위주로 크게 왜곡시켰다는 사실을 실토하고 있는 것이다. 그 결과가 '고무적'이었다는 것은 예술위가 블랙리스트 실행이 용이해졌다는 의미이지 예술가들을 블랙리스트로부터 보호할 수 있었

---

27 위의 책, 562쪽.

다는 의미가 결코 아니다. 박명진 위원장이 직접 작성했다는 '장관님 면담 참고자료'(2015.10.2.)는 당시 예술위에서 행해지고 있던 검열의 심각성을 확실히 보여준다.

> 2. 비밀리에 진행 불가능: 현재의 문제 폭넓게 구체적으로 알려져 있음 (박OO 지적)
> 위원회 위원들 - 오OO 위원 등 심의위원들에게도 물론. 담당 책임자들 상세히 설명한 듯 - 하급 직원들도 다 알고 있는 사실 (실제 사업 담당자들이므로)
> 3. 검열이라고 프레이밍을 해 놓았기 때문에 중도, 보수도 동조 거부 명분 상실-박OO이사장, 주로 예술대 교수들이 앞장서 있으므로 학생들 동원 염려
> 4. 점진적 접근 필요. 다양한 지원방식 구사해서 기울어진 운동장 바로 잡을 것. 단 운신의 폭을 조금이라도 허용해 주기 바람. 예. 문제 사업중 10% 정도 허용 등. 순혈주의에서 벗어날 필요

'문제 사업 중 10%정도 허용'이라는 표현은 바꿔 말하자면 문제 사업의 90% 이상이 지원사업에서 배제되고 있었던 현실을 여실히 보여준다.

예술위는 이러한 블랙리스트 실행의 고충을 해소하기 위해 대대적인 문예기금사업 개편을 획책한다. 2016년 1월 8일에 문체부 예술정책과가 작성한 「2016년 문예기금 지원체계 개편(안)보고」 문

서 중 '중점 추진 과제' 부분을 살펴보면 단순공모가 현저히 줄어들고, 대신 기획공모 사업이 대폭 확대되었음을 알 수 있다.

2016년 문예기금 지원체계 개편[안] 보고

2016. 1. 8.(금) / 예술정책과

□ **기본 방향: 시장과 괴리된 '손수레 밀기' 식 답습지원 지양 → 자생력 강화 유도**

○ (방식) 창작위주 직접제작 지원/단순 공모 ⇨ 간접지원/기획사업 강화

○ (심사) 폐쇄적 심의제(소수의 책임심의제) ⇨ 개방적·다원적 심의제(Pool제)

○ (평가) 정량평가·환류 부재, 답습적지원 ⇨ 정량·객관적 지표 도입/환류

□ **중점 추진과제** ***세부내용: 별첨**

○ **(사업방식)** 소액·다건식 단순공모 축소, **기획공모사업 비중 강화**

– 창작지원사업: 단순공모(15년 79%→16년 38%) < **기획공모**(15년 21%→16년 62%)

– 규모: 2,870건(15년, 평균 2,900만원) → **2,000건(16년, 평균 4천만원)** → 1,500건(17년, 6천만원)

※ **(장르별) 중점 개선사항:** 선택과 집중으로 경쟁력 갖춘 단체 육성

(문학)	· 나눠주기식 소액다건 공모		· 단순창작공모 대폭축소(10억→3억) · 신진/차세대 작가 발굴, 문학주간, 문학 대중화 등 기획사업 중점 추진
(공연)	· 예술성위주 심의(대본공모 등) · 일반 단순공모(순회사업 등) · 묻지마식 일반 대관 상존	⇨	· 단체역량(기획 · 마케팅 · 해외진출) 우선고려 · 맞춤형 기획사업 신설(순회사업 100억 등) · 검증된 기획대관 강화(기획: 26%→55%)
(시각)	· 소액다건 행사지원		· 우수 기획전시, 미술주간 등 기획 지원 · 아티스트 피 제도 시범도입

· 일부 효과성이 낮은 사업은 단계적 폐지 추진(뮤지컬 직접제작지원, 사랑티켓 등)

○ **(심의제)** 소수 예술전문가 중심 심의제 폐지, **개방적·다원적 심의제 도입**

– 심의위원풀(Pool) 마련(8개분야 500여명), 기획 사업별 맞춤형 심의운영

– 예술성 뿐만 아니라 대중성, 해외진출가능성 등 다원적 시각에서 심사

※ 사업자 선정의 공공성·책임성을 담보할 수 없는 **무기명심사(아르코 창작기금사업), 대본심사(창작산실)** 등도 **폐지 → 추천제, 기획공모 등 도입**

○ **(평가, 환류) 객관적·정량적 평가** 도입으로, 예술**단체의 공공성·책임성** 확보

– 계량평가지표(고용, 관객 수, 수익창출)를 시범도입(2016년, 4개 대표사업)

※ 대표 시범사업: ①시각예술창작산실(20억) ②창작뮤지컬육성(58억) ③공연예술창작산실(60억) ④순회사업 기획공연(100억) 중 핵심사업 → 차년도 반영

□ **향후 조치계획**

○ 2016년도 **사업 설명회(의견수렴) 개최(예술위주관, 1.12)** → 확정, 승인(1월 중순)

※ 예술계 자생력강화 TF 구성, 사업 전면혁신안 지속도출(1/4분기, 2017예산 정부안 반영)

단순공모는 2015년도에 79%를 차지했지만 2016년에는 38%로 줄어들었다. 기획공모는 2015년도에 21%이던 것이 2016년에 60%로 늘어났다. 이런 과정에서 '다원예술창작지원' 사업이 폐지

되었던 것이다.

이처럼 갑자기 폐지된 사업들 중에는 '서울프린지'처럼 다년간 계속 지원을 받아온 단체들이 많았고, 해당 사업들도 관객들의 폭넓은 지지를 받아온 경우가 많았다. 문체부 조OO 예술정책과장은 조사위에서 '서울프린지페스티벌'에 관해 다음과 같이 진술하였다.

> 국정원 보고서에서 한국문화예술위원회에서 지원하는 사업 중에 '혜화동 1번지'나 '서울프린지페스티벌' 및 개인 작가 등 6건을 예로 들고, 이념편향적인 단체나 개인에 지원하고 있다면서 문화예술위원회의 성향 자체를 문제 삼았던 것 같았습니다. 국정원 보고서의 내용은 서계동 장관실 사무실 팩스로 직접 받았습니다.(중략)
> 그리고 서울프린지페스티벌과 같은 새로운 실험예술을 시행하는 단체마저 문제 삼으면 어떻게 문화융성을 이야기하냐면서 A행정관과 함께 답답해했던 것으로 기억합니다.[28]

그러나 이 공무원들은 답답해하기만 했을 뿐 상부로부터 내려온 불법적 지시를 거부할 생각을 전혀 하지 않았다. "블랙리스트 정책의 설계자나 지시자들, 수작업을 통해 이를 마무리하고 적용하는 하위 공직자들, 심사과정에 참여한 외부 전문가들은 조직범죄의 공범자들로서 각자의 역할을 수행한 것이다."[29]

28 위의 책, 449쪽.

29 이재승, 「해외 블랙리스트 사례와 그 시사점」, 문화예술계 블랙리스트 진상조사 및 제

4) '서울프린지네트워크' 피해자들의 기록과 트라우마 양상

서울프린지네트워크는 2015년 2월에 '다원예술 창작지원' 사업 1차 심의에서 탈락했음을 알았는데 전체 공개였던 심의결과 공지 방식이 NCAS 시스템을 통해 개별적으로 확인하도록 바뀌어 있어 석연치 않은 느낌을 받았다. 서울프린지 운영위원이었던 정진세 작가는 "2014년까지 어떤 팀들이 잘해왔기 때문에 받았고 어떤 팀들은 못 받았다는 것이 투명하게 공개가 돼왔다. 그런데 2015년엔 누가 받았는지 전혀 알 수 없게 개별통보했다"면서 "될만한 사람들이 대거 떨어진 사실을 아주 나중에 알았다"고 지적했다.[30]

2015년 11월에 '다원예술 창작지원' 사업이 폐지되었지만 서울프린지네트워크는 2016년에도 프린지 페스티벌을 진행하면서 '올모스트 프린지' 포럼을 개최하였다. 포럼의 세션2는 "이 시대 검열과 자유는 어떻게 맞서는가"로 기획되었고 유춘오(국악잡지 '라라' 편집장)가 「검열과 공무원, 시대에 따른 변화」, 임인자(전 변방연극제 예술감독)가 「예술 통제와 검열 전망: 주요 검열 사례와 그 양태 분석, 두 번째」, 박해성(연극 연출가)이 「검열 '사태와 '논쟁' 사이」, 이연주(연극 연출가)가 「혐오시대, 우리 안의 검열과 나의 예술의 관계성」을 발표하였다. 그러나 정작 서울프린지네트워크는 자신들이 블랙리스트로 인한 지원 배제의 대표적 피해자임을 알지 못하고 있었다.

도개선 위원회,『문화예술계 블랙리스트 진상조사 및 제도개선위원회 백서 4- 블랙리스트 사태의 총체적 조망』, 문화체육관광부, 2019, 90쪽.

30 손가영 기자, 앞의 기사.

블랙리스트 진상조사위의 조사결과가 발표된 후, '서울프린지네트워크'의 기획자들은 페이스북에 다음과 같은 소회를 올렸다.

> 우리는 2015년 봄을 기억합니다.
>
> 프린지가 한국문화예술위원회의 다원예술분야 기금에서 탈락되고 지원이 중단되었을 때. 우리가 더 잘해야겠다, 프린지가 아직 부족한 것이 많은가 보다 하면서 씁쓸하게 웃었던 순간을. 긴 기간 서로 믿어왔던 정책의 파트너로부터 어떤 대답도 받지 못했던 허탈했던 순간을. (중략)
>
> 16년간 함께해온 정책파트너가 전문가들을 통해 판단한 최근의 경향과 축제의 방향성에 대해 조언을 듣고 싶었지만 그럴 수 없었습니다. 그 해 프린지는 그간 잘 소통해왔던 소중한 상대를 잃었던 것입니다. 그것은 바로 문화융성을 부르짖던 예술기관이자, 바로 국가였습니다.[31]

서울프린지의 오성화 대표는 서류 심사에서 탈락한 후 예술위에 다원예술창작지원기금이 어떻게 배분됐는지 확인요청을 했는데 예산이 8억 정도 남았다는 답변을 들었다고 한다. 이는 원래 배정된 예산의 1/3 규모에 해당한다.

> 이후 (문예위) 사무국에 다원예술창작지원기금이 어떻게 배분

31 〈https://www.facebook.com/seoulfringe/posts/1975402625823393〉(검색일: 2024.07.02)

돴는지 확인 요청드렸다. 놀라운 사실을 알게 됐다. 기금 중에 서도 가장 적은 비율을 차지하는 다원 분야 쪽 예산이 1/3이 남았다고 했다. 8억 규모였다. 이를 현장에 배분하지 않고 남겼고, (심사위원) 2차 회의 결과가 문예위 허가를 통해 문예위가 남은 예산을 직권으로 사용토록 한다는 것이었다." 오성화 축제감독이 지난해 12월12일 특검사무실 앞에서 열린 '문화계 블랙리스트' 관련 고발 기자회견에서 한 말이다.[32]

2020년 1월 22일에 블랙리스트 사태 이후 처음으로 서울프린지네트워크와 한국문화예술위원회, 그리고 문화체육관광부가 함께 만나는 자리가 마련되었다.[33] 그 날 모임에 참석했던 '서울프린지네트워크'의 젊은 작업자 채민은 "검열당한 단체가 검열을 시행한 단체 앞에서 자기 소개를 하고, 블랙리스트 시기를 어떻게 견뎌왔는지에 대해 꽤 긴 시간 동안 이야기하는 것이" 의아했다고 한다.[34]

이후 서울프린지네트워크는 자신들이 견뎌온 블랙리스트의 시간을 기록하고 토론하기로 하고 세 차례의 포럼을 개최한다. 피해자로서의 위치를 확실히 깨닫고 그들이 남긴 진술의 조각들은 그

---

32 손가영 기자, 앞의 기사.

33 이날 모임에는 프린지 쪽에서 오성화, 남하나, 김민수, 박혜인, 채민, 이은주, 정진새가 참여하였다. 예술위 쪽에서는 사무처장 전효관과 극장운영부의 정영순이 참여하였다. 문체부에서는 예술정책 과장 송윤석과 사무관 조민규가 참여하였다. 그 외 블랙리스트 진상조사위 위원이었던 연극평론가 김미도가 참여하였다.

34 채민, 「만남-우리는 정말 우리가 될 수 있을까?」, 『프린지 블랙리스트를 말하다』, 서울프린지네트워크, 4쪽.

들이 겪은 심적 고통과 트라우마를 충분히 짐작하게 한다. 여기에 몇몇 발언들을 소개해본다.

① 정진새: "돌이켜보면, 이 사태는 믿었던 정책 파트너로부터 프린지의 존재가치를 부정당했던 사건입니다.(중략) 예술가의 내면까지 감시하고 통제하려 든 정치권력의 실체에 대해서도 인식하게 되었습니다."[35]

② 송기영: "어느 술자리에서 프린지에서 인디스트로 함께 활동했던 친구와 이야기를 나눌 때 '지원사업에서 떨어질 정도면 진짜 문제 있는 거 아니야?'라고 말했던 기억이 납니다. 그리고 2016년, 문화예술계 블랙리스트가 수면 위로 드러나면서 프린지가 블랙리스트의 대표적인 피해자라는 사실이 드러났을 때 깊은 자괴감에 빠져 프린지를 탓했던 저를 비난하고 혐오했던 기억도 납니다."[36]

③ 정원옥: "블랙리스트 사건을 대하는 문체부 공무원들과 공공기관 직원들의 소극성, 침묵, 망각, 무관심, 냉담, 회피,

35 서울프린지네트워크, 「포럼 "잃어버린 프린지의 시간을 찾아서", 2020.2.17. 스페이스 M」, 『프린지 블랙리스트를 말하다』, 서울프린지네트워크, 2020, 15쪽.

36 송기영, 「우리의 목소리는 시작이다(서울프린지네트워크, 포럼 "블랙리스트 사태를 함께 겪은 동료들과", 2020.3.2, 스페이스 M)」, 위의 책, 45쪽.

에 없다.

부인(denial)의 정치사회학을 개척한 스탠리 코언은 사건을 알고는 있지만, 아무런 조치를 취하지 않는 채 스스로를 정당화하는 태도나 언설을 '함축적(implicatory) 부인'이라고 불렀다.(중략)

지겹다, 블랙리스트는 어느 정권에서나 있었던 일 아닌가, 관심 있는 사람들이 알아서 하겠지, 어차피 안 바뀔 거야 등등 아무것도 하지 않으면서도 스스로를 정당화하는 방관자들의 '함축적 부인' 사례는 문화예술인들 사이에서도 흔히 발견된다."[37]

이들의 발언을 통해 보면 프린지네트워크 사건의 트라우마는 크게 3가지 양상으로 나타난다. 첫째, 그동안 축제의 파트너라고까지 여겼던 한국문화예술위원회에 대한 배신감, 나아가 국가에 대한 배신감이다. 특히 프린지네트워크가 참여했던 사업은 기존에 존재하던 지원 분야가 아니라 '다원예술'이라는 새로운 분야를 개척하는 과정이었기에 담당 기관 및 직원들과의 소통이 긴밀했던 편이다. 하나의 축제를 잘 키워가기 위해 믿고 의지했던 문화예술 지원기관으로부터 철저히 배신당하고 배제당한 그들의 상처는 매우 심각했다.

---

37 정원옥, 「누구를 위한 진실인가: 블랙리스트 사건에서 피해자의 목소리를 다시 들어야 하는 이유(서울프린지네트워크, 포럼 "잘 모르겠는데요, 피해자예요?", 2020.3.12, 스페이스 M)」, 위의 책, 67쪽.

둘째, 지원에서 배제된 진짜 이유를 모른 채 서울프린지네트워크라는 조직은 내부 분열을 겪었다. 지원에서 탈락한 이유가 축제 운영 및 프로그램의 부실 때문이라고 생각한 이들이 있었고, 이는 집행부의 문제로 오해되었다.

셋째, 블랙리스트 진상조사가 이루어져 은폐되었던 사실이 드러난 후에도 그들은 지원기관 및 국가로부터 제대로 된 사실인정과 사과를 받지 못했다. 오히려 하급 직원으로서 상부의 명령을 거스르기 어려웠다는 자기합리화와 변명만이 난무했다. 16년 동안이나 정성껏 일궈온 축제가 뿌리째 흔들리고 있는 상황에서 공무원들은 그 누구도 책임을 통감하지 않았다.

넷째, 피해자들에 대한 주변인들의 무관심과 방관은 피해자들에게 가해자들 못지않은 상처를 주었다. 블랙리스트는 어느 정권에서나 있었던 일이고, 직접적으로 피해를 당한 사람들이 알아서 해결할 일이라는 차가운 시선들은 피해자들을 깊은 자괴감 속에 빠트렸다.

한국문화예술위원회는 사건 발생으로부터 6년 후, 진상조사 결과 발표로부터 2년 후인 2021년에 '다원예술 활동지원 Reboot'라는 형태로 복원되었다. 2022년에는 『블랙리스트 이후 한국 다원예술의 생태계 진단 및 지원방안 연구』 연구 용역을 시행했다. 이 연구보고서에 의하면 한국문화예술진흥원이 2005년에 한국문화예술위원회로 전환되면서 위원회 및 소위원회 체계가 구성되었고, '다원예술소위원회'가 설치되면서부터 '다원예술'이라는 개념이 본격적으로 사용되고 지원 유형이 확장되었다고 보았다.

- 다원예술소위원회는 다원예술 지원정책의 안정적 기반을 마련하고 다양성 및 전문성을 확보했으며 월례포럼, 토론회, 회의 등을 통해 현장의 의견을 수렴하는 역할을 함
- 한국문화예술위원회의 다원예술 지원사업은 이 시점을 계기로 '창작프로그램지원', '전국규모 예술행사지원', '신진예술가 뉴스타트 및 지속프로그램지원'사업으로 유형이 확장됨[38]

2015년에 다원예술 지원사업이 폐지된 사태에 대해 용역보고서는 다음과 같이 간략히 요약했다.

○ 다원예술 생태계의 대표 공공 기금과 플랫폼이 중단되면서 선순환 체계가 무너지며 정체기를 맞이함
- 대표적인 다원예술축제였던 페스티벌봄이 2016년도 내부사정으로 중단되고, 변방연극제와 서울프린지페스티벌도 블랙리스트 여파로 활동을 멈추게 됨[39]

용역보고서의 제목이 '블랙리스트 이후'로 시작하고 있는데 블랙리스트로 인한 다원예술 분야의 피해가 이렇게 단순하게 요약될 수 있는지 의문이다. 2016년부터 2020년까지 5년 동안 다원예술 분야 지원사업이 폐지됨으로써 그 이전에 성공적으로 개최되

38 ㈜메타기획컨설팅, 앞의 책, 26쪽.

39 위의 책, 28쪽.

고 있던 축제들이 얼마나 큰 고통을 겪고 축제를 지켜내기 위해 몸부림쳤는지에 대해 이 보고서는 극히 무관심하다. 변방연극제 전 예술감독 임인자는 2022년에 수행된 용역 연구보고서에 대해 크게 분노하였다.

> 다원예술 TF에 참여했던 위원 중 일부는 연구보고서 결과를 두고 화를 많이 냈다. 2016년 한국문화예술위원회 다원예술 분야가 폐지되었지만, 서울문화재단, 국립현대미술관 등에서 다원예술사업이 있었으므로 괜찮다는 취지에 도대체 생태계가 어떤 어려움이 있는지는 전혀 누락된 채, 그 문제적인 동료평가제로 누락되어 버린 목소리는 사라진 채, 2021-2022년 한국예술위원회 다원예술분야 선정작을 중심으로 지원동향이 중심으로 분석된 것이었다.
>
> 배제된 이들을 다루지 않은 이 보고서를 보고 상처 받았고, 또한 상처를 받은 이들이 있었지만, 나는 화를 낼 힘조차 남아있지 않았다.[40]

2021년에 예술위의 다원예술 지원사업이 겨우 복원되었으나 심사 과정에 도입한 '동료평가' 심의제도는 큰 논란을 야기하며 페이스북의 '대학로 X포럼' 등 SNS를 뜨겁게 달구었다. 용역 연구보고

40 임인자, 「"블랙리스트"라는 단어를 그토록 지우고 싶은 한국문화예술위원회의 문제」, '대학로 엑스포럼' 페이스북, 2023.10.03. 〈https://www.facebook.com/groups/1524165964529525/posts/3627696370843130/〉(검색일: 2024.08.13)

서는 당시 상황을 다음과 같이 단순화시켜 요약했다.

> 2021년 공모에서 시범 도입되었던 동료평가 지원심의제도가 상호비방, 소수자에 대한 차별 등이 포함된 점이 알려지면서 최종 심의결과가 발표된 이후 <블라인드 방식 동료집단 심의 폐지 촉구 성명서>가 발표되면서 전면적인 개선 요구에 대한 문제제기가 있었음. 새로운 예술적 실험을 위한 사업의 리부트 과정에서 예술현장과의 소통 부족과 행정적 준비 미흡이 드러남.

이 논란은 프린지네트워크를 포함한 다원예술분야 블랙리스트 피해자들에게 또 다시 큰 상처를 남겼다. 예술위은 이 사태에 대한 사과문을 발표하면서 "블랙리스트로 큰 피해를 입은 다원예술 생태계의 회복에 대한 고려가 부족한 상태에서 지원자 간의 상호평가를 하도록 심의제도를 설계하여 다원예술 생태계 내의 신뢰에 균열을 야기했다"[41]고 언급했다.

서울프린지네트워크를 비롯하여 다원예술분야의 블랙리스트 피해자들의 트라우마는 여전히 현재 진행형이다. 덧나기를 거듭한 그들의 상처는 앞으로도 쉽게 아물지 않을 것이다.

41 한국문화예술위원회 홈페이지, 「2021년 다원예술 활동지원 사업 내 블라인드 방식 동료평가 심의제도 도입에 대한 사과 및 후속조치 안내문」, 2021.12.20. 〈https://www.arko.or.kr/board/view/4053?cid=1804033&fbclid=IwY2xjawEn9u1leHRuA2FlbQIxMAABHRBQ5f3jOybTXilT4cAqlTyDpIKcZmkWmplrqaW2v2IGBLUoOuuDbw4irg_aem_JNmz0Grq_Q9W-gWJm7NsAQ〉(검색일: 2024.08.13)

5) '서울프린지네트워크' 사건의 '사회적 기억'을 위하여

서울프린지네트워크는 1998년에 '한국적 프린지의 실험과 모색'을 기치로 내건 '독립예술제'로 출발했다.

> 기존의 권위적인 순수예술과 상업적인 대중예술로 대별되었던 문화예술과는 다른, 자신들만의 목소리와 존재를 알리고자 시작되었던 모의가 독립예술제로 발화한 것이다. 연극, 무용, 퍼포먼스, 음악, 미술, 독립영화 등 다양한 장르에서 활동하는 이들의 "언더그라운드 문화반란"은 문화예술계에 파장을 불러일으켰고, 향후 아티스트들에게 참여의 기회를 확장 할 수 있는 축제의 장으로 발전하게 되었다.
>
> 신진예술가들의 인큐베이터 역할을 했던 독립예술제는, 2002년 서울프린지페스티벌로 진화하는 과정 속에서 국내 예술가들뿐만 아니라 동시대 아시아 문화예술과의 교류와 연대를 모색하게 되었다.(중략)
>
> 이는 기존 문화예술계의 주류에서 소외되었거나 배제되었던 다양한 비주류적 문화예술활동을 적극적으로 수면 위로 끌어올리고 활성화시켜 우리 문화예술계의 다원성과 창조적 역동성을 고양시키는 데 기본 취지를 두고 있다.[42]

서울프린지페스티벌은 당시까지 대부분 전통적 장르 개념에 종

---

42 안정희, 「다원예술 현황 및 활성화 방안 연구-서울프린지네트워크 중심으로」, 홍익대 미술대학원, 석사학위 논문, 2008. 37-38쪽.

속되어 있던 예술 축제들 속에서 어느 한 장르로 규정될 수 없거나 다양한 장르가 융합한 예술 행위들을 적극적으로 수용함으로써 2000년대 예술의 새로운 지형도를 선도해 가고 있었다. 주류, 중심, 제도권을 벗어나 비주류, 주변, 비제도권의 예술행위들이 한데 모여 한바탕 축제의 난장을 벌임으로써 형식적으로나 내용적으로 예술표현의 자유를 만끽할 수 있는 축제가 되었다.

> 아마도 서울프린지페스티벌의 지난 10년은 그 귀퉁이에 안주하지 않는 예술적 상상력과 열정이 남긴 사회적 궤적일 것이다. “주변부” 그리고 “그 사이공간과 경계”를 자신의 정체성으로 서슴없이 지향하는 서울프린지페스티벌. 그러나 축제의 역사는 역설적이게도 언제나 사회의 중심을, 예술의 주류를 날카롭게 겨냥하고 있다. 결코 중심 및 주류 이전의 단계로서의 주변부, 또는 중심 및 주류에 의해 대상화된 주변부가 되는 것 자체를 부정한다. 이 주변적 주체들은 언제나 중심과 주류를 당당하게 배회하고 가로지르며 배신한다. 왜냐하면 축제 프로그램과 예술 텍스트를 넘어 예술적 열정과 상상력으로 주류예술의 관성을 거부해왔기 때문이다. 나아가 주류 사회에 비판적으로 개입하려는 하나의 “경향성”이자 “태도”로서 존재해왔기 때문이다.[43]

---

43 서울프린지네트워크, 『서울프린지페스티벌 연구보고서-1998~2007, 축제 10년 역사의 쉼표를 찍으며』, 서울프린지네트워크, 2008, 3쪽.

오성화 대표의 자평처럼 서울프린지페스티벌은 자연스럽게 "주류 사회에 비판적으로 개입하려는 하나의 경향성"을 보일 수밖에 없었고, 당시의 사회 및 정치 현실에 대해서도 비판적 관점이 드러나는 경우가 많았다.

10여 년 넘게 특히 젊은 관객층을 중심으로 뜨거운 지지를 받아온 서울프린지페스티벌은 박근혜 정권하에서 오성화 대표 및 서울프린지가 대표적인 블랙리스트로 꼽히면서 갑자기 지원에서 배제되는 참극을 맞았다. 서울프린지는 지원에서 배제된 진짜 이유를 까맣게 모른 채 내부 분열을 겪기도 했다. 그러나 그 와중에도 서울프린지는 축제를 유지하기 위해 안간힘을 썼고, 다른 블랙리스트 사건들이 수면 위로 떠오르자 연대하는 토론회를 개최하기도 했다. 마침내 서울프린지의 지원배제 이유가 블랙리스트로 인한 것임이 만천하에 드러났을 때, 그들은 아픈 상처들을 헤집어 자신들의 피해 사례와 고통의 시간들을 스스로 발화하고 기록하기 시작했다.

그동안 서울프린지가 피해자로서의 목소리를 개인적인 차원으로 발화했다면 이 논문은 객관적인 조사결과와 피해자의 목소리를 종합적으로 고찰하여 '사회적 기억'으로서 역사에 남기고자 하는 의도를 담고 있다. '사회적 기억'이라는 용어를 처음 등장시킨 모리스 알박스에 의하면 기억은 '사회적 틀'을 통해 획득·인지·배치되는 집합적·사회적 현상이다. "개인들이 기억을 획득하고 배치하고 되살릴 수 있는 것은 사회집단 내 타인들과의 직·간접적인 관계를 통해서다. 또한 과거는 재생되는 것이 아니라 현재를 토대로 재구성되는 것일 뿐이다. 이러한 의미에서 기억은 본질적으로 개인적인 것이 아니라, 집합적이고 사회적인 것이라고 봐야한다."[44]

이 논문은 서울프린지 사건의 사회적 기억을 통해 피해자들이 당시의 고통을 계속 되새김질하는 차원에서 나아가 트라우마를 치유하는 효과가 있기를 기대한다. 블랙리스트의 대표적 피해자 중 한 사람인 임인자는 블랙리스트를 겪은 시간에 대해 "저항 뒤에는 고립이 찾아왔다. 분노조절장애, 공황장애, 우울증, 공포, 번아웃까지 번갈아 가며 찾아오며 일상생활의 어려움까지 찾아왔다. 가장 사랑하는 연극과 다원예술을 보기 위해 찾았던 극장에 더이상 가기가 어려웠다. 어둠이 무서워졌다"[45]고 술회했다. 또 최근 블랙리스트 피해에 대한 국가 배상 소송에서 승소한 남인우 연출가는 "그때도 저는 너무 힘이 들었고, 그 일이 있고 나서 6개월 뒤에 상세불명의 혈압으로 중환자실에 입원도 하고 막 그랬거든요. 제 직업의 본질적인 부분에 대해 침해를 받다 보니 엄청난 스트레스를 받은 거죠"[46]라고 고백했다.

---

44 김영범, 「모리스 알박스(Maurice Halbwachs)의 기억사회학 연구」, 『사회과학연구』 6(3), 대구대학교 사회과학연구소, 1999, 591쪽.

45 임인자, 「연극인들의 블랙리스트 저항운동과 블랙리스트 이후의 변화」, 『한국연극학』 85, 한국연극학회, 2023, 259쪽.

46 원종진 기자, 「"정치 풍자 빼라"던 대한민국의 검열, 그리고 11년 만의 배상」, 『SBS 스프』, 2024. 10.24.

블랙리스트 피해자는 검열, 배제, 차별이 이뤄졌던 시기에는 사건의 실체를 인지하지 못했다. 국가기구가 조직적으로 개입한 '정책을 가장한 국가범죄'이기에 사후적으로 피해의 기억이 재구성되었다. 피해 당시의 가해 실체의 불명료성으로 인해 피해자의 사후적 공포는 가중되고, 트라우마도 극심하다. 사후적으로 재구성된 피해이기에, 피해자의 증언을 통한 사회적 기록 작업으로 사건을 명료화하여 예술가들이 내적 무기력감을 극복할 수 있도록 해야 한다.[47]

서울프린지는 블랙리스트 피해자들 중 드물게 자신들의 피해를 스스로 기록하고자 했다. 그러나 이에 대한 사회적 공감이나 반향은 극히 미미한 편이다. 블랙리스트 사건의 피해 당사자들은 이제 서울프린지 운영의 중심에서 물러났고 새로운 세대가 축제를 기획하고 있다. 사건을 직접 겪었던 피해자들의 고통은 사실 거의 보상 받지 못한 채 망각 속에 묻혀 가고 있다.

프로이트에 의하면 억압 행위의 결과로 반드시 억압된 것의 회귀가 따른다.(중략) 만족되지 않은 망각은 예기치 않게 다시 일어나 흡혈귀처럼 현재를 괴롭힌다. 하이너 뮐러에게는 성의 테라스에서 아들을 위협하는 뱅코와 햄릿의 유령 자체가 기억 메타포다. 이것은 '아직 끝나지 않은 일'(unfinished business)에

47 중앙대학교 산학협력단, 『문화예술분야 블랙리스트 사건의 사회적 기억과 회복을 위한 방안 연구』, 문화체육관광부, 2021, 19쪽.

대한 심상, 아무 말 없이 금기시된 채 한 세대 한 세대 계속 영향을 끼치는, 해결되지 않고 보상받지 못한 과거에 대한 심상이다.(중략) 뮐러가 다루는 주제는 집단적 트라우마, 즉 사회로부터 억압된 죄로서, 그는 자신의 작품 속에서 이 죄를 과거와 조상을 망각한 현재의 의식 속에서 강제로 불러온다.[48]

피해자의 목소리를 다시 상기시켜 주는 일, 예술가로서의 피해자들이 미처 정리하기 어려웠던 피해의 총체적인 양상을 객관적으로 분석하고 기록해주는 일은 2024년 현재도 블랙리스트의 어두운 터널을 지나고 있는 모든 예술가들의 집단적 트라우마를 조금이나마 달랠 수 있는 길이라 믿는다. 구체적 언어로 기록된 피해의 기억은 비로소 안정화되고 사회화될 것이다. 히틀러가 성공했다면 유대인 집단 학살의 기억조차 말살하려 했을 것이며, 박근혜 정부가 정상적으로 막을 내렸다면 블랙리스트에 대한 기억의 풍경은 달라졌을 것이다. 고난의 기억을 애써 헤집는 것은 악성 트라우마를 새로운 에너지로 전환 시키고자 함이다.

48 알라이다 아스만, 『기억의 공간-문화적 기억의 형식과 변천』, 변학수-채연숙 옮김, 그린비, 2018, 234-235쪽.

참고문헌

1차 자료

문화예술계 블랙리스트 진상조사 및 제도개선위원회, 「한국문화예술위원회 등 '서울프린지네 워크' 선정 배제 사건」, 『문화예술계 블랙리스트 진상조사 및 제도개선위원회 백서(2-2)-진상조사 결과보고서: 공연 1』, 문화체육관광부, 2019, 817-853쪽.

문화예술계 블랙리스트 진상조사 및 제도개선위원회, 「한국문화예술위원회 2015 문예진흥기금 공모사업 등 '서울변방연극제(임인자)' 선정 배제 사건」, 『문화예술계 블랙리스트 진상 조사 및 제도개선위원회 백서(2-2)-진상조사 결과보고서: 공연 1』, 문화체육관광부, 2019, 897-937쪽.

문화예술계 블랙리스트 진상조사 및 제도개선위원회, 「윤한솔 연출가 관련 전면 배제 사건」, 『문화예술계 블랙리스트 진상조사 및 제도개선위원회 백서(2-2)-진상조사 결과보고서: 공연 1』, 문화체육관광부, 2019, 1035-1129쪽.

문화예술계 블랙리스트 진상조사 및 제도개선위원회, 「한국문화예술위원회 블랙리스트 실행을 위한 지원 및 심사제도 개편 사건」, 『문화예술계 블랙리스트 진상조사 및 제도개선위원회 백서(2-1)-진상조사 결과보고서: 기관별』, 문화체육관광부, 2019, 417-617쪽.

2차 자료

김미도, 『문화예술계 블랙리스트, 실행과 작동의 기록』, 연극과 인간, 2021.

김영범, 「모리스 알박스(Maurice Halbwachs)의 기억사회학 연구」, 『사회과학연구』 6(3), 대구대학교 사회과학연구소, 1999, 557-594쪽.

메타기획컨설팅, 『블랙리스트 이후 한국 다원예술의 생태계 진단 및 지원방안 연구(ARKO 수시연구 2022-01)』, 한국문화예술위원회, 2022.

서울프린지네트워크, 『서울프린지페스티벌 연구보고서-1998~2007, 축제 10년 역사의 쉼표를 찍으며』, 서울프린지네트워크, 2008.

서울프린지네트워크, 『프린지 블랙리스트를 말하다』, 서울프린지네트워크, 2020.

손가영 기자, 「블랙리스트 그림자, 10년 넘은 독립예술 지원금까지 끊겼다」, 『미디어 오늘』, 2017.01.17.

아스만, 알라이다, 『기억의 공간-문화적 기억의 형식과 변천』, 변학수·채연숙 옮김, 그린비, 2018.

안정희, 「다원예술 현황 및 활성화 방안 연구-서울프린지네트워크 중심으로」, 홍익대 미술대 학원, 석사학위 논문, 2008.

원종진 기자, 「"정치 풍자 빼라"던 대한민국의 검열, 그리고 11년 만의 배상」, 『SBS 스프』, 2024.10.24.

이재승, 「해외 블랙리스트 사례와 그 시사점」, 문화예술계 블랙리스트 진상조사 및 제도개선 위원회, 『문화예술계 블랙리스트 진상조사 및 제도개선위원회 백서 4- 블랙리스트 사태의 총체적 조망』, 문화체육관광부, 2019, 66-95쪽.

임인자, 「연극인들의 블랙리스트 저항운동과 블랙리스트 이후의 변화」, 『한국연극학』 85, 한국연극학회, 2023, 241-260쪽.
정녹용 기자, 「홍대 앞 간 박근혜, 팥빙수 먹고 썰렁 유머」, 『한국일보』, 2012.08.26.
중앙대학교 산학협력단, 『문화예술분야 블랙리스트 사건의 사회적 기억과 회복을 위한 방안 연구』, 문화체육관광부, 2021.

4장
블랙리스트 후속조치

1. '블랙리스트 재발방지 제도개선 이행협치추진단'의 성과 및 한계

2. 국립극단의 블랙리스트 사례집 발간과 남인우의 국가 상대 소송

3. 한국문화예술위원회의 후속조치 –'연극 창작산실' 사건을 중심으로

1. '블랙리스트 재발방지 제도개선 이행협치추진단'의 성과 및 한계*

1) '블랙리스트 재발방지 제도개선 이행협치추진단'의 설치까지

2017년 5월 10일에 출범한 문재인 정부는 100대 국정과제를 발표(2017.7.19.)하면서 1번 과제로 '적폐의 철저하고 완전한 청산'을 선정했다. 문화예술계 블랙리스트의 경우 "17년부터 문화행정의 혁신을 주도하는 민관협의체 설치·운영, 백서 발간, 재발 방지책 마련 등 추진"을 약속했다.[1] 2017년 6월 19일에 취임한 도종환 문화체육부(이하 '문체부') 장관은 취임사에서 "부당한 명령을 내리지 않고 대한민국을 살리는 명령을 내리겠다"고 강조하면서 "다시는 블랙리스트가 존재하지 않는 사회를 만들도록 이번 주 안에

---

* 이 글은 『블랙리스트 재발방지 제도개선 이행협치추진단 백서』(문화체육관광부, 2022.10.)에서 필자가 집필한 부분이다.

1 국정기획자문위원회, 「문재인 정부 국정운영 5개년 계획 발표」, 대한민국 정책브리핑(전자정부 누리집), 2017.07.19. 〈https://www.korea.kr/news/policyNewsView.do?newsId=148839872〉(검색일: 2022.05.22.)

예술인들이 참여하는 진상조사위원회를 구성하겠다고 밝혔다."[2]

2017년 7월 31일에 '블랙리스트 진상조사 및 제도개선 위원회'(이하 '블랙리스트 조사위')가 출범하면서 문체부는 "진상조사위 출범은 문화예술계 블랙리스트로 무너진 문체부에 대한 신뢰를 회복하는 첫걸음이다. 앞으로도 문화예술계와 지속적으로 소통하며 공정한 문화예술정책을 수립하겠다"라고 밝혔다.[3]

블랙리스트 조사위는 11개월간의 조사를 마치고 2018년 6월 30일에 해산했다. 블랙리스트 조사위는 장관 훈령으로 출범한 태생적 한계 때문에 조사과정에서 많은 난관에 부딪혔다.

> 위원회는 법제도적인 측면에서 문화체육관광부 장관 훈령에 의한 자문기구로서, 블랙리스트 사태 진상규명 조사라는 역사적, 사회적 책임을 집행하기에는 권한이 매우 제한되어 있는 조건이었다. 이에 위원회는 실질적인 조사권의 부재, 블랙리스트 관련 주요 자료들에 대한 확보의 어려움 등으로 인해 진상

---

2 「도종환 제 50대 문화체육관광부 장관 취임-6.19. 정부세종청사 취임식에서 직원들에게 '영혼 있는 공무원' 당부-」, 문화체육관광부 보도자료(문화체육관광부 누리집), 2017.06.19. 〈https://www.mcst.go.kr/kor/s_notice/press/pressView.jsp?pSeq=16088&pMenuCD=0302000000&pCurrentPage=1&pTypeDept=&pSearchType=01&pSearchWord=%EB%8F%84%EC%A2%85%ED%99%98〉(검색일: 2022.05.02.)

3 「'문화예술계 블랙리스트 진상조사위' 본격 출범-민관 사전준비팀 최종 합의, -7.31. 첫 회의 국립현대미술관 서울관에서 개최, 위원장 호선 등 결정」, 문화체육관광부 보도자료(문화체육관광부 누리집), 2017.07.27. 〈https://www.mcst.go.kr/kor/s_notice/press/pressView.jsp?pSeq=16168&pMenuCD=0302000000&pCurrentPage=1&pTypeDept=&pSearchType=01&pSearchWord=%EB%B8%94%EB%9E%99%EB%A6%AC%EC%8A%A4%ED%8A%B8〉(검색일: 2022.05.02.)

조사가 미진할 수밖에 없었다.

위원회는 블랙리스트 사태와 직접적으로 연계되어 있는 '국가기록원의 박근혜 정부 시기 청와대 캐비닛 자료', '블랙리스트 관련 2심 재판 이후 자료', '국가정보원의 블랙리스트 사태 관련 세부 자료' 등을 확보하지 못함으로써 블랙리스트 사태의 진상조사를 좀 더 구체적으로 진행시키지 못하는 한계를 보였다.[4]

블랙리스트 진상조사위는 자유한국당이 2018년도 운영예산을 승인하지 않음으로써 예산이 고갈되는 바람에 조사가 충분히 이루어지지 않은 상태로 해산할 수밖에 없었다. 블랙리스트 진상조사위는 2017년 7월 31일부터 2018년 6월 30일까지 11개월 동안 총 145건의 사건을 조사하고, 이 중 115건에 대한 진상조사결과보고서를 생산하였다. 그러나 총 9,273건의 블랙리스트(단체 342곳, 개인 8,931명) 규모에 비추어 보면 매우 미진한 조사에 머물렀다. 해산 시점까지는 진상조사결과보고서를 승인하기에도 시간이 촉박하여 백서 발간이 미처 이루어지지 못했다.

블랙리스트 조사위는 해산에 즈음하여 다음과 같이 후속조치를 권고하였다.

첫째, 국가의 사과 및 책임규명을 통한 정의의 실현

4 문화예술계 블랙리스트 진상조사 및 제도개선위원회, 『문화예술계 블랙리스트 진상조사 및 제도개선위원회 백서1, 위원회 활동보고서』, 문화체육관광부, 2019, 119쪽.

둘째, 피해 문화예술인에 대한 명예회복과 피해 보상, 치유에 관한 사항
셋째, 진상 규명 및 권리 보장을 위한 (가칭) '문화예술인 표현의 자유 및 권리 보장위원회' 설립
넷째, 권고 이행을 위한 '이행협치추진단' 설치[5]

2018년 5월 8일, 블랙리스트 진상조사위와 문체부가 함께 발표한 「진상조사 및 제도개선 결과 종합발표」에 의하면 '권고 이행을 위한 '이행협치추진단' 설치' 부분에서 추진단 구성은 '문화체육관광부와 민간 공동으로 구성'한다고 되어 있었다. 이행협치추진단의 주요 업무 내용 중에는 '권고사항 이행 및 처리'가 있고, 그 세부 사항 중에 '책임규명 권고의 이행 점검'이 명시되어 있었다.[6] 그런데 문체부는 2018년 6월 30일 위원회가 해산된 이후 이행협치추진단의 발족을 계속 미루었다. 백서는 원래 조사위 해산 이후 3개월 이내에 발간하도록 규정되어 있었지만 이행협치추진단이 구성되지 않아 백서 발간 업무도 완전히 중지된 상태로 한 달 반 이상 지연되었다.

2018년 8월 20일에야 이행협치추진단의 첫 번째 회의가 열렸

5 『문화예술계 블랙리스트 진상조사 및 제도개선위원회 백서3, 블랙리스트 방지를 위한 제도개선 종합보고서』, 문화체육관광부, 2019, 154쪽.

6 문화예술계 블랙리스트 진상조사 및 제도개선위원회 『진상조사 및 제도개선 결과 종합 발표』, 2018.5.8. 국립현대미술관 서울관 2층 1강의실, 216쪽. 이 내용은 『문화예술계 블랙리스트 진상조사 및 제도개선위원회 백서3, 블랙리스트 방지를 위한 제도개선 종합보고서』 166쪽에도 그대로 실려있다.

다. 이행협치추진단의 민간위원으로는 김미도(블랙리스트 진상조사위 위원), 이양구(블랙리스트 진상조사위 전문위원), 이원재(블랙리스트 진상조사위 위원), 정윤희(문화민주주의 실천연대 운영위원), 한승준(서울여대 행정학과 교수), 현린(문화민주주의 실천연대 공동운영위원장), 황승흠(국민대 법학과 교수)이 참여하게 되었다. 문체부는 아래와 같은 이행협치추진단의 조직도를 제시하였는데 민간위원들은 이에 선뜻 동의하지 못했다.

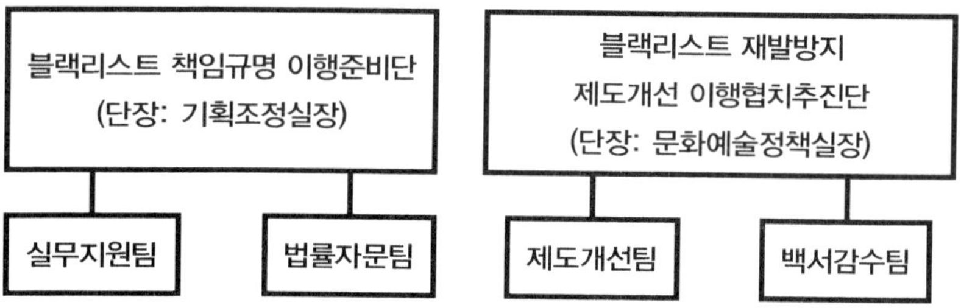

이행협치추진단을 '블랙리스트 책임규명 이행준비단'(단장: 문체부 기조실장)과 '블랙리스트 재발방지 제도개선 이행협치추진단'(단장: 문체부 문예실장)으로 분리해놓고, '블랙리스트 재발방지 제도개선 이행협치추진단'에서는 '제도개선'과 '백서발간'만 관장하라는 것이었다. 책임규명 이행 부분은 문체부 기조실장이 법률자문팀과 따로 진행하겠다는 계획이었다. 민간위원들은 블랙리스트 책임규명 부분에 참여할 수 없다는 점에 강력히 이의를 제기하고 다음 회의 일정을 9월 12일로 잡았다. 그런데 9월 12일에 열린 이행협치추진단 2차 회의에서 책임규명 부분에 대한 어떤 언급도 없이 문체부가 9월 13일에 책임규명 이행계획을 일방적으로

발표해 버렸다. 이행협치추진단은 그 출발부터 심각한 난항이 예측되었다.

2) 블랙리스트 책임규명 이행 계획 발표와 재검토

블랙리스트 조사위는 2018년 6월 27일 마지막 전원위원회에서 블랙리스트 책임규명과 관련하여 131명에 대한 수사 의뢰 및 징계를 권고하였다. 131명 중 문체부 내의 블랙리스트 관련자는 68명(수사의뢰 권고 24명, 징계 권고 44명) 이었는데 이에 대해 문체부는 2018년 9월 13일에 수사의뢰 7명, 주의조치 12명이라는 책임규명 이행계획을 발표하였다. 문체부는 보도자료를 통해 "징계 권고를 받은 문체부 직원 44명 중 과장급 이상 22명은 감사원의 감사 결과에 따른 기처분(주의 4명), 퇴직(5명), 징계시효 경과 등의 사유(13명)로 징계처분 대상이 아니었다. 그러나 기처분자와 퇴직자를 제외한 13명 중에서 블랙리스트와 관련하여 감사원으로부터 처분을 받지 않은 과장급 이상 10명에 대해 문체부는 '주의' 처분을 하기로 했다. 이로써 수사의뢰 권고자 중 주의조치를 받을 2명을 포함하면 문체부 주의조치를 받을 직원은 총 12명이 된다"[7]고 밝혔다.

---

7 「문화예술계 블랙리스트 관련자 68명에 대한 이행계획 발표-문체부, 재외문화원장 3명 조기복귀 조치 및 재발방지 제도개선 85개 세부과제 추진-」, 문화체육관광부 보도자료(문화체육관광부 누리집), 2018.09.03. 〈https://www.mcst.go.kr/kor/s_notice/press/pressView.jsp?pSeq=16881&pMenuCD=0302000000&pCurrentPage=1&pTypeDept=&pSearchType=01&pSearchWord=%EB%B8%94%EB%9E%99%EB%A6%AC%EC%8A%A4%ED%8A%B8〉(검색일: 2022.05.02.)

문체부 발표에 대해 문화예술계는 즉각 강력히 반발했다. '블랙리스트 타파와 공공성 회복을 위한 연극인 회의'(약칭 '블랙타파')는 문체부 발표가 사실상 '징계 0명'이라고 주장하고 나섰다.

> 문체부는 겨우 형사처벌 권고 7명, '주의' 처분 10명을 하면서, 여기에 수사의뢰 대상자 2명을 징계 권고자 수에 포함시켜 12명의 숫자를 만들고, 여기에 특검이 이미 기소한 3명과 지난해 감사원 감사결과 주의 처분 받은 자(9명)를 포함하여, 처분받은 인원 27명이란 숫자를 만들고, 징계를 받지 않은 전보 조치 대상자 22명을 포함하여 조치 인원 48명이란 숫자를 만들어냈다. 숫자놀음을 통해 마치 68명 중 48명에 대한 대단한 조치라도 한 것 같은 착시 효과를 만들어낸 것이다. 말과 숫자를 가지고 피해 예술인과 국민들을 현혹하고 기만한 것이다.
> '주의'는 경미한 비위 행위를 한 공무원에게 반성하도록 하는 것이지 징계가 아니다. 문체부가 블랙리스트 실행 공무원에게 중징계(파면, 해임, 정직)도 아니고, 경징계(감봉, 견책)도 아니고 '주의'를 준 것은 향후 승진 등에 아무런 불이익을 받지 않도록 하기 위한 배려 조치에 불과하다.[8]

9월 18일에는 블랙리스트 조사위에 참여했던 민간위원들이 직

8 블랙타파, 「블랙리스트 실행 문체부 공무원 징계 0명, 문체부 공무원 도종환 장관은 책임지고 사퇴하라」성명서, 2018.09.13. 〈https://www.facebook.com/blacktapa/posts/618122525256018〉(검색일: 2022.05.02.)

접 기자회견에 나서 문체부 책임규명 이행계획의 전면 백지화를 요구했다.

> 전직 위원인 이양구 극작가는 “이런 식이라면 (도종환 장관이) 블랙리스트 팔아 장관됐다고 밖에 여길 수 없다”며 “대변인 혼자 내보내서 짧게 발표하고, 아무런 이해를 구하지 않았다. 이행권고 계획 발표도 뒤늦게서야 기사를 보고 알았다”고 문체부의 태도를 지적했다.
>
> 이동민 전 민간위원(문화예술기획 이오공감 대표)은 “블랙리스트는 전 세계적으로 치욕적인 사건이다. 국가범죄에 대해 관련 징계가 제로라는 것은 절대 용납할 수 없다”며 “이런 식으로 어물쩡 넘어가서는 안된다. (문체부의 결정을) 즉각 백지화해야 한다”고 강조했다.
>
> 이들은 문체부를 넘어 청와대를 향해 명확한 입장 표명을 요구했다. 위원들은 “문재인 대통령은 블랙리스트 범죄에 대해 국민과 문화예술인들에게 사과하고 진상규명 및 적폐청산의 의지를 구체적으로 밝혀야 한다”며 “문체부의 이행계획 발표를 전면 백지화하고 검증과 토론을 통해 다시 수립해야 한다”고 요구했다.[9]

---

9 조은정 기자, 「“적폐청산 팔이 그만”… 블랙리스트 징계 ‘0’ 후폭풍」, 『노컷뉴스』, 2018.09.18. 〈https://www.nocutnews.co.kr/news/5033643〉(검색일: 2022.05.02.)

이밖에도 문체부의 '징계 0명' 사태에 대한 문화예술계의 분노와 질책이 빗발쳤고 급기야 추석연휴가 시작되던 9월 21일부터 문화예술인들의 일인시위가 시작되었다.

> 연극인 4864명이 가입해 활동하고 있는 '대학로엑스(X)포럼'은 지난 22일부터 매일마다 서울 용산구 서울역에서 모여 '문체부의 셀프 면책 블랙리스트 실행 공무원 징계 0명 규탄 시위'를 개최하고 있다.
>
> 또한, 무용인 617명이 활동하는 '무용인희망연대오롯'(이하 '오롯')과 국립국악원 무용단 비상대책위원회도 지난 22일부터 매일마다 서울 서초동 남부터미널에서 1인 시위를 이어가고 있다.
>
> 이들은 "문체부는 징계 0명인 블랙리스트 이행계획 발표를 백지화해야 한다"며 "문 대통령은 향후 블랙리스트 진상규명 및 적폐청산에 대한 정부의 의지를 구체적으로 밝혀라"고 주장했다.
>
> 김미도 연극평론가는 지난 22일 서울역에서 기자를 만나 "도종환 장관에 대한 배신감에 다시 거리로 나서지 않을 수 없다"며 "문재인 대통령도 국정과제 1호인 문화예술계 블랙리스트 문제가 지금 어떤 난관에 봉착했는지 좀 살펴보시라"고 말했다.[10]

예술인들은 서울역, 아르코예술극장, 예술경영지원센터, 한국예

10 박정환 기자, 「예술인들 다시 거리에 서다… 추석연휴 '문체부 블랙리스트 이행계획' 규탄」, 『news1』, 2018.09.26. 〈https://www.news1.kr/articles/?3435609〉(검색일: 2022.05.02.)

술인복지재단 등 블랙리스트의 대표적 실행기관 앞에서 일인시위를 이어갔다. 광화문, 청와대, 국회 앞 등에서도 일인시위를 벌였으며 점점 많은 인원이 가세하였다. 수많은 문화예술단체들이 문체부를 규탄하는 성명을 쏟아냈고, 연일 문체부를 비판하는 기사들이 넘쳐났다.

이러한 반발에 대해 문체부는 10월 1일에 대변인을 통해 입장문을 발표했다.

> 문체부는 '131명의 징계 권고 중 징계 0명'이라고 지적하는 것은 오해의 소지가 있다고 주장했다. 그 근거로 지난해 6월 발표된 감사원 감사 결과를 들었다. 당시 감사를 통해 이미 3명이 징계를 받았고 6명이 주의 조치를 받았다는 것이다.
>
> 또한, 이번에 새롭게 징계 권고를 받은 문체부 과장급 이상 공무원 22명 중 4명은 이미 처분을 받았고, 5명은 퇴직했으며, 5명은 징계 시효가 경과됐고, 8명은 처분의 형평성 사유로 징계 대상이 아니었다고 주장했다. 그럼에도 12명에 대해서는 '주의' 조치를 내렸다고 항변했다.
>
> '주의'는 공무원법상 징계가 아니어서 사실상 징계가 없었다는 비판에 대해 문체부는 "감사원 감사에서 관여 직원들이 주의 조치를 받은 상황에서 불가피한 선택이었다"고 형평성을 이유로 들었다.
>
> 그러면서 '주의'도 〈공공감사에 관한 법률〉에 감사결과 처분의 하나이며, 주의 처분대장에 등재되고 관리돼 향후 승진, 전

보, 상훈 등에서 인사상 불이익을 받을 수 있다고 반박했다. 하위직 공무원들은 '주의' 조차 내리지 않은 것에 대해 문체부는 권한이 없는 자에게 책임을 묻기 어려웠고, 블랙리스트 진상조사에 협조한 것을 감안했다고 해명했다.[11]

이에 대해 블랙리스트 조사위 민간위원들은 10월 4일에 다시 문체부 입장을 조목조목 반박하는 입장문을 발표했다.

첫째로, 문체부는 지난해 6월 감사원 감사결과를 통해 이미 일부 징계가 이뤄졌고 형평성 차원에서 일부는 징계를 할 수 없었다고 변명하지만 이는 공무원 징계제도를 왜곡하는 것이라고 위원들은 지적했다. 공무원법상 동일한 비위에 대해 징계와 형사처벌을 병행해도 일사부재리 원칙에 저촉되지 않을 뿐더러, 이번에는 동일한 비위가 아닌 경우도 있었다는 것이다.

둘째, '주의'도 불이익이 있는 징계의 일종이라는 문체부의 해명에 대해서도 "주의는 명백하게 법률적으로 징계의 종류가 아니다"며 "징계는 파면, 해임, 강등, 정직, 감봉, 견책으로 구분한다는 법률 자체를 왜곡하고 있다"고 재반박했다.

마지막으로 하위직 공무원들에게 '주의'조차 내리지 않은 것에 대해 "관료주의에 기반한 자기 합리화에 불과하다"고 비판했다. 이미 대법원 판례에는 공무원이 직무를 수행함에 있어서

11 조은정 기자, 「"블랙리스트 징계 '0' 은 오해" VS "분노에 기름 붓나"」, 『노컷뉴스』, 2018.10.01. 〈https://www.nocutnews.co.kr/news/5038736〉(검색일: 2022.05.02.)

상관의 명령에 복종할 의무는 없고, 범죄 행위를 할 경우 상관 명령에 따랐다고 해서 부하의 위법성이 조각될 수 없다"고 해석돼 있다는 주장이다.[12]

블랙타파 역시 10월 4일에 다시 성명서를 발표하면서 "진상조사위원회는 지난 11개월 동안의 활동을 통해 감사원 감사, 특검 등에서 밝히지 못한 여러 사건들을 밝혔다. 감사원 감사결과 그 자체도 문제지만 새롭게 추가된 범죄행위가 있다면 마땅히 그에 대한 책임을 묻는 것, 그것이 법"이라고 밝혔다. 또한 "공무원이 복종해야 할 지시는 '공무'이지 '범죄'가 아니다. 상관의 지시였다고 해서 범죄에 가담한 책임을 면할 수 있다는 대한민국 법이 어디 있단 말인가"라고 개탄했다.[13]

문체부의 재입장 표명은 예술인들을 더욱 분노로 들끓게 했다. 예술인들의 일인시위는 더욱 거세게 번져갔고, 결국 도종환 문체부 장관이 블랙리스트 진상조사위 위원들과의 만남을 제안해왔다. 10월 14일에 국립현대미술관 회의실에서 도종환 장관과 블랙리스트 진상조사위 위원들 사이에 4시간 30분 동안이나 설전이 오갔다. "신학철 블랙리스트 진상조사위 전(前) 공동위원장을 비롯해 진상조사위 민간위원 12명은 도종환 장관에게 △이행계획

12 조은정 기자, 「"블랙리스트 징계 0명 아니라고? 도종환 장관 공개토론 하자"」, 『노컷뉴스』, 2018.10.14. 〈https://n.news.naver.com/mnews/article/079/0003151335?sid=103〉(검색일: 2022.05.02.)

13 블랙타파, 「당신들에겐 권한이 없다」, 2018.10.04. 〈https://www.facebook.com/blacktapa/posts/628337560901181〉(검색일: 2022.05.02.)

전면 재검토 △이를 위해 민간이 참여한 재검토위원회(가칭) 구성 △대국민 토론회 개최 등 3가지 사안을 요구했다. 도종환 장관은 이행계획을 발표하는 과정에서 문화예술계에 설명하는 과정이 없었다는 것에 사과했으나, 문화예술계의 전면 재검토 요구에 대해선 이견을 좁히지 못했다."[14]

도종환 장관은 이 회의에서 즉답을 주지는 않았는데 장관의 답변을 기다리는 사이, 10월 16일에는 문화예술계 블랙리스트 사건 피해자 측 소송 대리인단[15]이 문체부의 책임규명 이행계획 전면 재검토를 촉구하는 성명을 냈다. 대리인단은 "문체부 공무원들은 명백하게 위법한 명령에 철저하게 복무하였으면서도 그 실체적 진실의 일부가 밝혀진 오늘, 이들은 상관의 명령에 따른 것일 뿐이라는 반성 없는 변명으로만 일관하고 있다"고 비판하면서 "직급에 관계없이 관련자들에 대한 합당한 징계절차를 이행하라"고[16] 강조했다.

일인시위는 동시다발로 매일 이어졌고 11월 3일에는 문화민주주의실천연대 주관으로 문체부를 규탄하는 '2018 문화예술인 대

---

14 박정환 기자, 「도종환 문체 '블랙리스트 해법' 위해 예술계 만나 '의견 청취'」, 『news1』, 2018.01.14. 〈https://www.news1.kr/articles/?3449874〉(검색일: 2022.05.02.)

15 대리인단은 2017년 민주사회를 위한 변호사 모임(민변)과 참여연대 소속 변호사 10여 명을 중심으로 꾸려졌으며, 블랙리스트 피해자들이 참여해 박근혜 전 대통령, 김기춘 전 청와대 비서실장, 조윤선 전 정무수석비서관 등을 대상으로 손해배상을 청구한 바 있다.

16 김상훈 기자, 「블랙리스트 소송대리인단, '참회 없는 도종환 장관의 문체부 규탄한다!' 성명 발표」, 『뉴스페이퍼』, 2018.10.16. 〈http://www.news-paper.co.kr/news/articleView.html?idxno=30771〉(검색일: 2022.05.02.)

행진 〈Blacklist Blacklast〉' 가 국회를 출발하여 청와대까지 이어졌다. 이날 행진에 앞서 문화민주주의실천연대는 '블랙리스트 불법 공모 131명 책임규명 권고안 즉각 이행, 블랙리스트 진상조사 및 책임규명이행 축소·왜곡·방해·셀프면책·책임자 문책, 블랙리스트 미진한 진상규명 관련 대통령·정부·국회의 구체적인 대책 즉각 수립, 문화예술 정책·행정 등 민관협치에 대한 정부차원의 제도화 시행 등 크게 4가지 요구사항을 담은 선언문을 발표했다. 이 선언문에는 131개 단체, 2166명이 참여했다.

〈블랙리스트 블랙라스트〉 대행진을 앞두고 문체부는 결국 책임규명 이행계획 재검토 안을 수용하겠다는 입장을 밝혔다. 11월 7일에 문체부와 이행협치추진단 민간위원들의 첫 번째 협상 테이블이 이루어졌다. 문체부와 이행협치추진단 민간위원들이 합의한 '블랙리스트 책임규명 이행계획 검토회의'(이하 '이행계획 검토회의')는 문체부 추천 변호사 2인과 이행협치추진단 민간위원 추천 변호사 1인, 법학교수 1인, 전 진상조사위 위원 1인 등 모두 5인으로 구성되었다. 민간 검토위원 3인은 재검토 기준안을 도출하면서 이행협치추진단 민간위원들과 수시로 협의했고, 최종 이행계획안을 놓고 문화민주주의실천연대 운영위원들을 중심으로한 현장 예술인들과 소통하는 과정을 거쳤다. 연말까지 이어진 재검토 끝에 2018년 12월 29일, 이행협치추진단 민간위원들은 문체부에 이행계획 기준을 최종 권고했고, 12월 31일에 문체부는 '문화예술계 책임규명 권고안 이행방안 최종 확정' 결과를 발표했다.

문체부는 보도자료에서 "검토대상인 68명(수사의뢰 권고 24명,

징계권고 44명)에 대해 수사의뢰 10명, 중징계 1명(감사원 징계 3명 미포함), 주의조치 33명(감사원 주의 4명 포함)으로 최종 확정하였다. 이는 9월 13일에 발표했던 이행계획안에서 수사의뢰 3명, 징계 1명이 추가된 숫자다. 문체부는 징계 받지 않은 수사의뢰자 3명에 대해서는 검찰에서 불기소하더라도 중징계를 요구하고 향후 검찰수사에도 적극 협조할 것이라고 밝혔다. 9월 13일 발표에 없었던 사무관급 이상 관련 공무원 전원(17명)에 대한 엄중주의 조치도 추가하였다. 또한 전 직원을 대상으로 재발방지 교육도 실시할 계획"[17]이라고 밝혔다.

결과적으로 책임규명 이행계획 재검토 과정에서 문체부는 수사의뢰 3명, 중징계 1명, 사무관급 이상 전원 주의조치를 추가한 셈이다. 블랙리스트 조사위가 책임규명 이행계획안을 세울 때부터 가장 큰 쟁점이었던 사무관급에 대한 징계가 결국 이루어지지 못한 것에는 여러 가지 상황이 고려되었다. 우선 사무관급에 대한 징계가 중요하다고 본 민간위원들의 관점은 문체부 산하 기관들에서 징계가 진행되고 있는데 산하기관에 지시를 내린 문체부 사무관들이 징계를 받지 않는 것은 큰 모순이 있다고 보았기 때문이었다. 반면, 문체부는 사무관급 공무원들에게 실질적인 권한이 없

17 「문화예술계 블랙리스트 책임규명 권고안 이행방안 최종 확정 –문화예술계 의견을 존중하고 신뢰를 회복하기 위한 민관 협치 지속 다짐–」, 문화체육관광부 보도자료(문화체육관광부 누리집), 2018.12.31. 〈https://www.mcst.go.kr/kor/s_notice/press/pressView.jsp?pSeq=17059&pMenuCD=0302000000&pCurrentPage=1&pTypeDept=&pSearchType=01&pSearchWord=%EB%B8%94%EB%9E%99%EB%A6%AC%EC%8A%A4%ED%8A%B8〉(검색일: 2022.05.02.)

으며 상관의 지시를 수행하는 역할만 했기 때문에 징계가 불가하다는 입장이었다.

사무관급을 징계하는 데 있어 마지막 걸림돌은 블랙리스트 실행에 실질적으로 많이 가담했던 사무관급들의 징계 시효가 대부분 만료되었다는 점이었다. 문체부가 애초에 사무관급을 징계하지 않고 재검토를 거치는 과정에서 석 달 이상의 시간이 경과했고 더 많은 공무원들이 징계 시효 만료라는 면죄부를 받게 되었다. 이행협치추진단 민간위원들은 징계시효가 남아있는 일부 사무관급 공무원들이 그 가담 정도가 경미하다는 점 때문에 큰 고민에 빠지지 않을 수 없었다. 결국 사무관급은 전원 주의조치를 하는 대신 그들에게 명령을 내린 상관들을 추가로 수사의뢰 하고, 그 가담 정도가 가장 심각한 서기관 1명(사건 당시 사무관)의 중징계를 권고하기로 했고 문체부가 이를 수용하면서 최종 합의에 이르렀다.

'이행계획 검토회의'에 참여했던 전 블랙리스트 진상조사위 전문위원 이양구는 최종 합의에 이른 과정을 페이스북에 다음과 같이 공개한 바 있다.

> 검토위원 3인의 권고안을 받은 문체부는 이행협치추진단 민간위원들과 이 권고안을 가지고 다시 한 번 '기준[저울]'에 대하여 토론했습니다. 특검과 법원의 판단 기준, 감사원 처분 기준, 예술계의 의견을 반영한 기준, 산하기관에서 적용된 징계 기준, 이미 징계시효가 만료되어 버린 다른 핵심 실무자들과의

관계…… (머리에서 떠올릴 수 있는) 모든 기준을 적용하여 저울의 수평을 최대한 엄격하게 맞춰보고자 노력했습니다. 시간은 흘러갔고, 기준[저울]을 검토하는 시간 동안 징계시효가 만료되는 공무원들도 있었습니다. 사실 재검토에 돌입한 시점에서 이미 대다수 실무자들의 징계시효는 만료된 상태였습니다. 우리는 재검토 결과 못지않게 재검토 과정을 그 자체로 신뢰와 협치의 회복이라는 목표로 생각할 만큼 주의 깊게 진행했습니다.

어떠한 결론을 내리더라도 징계 대상자들에게 형평에 맞지 않는 기준을 적용할 수밖에 없는 부조리한 상황에서 가능한 미세한 간극이라도 좁혀보려는 노력이 계속됐습니다. 그 결과 문체부는 사실상 징계가 가능한 것으로 남아 있었던 실무자 6명 중 관여 정도가 중한 1명에 대하여만 중징계를 의뢰하기로 하였습니다. 징계 대상자로 남아 있는 실무자들 중 5명은 상대적으로 관여 정도가 낮은 점, 해당 업무 전임자가 핵심 실무자 역할을 하였으면서 이미 징계 시효가 만료되어 버린 점, 해당 직원들의 지시를 받은 산하 기관 직원들이 징계를 받지 않았거나 하였던 점, 이들에 대한 책임이 있는 상급자 등 3명에 대하여 문체부가 추가 수사의뢰 하기로 한 점 등을 고려하여 징계 책임에서 제외하는 상황을 이해하고 동의할 수 있었습니다.[18]

18 이양구, 「지난 해 마지막 날 있었던...」, 대학로 X포럼(페이스북), 2019.01.04. 〈https://www.facebook.com/groups/1524165964529525/posts/2294474370832010/〉(검색일: 2022.05.02.)

사무관급에 전원 주의조치를 내리는 대신 이행추진단 민간위원들은 장관이 직접 대국민 사과를 겸하여 최종 책임규명 이행계획을 발표할 것을 요구했다. 아울러 문체부의 지시를 받고 블랙리스트를 실행했던 산하기관들에 사과하는 내용을 발표에 포함시켜 달라고 요구했다. 발표장소에 문체부 과장급 이상 공무원들이 모두 나와 함께 사과할 것도 요구했다. 9월 13일에 책임규명 이행계획을 일방적으로 발표했던 것과 달리 12월 31일 재검토 발표를 앞두고 문체부는 보도자료 문구 하나하나까지 민간위원들과 세심하게 협의했다.

문제는 2018년도 연내에 책임규명 이행계획 발표를 마무리하는 과정에서 발표 공지가 행사 하루 전에 나가는 바람에 예술현장에 충분히 전달되지 못했고 행사준비가 치밀하지 못했던 점이다. 심지어 12월 31일 국립현대미술관 행사장에서는 행사 안내조차 제대로 이루어지지 않았고, 행사장에서는 '대국민 사과'라는 타이틀이 삭제된 채 발표가 진행되었다. 설상가상으로 사회를 맡은 문체부 대변인은 현장예술가들의 질문이 이어지자 기자들 질문만 받겠다는 말실수를 하여 예술인들의 거센 항의가 이어지면서 행사가 파행을 빚었다. 사태를 수습하러 나온 기조실장은 그동안 여러 번 사과를 하지 않았느냐는 식의 발언으로 또 빈축을 샀다. 마지막에 신임 김용삼 1차관이 나와 행사가 부실하게 진행된 것에 대해 진지하게 사과하고 예술계와의 신뢰 회복을 위해 최선을 다하겠다는 의지를 보임으로써 행사는 가까스로 마무리되었다.

문체부의 징계 재검토 완료와 더불어 산하기관들의 징계도 모두 마무리되었다. 최종 책임규명 이행계획은 다음 표와 같다.

<table>
<tr><th colspan="4">진상조사위 권고 내역</th><th rowspan="2">해당기관 이행 내역</th></tr>
<tr><th>구분</th><th colspan="2">기관</th><th>인원</th></tr>
<tr><td rowspan="10">수사
의뢰
권고
(26명)</td><td rowspan="3">중앙
부처
(15명)</td><td>문화체육관광부</td><td>12명</td><td>수사의뢰 7명
(감사원 징계 3명,
주의1명 중복),
주의조치 2명</td></tr>
<tr><td>외교부</td><td>1명</td><td>퇴직</td></tr>
<tr><td>국가정보원</td><td>2명</td><td>해당기관 검토 중</td></tr>
<tr><td rowspan="6">공공
기관
(11명)</td><td>한국문화예술위원회</td><td>3명</td><td>수사의뢰 2명
(퇴직 3명 중)</td></tr>
<tr><td>영화진흥위원회</td><td>3명</td><td>수사의뢰 1명
(퇴직 2명 중)</td></tr>
<tr><td>한국출판문화산업진흥원</td><td>2명</td><td>퇴직 2명</td></tr>
<tr><td>한국문학번역원</td><td>1명</td><td>퇴직</td></tr>
<tr><td>예술경영지원센터</td><td>1명</td><td>퇴직</td></tr>
<tr><td>국립극단</td><td>1명</td><td>퇴직</td></tr>
<tr><td>처분
소계</td><td></td><td>26명</td><td>수사의뢰 10명,
주의조치 2명</td></tr>
<tr><td rowspan="4">징계
권고
(105명)</td><td rowspan="3">중앙
부처
(46명)</td><td>문화체육관광부</td><td>44명</td><td>중징계 1명
주의조치 31명
(감사원 주의 4명 포함)</td></tr>
<tr><td>외교부</td><td>1명</td><td>민간임용 퇴직자</td></tr>
<tr><td>대통령비서실</td><td>1명</td><td>민간임용 퇴직자</td></tr>
<tr><td>지자체
(3명)</td><td>대구광역시</td><td>3명</td><td>주의 3명</td></tr>
</table>

<table>
<tr><td rowspan="11">징계
권고
(105명)</td><td rowspan="10">공공
기관
(56명)</td><td>한국문화예술위원회</td><td>23명</td><td>정직 4명, 감봉 3명,
견책 4명,
주의 3명, 징계시효
경과 3명 주의,
퇴직 4명, 민간위원 2명</td></tr>
<tr><td>영화진흥위원회</td><td>14명</td><td>해임 1명, 정직 1명,
감봉 5명, 견책 3명,
퇴직 4명</td></tr>
<tr><td>예술경영지원센터</td><td>4명</td><td>주의 2명, 퇴직 2명</td></tr>
<tr><td>한국문화예술교육진흥원</td><td>4명</td><td>사실관계 불명확 2명
민간위원 1명, 퇴직 1명</td></tr>
<tr><td>국립극단</td><td>3명</td><td>경고 1명, 퇴직 2명</td></tr>
<tr><td>한국문화예술회관연합회</td><td>2명</td><td>징계시효 경과 1명,
하위직급 1명</td></tr>
<tr><td>한국예술인복지재단</td><td>2명</td><td>퇴직 1명,
징계사유 없음 1명</td></tr>
<tr><td>한국영상자료원</td><td>2명</td><td>퇴직 2명</td></tr>
<tr><td>한국문학번역원</td><td>1명</td><td>퇴직 1명</td></tr>
<tr><td>한국출판문화산업진흥원</td><td>1명</td><td>경고 1명</td></tr>
<tr><td>처분
소계</td><td></td><td>105명</td><td>중징계 1명, 해임 1명,
정직 5명, 감봉 8명,
견책 7명,
경고 2명, 주의 42명
(감사원 주의 4명 포함)</td></tr>
</table>

표를 통해서도 알 수 있듯이 예술위와 영진위가 가장 엄중하게 책임규명 이행계획을 발표했다. 특히 연극계와 직접 관련이 많은 예술

위는 징계 권고 대상자 23명 중 퇴직 6명, 선행처분 1명, 징계시효 종료 3명 등 10명을 제외한 13명에 대하여 정직 4명, 감봉 3명, 견책 4명이라는 상당히 무거운 처분을 내렸다. 영진위는 징계 권고 대상자 14명 중 퇴직자 4명을 제외한 10명에 대한 징계안을 심의해 해임 1명, 정직 1명, 감봉 5명, 견책 3명 등의 처분안을 냈다.

3) 『블랙리스트 진상조사 및 제도개선위원회 백서』 발간(2019.2.)

이행협치추진단이 가동됨에 따라 백서발간 업무는 '편집실무팀'을 꾸리고 신속히 이루어졌다. 블랙리스트 진상조사위 백서발간소위원회 위원장인 김미도가 편집실무팀을 이끌고, 블랙리스트 진상조사위에서 전문위원으로 직접 조사업무를 담당했던 이양구 위원, 제도개선소위원회의 최지현 전문위원, 백서발간소위원회의 송윤정 전문위원, 이행협치추진단의 정윤희 위원이 팀원을 이루었다. 출판사로는 경성문화사가 선정되었다. 문체부에서는 블랙리스트 진상조사위에서부터 백서발간소위원회를 지원했던 문체부 기획조정실의 윤성천 혁신행정담당관이 계속 지원책임을 맡기로 했다.

교열 및 교정작업이 진행되는 가운데 법률자문을 통해 비실명화의 원칙과 방법 등이 논의되었고, 2018년 11월부터는 백서의 내용에 대한 이의신청을 받기로 하고 그 처리방안이 논의되었다. 이의신청 접수 결과 총 58건이 검토대상에 올랐다. 개개 사안별로 직접 조사를 담당했던 전문위원들의 확인과정 및 이의 제기자들에 대한 면담이 진행되었고, 그 결과에 따라 사안별로 수용, 불수용, 주석 병기 등으로 분류하여 백서에 포함시켰다.

2019년 2월에 드디어 『문화예술계 블랙리스트 진상조사 및 제도개선위원회 백서』가 발간되었다. 백서는 본권 4권과 부록 6권으로 총 10권, 6,600여쪽에 이른다. 아래는 백서 발간시 배포된 문체부 보도자료 전문이다.

> 문화체육관광부(장관 도종환, 이하 문체부)는 문화예술계 블랙리스트 진상조사 및 제도개선위원회(공동위원장 도종환·신학철, 이하 위원회)의 활동과 결과물을 정리한 '문화예술계 블랙리스트 진상조사 및 제도개선위원회 백서'(이하 백서)를 발간했다. 백서는 본책 4권과 부록 6권으로 구성되었으며, 분량이 총 6,600여 쪽에 이른다.
>
> 본책은 ▲ 제1권 '위원회 활동 보고서', ▲ 제2권 '블랙리스트 진상조사 종합보고서', ▲ 제3권 '블랙리스트 방지를 위한 제도개선 종합보고서', ▲ 제4권 '블랙리스트 사태의 총체적 조망'으로 이루어졌다. 제1권에서 제3권까지는 기본적으로 위원회에 참여했던 민간위원들과 전문위원들이 집필을 담당해 11개월간(2017. 7. 31.~2018. 6. 30.)의 위원회 활동 내용과 진상조사 결과물, 제도개선 권고안을 정리했다. 제4권에서는 주로 외부 전문가들이 필진으로 참여해 블랙리스트 사태를 좀 더 거시적이고 다각적인 시각에서 조망하기 위해 노력했다.
>
> 부록은 총 115건의 진상조사 결과보고서 전문을 망라해 ▲ '기관별'(부록 1권), ▲ '공연 분야'(부록 2, 3권), ▲ '문학·출판 분야'(부록 4권), ▲ '영화 분야'(부록 5권), ▲ '시각예술 및 기타

분야'(부록 6권) 등으로 구분했다.

백서의 구성과 원고 집필은 위원회 활동 기간 중에 이루어졌으며, 백서의 교정·교열 및 감수 과정은 위원회 활동 종료 후에 문체부 공무원과 민간 공동으로 구성된 블랙리스트 재발방지 이행협치추진단(단장 문화예술정책실장)에서 담당했다. 지난해 10월 말에 1차 편집이 완료된 후 관련 당사자들에게 가편집본을 열람하도록 하여 이의가 제기된 부분에 대해 3개월간의 추가 소명과 사실 재확인 과정을 거쳐 백서의 최종 수정 보완 작업을 마무리했다.

도종환 장관은 발간사를 통해 "블랙리스트 사태는 다시는 반복되어서는 안 된다. 이러한 일들이 어떻게 가능했고, 어떤 방식으로 이루어졌으며, 어떠한 결과를 초래했는지에 대해 소상하게 밝히는 것이야말로 새로운 미래를 위한 토대를 튼튼히 다지는 일이다"라며, "이 기록을 다시는 이런 일이 재발되지 않도록 하는 반성의 거울로 삼아 창작자들이 자유롭고 공정하게 창작 활동을 영위할 수 있는 환경을 조성하기 위해 노력하겠다"라고 밝혔다.

인쇄된 백서는 블랙리스트 피해자, 국회 등 주요 기관과 도서관, 문화예술단체 등에 우선 배포되며, 디지털 파일은 2월 27일(수)부터 문체부 누리집(www.mcst.go.kr)의 '주요정책'과 위원회 누리집(www.blacklist-free.kr)의 '자료실'에서 볼 수 있다.[19]

19 「'문화예술계 블랙리스트 진상조사 및 제도개선위원회 백서' 발간 -부록 포함 10권, 위원회 활동 내용과 진상조사 결과보고서 수록-」, 문화체육관광부 보도자료(문

블랙리스트 백서가 발간되기까지는 사실 많은 애로가 있었다. 2017년 7월 31일에 출범한 블랙리스트 진상조사위가 자유한국당의 방해로 2018년도 예산을 배정받지 못함에 따라 원래 백서 발간에 쓰일 예산이 2018년도 진상조사위 경상비로 투입되었다.

이행협치추진단 구성 이후, 백서 발간에 배정된 예산은 고작 5천만 원이었다. 마지막까지 발간 작업에 매달린 백서발간팀 5명은 최소한의 회의비를 받으며 헌신적으로 책임을 다했다. 백서발간이 진행되는 중에 이행협치추진단이 책임규명이행계획을 놓고 심각한 갈등 관계에 있었기에 문체부와 함께 하는 백서발간 작업 분위기도 냉랭할 수밖에 없었다. 그러나 도종환 장관이 책임규명이행계획의 재검토를 결정하면서부터 백서발간 작업은 예산 문제를 제외하고는 문체부와 우호적인 분위기 속에 순조롭게 마무리되었다. 특히 윤성천 혁신행정담당관과 조은호 주무관의 전폭적인 협조로 가장 복잡했던 비실명화 작업을 능률적으로 처리할 수 있었다.

4) 문체부, 이행협치추진단, 예술현장간의 주요 협치 내용

(1)김용삼 차관과 블랙리스트 피해 연극인들과의 간담회(2019.1.22.)

2018년 12월 31일에 최종 책임규명 이행계획을 발표한 도종환 장관은 2019년 1월 초부터 예술위, 영진위 등을 직접 방문하여 산하기관 직원들에게 사과하고 직원들의 의견을 청취하는 행보를

화체육관광부 누리집), 2019.02.27. 〈https://www.mcst.go.kr/kor/s_notice/press/pressView.jsp?pSeq=17137&pMenuCD=0302000000&pCurrentPage=1&pTypeDept=&pSearchType=01&pSearchWord=%EB%B8%94%EB%9E%99%EB%A6%AC%EC%8A%A4%ED%8A%B8〉(검색일: 2022.05.02.)

보였다.

블랙리스트 진상조사위 위원이기도 했던 김용삼 1차관은 2019년 1월 22일에 블랙리스트 피해 예술가들과 간담회(대학로연습실 다목적실)를 갖고 전년도 12월 31일의 행사 파행에 대해 거듭 사과했다.

> 김용삼 차관은 "12월 31일 행사를 준비하는 과정에서 좀 더 시간이 있었다면, 충분한 논의를 거치고 여러분들과 언론과도 충분한 대화를 하면 좋을 걸 그랬는데 준비과정이나 현수막 등 그런 부분이 소홀했다"면서 "상처를 치유 받으러 왔다가 그런 분위기로 인해서 상처를 더 받는 일 발생한 것에 대해서 너무나 죄송했다. 그래서 오늘 이런 자리를 마련하게 됐다"고 사과했다.
>
> 김 차관은 "블랙리스트가 지난 정부에서 일어난 일이지만 지금 문체부로서는 문제에 대해서 책임을 전가할 수 없는 입장이고 책임을 져야 하는 입장"이라며 "상처를 치유 할 수 있는 방안이 있다면 어떤 게 있는지 의견을 주시고 문체부에서 할 수 있는 일을 최대한 함께 할 수 있도록 하겠다"고 말했다.[20]

이 간담회에서 피해 예술인들은 여전히 문체부의 징계가 미흡하

---

20 김세운 기자, 「문체부 차관과 블랙리스트 피해 연극인, 어떤 이야기 나눴나」, 『민중의 소리』, 2019.01.23. 〈http://www.vop.co.kr/A00001373445.html〉(검색일: 2022.05.02.)

며 특히 사무관급에 대한 징계가 이루어지지 않은 것에 대해 재차 항의했다.

> 송김경화 연출가는 "문체부나 한국문화예술위원회(이하 예술위)를 아직도 믿을 수 없다"며 "블랙리스트 실행에 적극적으로 가담한 공무원들이 징계시효 만료나 퇴직자라는 이유로 징계를 받지 않았다"고 말했다.
> 당시 예술위에서 블랙리스트를 실행한 사례 중 하나인 팝업씨어터 사태를 내부고발한 이후 퇴사한 김진이 기획자도 "블랙리스트에 가담해 정직 1개월을 받은 예술위 부장이 여전히 현장에서 예술인들을 마주하고 있다"며 "해당 부장이 단 한 번이라도 피해 예술인들에게 직접 사과한 적도 없다"고 말했다.[21]

예술현장의 불만과 비판 여론은 여전히 남아 있었으나 김용삼 차관과의 간담회는 문체부와의 골 깊은 응어리를 풀 수 있는 하나의 계기가 되었다. 문체부는 적어도 재검토를 수용한 시점부터는 민간과의 협치를 충실히 수행하면서 현장의 의견을 청취하려고 성실히 노력하였다.

---

21 박정환 기자, 「'블랙리스트 피해자' 김용삼 문체 1차관 대학로 찾아간 까닭」, 『news1』, 2019.01.24. 〈https://www.news1.kr/articles/?3531968〉(검색일: 2022.05.02.)

(2) 수사의뢰자 3인에 대한 인사 문제

2019년 7월 1일에 문화체육관광부는 대규모 인사 개편을 단행하였는데 블랙리스트 관련 수사 의뢰자 3명이 문체부 소속기관에 발령(6월 28일자)이 났다는 사실이 7월 8일 박양우 장관의 취임 100일 기자간담회를 통해 드러났다. 7월 1일 언론 보도를 통한 문체부 인사 발표에서는 이들의 명단이 없었다가 기자들의 질문을 통해 이 같은 사실이 알려지면서 문체부 스스로 이들의 인사발령을 은폐하려 했다는 의혹마저 일었다.

이 사태로 문체부와 이행협치추진단은 다시 큰 갈등을 빚게 되었다. 특히 이행협치추진단은 수사의뢰 대상자들 외에도 블랙리스트 사태 당시 예술정책과 과장이었던 자를 예술정책관에 임명한 것에 대해서도 엄중히 항의하였다. 문화민주주의실천연대의 항의 성명을 비롯하여 예술현장에서도 강력한 문제 제기가 이어졌다. 이행협치추진단은 이 문제가 해결되지 않는 한 더이상 협치 테이블에 앉을 수 없다고까지 문체부에 맞섰다. 이행협치추진단은 김용삼 문체부 차관과의 간담회에 이어 박양우 장관과의 간담회에서도 이러한 뜻을 굽히지 않았다. 문체부는 결국 3인의 수사의뢰자 중 기관장격인 국립한글박물관장을 다른 자리로 보냈고, 예술정책관에 대해서도 전보인사를 단행했다.

> 블랙리스트 실행자들에 대한 인사 문제로 인해 문화예술인들의 항의를 받은 문화체육관광부가 지난 7월 1일 단행된 국장급 인사 일부를 재검토하겠다는 입장을 밝혔다. 문체부는 30

일 '최근 문화예술현장의 블랙리스트 관련 문체부 국장급 인사(7.1.) 비판'에 대한 입장을 내고 블랙리스트 피해 문화예술인들의 항의를 일부 수용하기로 했다.

문체부는 지난 7월 1일 국장급 인사를 단행하면서 블랙리스트 수사의뢰 대상자들을 포함시켜 논란을 일으켰다. 당사자의 요청이라는 이유로 이들의 인사를 외부에 공개하지도 않았다.

이에 블랙리스트 피해 단체들이 모인 문화민주주의실천연대는 비판 성명을 발표했고, 지난 7월 17일에는 이들과 문체부의 논의 기구인 '블랙리스트 재발방지 제도개선 이행협치추진단'(이하 이행협치추진단) 회의에서 블랙리스트 피해자였던 민간위원들(김미도, 이양구, 이원재, 정윤희, 현린)의 문제 제기가 있었다. 민간위원들은 문체부의 인사가 블랙리스트 재발 방지의 취지에 어긋난다고 지적했고, 블랙리스트 관련 '주의' 처분을 받은 예술정책관 인사에 대해서도 추가로 문제를 지적했다.

이에 대해 문체부(박양우 장관)는 "2018년 10월 블랙리스트 관련 혐의로 수사 의뢰된 3인이 6개월 이상 대기발령 상태에 있는 등, 소속기관 국장급 5개 직위가 장기 공석으로 업무 수행에 차질을 빚고 있었다"며 인사가 이뤄진 배경에 대해 해명했다.

수사 의뢰된 3인으로 지난 7월 1일 인사에 포함된 이들은 김아무개 국립한글박물관장과 김아무개 해외문화홍보원 해외문화홍보기획관, 용아무개 국립중앙도서관 디지털자료운영부장 등이다. 이들은 블랙리스트 문제가 공개될 당시 해외문화원장 등으로 있다가 귀국해 대기발령 상태에 있었다. 예술정책관은 조

아무개 콘텐츠정책국장이 전보됐다.

문체부는 "위 3인 관련 검찰 수사는 관련 재판 종결 이후에나 본격 진행될 것으로 예상되고, 수사 및 재판이 언제 끝날지 알 수 없는 불안정한 상황에 있다"며 소속 기관 국장 직위는 기관장을 보좌하고, 문체부 본부 등 외부 기관과 원활한 업무 연계를 수행하는 자리로, 소속 기관 업무 공백을 최소화하는 차원에서 위 3인에 대한 전보 조치를 취했다고 밝혔다. 이어 "관련 법령에 따라 6개월 이상 대기발령을 지속하기가 어려운 사정도 있었다"고 덧붙였다.

그러나 문체부는 "이러한 사정에도 불구하고 문화예술현장과 이행협치추진단 민간위원들의 문제 제기와 계속되는 우려를 해소하기 위하여 장관과 차관이 7월 26일과 8월 9일 두 차례에 걸쳐 이행협치추진단과 관련 사항에 대한 논의를 진행했다"고 전했다.

이행협치추진단과 논의 결과 ▲ 관련 법령에 따라 6개월 이상 대기 발령을 지속하기 어려운 상황에서, 블랙리스트 관련 수사의뢰자 3인 중 기관장 직위에 해당하는 1인과 인사검증 과정에서 면밀한 검토가 부족했던 예술정책관 전보 인사에 대한 재검토를 진행하기로 하고 ▲ 수사 의뢰자 3인에 대하여는 향후 검찰에서 형사 기소가 제기될 경우 즉시 직위해제 조치를 하고(국가공무원법 제73조의3), ▲ 불기소처분시에는 중징계를 하겠다는 당초 합의 내용(2018.12.31.)을 성실히 이행할 것을 재확인했다"고 밝혔다.

문체부는 향후 블랙리스트와 같은 불행한 사태를 반복하지 않고, 신뢰받는 정부 부처로 거듭나기 위한 방안도 제시했다. ▲ 블랙리스트 관련자는 당시 담당 업무와 관련이 없는 직위로 배치하여 당시 담당 분야와는 다른 업무를 수행하고 ▲ 블랙리스트 사태 수습과정을 경험하지 못한 신규자를 포함하여, 블랙리스트 재발방지 교육 계획을 수립해 지속하겠다는 것이다. 또 이행협치추진단과 함께 피해자 명예회복과 사회적 기억사업을 계획을 수립해 추진하고, 분야별 제도 과제 이행을 위하여 문화예술현장과 함께 더 긴밀한 소통을 해나가겠다고 밝혔다.[22]

한 번 단행한 인사를 번복하는 것이 쉬운 일은 아니었으나 문체부는 이행협치추진단을 매개로 한 예술현장과의 신뢰 회복을 위해 어려운 결단을 한 셈이었다.

(3) 예술위 위원 선임절차에 대한 현장 의견 수렴 및 제고

'블랙리스트 진상조사위'는 '블랙리스트 방지를 위한 한국문화예술위원회 개선 권고'에서 예술위 위원 선임 절차의 문제점을 심각하게 지적한 바 있다.

---

22 성하운 기자, 「블랙리스트 관련자 인사 '재검토'... 한발 물러선 문체부」, 『오마이뉴스』, 2019.08.31. 〈http://star.ohmynews.com/NWS_Web/OhmyStar/at_pg.aspx?CNTN_CD=A0002566702&CMPT_CD=P0010&utm_source=naver&utm_medium=newsearch&utm_campaign=naver_news〉(검색일: 2022.05.01.)

- 예술 현장과의 소통, 위원 선임 및 위원회 구성 원칙과 기준, 민주주의 절차를 통한 위원 선출, 위원회 활동에 대한 객관화 된 평가 체계 등이 실종되고 문화체육관광부의 의사결정에 따라 위원회 구성 및 운영이 진행됨

  한국문화예술위원회 위원 구성에 대해서는 『문화예술진흥법』 제 23조(위원회의 구성) ①항의 다음 규정 이외에 명문화된 규정이 없음. "위원회는 문화예술에 관하여 전문성과 경험이 풍부하고 덕망이 있는 자 중에서 문화체육관광부 장관이 위촉하는 15명 이내(위원장 1명을 포함한다)의 위원으로 구성한다."[23]

이처럼 문체부 장관이 위원 선임의 결정적 권한을 가지고 있는 구조는 블랙리스트 사태 당시 예술위 위원들 중 누구 하나 적극적으로 저항하기는커녕 블랙리스트 실행에 순응하고 협조하는 참사를 낳았다. 2005년 합의제 민간위원회로 전환한 예술위의 자율성과 독립성이 철저히 파괴된 것이다.

예술위 위원 선임 과정에 대한 문제점은 2018년 '아르코혁신TF' 보고서에서도 심각하게 지적된 바 있다. 아르코혁신TF는 개선 방향으로 위원 구성 절차에 대해 참여적 구조를 활성화하여 위원 선임과정이 현장으로부터 추대되는 절차 중심의 구조로 전환할 것을 권고한 바 있다. 또한 위원추천위 구성(권한)을 예술위

---

23 『블랙리스트 진상조사 및 제도개선위원회 백서3-블랙리스트 방지를 위한 제도개선 종합보고서』, 문화체육관광부, 2019, 95쪽.

에 '위임(단기)/이관(장기)'하고 위원추천위는 공모와 심사과정을 공개하라고 요구했다.

기존 위원 선임 절차에서 또 하나 문제가 된 것은 바로 위원추천위원회의 구성 과정이다. 위원추천위원회는 말만 '추천'이지 사실상 위원 공모에 응한 지원자들을 단순 심의하여 2배수를 문체부 장관에게 올리는 기능만 가지고 있었다. 그런데 이 위원추천위원회를 또 문체부가 구성하도록 되어 있어 문체부의 의도가 개입할 여지가 컸다.

문체부는 예술위 7기 위원 선임 절차에 들어가면서 2019년 8월 19일부터 9월 1일까지 14일간 '위원추천위원회'를 공개 모집했다. 여기에 33개 단체, 총 59명(문학9, 미술8, 연극15, 전통예술9, 문화일반18)이 신청했다. 문체부 장관은 이를 토대로 총 20명(장르별 12명, 문화일반 8명)의 위원추천위원회를 구성했다.

그런데 법인으로 등록된 협단체로부터의 추천과정이 문제가 되었다. 특정 협단체에 속한 추천위원들이 협단체장 출신들을 위원후보로 추천할 가능성이 컸고, 부분적이지만 결국 그런 결과가 나타났다. 가장 큰 문제는 위원 후보자 16명이 전원 남성으로 추천되었다는 점이다.

예술위 위원 후보자들이 전원 남성으로 추천된 것에 대해 '성폭력반대연극인행동'(이하 '성반연')이 즉각 반발하고 나섰다. 2019년 11월 14일 성반연은 성명서를 통해 여성후보자가 없는 것뿐 아니라 위원 후보 추천과정의 전반적인 문제점을 지적하였다.

공모에 있어서 여성 후보자가 적었다면 자격의 적격성, 추천의 방법론에 문제가 있지는 않은지를 살펴야 하는 것이 아닌가? 적절한 여성 후보자를 발굴하려고 노력했어야 하는 것 아닌가? 매번 위원 공모에 있어서 후보자가 많지 않고, 공모 시기가 짧다는 관행에 대해서 이를 극복하거나 개선하려는 노력을 하였는가? 현장이 요구하는 대표성과 전문성의 의미가 달라졌다는 점에 대해 얼마나 인식하고 있는가? 특히 연극분야는 해결되지 않은 전 협회장들의 문제 뿐만 아니라 만주전선을[24] 통해 협회가 지닌 폐쇄적이고 위계적인 구조를 다시 한 번 확인했다. 문화예술위원회는 여전히 장르협단체만이 추천위원을 추천할 수 있는 문화예술단체라고 규정하고 있는가? 더하여 문화예술위원회 내에서 현장소통소위원회와 성평등예술지원소위원회가 활동하고 있는 바, 문예위 위원을 공모하는 이 과정에서 그러한 소위원회와 어떻게 소통하고 귀를 기울였는가? "예술정책과 행정에 대한 이해"가 단체의 고위직을 경험해 본 기득권 인사들만이 가질 수 있는 특권이라는 인식 역시 재고되어야 할 것이며, 이를 통해 문체부와 문예위는 장년-남성의 얼굴만이 아닌, 문화예술계 전체를 대표하기에 보다 적합한 후보자 군을 제시할 수 있어야 할 것이다.

24 극단 소울씨어터의 만주전선은 제 35회 강원연극제에서 대상을 받아 2018년 대한민국연극제에 강원도 대표작으로 참가했으나 주최측인 한국연극협회(이사장 정대경)의 미숙한 행정에 의해 본선 심사에서 배제된 바 있다.

그러나 최종 후보자 뿐만 아니라 '한국문화예술위원회 위원 선임을 위한 위원추천위원회 위원 추천' 역시 그 추천 방법에 있어 법인인 문화예술단체만에게 열려있다는 것은 문제적이다. 법인이 아닌 문화예술단체가 대다수인 문화예술계에서 최초후보자에서 최종후보자의 실질적 심사를 담당하는 위원추천위원회를 추천하는 것조차 법인 문화예술단체에게만 자격이 주어진다는 것은 소위 "그들만의 리그"를 공고히 하는 결과를 초래했다.[25]

예술위의 지원정책을 성평등 관점에서 검증하는 '성평등예술지원소위원회'도 11월 15일에 입장문을 내고 "역대 예술위원 63명 중 여성은 16명으로 25%인데, 이대로 7기 위원이 구성되면 그 비율은 낮아진다"면서 "예술위 위원과 추천위원회의 성비·연령비 구성을 40% 이상 또는 남녀동수로 명문화 하는 '성평등 쿼터제'를 도입해야 한다"[26]고 요구했다.

문화예술계의 반발이 크게 확산되자 문체부는 11월 28일에 보도해명자료를 통해 "현재까지 진행된 위원 선임 절차를 중단하고 현장의 의견을 반영할 대안을 검토해 나가겠"다고 발표했다. 이러한 문체부의 전격적인 결정을 문화예술계가 환영하면서 곧바로

25 성폭력반대연극인행동, 「한국문화예술위원회 비상임 위원 최종 후보자에 관한 성명서」, 2019.11.14. 〈https://www.facebook.com/theaterwithyou/posts/450116612313752〉(검색일: 2022.05.02.)

26 배덕훈 기자, 「"여성후보 없어" 문체부, 신임 예술위원 선임 중단」, 『노컷뉴스』, 2019.11.28. 〈https://www.nocutnews.co.kr/news/5251043〉(검색일: 2022.05.02.)

공론화 과정에 돌입했고 총 3회의 공개토론회를 가졌다. 2020년 1월 30일에 열린 3차 토론회에서는 예술위 위원 선임에 대한 새로운 기준들이 대략 정리되었다. 무엇보다 특정 성별 비율이 60%를 초과하지 않도록 하고, 40대 이하와 50대 이상의 위원들을 50:50으로 조정함으로써 세대간 비율도 고려하기로 했다. 20대가 위원으로 추천될 확률이 적은 부분에 대해서는 예술위 내의 소위원회 제도를 적극 활용하여 청년층의 참여를 보장하기로 했다. 또 추천위원회 구성에 있어서는 법인 미등록단체와 개별예술인까지 추천 주체를 확대함으로써 추천위원회가 현장으로부터 신뢰받는 인사들로 구성될 수 있도록 고려했다.

유례가 없는 현장과의 적극적 소통 끝에 2020년 5월 6일 제 7기 예술위 위원들이 위촉되었다. 최종 결과는 남·여가 각 4명(50%), 30~40대와 50~60대가 각 4명(50%)으로 성별과 연령별 균형을 고려하였고, "분야별 전문성과 함께 최근 융·복합, 다원예술 활동 증가 추세 등을 반영하기 위해 관련 경험을 고려했으며 차별 없는 문화예술 지원을 위해 장애인예술·복지 관련 전문성도 감안했다. 청년들에게 실제 필요한 지원을 확대한다는 차원에서 처음으로 30대 청년예술가를 위촉했으며 지역화와 문화분권을 고려해 지역예술 활동가도 포함했다."[27]

공론화 과정을 통해 개선된 예술위 위원 선임 절차는 결국 블랙

---

27 박정규 기자, 「7기 문화예술위원 8명 위촉... 절반은 여성· 30~40대」, 『뉴시스』, 2020.05.06. 〈https://newsis.com/view/?id=NISX20200506_0001015680&cID=10701&pID=10700〉(검색일: 2022.05.02.)

리스트 진상조사위와 아르코혁신 TF가 권고했던 개선안과 같은 방향성을 지향하게 되었다. 예술위 위원 선임과정의 개혁은 예술위의 독립성과 자율성을 확보해감으로써 예술위의 근본적 문제점을 개혁할 수 있는 초석을 놓았다고 할 수 있다. 비록 7기 위원 선임과정이 상당히 지연되었으나 문체부의 전향적인 결단 후 현장과의 적극적인 소통을 통한 문제 해결 노력은 문체부가 현장으로부터 신뢰를 회복하는 중요한 전환점이 되었다.

5) 블랙리스트 피해자 명예회복 및 기억 사업

이행협치추진단은 2019년 4월 3일 박양우 문체부 장관이 취임한 직후인 5월 초부터 '블랙리스트 피해자 명예회복 및 사회적 기억사업'을 요구했고, 박양우 장관은 이를 선뜻 수락했다. 이후 이행협치추진단은 사회적 기억사업을 위한 전문가 자문 및 세미나 활동을 하며 준비작업을 진행했다.

2019년 12월 2일 '팝업씨어터 공개사과 이후-블랙리스트 피해자 명예회복과 사회적 기억사업을 시작하며'를 주제로 열린 공청회에서는 장관이 직접 '팝업씨어터' 사건 피해자들에게 사과하고 명예회복과 사회적 기억사업을 다짐했다. 팝업씨어터 사건은 공연예술분야의 대표적인 블랙리스트 사건으로 공연 중에 '세월호'를 암시하는 표현들이 등장한다는 이유로 예술위 직원들이 고의적으로 공연을 방해하고 대본 검열을 실행한 바 있다. 공청회가 열린 장소는 바로 2015년 10월에 팝업씨어터 사건이 발생했던 씨어터 카페(대학로예술극장 1층)였다.

이 공청회가 열리기 전까지 팝업씨어터 피해자들과 예술위 사이에는 상당한 진통이 있었다. 대표적으로 2019년 7월 19일에 예술위가 역시 씨어터카페에서 '팝업씨어터 사태에 대한 사과 및 재발방지를 위한 약속 –팝업씨어터 사과에 대한 입장문 발표'를 한 적이 있다. 그 날의 사과는 이행협치추진단과 예술위 측이 사전에 수차례 회의를 거친 결과였다. 그러나 이 날 예술위의 사과는 여전히 피해자들에게 진정성 있게 다가가지 못했고, 참가자들 사이에 격앙된 고성이 오가기도 했다. 직접적인 가해자들이 사과의 자리에 나오지 않은 채 예술위 위원장이 대표로 사과하는 형식은 팝업씨어터 사태로 상처받은 다수의 예술가들을 근본적으로 위로하지 못했다.

12월 2일 공청회에서 박양우 장관의 사과에 이어 박종관 예술위 위원장도 피해자들에게 재차 사과했다. 이날 분위기는 대체로 차분했으며 특히 팝업씨어터 사태를 공익제보했던 김진이의 발제 「'팝업씨어터' 후속 조치는 왜 필요한가? -우리에게 남은 질문들에 대한 답을 위하여-」는 참가자들을 숙연하게 했다.

> 오늘 공청회가 열리는 이곳, 씨어터카페는 '팝업씨어터' 〈이 아이〉 공연 방해가 이루어진 장소입니다. 씨어터카페는 '일상'적인 공간에서 벌어지는 '팝업씨어터' 기획 취지에 따라 한국문화예술위원회가 선정한 '일상'적인 장소인 셈입니다. 공연 방해는 은밀한 장소에서 조심스럽게 실행된 것이 아니었습니다.
> 4년 전 퇴사 이후, 저는 이 장소를 차마 오지 못했습니다. 이

> 곳을 떠올리기만 해도 제가 살아가는 일상의 장소가 언제든 방해와 검열의 장소가 될 수도 있다는 생각이 들었기 때문입니다.
>
> 진상조사 결과에도 밝혀져 있듯, 제가 '팝업씨어터'를 담당하면서 섭외하고자 작성했던 예술가들의 이름은 문화체육관광부를 통해 신원검증 리스트로 바뀌었습니다. 진상조사 결과를 읽고 또 읽으면서 저는 제 자신에게 되물었습니다. 왜 저의 평범하고 자연스러운 일상이 블랙리스트 실행 과정의 일부가 되어야 했을까요?

그는 "다시 피해자가 되는 것이 아니라 가해자가 될지도 모르기 때문"에 두렵다고 했다. "아마 우리에게 상처의 기억들은 영원히 회복되지 않을지도" 모르지만 "후속 조치를 논의하는 지금 이 순간이 그 변화의 과정이라고 생각"한다고 의미를 부여했다.

전 블랙리스트 진상조사위 민간위원이었던 오동석 교수(아주대 법학전문대학원 교수)는 보조 발제인 「블랙리스트 피해자 명예회복 및 사회적 기억의 원칙과 방향」에서 다음과 같이 발언하였다.

> 원상회복은 불가능하다. 피해와 상처가 사라지지 않기 때문이다. 기억을 지울 수도 없다. 마치 피해자 명예 회복 정책 한 두 개나 금전적인 피해 배상이나 보상으로 할 일을 다 한 것처럼 구는 것이야말로 3차 가해다. 사과하는 가해자의 진심을 의심하지는 않겠지만, 사과는 말 한마디와 함께 고개 한 번 숙이는

것으로 끝나지 않는다. 회복적 정의는 국가범죄의 상처를 회복하는 인권과 민주주의를 보장하는 국가체제, 헌법체제의 원기를 회복하는 일이어야 한다.

피해자를 더 이상 피해자로만 남아 있지 않게 하는 일이 회복적 정의다. 피해자가 민주시민으로 돌아오게 하기 위해 동료 민주시민이 해야 할 일이기도 하다. 피해자의 요구이자 권리다. 회복적 정의는 처벌과 배상 그리고 회복을 넘어 사회구조의 혁신을 정면으로 추구하는 변혁적 정의((transformative justice)다.

문체부 장관이 직접 피해자들을 만나 사과하고 명예회복 및 사회적 기억사업을 약속했다는 것은 블랙리스트 사태의 후속조치에서 하나의 큰 전환점을 마련했다고 볼 수 있다.

사회적 기억사업의 구체적 추진을 위해 문체부는 2020년 12월 24일에 연구용역사업 계약을 체결하였다. 중앙대학교 오창은 교수가 연구책임을 맡았고, 이행협치추진단의 김미도, 이양구, 정윤희 위원과 김종휘 변호사가 자문단으로 참여했다. 이 연구는 「문화예술분야 블랙리스트 사건의 사회적 기업과 회복을 위한 방안 연구」 라는 제목으로 2021년 4월에 완성되었다.

이 용역 연구를 바탕으로 2021년 11월 3일에 '블랙리스트 피해자 명예회복과 문화예술 표현의 자유 주간 추진을 위한 토론회'가 국립극단 백성희장민호극장에서 열렸다. 이 토론회는 이행협치추진단과 국회의원 도종환·박정·유정주가 공동주최하는 형식이었다. 토론회가 열린 국립극단 백성희장민호극장은 문화예술계 블랙리스트 사태의 시발점이 되는 국립극단의 〈개구리〉(박근형 연출, 2015.9)가 공연되었던 장소이다. 이날 책임연구자인 오창은 교수가 발제를 맡았고, 예술현장에서 블랙리스트 피해자인 임인자(전 서울병방연극제 예술감독), 남인우(연출가), 원승환(인디스페이스 관장), 정원옥(대한출판문화협회 연구원)이 토론에 참여하였다.

토론에 나선 원승환은 "블랙리스트 피해자 입장에서 보면 피해가 복원된 것이 없"다면서 "표현의 주간 사업은 정부차원에서 기획·확산되어야"한다고 강조했다. 남인우는 "관료들의 관리를 받는 한 블랙리스트 구조는 살아있다고 생각하며, 산하기관 등과 상하관계가 아닌 협업관계가 될 수 있도록 문체부가 체계를 마련해 주길" 바랬다. 임인자는 "예술검열은 지금도 반복되는 상황"이므로 "과거로서 기억하는 것이 아니라 현재에 일어나지 않도록 해야 하며 기억사업은 그런 측면에서 중요"하다고 했다. 정원옥은 "새로운 관계 맺기 관점에서 접근하여 피해자 뿐 아니라 가해자의 성찰, 참여가 어루어져야" 한다고 당부했다.[28]

6) 산하기관별 제도개선을 통한 자율성 및 독립성 강화

(1) 예술위, 영진위의 자율성 및 독립성 보장

블랙리스트 진상조사위는 블랙리스트 실행이 가장 극심했던 한국문화예술위원회의 독립성 확보 및 운영 개선을 위해 제도개선의 핵심 사항으로 『공공기관 운영에 관한 법률』(일명 '공공기관 운영

---

28 이행협치추진단 34차 회의자료, 2021.12.03.

법')으로부터 제외하고 위원장 선임에 호선제를 도입할 것을 권고하였다. 이행협치추진단은 2018년 10월부터 공공기관운영법 개정을 통해 한국문화예술위원회와 영화진흥위원회를 공공기관에서 제외하는 문제를 협의하였다. 구체적 방안으로는 공공기관운영위 의결을 통해 문예위와 영진위를 '기타공공기관'으로 변경하면 위원장 선출에서 호선제 도입이 가능하고, 경영평가에서 제외될 수 있다고 보았다.

예술위는 원래 2005년 설립 이후 호선제로 위원장을 선임했으나 이명박 정부가 들어서자 2008년에 '공공기관의 운영에 관한 법률' 개정에 따라 준정부기관으로 지정됨으로써 문체부 장관이 위원장을 임명해왔다. 호선제에서 임명제로의 전환 이후, 정권 입맛대로 기관장을 임명함으로써 기관의 자율성과 독립성이 심각하게 훼손되는 결과를 낳았다.

문화예술계는 두 기관장이 임명제로 바뀐 이후 블랙리스트와 유사한 '솎아내기'가 시작됐다고 본다. 이명박 정부 때인 2008년 청와대 기획관리비서관실이 '문화권력 균형화 전략'을 짜고 당시 김정헌 예술위원장, 김윤수 국립현대미술관장 등 이른바 좌파 예술인으로 찍힌 수십 명을 축출했고 주요 단체에 대한 지원금을 대폭 삭감했다. 박근혜 정부에서 영진위는 세월호 참사를 다룬 영화 '다이빙벨'을 상영한 부산국제영화제 지원금을 2015년 반토막 내는 등 최소 5건의 블랙리스트 이행 사례가 드러났다. 두 기관이 블랙리스트의 수족 노릇을 한 사실이

확인되면서 문화예술계의 호선제 복원 요구도 거셌다.[29]

문체부는 기획재정부와의 협의를 거쳐 2019년 1월 30일자로 예술위를 '기타공공기관'으로 변경하였다. 2020년 5월 20일에는 『문화예술진흥법』(문예진흥법) 개정안과 『영화 및 비디오물의 진흥에 관한 법률』(영비법) 개정안이 20대 국회 임기 만료를 앞두고 가까스로 통과되었다.

문화예술계는 블랙리스트 사태의 중심에 있었던 이들 기관의 독립성 유지를 위해 위원장 호선제를 도입해야 한다고 요구해 왔다. 이는 문화예술계 블랙리스트 진상조사위가 문화체육관광부에 권고한 제도개선안이기도 하다.
문예진흥법 개정안에 따르면 문예위는 앞으로 12명의 위원 중에서 호선제를 통해 위원장을 선임하게 된다. 위원장과 위원 임기는 현행 3년과 2년에서 모두 3년으로 변경된다. 또 위원장과 위원 모두 1회에 한해 연임할 수 있다.
호선제를 통한 문예위원장 선임은 이르면 2022년부터 이뤄질 것으로 보인다. 현 박종관 문예위원장의 임기는 2021년 11월 1일까지이며 지난 5월 6일 임명된 7기 위원들의 임기는 2022년 5월 5일까지다. 문체부 관계자는 "8기 위원부터 호선제를 통해

29 안동환 기자, 「[단독] 영진위· 문예위 위원장 호선제 복귀... 문체부, 10년 만에 임명권 놓는다」, 『서울신문』, 2018.02.01. 〈https://www.seoul.co.kr/news/newsView.php?id=20180202006007&wlog_tag3=naver〉(검색일: 2022.05.02.)

위원장을 선임하게 될 것"이라고 설명했다.

문예위는 2005년 설립 이후 호선제로 위원장을 선임했다. 그러나 2007년 '공공기관의 운영에 관한 법률'에 따른 준정부기관으로 지정됨에 따라 문체부 장관이 위원장을 임명해왔다.

문체부가 기획재정부와의 협의를 거쳐 지난해 1월 31일자로 문예위를 기타공공기관으로 변경함에 따라 위원장 호선제 도입이 다시 가능하게 됐다.

영비법 개정안도 문예진흥법 개정안과 마찬가지로 영진위 위원들이 위원장과 부위원장을 호선으로 선임하는 내용을 담고 있다. 위원장과 위원의 임기는 3년이며 한 차례 연임이 가능하다. 현 오석근 영진위원장의 임기는 내년 1월 7일까지다.[30]

예술위와 영진위는 다시금 호선으로 위원장을 뽑을 수 있게 되어 자율성 확립을 위한 가장 중요한 기틀을 마련했다고 볼 수 있다. 한 번 왜곡된 제도를 바로잡는 데 10년 이상의 세월이 걸린 셈이다.

(2) 한국문화예술위원회 자율운영 보장 공동선언 채택

이행협치추진단은 블랙리스트 사태에 있어 예술위가 문체부로부터 내려오는 상명하달식 지시를 거부하기 어려웠다는 점을 개선

30 장병호 기자, 「문예위· 영진위원장 호선제로 뽑는다... 블랙리스트 권고안 반영」, 『이데일리』, 2020.05.22. 〈https://www.edaily.co.kr/news/read?newsId=03230806625771544&mediaCodeNo=257&OutLnkChk=Y〉(검색일: 2022.05.02.)

하기 위해 문체부와 예술위 사이에 자율운영 협약 체결을 제안하였다.

2021년 3월 10일에 문체부 황희 장관은 예술위 박종관 위원장 및 위원들과 연수회를 개최하고 '문예위의 자율운영을 보장하기 위한 공동선언'을 채택했다.

공동선언의 주요 내용은 ▲ 문체부-문예위는 예술의 자율성과 독립성 보장에 최선을 다하며, ▲ 문체부는 현장의견을 토대로 정책을 수립하고 사업을 추진한다. ▲ 문예위는 법령에 근거한 자율과 책임 원칙 내에서 문예기금을 운용하고, ▲ 문체부-문예위가 수립·집행하는 사업은 표현의 자유 등 헌법 정신을 준수해야 한다는 것이다.

황희 장관은 "지난 정부 문화예술계 블랙리스트 사태로 인해 예술인들과 단체가 입은 피해와 상처에 마음이 아프다. 다시 한번 문체부를 대표해 깊이 사과를 드린다. 지원하되 간섭하지 않는다는 예술정책의 기본원칙을 되새겨서 창작의 자유가 보장될 수 있도록 제도적인 장치를 마련하고 그것을 시행해 나가는 것이 중요하다."라며 "오늘 채택한 공동선언을 기반으로 양 기관이 동반자적 관계를 구축해 예술인들이 걱정 없이 창작활동에 몰입하고 국민은 문화가 있는 삶을 즐길 수 있게 되기를 기원한다."라고 밝혔다.

박종관 위원장은 "이번 공동선언은 지난 과오를 뼈아프게 반성하고, 재발 방지를 다짐하는 의미"라며, "문체부와 예술위가 자율과 책임의 원칙하에 협력적 관계를 유지하면서, 자유롭고 공정한 예술 창작 지원 체계를 만들어 나가겠다."라고 말했다.[31]

이 '자율운영보장공동선언문'에는 예술위가 예술현장을 대표하는 기관으로서 문체부에 문화예술 정책 제안을 할 수 있으며, 문체부 장관과 예술위 위원장 및 위원들 간의 전체회의를 연 2회 이상 하는 것으로 명시하고 있다. 이에 따라 문체부와 예술위는 2021년 12월 30일에 첫 번째 공동연수회를 개최하였다.

7) 『예술인의 지위와 권리에 관한 법률』 제정(2021.9)

블랙리스트 진상조사위는 "블랙리스트 사태는 장기간에 걸쳐 국가기관과 공무원, 민간인이 동원되어 다양한 기제를 통한 문화예술 표현의 자유와 문화예술인의 권리가 침해될 수 있음을 실증한 사례이므로, 향후 발생할 수 있는 문화예술인의 권리 침해를 방지하는 신고, 조사, 피해구제, 처벌 등을 포함한 시스템 마련이 시급"[32]하다고 보았다. 이에 계속적인 진상규명과 문화예술인의 권리 침해를 방지할 수 있는 기구로서 (가칭)'문화예술인 표현의

---

31 「한국문화예술위원회 자율운영 보장 공동선언 채택」, 문체부 보도자료(문화체육관광부 누리집), 2021.03.10. 〈https://www.mcst.go.kr/kor/s_notice/press/pressView.jsp?pSeq=18719&pMenuCD=0302000000&pCurrentPage=1&pTypeDept=&pSearchType=01&pSearchWord=%EC%9E%90%EC%9C%A8%EC%9A%B4%EC%98%81+%EB%B3%B4%EC%9E%A5〉(검색일: 2022.5.1.)

32 『문화예술계 블랙리스트 진상조사 및 제도개선위원회 백서3, 블랙리스트 방지를 위한 제도개선 종합보고서』, 문화체육관광부, 2019, 164쪽.

자유와 권리 보장 위원회' 설립을 권고하였고, 이 위원회는 법령에 근거한 기구로 설립되어야 하기에 『문화기본법』의 개정 또는 '문화예술표현의 자유와 예술인 권리 보호에 관한 법률'과 같은 법률 신설을 권고하였다.

이행협치추진단은 활동 초기인 2018년 10월 4차 회의부터 지속적으로 (가칭)'예술인 권리보장법' 제정에 관하여 논의하였다. 이 법의 제정을 위하여 2018년 10월부터 (가칭)'예술인 권리보장법 제정 추진 TF'가 가동되었는데 여기에는 새문화정책준비단, 문화민주주의실천연대, 문화예술노동연대, 어린이청소년책작가연대, 여성문화예술연합, 성희롱·성폭력 예방대책위, 성폭력반대연극인행동 등이 참여하였다.

『예술인의 지위와 권리에 관한 법률』(약칭 '예술인 권리보장법') 이라는 명칭으로 확정된 이 법안의 제 1조는 "예술 창작과 표현의 자유를 보호하고 예술인의 노동과 복지 등 직접적 권리를 신장하며, 예술인의 문화적·사회적·경제적·정치적 지위를 보장하고 성평등한 예술환경을 조성하여 예술 발전에 이바지하는 것"이라고 명시하였으며, 가장 핵심적인 내용은 제 7조의 '예술의 자유와 침해 금지'와 제 8조의 '예술지원의 차별금지'라고 할 수 있다.

이 법안은 2020년도에 국회를 통과하지 못했고, 그 후 법안 재정비와 공청회 등을 거친 후 2021년 8월 30일에 드디어 국회 본회의를 통과했다. 이 제정안은 "예술가의 권리는 법률로써 보호한다"는 헌법 규정을 실질적으로 구현한 것으로 예술인 권리침해 행위 및 성희롱·성폭력 행위의 금지, 예술인 권리구제 기구 설치, 피해자 구제 방안' 등을 규정하고 있다.

그러나 예술인권리보장법은 여야간의 협의를 거치는 동안 블랙리스트 사태의 재발을 방지하고자 했던 강력한 장치들이 상당히 무력화되었다.

> 무엇보다 권리보장법 탄생을 촉발한 문화예술계 블랙리스트 가해자들에 관한 처벌 규정이 부재했다.
> 이동민 기획자는 "권리보장법 자체가 예술의 표현의 자유를 한 축으로 하고 있지만, 국가 기관이나 공무원이 예술가의 표현의 자유를 침해했을 때 처벌 규정이 없다"며 "이 법이 기습적으로 통과될 때 처벌 조항은 다 빠졌기 때문"이라고 지적했다.
> 그는 "여기서 처벌이라곤 문체부가 시정명령을 내렸는데 시정명령을 안 했을 때 과태료를 준다든지 아니면 재정지원을 중단하든지 두 가지밖에 없다"면서 "그런데 문체부가 문화예술을 검열했을 때 문체부에 재정지원을 중단할 수 있나. 말이 안 된다"고 말했다.[33]

예술인권리보장법은 처벌 규정이 부재한 대신 '예술인 보호관' 제도를 도입했다. 예술인 보호관은 피해자 구제를 위해 관계 기관에 시정 권고, 시정 명령을 하거나 재정 지원 중단·배제 등을 통보할 수 있다. 그러나 블랙리스트 사태와 같은 일이 재발했을 때

---

33 김세윤 기자, 「"예술인권리보장법 무엇이 문제인가?"」, 『민중의소리』, 2022.03.19. 〈https://vop.co.kr/A00001610145.html〉(검색일: 2022.05.02.)

"가해자에게 여죄를 추궁할 수 없다, 즉 조사하고 경고는 하더라도 처벌은 할 수가 없다. 다시 말해 불법을 저질러도 처벌을 부여할 수가 없다는 한계가 있는 법이다."[34]

국회를 통과한 예술인권리보장법은 공포한 날로부터 1년 뒤에 시행되므로 2022년 5월 현재 시행령 마련에 박차를 가하고 있다. "법시행과 해당 기관 운영에 있어 가장 중요한 것은 인사권과 재원 확보의 문제이다. 아무리 명분 있고 정당해도 인사권과 재정권한을 가지고 있는 사람이나 조직이 마음대로 조정할 수 있음을 인지해야 한다."[35] 예술인권리보장법은 시행령이 보다 실천적이고 실효적으로 잘 정비되어야 블랙리스트와 같은 사태가 재발하는 것을 방지할 수 있다. 문체부는 2022년 4월 21일에 한국예술인복지재단과 함께 '예술인의 지위와 권리의 보장에 관한 법률 하위법령 공개토론회'를 개최하였다.

8) '문화예술 표현의 자유주간' 신설

이행협치추진단은 박양우 장관이 2019년 12월에 약속한 바대로 2020년도부터 블랙리스트 사태의 '사회적 기업 사업'을 추진하였으나 2021년도 예산이 국회를 통과하지 못했다. 예산 불발에도 불구하고 사회적 기억사업의 구체적 추진을 위해 이행협치추진단은 문체부와 협의하여 연구용역사업 계약을 체결하고, 중앙대학

---

34 박성혜, 「공연예술인이 바라본 두 가지 법안-예술인 권리보장법과 예술인 고용보험법」, 『연극평론』, 한국연극평론가협회, 2020년 겨울호, 35쪽.

35 위의 글, 39쪽.

교 오창은 교수가 연구책임을 맡아 「문화예술 분야 블랙리스트 사건의 사회적 기억과 회복을 위한 방안 연구」를 2021년 4월에 완성되었다.

2021년 11월 3일에 이행협치추진단이 개최한 '블랙리스트 피해자 명예회복과 문화예술표현의 자유 주간 추진을 위한 토론회'에서는 오창은 교수의 연구용역 보고서발표와 함께 이양구 이행협치추진단 위원이 「표현의 자유 주간 사업 등을 위한 제언」을 발표하였다.

이양구 위원은 '표현의 자유' 예술 작품 공모 및 실천 프로젝트 지원 사업을 제안하며 블랙리스트 실행 당사자인 국가기관이 주체가 되어 스스로 표현의 자유 예술작품 공모를 시행하는 방식으로 기억의 주체가 되어야 함을 강조했다. 용역보고서에서 제안한 대로 '표현의 자유' 예술 실천 프로젝트 공모 및 연구조사 활동 지원 공모도 병행하여 진행할 필요가 있다고 했다. 이러한 공모사업들을 토대로 하여 표현의 자유 주간 사업으로는 예술작품 공모사업 선정작, 예술 실천 프로젝트, 관련 학술 연구 발표 등을 제안했다.

문체부는 '문화예술 표현의 자유 주간 사업'을 수행하기 위해 2022년도 예산으로 20억을 국회에 상정하였으나 최종 통과되지 못했다. 예산을 확보하지 못했음에도 불구하고 이행협치추진단은 2022년도부터 '문화예술 표현의 자유 주간 사업'의 시행을 적극 주장하였고, 황희 장관은 2022년 2월 17일기자간담회에서 "'예술

표현의 자유 주간' 시범 사업을 추진할 방침"[36]이라고 약속했다.

9) 제도개선 권고 과제 이행 점검

블랙리스트 진상조사위는 '블랙리스트 방지를 위한 제도개선 권고'에서 특히 한국문화예술위원회, 한국예술인복지재단, 영화진흥위원회, 한국출판문화산업진흥원, 한국콘텐츠진흥원, 한국문화예술교육진흥원에 대해 집중적으로 제도개선을 요구하고 구체적인 조치사항들을 블랙리스트 백서에 적시하였다.

이행협치추진단은 2018년 8월 출범 이후 2022년 4월까지 총 35차례 회의를 개최하면서 블랙리스트 진상조사위가 권고한 제도개선 과제들의 이행 여부를 꾸준히 점검해 왔다. 이행협치추진단의 제도개선 점검 과정에서 국립극단, 한국영상자료원, 영상물등급위원회가 점검 대상으로 추가되었다.

2022년 2월까지 문체부가 정리한 바에 의하면 블랙리스트 진상조사위가 제시했던 총 85개의 과제에 대해 완료 62개(72.9%), 정상 추진 13개, 검토 10개의 성과를 보이고 있다. 2022년 2월 17일 황희 장관의 기자간담회에서 배포된 자료에 명시된 제도개선 이행현황은 다음과 같다.

---

36 「문체부 장관, 문화예술 현장이 체감할 때까지 지속적인 제도 개선 추진 약속-2.17. 문화예술계 블랙리스트 재발 방지 위한 제도 개선 성과와 과제 발표-」 보도자료(문화체육관광부 누리집), 2022.02.17. 〈https://www.mcst.go.kr/kor/s_notice/press/pressView.jsp?pSeq=19388&pMenuCD=0302000000&pCurrentPage=9&pTypeDept=&pSearchType=01&pSearchWord=〉(검색일: 2022.05.22.)

□ **제도개선 이행현황 : 총 85개 과제에 대해 완료 62개 (72.9%), 정상추진 13개, 검토 10개**

● (**법·제도**) '예술인의 지위와 권리의 보장에 관한 법률' 제정 ('21.9.)

● (**문화행정**) 새예술정책 수립('18.5.), 문예위 자율운영보장 공동선언('21.3.)

● (**후속조치**) 국가의 책임 인정과 사과(장관 사과, '18.5, '18.12. '19.12.), 국가배상소송 4건 종결(화해결정 2.5천만원/조정 8천만원/판결 1.3억원/판결 15억원 등)

● (**기관별 과제**) 6개 기관 62개 과제(완료 50개, 정상추진 5개, 검토 7개)

* (**문예위**) 호선제 도입('20.6.), 균형적 위원회 구성('20.1, '21.2.), 현장소통 강화(현장소위 운영), 사무처 역할 재정립(조직개편, '19.3, '20.1, '21.2.) 등 완료

* (**복지재단**) 예술인복지위원회 구성('19.8.), 의제별 이사회 구성('19.3), 상담·불공정신고 대응을 위한 예술인 고용('19.8.), 예술인의 삶과 사회적 가치 보고서 제작('21.12월) 등 완료

* (영진위) 호선제 도입('20.6.), 위원회 정책역량 강화(박사급 전문연구인력 채용, '21.7.), 사업평가 결과 공개 의무화('21.6.) 등 완료

● (검토 과제(10개)) 법체계를 수정해야 이행가능하거나, 기관의 인사·조직 관련 사항

* (**정부조직법, 국가재정법 등 법체계 수정 필요**) 헌법 개정 및 신설, 국정 홍보기능 분리, 영화기금 실링제 도입 등
* (**기관 인사·조직 관련**) 문체부 조직 기능+장르 체계로 개편, 한국문화예술위원회를 한국예술위원회로 변경, 위원 추천위 구성 권한을 예술위로 이관, 영화진흥위원회를 영화위원회로 전환 등

10) 『이행협치추진단 백서』 발간 및 이행협치추진단의 과제 이관

블랙리스트 진상조사위는 이행협치추진단의 운영기간에 대해 (가칭) '문화예술인 표현의 자유와 권리 보장 위원회' 설립 시, '추진단' 운영은 종료하고 필수 업무를 이관하라고 명시한 바 있다.[37]

2021년 8월 30일에 국회를 통과한 『예술인의 지위와 권리에 관한 법률』(약칭 '예술인권리보장법')은 권리 구제의 실효성을 확보하기 위해 '예술인 권리보장 및 성희롱·성폭력 피해구제 위원회'를 설치하고 '예술인 보호관'을 지정했다. 예술인 보호관은 피해자

37 『문화예술계 블랙리스트 진상조사 및 제도개선위원회 백서3, 블랙리스트 방지를 위한 제도개선 종합보고서』, 문화체육관광부, 2019, 106쪽.

구제를 위해 관계 기관에 시정 권고, 시정 명령을 하거나 재정 지원 중단·배제 등을 통보할 수 있어 예술인 권리침해행위 등에 대해 실질적이고 직접적인 제제 수단을 마련한 셈이다.

이 법안이 2022년 9월부터 시행됨에 따라 이행협치추진단은 곧 해단하고, 예술인권리보장법이 지정한 '예술인 권리보장 및 성희롱·성폭력 피해구제 위원회'로 종결되지 못한 과제를 이관하게 될 것이다.

문체부와 이행협치추진단의 동행은 처음에 불편한 관계로 출발했으나 점차 상호간에 신뢰가 쌓이면서 블랙리스트 진상조사위가 권고한 제도개선 조치의 대부분을 실행에 옮겼다. 문체부 이행협치추진단 활동은 민관협치의 모범적인 모델로 남게 될 것이라 자부한다. 그러나 이행협치추진단 백서 집필 중에 문체부 전직 고위관료 12명이 블랙리스트 사태에 연루된 후배 관료 2명에 대한 구명에 나섰다는 뉴스는 이행협치추진단을 비롯하여 예술현장의 분노를 사고 있다.

> '문체부 간부 공무원 징계 관련 청원' 문건을 보면, 유진룡·박양우 전 장관과 오지철·나종민·송수근·김정배 전 차관, 최규학 전 기획홍보관리실장, 심장섭 전 종무실장 등 12명은 지난 5일 황희 문체부 장관을 비롯한 문체부 현직 관계자들에게 '문체부 김낙중 국장과 용호성 국장에 대한 중징계 추진을 재고해 주시기 바랍니다'라는 부제가 달린 청원서를 보냈다. 두 사람이 지난 4년여 동안 충분한 불이익을 받았고, 검찰 조사 결과 징계할 만한 근거도 없는 것으로 드러났다고 주장하면서 정부에

징계 절차를 멈출 것을 요구하는 내용이다. 해당 관료는 용호성 사행성통합감독위원회 사무처장과 김낙중 국립중앙박물관 행정운영단장으로, 이들은 지난 2017~2018년 활동한 '문화예술계 블랙리스트 진상조사 및 제도개선위원회'의 조사백서에 블랙리스트 작업 실무를 담당한 것으로 적시돼 있다. 용 처장은 2014년 청와대 교육문화수석실에 파견돼 행정관으로 근무하면서 블랙리스트 관련 문화예술계 배제인사 명단을 문체부에 전달했다. 또한 그해 영화 〈변호인〉의 파리 한국영화제 출품을 배제하라고 지시했고, 이듬해 국립국악원 기획운영단장 재직 당시엔 국악원 공연에 박정희 풍자극 〈개구리〉 등을 만들었던 박근형 연출가의 작품을 포함시키지 않도록 지시해 이를 관철한 것으로 밝혀졌다. 김 단장 역시 2014년 10월부터 1년여 동안 청와대 교육문화수석실 행정관으로 근무하며 청와대가 작성한 블랙리스트를 문체부에 전달한 이력이 드러났다.

이에 문체부는 2018년 이들에 대해 검찰 수사를 의뢰했고, 검찰은 4년간의 수사 끝에 대선 이튿날인 지난달 10일 문체부에 '불기소 처분'을 통보했다. 그러나 2018년 당시 문체부 장관이었던 도종환 더불어민주당 의원은 용 처장과 김 단장이 블랙리스트 작성에 관여한 핵심 인물이라는 판단에 따라 검찰의 결론과는 별도로 수사가 종료되면 징계 절차에 착수하겠다고 문화예술계 인사들에게 약속한 바 있다. 이에 황희 장관이 중징계 절차에 들어가자, 전직 장·차관들이 연명해 징계를 멈춰달

라는 요구를 전해온 것이다.[38]

2018년 12월 31일에 도종환 장관은 애초에 발표했던 책임규명 이행계획을 번복해가며 수사의뢰자 3명을 추가했고 문제의 2인은 여기 포함되어 있다. 도종환 장관은 당시 검찰 수사결과와 별개로 징계절차를 밟겠다고 약속한 바 있다. 황희 장관은 약속대로 국무총리 소속 중앙징계위원회에 심의를 의뢰하며 자체 징계 절차에 들어갔다. 그런데 이들을 구명하겠다는 탄원에 유진룡 전 장관과 박양우 전 장관이 참여했다. 박양우 전 장관은 장관 재직시 수사의뢰자 3인을 요직으로 인사발령을 냈다가 이행협치추진단과 예술현장의 거센 반발에 부딪혀 인사를 번복한 바 있고, 이때 2018년도 문체부의 약속을 재확인한 바 있다.

탄원서에는 "(이들이) 소위 블랙리스트 사건에 관여하게 된 것은 본인의 의지와는 상관없이 사건 당시 보직이 부당한 명령을 전달해야 하는 통로에 해당됐기 때문이며 그 위치에 있었으면 누구도 피하기 어려웠을 것"이라는 내용이 담겼다. 바꿔 말하면 앞으로 블랙리스트와 같은 사태가 재발할 경우, 공무원들은 다시 상부로부터의 명령에 복종할 수밖에 없다는 의미가 된다.

문체부가 이 문제에 현명하게 대처하기 바란다. 지난 4년간 이행협치추진단과 함께 문체부는 예술현장과의 신뢰를 가까스로 회복

38 노형석, 「[단독] 문체부 전 장차관, '블랙리스트' 실무자 구명운동 논란」, 『한겨레』, 2022.04.11. 〈https://www.hani.co.kr/arti/culture/culture_general/1038368.html〉(검색일: 2022.05.02.)

해 가고 있다. 2018년 '징계 0명' 사태에 분노하며 장기간 일인시위를 벌이고, 국회에서 청와대까지 행진했던 수많은 예술가들과의 약속을 상기해야 할 것이다.

이행협치추진단은 2022년 9월경, 예술인권리보장법에 따라 설치될 새로운 조직에 남은 업무를 이관하고 해단할 것이다. 그에 앞서 만 4년여에 걸친 제도개선 활동을 이 백서에 담아 역사적 기록으로 남기고자 한다.

2. 국립극단의 블랙리스트 사례집 발간과 남인우의 국가 상대 소송

1) 『문화예술계 블랙리스트 사태-국립극단 사례집』 발간

블랙리스트를 실행했던 문체부 산하기관 중에 자체 조사 및 후속 조치를 가장 성의 있게 이행한 곳은 국립극단이라 할 수 있다. 국립극단은 2019년 2월에 발간된 문체부의 『문화예술계 블랙리스트 진상조사 및 제도개선위원회 백서』를 토대로 국립극단에서의 블랙리스트 실행 사례를 꼼꼼하게 기록하고, 아울러 블랙리스트 피해자들의 목소리를 보다 생생하게 담아내고자 노력했다. 그 과정에서 문체부 백서에 담지 못한 새로운 사실들이 드러나기도 했다. 『문화예술계 블랙리스트 사태-국립극단 사례집』(이하 '사례집')은 2023년 10월 23일에 발간되었고, 국립극단 홈페이지에서 상시 열람할 수 있다.[39]

39 『문화예술계 블랙리스트 사태-국립극단 사례집』, 국립극단 홈페이지. 2023.11.08. 〈https://www.ntck.or.kr/ko/publicData/shareInfo?q.searchType=title&q.searchText=%EB%B8%94%EB%9E%99%EB%A6%AC%EC%8A%A4%ED%8A%B8〉(검색일: 2025.07.28.)

> 본 사례집에는 피해자들의 목소리를 충실히 담아내고자 노력했습니다. 극단 내에서 사건이 발생했으나 피해자들을 직접 만나 그들의 목소리에 귀 기울인 적이 없었다는 반성과 함께 정부의 공식 조사만으로는 미처 알 수 없었던 상세 과정을 심도 있게 기록하여, 블랙리스트 실행의 경위와 양상을 보다 생생하게 감각할 수 있도록 기록하였습니다.(3쪽)[40]

국립극단의 블랙리스트 후속조치는 2020년 11월 10일에 취임한 김광보 예술감독에 의해 본격적으로 추진되었다. 김광보는 2021년 1월 18일에 열린 온라인 기자간담회에서 문화예술계 블랙리스트에 대한 후속조치를 약속하며 "블랙리스트처럼 인간이 저지른 부당한 행위는 인간 스스로 해결해야 한다"고 강조했고, 블랙리스트 사례집을 만들겠다고 다짐했다.[41]

최종 발간된 사례집에서 가장 돋보이는 점은 블랙리스트 피해자들의 '목소리'를 충실히 담아내고자 한 노력이다. 국립극단은 블랙리스트 진상조사위 백서에 기록된 참고인들과 피해자들의 진술을 최대한 있는 그대로 옮겨 적으면서 국립극단이 자체적으로 주요 피해자들의 목소리를 담아냈다.

40 『문화예술계 블랙리스트 사태-국립극단 사례집』, 3쪽. 이후 이 사례집의 인용은 본문의 인용 부분 다음에 쪽수만 표시한다.

41 문수경 기자, 「국립극단 "온라인 극장 개시... 블랙리스트 사례집 발간"」, 『노컷뉴스』, 2021.01.18.〈https://www.nocutnews.co.kr/news/5483776〉(검색일: 2025.07.28.)

〈알리바이 연대기〉의 경우

2021년 10월 14일, 김재엽의 목소리를 청취하는 과정에는 블랙리스트 진상조사위에서 조사관으로 활동했던 이양구를 비롯하여 국립극단 관계자 3명이 함께 자리했다. 김재엽의 다음과 같은 발언들은 당시 상황을 아주 생생하게 전달해준다.

> ① 원래는 개막식 때 프레스 리허설을 하기로 했는데 우리만 취소가 됐대요. 사진 찍고 그래야 하는데 세트 이미지[42] 들어가는 게 예술감독님이 못마땅하셨던 거죠.(중략) 프레스 리허설 없어지고, 그 다음에 고사 지낸다고 하니까 오셨어요. 오셔서 무대를 보시더라고. 저 사진, 저거 어떻게 하냐고. 저게 공연 내내 붙어 있으니까. 그러다가 대뜸 OOO 선배랑 저를 같이 부르더만 거기서 또 갑자기 박정희가 사회주의 활동을 한 게 아니다, 박정희가 좌익 활동을 했다는 것 좌파들 모함인데 자꾸 이게 국립극단 입장처럼 되어버리는 건 곤란하다, 이런 얘기를 또 하시는 거예요.(69쪽)
>
> ② 김윤철 감독님이 신작을 가져오면 그걸 해줄 테니 〈알리바이 연대기〉를 안 하면 좋을 것 같다고 그러시더라고요.(중략) 김윤철 감독님은 그런 얘기를 했어요. '나는 이 작품 그렇게 대단한 작품으로 안 본다', 뭐 그런 얘기. 약간 일부러 자존심 다치게 하는 말씀들을 하시더라고요. 뭔가 싸

42 박정희 사진. 원래는 사진을 걸기로 되어 있었는데 무대 디자이너가 사진을 세트에 인쇄해버렸다.

우려고 하는 듯한... 내가 싸워서 안 한다고 하기를 바라는 것 같은 느낌이었죠. 그리고 그때 ○○○ 관련한 작품을 남산예술센터에서 준비 중이었는데, 그걸 이쪽으로 가지고 오겠다고 하시더라고요. 김윤철 감독님은 예술감독 경험이 없으시니까. 다른 극장에서 준비하고 있는 걸 자기가 전화한다고 가지고 올 수 있는 게 아닌데... 그런 말씀을 막 하셨죠.(71~72쪽)

인용①에서 보듯이 손진책 예술감독은 공연 내내 무대 상에 존재하는 박정희의 사진을 치우고 싶어했지만 무대 디자이너가 박정희 사진을 아예 무대 세트에 인쇄해 버리는 바람에 뜻을 관철할 수 없었다. 손진책은 박정희가 좌익 활동을 했다는 내용도 '좌파들 모함'이라며 삭제를 원했고 김재엽이 관련 논문과 증거들을 보여주기까지 했는데도 뒤탈을 염려하였다. 인용②에서 보듯이 김윤철 예술감독은 〈알리바이 연대기〉의 재공연을 저지하고 싶었으나 결국 김재엽이 이를 받아들이지 않아 기간만 좀 줄여서 재공연(2014.4.25.~5.11. 백성희장민호극장)이 이루어졌다.

〈구름〉의 경우

국립극단이 피해자의 목소리를 청취하는 과정에서 가장 큰 성과는 〈구름〉 공연의 '빨간 줄' 사태와 관련하여 가해자의 사과를 이끌어냈다는 점이다. 블랙리스트 진상조사위 조사 결과에 의하면 〈구름〉(2013.9.24.~10.3, 백성희장민호극장) 공연 연습 중 남인우 연출가에게 빨간 줄이 그어진 대본이 전달되었는데 그 대본은 당시 최OO 사무국장에 의해 전달되었으며, 최OO 사무국장은 손진책 예술감독으로부터 대본을 받아 전달 지시를 이행한 것이었다.

사건 발생으로부터 무려 8년이 지난 2021년 8월 19일에 남인우 연출가를 비롯한 〈구름〉 공연팀의 스태프와 배우들이 한자리에 모였고, 최OO 전 국립극단 사무국장이 이 자리에 나와 〈구름〉 공연의 참여자들에게 공식적으로 사과하였다.

> 최OO: 그래도 제가 모시던 예술감독님이고 연극계 어르신이고 저도 연극을 하는 후배로서 그분의 말씀을 거역할 수 있는 위치에 있지 않았기 때문에 남인우 연출에게 그것을 전달했고, 남인우 연출과 같이 그 내용을 보게 됐습니다. 역시 예상했던 대로 줄이 그어져 있고, 뭐 이런 경험이었습니다.(중략)
>
> 남인우 연출이 충분히 그걸 같이 본 다음에 본인은 받지 않겠다고 최종적으로 얘기하셨고, 저도 그 말을 듣고 대본을 들고 국립극단 밖으로 나가서 어느 쓰레기통에 집어 던졌던 것으로 마무리가 됐습니다. 어쨌든 그것을 처음 받았을 때 거기서 제가 정리하지 못한 잘못에 대해 다시 한번 사과드리고, 이런 일이 다시는 반복되지 않고 정말 자유롭게 창작하고 예술 할 수 있는 환경이 될 수 있도록 저도 최대한 노력하겠습니다. 아무튼 당시의 많은 아픔과 어려움, 그렇게 하면 안 됐을 분들에게 다시 한번 사죄드리겠습니

다. 죄송합니다.(84쪽)

남인우: 며칠 전에 드린 수정본이다. 보인다. 아주 정갈하게 그려져 있는 밑줄... 빨간 줄, 굉장히 많은 부분 빨간 줄이 정갈하게 밑줄이 쳐서 왔던 기억이 남는다.(85쪽)

2018년 11월 어느 날 대학로에서, 손진책 감독님을 비롯해 몇몇이 모여서 이 사태에 대해서 이야기를 나눕니다. 그때 손진책 감독님은 연임하려는 의도가 전혀 없었고, 재임하려는 생각이 없었다, 문체부 과장이 그날 방문은 했지만 통상적인 대화만 했고 절대로 문체부로부터 억압을 받은 적이 없다, 빨간 밑줄 친 대본은 전혀 모른다, 봉투를 전달한 적도 없다.(86쪽)

이처럼 최OO 전 사무국장과 남인우 연출가는 빨간줄이 그어진 대본에 대한 기억이 생생한 반면, 손진책 예술감독은 그러한 대본의 존재에 대해 부인으로 일관했다.

남인우 연출가가 명확하게 기억하지 못하는 2018년 11월 어느 날은 정확히 11월 25일 밤 10시였고, 장소는 카페 '장'이었다. 필자도 그 자리에 있었고, 진상조사위원이었던 이양구를 비롯하여 남인우 연출가, 김재엽 연출가, 이해성 연출가 등이 있었다. 지금도 필자가 명확히 기억하는 손진책 감독의 무책임한 언사는 "국립극단에서 〈개구리〉 사태를 겪고, 예술감독직에서 물러난 이후 더

이상 국립극단 쪽은 쳐다보기도 싫었다"는 말이었다. 재단법인으로 독립한 후, 첫 예술감독으로서 국립극단을 책임지고 있었던 연극계의 원로가 고통 속에 몸부림치고 있던 후배들을 철저히 외면했다고 자백한 셈이었다. 그날 필자의 옆자리에 앉아 있던 남인우 연출가는 때로 눈물을 쏟으며 그 일 이후, 병원에 입원할 정도로 몸과 마음이 아팠던 날들에 대해 토로했다. 그날 모임을 마치며 모두 손진책 전 예술감독에게 빨간줄 대본에 대해 명확한 입장을 밝혀 달라고 요청했지만 그는 끝내 지금까지 침묵으로 일관하고 있다.

국립극단에서 〈구름〉팀이 만난 것은 2013년 공연 이후 처음이라고 했다. 그런데 이 자리에서 스태프와 배우들이 전해준 이야기들은 또 다른 충격을 던져준다.

> 이상홍: 여기서 제가 리허설을 할 때, 손진책 예술감독님께서 앉아 계시면서 저희에게 대사를 수정하라고 하셨던 순간이 기억이 나요.(89쪽)
>
> OOO: 그러면서 다른 건 생각 안 나는데, 연출에 대해서 묻고 연습 방향에 대해서 묻고 대본에 대해서는 묻고, 너는 선배가 돼서 후배가 잘못된 방향으로 이렇게 가면 인도를 해야지 그걸 방관만 했냐고 저한테 질책을 하시더라구요.(중략) 저는 〈구름〉 하기 전에 이미 〈3월의 눈〉이라는 작품을 선택해 감독님이랑 계속 해마다 지방 공연도 해왔던 배역인데 〈구름〉 이후에 제가 배제되고 작품에 참여할 수가 없

었어요.(90쪽)

전영: 아까 상홍 배우가 얘기했던 것처럼 손진책 감독님이 저희 연습을 보면서 '이 대사 바꿔', '이런 거 이상해'한 것도 생각이 나요. 저희 원래 OOO선배님 첫 의상이 빨간 내복이었어요. 그런대 빨간 내복을 '야! 국립에서 어떻게 천박하게, 빨간색이 위협적이잖아'하면서 바꾸라고 했어요.(91쪽)

박미령: 그 당시에 고쳐라, 뭔가 그런 게 있을 때마다 뭔가 '천박한', '싸구려', 'B급' 이런 이야기를 들으면서 계속 수정을 요구하셨던 걸로 기억이 나요.(95쪽)

이상과 같은 배우들의 발언을 종합해 보면, 손진책 예술감독이 남인우 연출가가 부재 중인 상태에서 배우들에게 대사를 바꾸라고 지시했거나, 의상 색깔을 문제 삼았다는 것을 알 수 있다. 남인우 연출가는 이러한 일이 벌어진 것을 8년이 지난 후에야 처음 들었고, 또 한 번 경악을 금치 못했다. 엄연히 〈구름〉의 연출가가 존재하는데도 예술감독이 멋대로 배우들에게 수정을 요구한 것은 상식적으로 납득할 수 없는 일이다. 남인우는 이날의 만남을 마무리하며 다음과 같이 말했다.

전 예술감독님 한 분의 일탈이라고 전혀 생각하고 있지 않습니다. 잘못하셨죠. 끝까지 잘못하고 계시다고 생각해요. 지금도 여전히 부인하시고, 모든 책임은 후배들에게 돌리고 있으니까. 그건 굉장히 잘못하신 일인데 근데 이런 일이 벌어질 수밖에 없는 국립극단의 구조적인 문제, 문화체육관광부의 산하기관으로서 국립극단의 독립성이 담보되지 않는다면 이것을 또 일어날 수도 있는 문제라고 생각해요. 사실 재발 방지에, 가장 중요한 건 우리가 치료가 되면 정말 좋죠.(99쪽)

'작가의 방'의 경우

국립극단의 블랙리스트 사태는 블랙리스트에 오르지도 않은 젊은 작가들에게까지 심각한 트라우마를 남겼다. '작가의 방' 사태는 극작가 고연옥이 『연극평론』 2017년 봄호에 기고한 「국립극단 '작가의 방' 왜 극작가를 교육, 교정하려 하는가?」라는 글을 통해서 수면 위에 드러났다. 국립극단이 2016년에 기획한 '작가의 방'은 일종의 인큐베이팅 프로그램으로 처음에 10명의 젊은 작가들이 공모를 통해 모였고, 그 중 6명의 작가들이 11월 말에 낭독공연을 할 수 있었다. 그런데 낭독공연 작 6편 중 1편만이 '젊은 극작가전', 3편은 쇼케이스에 선정되었고 나머지 2편은 탈락이라는 결정이 내려졌다. 탈락한 2편은 공통적으로 페미니즘 이슈를 다루고 있었다.

고연옥의 기고글에 의하면 '작가의 방' 공식적인 첫 모임에서 정OO 공연기획팀장이 "첫째 〈개구리〉 같은 작품을 쓰지 말아달라는 것", "둘째 국립극단을 위한 작품을 써 달라는 것" 등의 발언을 했다고 한다. 한국연극평론가협회는 2017년 5월 2일에 '젊은 극작가들의 창작환경과 공공극장의 역할-국립극단 '작가의 방' 사태를 넘어서'라는 제하의 토론회(좋은공연안내센터 다목적홀)를 개최했다. 당시 '작가의 방' 프로그램에서 '책임작가'의 역할을 맡았던 극작가 고연옥은 그 날의 토론을 다음과 같이 회고했다.

> 나는 6편의 공연 모두가 장단점이 있는데, 그중 2편을 탈락시키는 것은 너무 가혹하고, '작가의 방' 처음 의도와는 다르다. 탈락한 작가와 작품은 회생할 수 없을 것이라고 강력히 항의했다. 그러자 문제의 발언이 나왔다.
>
> "내 돈 4억 5천으로 젊은 작가들 키워주겠다는데 뭐가 문제냐, 이런 소리 들을 줄 알았으면 ○○○(에게) 1억, ○○○(에게) 1억, ○○○(에게) 1억 주고 작품 쓰라고 할 걸 그랬네?(중략) 그 말은 명백히 '나는 너에게 작가료 1억 원을 줄 수 있는 사람이야'라는 의미다.(142쪽)
>
> 토론회를 시작한 지 얼마 지나지 않아 나와 참여 작가들의 기대는 무참히 꺾였다. '작가의 방'을 공론화한 후 가장 비참했던 날이었다. 김윤철 예술감독이 사표까지 써놓고 문체부와 싸워 블랙리스트였던 ○○○·○○○·○○○의 공연을 성사시켰다고 얘기하는 순간 국립극단이 블랙리스트 실행을 강요받았다는 최초의 증언이 되었고, 동료들은 어떤 식으로 양해 조치가 있었는지 물으며 블랙리스트 문제에 온 신경을 곤두세웠다. 그날의 고백으로 김윤철 감독은 토론회의 주인공이 되었고, 참여 작가들의 상처와 트라우마는 인정도 위로도 받지 못한 채 뒷전으로 밀려났다. 그 자리에 정○○ 팀장이 다가와 활짝 웃으

며 포옹을 시도했다. 아무리 블랙리스트와 검열이 시대의 가장 중요한 이슈라고 해도 마음을 다잡아 발언을 정리하고 토론회를 준비했던 작가들이 보이지도 않을 만큼 강력한 것이었을까. 아직도 울분이 남아 있다.(144쪽)

당시 김윤철 예술감독은 '작가의 방' 사태에 대해서는 변명으로 일관하면서 블랙리스트로 인해 국립극단에서 공연되지 못할 뻔했던 공연들을 문체부로부터 얼마나 적극적으로 방어하여 공연을 성사시켰는지 공치사를 하기에 바빴다. 그 과정에서 '작가의 방'에 참여했던 젊은 작가들은 더 큰 상처를 입었다.

'작가의 방' 프로그램에 참여했던 구자혜 작가는 국립극단의 후속조치에 즈음하여 다음과 같은 목소리를 남겼다.

나는 이제야 '작가의 방' 사태를 검열의 문제로 읽어야 한다고 확신하게 되었다. 그렇다. 2016년 '작가의 방'에서는 작가의 상상력과 표현의 자유를 억압했다. 집필이 시작되기 전에도 그랬고, 집필이 완료된 시점에서도 그랬다. 국립극단 '작가의 방' 참여 작가인 나는, 5년 만에 '작가의 방'에는 검열의 기제가 분명히 작동했다고 말할 수 있다.(중략) 완성된 작품에 대한 검열만이 검열이라고 할 수 있나? 작가들이 집필에 들어가기도 전에, "국립극단을 위한 작품을 써달라"는 것은 무엇인가. 별도의 지시가 없었고 억압하지 않았고 배제하지 않았다는 것으로 검열이 아니라고 할 수 있나. 그리고 그것이 국립극단의 예술감독이 할 수 있는 말일까. 여섯 개의 공연 중 두 개를 선택하는 과정에서, 페미니즘 이슈를 다룬 공연을 배제시키려 했다면 이것은 도대체 무엇으로 이해해야 하나? 검열의 기제는 '작가의 방' 내내 작동했다.(149~150쪽)

'작가의 방' 낭독극장 탈락 이후, 〈김치녀 레볼루션〉(B-13.11)의 작가 ○○○는 국립극단 잔디마당에서 〈페미리볼버〉라는 이름의 야외극을 공연했다. 서계동 국립극단 건물을 향해 비비탄총을 쏘았다. 공연을 제지하려는 국립극단 직원분들과 공연을 지지하려는 동료들이 잔디마당에 모였다. ○○○ 작가는 오래지 않아 연극 작업을 접었다. 나와 작가들은 그때 일에 대해 단 한 번도 진심어린 사과를 받지 못했다.(154쪽)

〈날아가버린 새〉의 경우

국립극단의 블랙리스트의 가장 심각한 피해를 입은 또 한 명의 젊은 작가는 2015년에 공연예정이었던 〈날아가버린 새〉의 작가 장지혜이다. 그는 자신이 블랙리스트에 오르지 않았는데도 전인철 연출가가 블랙리스트라는 이유로 덩달아 배제된 경우이다. 〈날아가버린 새〉는 블랙리스트 진상조사위의 조사 결과가 발표된 후, 2019년 5월경에 다시 공연을 하는 쪽으로 논의되다가 국립극단 내부 논의 결과, 공연이 다시 무산되었다. 국립극단의 입장은 "백서에 의해 국립극단에서 예술가들이 배제된 사실이 확인되었지만 모든 예술가의 작품을 다시 공연하는 것은 현시점에서 어렵다는 것이었다."(132쪽) 두 번이나 공연이 무산된 후, 장지혜 작가는 이루 말로 다 표현할 수 없는 심적 고통을 겪었다.

'피해'를 입었다는 사실은 있는데 아닐 수도 있다는 건가. 그러니까 나는 피해자인가? 아닌가? 국립극단에서 말하는 사과가 더이상 마음에 와닿지 않았다. 대체 무엇이 미안하다는 걸까? 당시에 공연을 배제해서? 지금 공연이 안 돼서? 아님 피해자라는 것을 인정할 수 없어서? 그리고 마음을 더 눌렀던 것은 이상한 죄책감이었다. 당시 예술감독님이었던 이성열 감독님에게 전화를 하는 것도, 어떤 말을 재차 묻는 것도, 속상한 마음을 갖는 것도 한편으로는 내가 못할 짓을 하고 있는 걸까 싶었다.(중략) 내 안에 한 가지 확실한 건 이제 더이상 국립극단 이름과 서울역의 빨간 지붕을 보며 꿈을 꾸지 않는다는 것이다. 누군가에게는 그곳이 꿈의 무대라고 한다. 스물두 살, 내게 있어서도 국립은 꿈이었다.가족들에게도 자랑이었다. 하지만 이제는 그냥 스쳐 지나가는 정거장으로 그치고 말았다. 지독한 감기를 앓고 나면 면역이 생긴다. 하지만 나는 아직도 면역을 만들어가는 과정에 있다. 그때의 그 일들은 지금에 이르러서도 내게 많은 영향을 끼치고 있다. 작품을 쓰는 데에 있어 그 순간의 감정들이 불현듯 찾아올 때면 한 글자도 쓰지 못할 때도 있다. 이런 스스로가 답답하여 하루에 몇십 번씩 발을 동동 구르기도 한다.(133쪽)

박근혜 정부하에서 손진책, 김윤철 예술감독이 저지른 만행도 끔찍한데 블랙리스트 진상조사 결과까지 나온 마당에 이성열 예술감독은 왜 그런 입장을 취했는지 이해하기 어렵다. 가까운 어느 날에, 우리는 장지혜가 쓴 작품을 다시 만날 수 있을 것인가.

2) 남인우의 국가 상대 소송

빨간줄이 그어진 〈구름〉 대본을 받아들고 망연자실했던 남인우 연출가는 시간이 흘러도 사그라들지 않는 분노를 삼키며 손해배상 소송을 제기했다. 남인우가 사건 발생으로부터 무려 9년이 지나서 소송을 제기한 것은 연극계의 스승인 손진책 예술감독과 선배인 전 사무국장 최OO과의 친분을 쉽사리 저버릴 수 없었기 때문일 것이다. 남인우는 손진책 예술감독이 진심으로 사과해 주기를 간절히 기다렸다. 그러나 블랙리스트 진상조사위가 백서를 발간한 이후에도 남인우는 검열의 가해자들로부터 사과받지 못했다.

남인우가 소송을 제기하기로 결심을 굳힐 수 있었던 것은 2021년 8월 19일에 국립극단(예술감독 김광보)의 주선으로 〈구름〉 공연팀의 스태프와 배우들이 한 자리에 모였고, 이 자리에서 최OO 전 국립극단 사무국장이 빨간줄 사태에 대해 공식적으로 사과했기 때문으로 보인다. 최OO의 사과를 계기로 검열 행위의 주체가 명확해졌고, 남인우는 최OO에 대한 원망을 어느 정도 덜어낼 수 있었다.

남인우가 제기한 손해배상 소송의 피고는 '대한민국'과 '재단법인 국립극단'이었다.

> 남 씨는 국가에 책임을 묻고자 지난 2022년 국가배상 소송을 냈다. 소송의 상대방 격인 문화체육관광부는 처음에는 화해나 조정의 방식을 모색하겠다고 했다. 불필요한 소송 기간과 비용을 쓸 필요 없이, 국가가 스스로의 잘못을 인정하고 바로잡는 길이었다. 그러나 정권이 바뀌고 분위기가 달라졌다. 화해나 조정을 해보자던 문체부는 돌연 국가배상 책임을 인정할 수 없다고 나섰다. 그렇게 소송은 길어졌고, 연출가 남 씨는 지난주에야 승소 판결을 받을 수 있었다. 검열 사건이 있은 지 9년, 소송을 제기한 지 3년 만의 일이었다.[43]

2024년 10월 16일에 나온 1심 판결에서 서울중앙지법(판사 최미영)은 원고 승소 판결했다. 판결문[44] 중 '손해배상 책임의 발생' 부분을 인용하면 다음과 같다.

> ① 이 사건 보고서에 의하면, 피고 대한민국 소속 공무원은 이미 연극 '개구리'에 대하여 피고 국립극단의 예술감독 손진책을 통하여 연출가로 하여금 결말을 수정하게 하고 정치적 풍자를 완화하도록 지도하는 등의 조치를 취하였는바, 다른 연극에 대

43 원종진 기자, 「"정치 풍자 빼라"던 대한민국의 검열, 그리고 11년 만의 배상」, SBS뉴스, 2024.10.24. 〈https://news.sbs.co.kr/news/endPage.do?news_id=N1007844380〉 (검색일: 2025.08.25.)

44 남인우 제공, 『사건 2022가단5301930 손해배상(기)』, 판결문, 2024.10.16.

> 하여도 유사한 조치를 취할 의사와 능력이 있었다고 보이는 점, ② 이 사건 보고서는 '향후 국립극단 작품에 편향된 정치적 소재는 배제토록 강력 조치'한다면서, '향후 국립극단 작품'으로 이 사건 연극을 특정하여 언급하면서 '윤창중 전 청와대 대변인의 성추행 추문 등 패러디 내용 포함 예정'이라고 기재하는 등 그 작성 당시 이미 이 사건 연극의 내용을 파악하고 조치 대상으로 삼았던 점, ③ 이 사건 보고서의 완성 및 보고일자는 2013. 9. 12.로, 원고가 최OO으로부터 붉은 줄이 그어진 대본을 전달받은 2013. 9. 10.경에 가까운 점 등에 비추어 보면, 피고 대한민국 소속 성명 불상의 공무원은 이 사건 연극의 대본을 검열하여 그 일부 내용에 관하여 삭제 또는 수정 등의 조치가 필요하다고 판단하였고, 손진책을 통하여 원고에게 일부 내용에 붉은 줄을 그은 대본을 전달하였던 것이라고 인정할 수 있다. 피고 대한민국 소속 성명 불상의 공무원과 피고 국립극단 소속 손진책의 위와 같은 행위는 헌법에 위배된 행위로서 불법행위에 해당한다고 봄이 타당하다. 따라서 피고들은 공동하여 원고가 입은 손해를 배상할 책임이 있다.(밑줄 필자)

이 판결문에 의하면 밑줄 친 부분에서 보듯이 "피고 대한민국 소속 성명 불상의 공무원은 이 사건 연극의 대본을 검열하여 그 일부 내용에 관하여 삭제 또는 수정 등의 조치가 필요하다고 판단하였고, 손진책을 통하여 원고에게 일부 내용에 붉은 줄을 그은 대본을 전달하였던 것이라고 인정할 수 있다"고 하였다. 그런데 이 판결에서 빨간줄을 그은 주체가 누구인지는 여전히 분명치 않다. '성명 불상의 공무원'은 수정 조치가 필요하다는 판단만 하고 손진책에게 이를 어떤 식으로든 조치하도록 하였는지, 아니면 공무원의 의견을 들은 손진책이 빨간줄을 직접 그은 후 최OO 사무국장을 통해 남인우에게 전달했는지 불분명하다. 그러나 빨간줄을 그은 진짜 주체가 누구이든 간에 손진책은 빨간줄 사건의 '공범'임이 분명하다. 성명 불상의 공무원이 빨간줄을 그은 주체라 하더라도 손진책은 그 공무원의 '지시'를 '이행'함으로써 '순차 공모'한 공범인 것이다. 위 판결문은 대본에 빨간줄을 그은 행위가 명백히 '헌법에 위배된 행위로서 불법행위'임을 분명히 밝혔다.

국가배상소송에서 국가를 대리하는 법무부와 국립극단은 1심 판결에 불복하며 항소했다. 국립극단측은 국립극단 이사회에 문체부 국장이 당연직 이사로 포함되어 있기에 항소하지 않으면 배임이 될 수 있다는 이유를 내세웠다. 항소심에서 쟁점이 된 부분은 손해배상 소멸시효에 대한 것이었다. 국가배상소송의 경우 사건이 있었던 날로부터 5년, 국민이 손해나 가해자를 안 날로부터 3년 내에 소송을 제기해야만 한다는 점에서 법무부와 국립극단 이사회는 블랙리스트 진상조사위 조사를 기준으로 이미 소멸시효가 완료됐다고 봤다. 하지만 항소심 재판부인 서울중앙지법 제11-2민사부(재판장 환순교)는 최OO 사무국장이 빨간 줄이 그어진 대본을 시인한 2020년 4월에서야 남인우 연출가가 문체부 공무원과 손진책 예술감독의 검열 행위를 확실히 인지한 만큼 이때를 기준으로 소멸시효를 정해야 한다고 보았다.

앞서 든 증거들에 변론 전체의 취지를 더하여 인정되는 다음과 같은 사정, 즉 원고는 최OO이 이 사건 연극 대본에 대한 검열 사실을 인정한 2020. 4. 28.경[45] 이전까지는 공권력의 불법적인 개입으로 인하여 이 사건 연극 대본에 대한 검열이 이루어졌다는 점을 알기 어려웠을 것으로 보이는 점, 공권력의 개입에 관한 증거 입수의 현실적 곤란을 고려하면 원고가 국가를 상대로 소를 제기하여 손해배상을 받아낼 것을 기대하기는 어려운 상황이었던 점, 피고 대한민국 소속 공무원 및 피고 국립극단 소속 예술감독 등이 이 사건 연극 대본에 대한 검열 사실을 묵비함에 따라 진상조사위원회도 이 사건 연극 대본에 대한 검열 경위를 밝혀내지 못했던 점 등을 종합하여 보면, 적어도 위 2020.4.28.까지의 기간 동안에는 피고 대한민국을 상대로 손해배상청구를 할 수 없는 객관적 장애가 있었다고 봄이 타당하다.

나아가 피고 대한민국 소속 공무원에 의한 이 사건 연극 대본에 대한 검열행위는 건전한 비판을 담은 창작활동을 제약할 수 있어 헌법의 정신에 어긋나고, 법치주의를 수호하고 적법절차를 준수해야 할 공무원의 의무를 심각하게 위반한 것으로서 통상 발생하는 공무원의 불법행위와는 달리 채권자 보호의 필요성이 커 그 채무이행의 거절을 인정함이 현저히 부당하

45 2020년 4월 28일은 최OO 전 사무국장이 남인우 연출가를 개인적으로 만나 진실을 처음 시인한 날이다.

고 불공평하다 할 것이므로, 이 사건에 있어서는 피고 대한민국이 그 소멸시효의 완성을 주장하는 것은 권리남용으로서 허용될 수 없다.

따라서 피고 대한민국의 이 부분 항변은 이유 없다.[46]

남인우가 2심에서도 승소한 후, 국립극단(예술감독 박정희)은 항소심 판결에 승복했고, 법무부는 대법원에 상고했다. 국립극단의 상고 포기는 환영할 만하지만 항소부터 포기했어야 마땅하다. 남인우는 국립극단이 법무부와 함께 항소에 참여하는 것을 보면서 다시 한번 마음의 상처를 크게 받았다.

1심과 2심 모두 남 연출가가 승소한 뒤 국립극단은 항소심 판결에 승복했다. 대법원에 상고해도 승소의 가능성이 없다는 법률 자문을 받은 후 예술감독 직권으로 결정한 것이다. 하지만 법무부는 항소심 판결에 불복해 최근 대법원에 상고했다. 이와 관련해 국립극단 관계자는 "만약 대법원에서 법무부가 승소하더라도, 국립극단은 항소심 판결에 승복한 만큼 남인우 연출가에게 손해배상을 할 예정"이라면서 "남 연출가가 소송 과정에서 많이 힘들어했던 것을 알고 있다"며 재판에 대한 유감을 표했다.

소송을 시작한 이후 남 연출가는 마음고생을 적지 않게 했다.

46 서울중앙지방법원 제 11-2민사부 「사건 2024나72363 손해배상(김)」 판결문, 남인우 제공.

특히 법원에서 조정을 권유받았을 때 합의하기로 했던 법무부와 국립극단이 얼마 뒤 조정을 거부하고 재판을 받겠다고 나선 것에 충격을 받기도 했다. 남 연출가는 "법무부와 국립극단이 공소 시효가 만료됐으며 배상액이 크다는 이유로 합의를 부인했다. 당시 정권이 교체됐기 때문으로 보인다. 그때 어머니상을 치르면서 받은 조의금을 가지고 변호사를 찾아갔다. 이후 1심에서 이겼지만, 국립극단이 항소하는 것을 보면서 마음의 상처를 많이 받았었다"면서도 "이번 소송을 시작한 취지는 검열이 예술가들에게 얼마나 큰 고통을 주는지 알리는 목적과 함께 국립극단 등 예술기관이 독립성을 가지지 못한 채 정치 권력과 문체부 관료주의에 좌지우지된다는 것을 이야기하고 싶었다"고 피력했다. 그러면서 "검열이 이런 국가 시스템 속에서 작동한다는 것을 판결문으로 남김으로써 국립극단 등 예술단체가 독립성을 지키는 데 도움이 되길 바란다"고 강조했다.[47]

남인우가 국가를 상대로 손해배상 소송을 제기하고 승소한 것은 표현의 자유를 보장하는 대한민국의 헌법적 가치를 재확인했다는 점에서 그 의미가 매우 크다. 또한 항소와 상고 과정에서 국립극단이 여전히 독자적 행보를 하지 못하고 문체부나 법무부라는 거대 권력기관에 휘둘리는 과정을 확인한 것은 향후 국립극단이 독립성

47 장지영 선임기자, 「[단독] 2013년 국립극단 검열 사태는 끝나지 않았다… 국가, 대법원 상고」, 『국민일보』, 2025.07.08. 〈https://www.kmib.co.kr/article/view.asp?arcid=0028363950&code=61171211&cp=nv〉(검색일: 2025.08.25.)

을 확보해야 할 큰 숙제를 다시 한번 확인하는 계기가 되었다.

그러나 무엇보다도 여전히 해결되지 않은 채 남인우에게 남아 있는 가장 큰 상처는 연극계의 스승과 다름없는 손진책 전 예술감독의 사실 인정과 사과를 받지 못한 점이다.

한편 이러한 제도 개선 외에 박근혜 정부 시기 국립극단 예술감독이었던 손진책의 공식적인 반성도 중요하다. 손진책은 당시 국립극단의 공연들에 가해진 각종 검열 사건들에 직간접적으로 관여했다는 점과 국립극단의 최종 의사결정자였다는 점에서 예술현장과 국민들 앞에서 책임감 있는 모습을 보여야 했다. 그럼에도 불구하고 손진책은 지금까지도 침묵으로 일관하고 있다.

"(···) 제가 받고 싶은 오늘의 사과는 사실, 저기 객석에서 저희들의 대사를 실제로 검열하셨던 손진책 감독님의 그 발언에 대한 사과를, 저는 당사자한테 듣고 싶었거든요."(「블랙리스트 사례집」 90쪽)

"(···) 손진책 감독님이 저희 연습을 보면서 '이 대사 바꿔', '이런 거 이상해'한 것도 생각이 나요. 저희 원래 000선배님의 첫 의상이 빨간 내복이었어요. 그런데 빨간 내복을 '야! 국립에서 어떻게 그렇게 천박하게, 빨간색이 위협적이잖아' 하면서 바꾸라고 했어요. 근데 우리가 그냥 딱 생각했을 때 내복은 빨간 내복이 너무 자연스럽게 떠오르는데 이게 빨간색이라고 안 되는 건가? (···) 너무 말도 안 되는 이유라고 생각을 했어요. 그래서 부랴부랴 첫 잠옷이 바뀌었거든요."(「블랙리스트 사례집」91쪽)〈개구리〉

이후 손진책은 국립극단에서 예술감독이 아니라 정부가 파견한 검열관이었음을 증언하는 후배 예술인들의 목소리가 이렇게 존재함에도 미학적 차원의 조언이었을 뿐이라는 변명만을 내놓을 뿐이었다. 손진책은 현재 매년 30억 원이 넘는 세금이 투여되는 대한민국 예술원 종신회원이다. 즉, 국민과 예술현장에 씻을 수 없는 상처와 갈등을 남긴 책임이 있는 인물이 반성도 없이 세금으로 매달 180만 원의 수당을 받을 수 있는 것이다. 그러니 손진책은 박근혜 정부 당시 한국문화예술위원회에서 문학 분야 검열에 책임이 있음에도 단 한 번의 사과 없이 한국문학관 추진위원, 2023년 서울국제도서전 홍보대사를 맡았다가 비판 여론에 자진사퇴를 거듭한 오정희 예술원 종신회원과 닮은꼴이 아닐 수 없다.[48]

손진책은 명백히 블랙리스트 가해자임에도 불구하고 빨간줄 사건 발생 후인 2017년 7월에 대한민국 예술원 회원으로 선출되어 큰 영예와 지원을 누리고 있다. 손진책이나 오정희 같은 블랙리스트 실행자들을 예술원 회원으로 받아들인 대한민국 예술원은 이제라도 그들의 회원 지위를 박탈해야 마땅하다.

---

48 홍태림, 「끝끝내 퇴치해야 할 문화-예술계 블랙리스트 유령」, 『시민언론 민들레』, 2024.02.07. 〈https://www.mindlenews.com/news/articleView.html?idxno=7112&fbclid=IwY2xjawMZDKVleHRuA2FlbQIxMABicmlkETFPQUQxS1RGQzE4bE9xd3M1AR5ZWnjLg80K_PJWXoA5r23GJo4stGrkhEzF-1iOKqg5kFTyvzTWF-nje5PEGQ_aem_1jP9Ih1qX_QklmuditiWZQ〉(검색일: 2025.08.25.)

3. 한국문화예술위원회의 후속조치

-'연극 창작산실' 사건을 중심으로

1) '블랙리스트 재발 방지와 회복을 위한 TF' 활동

한국문화예술위원회(이하 '예술위')는 '블랙리스트 진상조사 및 제도개선 위원회'가 권고한 블랙리스트 재발 방지를 위한 제도 개선안을 수용하여 블랙리스트 사건과 관련된 책임자들에 대한 징계를 단행하였고 몇 차례의 공식적인 사과를 진행하였다. 2020년 2월에 출범한 7기 위원회는 2021년 2월에 '블랙리스트 사태에 대한 성찰과 대응을 멈추지 않겠습니다'라는 제하의 입장문을 통해 블랙리스트 사태 해결과 재발 방지를 위해 노력을 지속하겠다는 의지를 표명했다. 그러한 의지를 바탕으로 2021년 6월에 '블랙리스트 재발 방지와 회복을 위한 TF'(이하 '블랙TF')가 출범하였는데, 7기 위원 중에 오영주, 이원재, 정유란, 정정숙, 정창호, 홍태림이 참여하였다. 이 TF의 활동 목표와 원칙은 다음과 같이 제시되었다.[49]

49 한국문화예술위원회, 『블랙리스트 재발 방지와 회복을 위한 TF 활동보고서』,

■ TF의 활동 목표

○ TF 준비회의에서 검토한 23개 아르코혁신과제 중 4대 혁신과제의 달성을 위한 추진 방안을 지속적으로 추구

○ 블랙리스트 피해자와의 소통 방안 및 소통 모색

○ 예술위 내부의 블랙리스트 재발 방지와 회복을 위한 조직문화 개선 및 소통 방안 검토

○ 블랙리스트 사건 관련 예술계 이슈에 대한 적극적인 대응

○ 블랙리스트 사건의 사회적 기억사업 등에 대한 문체부의 적극적 수용 촉구

○ 문체부와의 자율운영 공동선언 이후의 정기간담회 의제 제안 선도

■ TF의 활동 원칙

○ 블랙리스트 사건과 관련하여 피해자 관점을 견지

○ 예술위 내부의 블랙리스트 관련 소통 방안과 관련해서는 사무처 내부의 자율성을 존중

○ 예술계 현장과의 신뢰 회복을 통한 예술 파트너십 복원과 강화를 상기

2022.09.06. 〈https://arko.or.kr//board/view/5962?&cid=1805021〉(검색일: 2025.08.04.)

블랙 TF는 특히 블랙리스트 사태 이후 피해자 관점에서 소통하려는 과정이 부족했으며, 피해자 감수성에 대한 이해가 미흡하다고 판단하고 피해자 중심의 회복 노력이 필요하다고 보았다. 이에 따라 블랙 TF가 블랙리스트 조사위 백서에 근거하여 대표적으로 6개 사업에 대한 피해자 연속 간담회를 추진하였다. 그 6개 사업은 다음과 같다.

① 한국공연예술센터 정기대관 공모 및 서울연극제 배제 2015
② 다원예술창작지원 배제 2015
③ 연극 창작산실 우수작품제작지원 심사 번복 요구 및 공연 포기 강요
④ 2015 공연예술발표공간지원 지원 배제
⑤ 2015 공연티켓 1+1 지원사업 지원 배제
⑥ 팝업씨어터 〈이 아이〉 공연 방해

블랙 TF보고서에 이 6개의 사업의 피해자들에 대해 어떤 후속 조치가 구체적으로 진행되었는지는 자세히 정리되어 있지 않지만 TF보고서의 마지막 부분에 “블랙 TF는 우선 블랙리스트 진상조사위원회의 백서에 제시된 예술위 관련 주요 블랙리스트 피해자 단체들과의 몇 차례 자문회의를 진행했으며 공연예술창작산실 블랙리스트 주요 피해자와 예술위 관계자 간의 소통과 화해의 장을 매개하기도 함”이라고 자체 평가하였다. 또한 블랙리스트 관련 내부 감사보고서를 점검한 결과를 다음과 같이 적시하였다.

■ 블랙리스트 관련 내부 감사보고서 점검 성과

○ 블랙리스트 사태와 관련한 최초의 자체 감사결과보고서에서 축소 및 은폐된 부분을 외부에 알릴 수 있는 조치 계획이 확정됨에 따라 블랙리스트 사태의 사실관계를 명확히 알리는 데 일조함.

○ 블랙TF의 감사결과보고서 점검을 통해 블랙리스트 진상조사위의 권고에 따른 감사결과보고서가 인터넷 홈페이지에 누락된 것이 확인되어 블랙리스트 사태에 대한 감사 결과가 누락되지 않도록 시정 조치함.

이 내부 감사보고서와 관련된 내용은 공연예술창작산실 피해자와 관련되어 있기에 이 부분에 대해 다음 장에서 좀 더 자세히 들여다보기로 한다.

2) '연극 창작산실 우수작품제작지원 심사 번복 요구 및 공연 포기 강요' 사건의 추가 진실 규명

예술위 블랙 TF는 2015년에 '예술위가 발표했던 자체감사 결과보고서에 문제가 있다는 피해자 김미도의 재감사 요청을 받아들여 예술위 측에 재검토를 요구했다. 사건의 개요를 파악하기 위해 김미도가 블랙리스트 진상조사위에 제출했던 진술서 전문을 공개한다.

'2015년 창작산실' 심의 관련 진술서

진술인: 김미도

- 본인은 연극평론가이며 서울과학기술대 문예창작학과 교수입니다. 2015년 창작산실 연극분야 심의와 관련하여 '블랙리스트 진상조사 및 제도개선위원회'에 본인이 겪은 내용을 진술하고자 합니다.
- 2014년 12월 16일 명동예술극장에서 이루어진 '2015 창작산실' 대본 심의에 한국문화예술위원회(이하 예술위) 이OO이 참석했습니다. 당시 대본심의는 명동예술극장이 주관했기 때문에 왜 이OO이 와 있나 하는 의구심이 들었습니다. 이제 와 생각하니 대본 심의과정부터 검열이 있었다는 의혹이 강하게 듭니다.
- 2015년 4월 7일부터 11일까지 진행된 창작산실 낭독공연 심사에는 이OO이 대부분 배석하였는데 11일 점심에는 장OO이 나타나 박근형 배제를 요구하였습니다. 심사위원 중 OOO이 강력히 반발하며 회의장을 뛰쳐 나갔습니다. 심사위원 한 사람이 뛰쳐나가는데도 이OO과 장OO 별로 잡을 생각을 하지 않았습니다. 저는 오후 심사 일정을 남겨두고 있는 상황에서 일단 심사는 끝까지 진행해야 한다고 판단했습니다. 그러나 박근형 배제를 전제로 심사가 이루어진다면 최종 심의의결서에 사인할 수 없다고 밝혔습니다. 심

사위원 중 2명이나 반발하는 것은 문제가 있다고 판단했는지 장OO이 "그러면 심사위원들 마음대로 하시라, 심사위원들이 오히려 이렇게 강력히 반발해 주시면 제가 오히려 편하다, 심사위원들을 핑계로 이 일을 방어할 수도 있겠다" 등의 발언을 했습니다. 제가 OOO에게 빨리 연락해서 데려오라 했고 OOO이 합류하여 오후 심사가 이루어졌습니다. 오후 심의에 들어가기 직전 동숭아트센터 5층 근처 비상구에서 제가 장OO에게 심사의 독립성 보장을 녹음으로 남기고 싶다 했더니 제발 그렇게는 하지 말아달라 해서 더이상 고집하지 않았습니다.

- 2015년 4월 11일에 종료된 심사결과 발표가 계속 지연되고 있는 상황에서 저는 6월 7일 7시에 박근형 연출의 〈히키코모리 밖으로 나왔어〉를 보러 두산아트센터에 갔다가 박근형이 먼저 술 한잔 하자고 제의하여 상당히 긴 대화를 하였습니다. 박근형은 창작산실 결과발표가 지연되는 이유가 자신 때문이라는 점을 이미 알고 있었고, 그냥 자신을 배제하라고 했습니다. 이미 개인 감사를 두 차례나 받으면서 많이 지쳐 있었고 두려움도 큰 것 같았습니다. 특히 남부터미널 근처 정체불명의 건물에 불려가 조사받은 일은 공포심까지 주었던 것 같습니다. 저는 공연 포기는 있을 수 없는 일이며 일단 기다려 보자고 했습니다. 또다시 박근형을 배제 시키려는 시도가 있다면 함께 싸우자고도 했습니다. 훗날(2017년 5월 12일) 박근형에게 당시 결과 발표 지연 사

유가 본인에게 있다는 것을 어떻게 알고 있었느냐고 질문했더니 연극원 강의 나오는 OOO을 통해 전해 들었다고 했습니다.

- 2015년 6월 18일 이전에 심사위원 OOO과 몇 차례 통화를 했습니다. 저는 평소 OOO과 사적으로 친밀하지 않아 그 이전에는 개인적으로 전화를 주고받은 적이 없었습니다. OOO은 결과 발표 지연과 관련하여 예술위가 심사위원 OOO과 접촉하고 있다고 알려주었고, 그것은 심사결과 번복 또는 박근형의 포기를 유도하는 것이었습니다. OOO은 몹시 언짢아했고 저도 있을 수 없는 일이라고 같이 화를 냈습니다. 따라서 장OO이 2017년 5월 12일 공판에서 "박근형 사업 포기가 심의위원들 사이에서 자연스럽게 나오기 시작했다. 사업 포기는 증인이 먼저 말을 꺼낸 것이 아니라 누군지는 알 수 없으나 심의위원들 사이에서 나온 이야기다"라고 말한 것은 신뢰하기 어렵습니다. 6월 18일 이전에 장OO은 심사위원 OOO과 OOO을 접촉했으며 박근형의 사업 포기에 대한 사전교감이 있었을 것으로 보입니다. 6월 17일 오후 1시부터 연극원에서 연출과 교수초빙 공개강의가 있었고, 저는 심사위원으로 갔다가 교수초빙 지원자인 OOO을 심사 후에 만났습니다. OOO은 제게 예술위에 불려가는 길이라고 했습니다. 제가 "예술위는 왜 자꾸 한 명씩 접촉을 하느냐, 차라리 전체를 불러서 얘기하라"고 했습니다. OOO이 제 의견을 전했을 것이고 6월 18일 오전

10시에 심사위원 전체 회의가 소집되었습니다.

- 저는 6월 18일 회의에서 검열에 관련된 대화가 오갈 것을 짐작하고 있었기 때문에 미리 녹취를 하기로 마음 먹었습니다. 공개적으로 녹취를 한 것이 아니라 커다란 백 안에서 휴대폰의 녹음 기능을 작동시켰기 때문에 과연 선명하게 녹음이 될지 불분명했습니다. 심사위원들은 한결같이 심사결과를 번복할 수 없다고 버텼습니다. 그러나 박근형이 배제되지 않으면 다른 7개 단체도 지원을 받을 수 없으며, 심지어 창작산실 제도 자체가 폐지될 수 있다는 장OO·이OO의 협박에 심사위원들이 하나 둘 흔들리기 시작했고 결국 저도 현실적으로 그렇게밖에는 해결할 수 없다고 생각하게 되었습니다. 특히 현장 연출가인 OOO과 OOO이 7개 작품의 공연을 강력히 희망했기에 평론가로서 현장 작업자들의 의견을 너무 무시할 수 없다고 생각했습니다. 결국 회의는 심사위원들이 애초에 8작품을 뽑은 결과는 번복하지 않기로 하고, 예술위 직원들이 박근형을 만나 포기를 설득해보기로 했습니다. 그러나 그 최종 결정은 어디까지나 박근형에게 달려있다는 데는 심사위원 모두 같은 의견이었습니다. 저는 회의 끝무렵에 그 날의 회의 결과를 박근형에게 전달하겠다고 했습니다. 당시 저는 제가 직접 회의결과를 알리는 것이 예술위 직원들이 혹여 회의결과를 왜곡하여 박근형에게 전달하는 것을 방지할 수 있다고 생각했습니다. 또 박근형에게 쉽게 포기하지 않도록 다시

한 번 투쟁을 설득하고자 했습니다.

당시 녹취를 저는 도종환 의원실을 통해 2015년 가을 국정감사에 제보한 바 있습니다. 도종환 의원실에서 풀어낸 녹취록은 1시간 4분 정도에서 끝나는데 그 이후 10분 정도 더 녹음이 남아 있습니다. 그 부분에서 저는 이렇게 말합니다. "제가 문자를 드릴게요. 통화를 한 번 하고. 왜냐면 어제 밤에는 이거는 박근형 개인의 문제가 아니기 때문에 지레 포기하지 말라고 얘기를 했고… 포기를 하라는 얘기가 아니라, 우리는 심사 단계에서 뺐다고 할 수 없기 때문에 심사위원의 입장은 이렇게 정리가 됐다 하고 박근형 선생님 알아서 결정하시라 할게요."

- 회의가 끝난 후 박근형과 바로 통화하여 회의 결과를 알려주었습니다. "심사위원들은 8작품이 선정된 결과를 바꾸지 않았다. 그런데 예술위에서 이런 상태로 가면 나머지 7개 작품들도 공연할 수 없다고 하더라. 그래도 나는 당신이 포기하지 않기를 바란다. 포기하지 않고 싸운다면 같이 싸워 주겠다"고 했습니다(당시 박근형에게 회의를 녹취했다는 것은 밝히지 않았습니다). 2017년 5월 12일 박근형과의 만남에서 박근형은 당시 제가 "같이 싸우자. 동료들도 같이 싸워줄 것이다"라고 말했다며 제가 기억하지 못하는 워딩까지 기억해냈습니다. 제가 당시 '동료들'이라는 표현을 쓴 것은 만일 이 일이 폭로된다면 7개 단체들이 공연포기를 불사하고라도 함께 싸워줄 것으로 기대했기 때문입니

다. 그러나 그런 일은 일어나지 않았습니다. 연출가 OOO 선생님이 개인적으로 공연을 포기해야겠다고 말씀하셨을 때, 막상 저는 그렇게 해달라고 요구하지 못했습니다. 심지어 공연 포기 문제로 너무 힘들어하는 젊은 작업자들과, 이들을 바라보는 다른 연극인들 사이에 갈등의 골이 깊어지는 상황을 보면서 제가 괜한 짓을 한 것은 아닌지 자괴감이 들기도 했습니다.

박근형이 사업 포기를 결정한 결정적 이유는 자신 때문에 다른 7개 단체도 공연할 수 없고, 심지어 창작산실 사업 자체가 폐지될 수도 있다는 얘기를 들었기 때문으로 보입니다. 박근형은 2017년 5월 10일자 경향신문과의 인터뷰에서 "어느 날 문예위 직원들이 나를 찾아왔다. 그 사람들이 나한테 '먼저 그만두라'고 했다.(중략) 창작산실 지원사업 자체를 아예 없앨 수도 있다고 했다. 연극계 동료들과 후배들은 나한테 그때 일을 왜 낱낱이 털어놓지 않냐고 하는데, (한숨 쉬면서) 그 직원들이 나를 찾아와 거의 울면서 그런 얘기들을 했다. 그래서 내가 혼자 나가서 담배 한 대 피우고 와서, '그럼 내가 안 할게'라고 했다"고 밝혔다. 박근형은 2017년 5월 12일 저와의 만남에서도(김재엽, 김일송, 우연, 박근형의 처 동석) 『검열백서 준비 1호』를 뒤적거리며 창작산실 사업자체를 없애겠다고 했던 이야기가 책에 꼭 들어가야 한다고 강조했습니다.

- 2015년 국정감사를 앞두고 저는 6월 18일 녹취를 도종환

의원실에 제보하는 한편 Jtbc의 취재에 응하였습니다. 박근형은 Jtbc 기자의 전화조차 받지 않는다고 했는데 제가 박근형에게 직접 전화하니 금방 받았습니다. 박근형에게 녹취가 있다는 얘기를 하자 금방 태도가 달라졌고 결국 박근형도 취재에 응했습니다.

- 2015년 9월 9일 Jtbc 보도가 나가고 그 직후 1차 국정감사가 이루어질 때까지 저는 박근형이 포기각서를 쓴 사실을 모르고 있었습니다. 6월 18일 오후에 이OO과 장OO이 박근형을 만났다는데 저는 그 결과에 대해서는 바로 듣지 못했습니다. 그런데 6월 21일 오전에 장OO이 제게 전화하여 긴히 의논할 일이 있다고 직접 만나자 했습니다. 저는 국립극단 〈어느 계단 이야기〉를 관람한 후, 백성희장민호극장 로비에서 장OO을 만났습니다. 장OO이 박근형과 만난 결과를 얘기해주며 박근형이 결국 포기하기로 했다고 전해주었습니다. 박근형은 심사위원들이 결과를 번복하지 않았으므로 일단 〈모든 군인…〉을 포함시켜 발표해 줄 것, 그러면 한 달 이내에(그래야 추후에 패널티가 없다고 함) 포기신청서를 내겠다고 약속했다 했습니다. 저는 "그럼 당신들이 원하던 대로 된 것 아니냐, 뭐가 또 문제냐"고 반문했습니다. 장OO은 위에 가서 보고하니 "그냥 말만 듣고 오면 어떡하냐, 포기각서라도 받아와야지"라고 했다며 제게 포기각서를 받으러 가도 되겠냐고 물었습니다. 저는 그 시점에서 거의 이성을 잃고 "당신들은 이미 박근형에게 충분히

상처를 주었다. 더 이상 예술가를 모독하지 말라. 만일 그런 일이 벌어진다면 절대로 가만있지 않겠다"고 소리를 질렀습니다. 장OO이 "그러면 안되겠죠?"(그 특유의 눈물이 그렁그렁한 표정으로)라면서 얘기를 끝냈기 때문에 저는 그가 다시 박근형을 만날 것으로 생각하지 않았습니다.

1차 국정감사가 끝나고 2차 국정감사를 앞둔 시점에서 2015년 10월 3일 7시에 극단 「골목길」의 〈엄사장〉을 보러 아름다운 극장에 갔습니다. 박근형은 제가 공연 보러 온다는 사실을 미리 알고 있었는지 공연 들어가기 전에 극장 앞에서 잠깐 인사했는데, 공연이 끝난 후에도 기다리고 있었습니다. 저는 문득 포기각서 건이 떠올라 잠깐만 얘기를 하자고 다시 극장 안으로 들어갔습니다. 장OO이 6월 21일에 저를 다시 찾아와 포기각서 운운했던 걸 얘기하고, 그 이후에 다시 만난 일이 없냐고 물었습니다. 박근형은 그제서야 "6월 22일에 찾아와 포기각서까지 받아갔다"고 말했습니다. 저는 그 얘기를 듣고 장OO과 이OO에게 정말 형언할 수 없는 분노를 느꼈습니다. 그들은 결국 정권의 편이지 예술가의 편은 아니었습니다. 더이상 예술위 직원들을 배려하거나 동정할 필요도 없다고 생각했고 이 사실을 다시 국회에 알려야겠다고 생각했습니다. 다음 날 박근형에게 간밤에 했던 얘기를 제게 문자메시지로 보내 줄 수 있는지 물었습니다. 박근형은 바로 "6월 22일 4시 40분에 한성대역 카페베네서 만났습니다. 한 장짜리 포기각서에 서명만

했구요. 날짜는 7월 15일로 적혔습니다"라고 문자메시지를 보내왔습니다. 저는 박근형의 문자메시지를 캡처하여 도종환 의원실에 보냈고, 이 부분이 2차 국정감사에서 공개되었습니다. 당시 증인으로 출석한 장OO, 이OO은 포기각서를 받아낸 사실을 인정하였습니다. 아마도 10월 3일에 저와 박근형의 우연한 만남이 없었다면 포기각서 건은 영원히 묻힐 수도 있는 문제였습니다.

- 저를 비롯한 당시 창작산실 심사위원들은 심사과정에서 극심한 고통을 겪었고 저는 이 문제를 폭로할 때부터 박근혜의 탄핵이 결정될 때까지 이루 말할 수 없는 공포감 속에 살았습니다. 국가로부터의 조직적인 검열에 적극 가담한 장OO, 이OO 등 공무원들이 법정에서 자신들도 피해자인 척하면서 심사위원들에게까지 그 책임을 떠넘기려 하는 작태에 분노를 금할 수 없습니다.

2018년 4월 21일

예술위는 2015년 국정감사에서 도종환 의원실의 녹취 폭로로 큰 파문이 일자 자체 감사를 실시하여 11월에 「2015년도 지원심의 특정감사 처분요구서」[50]를 발표했다. '연극창작산실사업'과 관련하여 발표된 내용은 다음과 같다.

---

50 한국문화예술위원회, 「2015년도 지원심의 특정감사 처분요구서」, 2015.11.16. 〈https://www.arko.or.kr/board/view/901?bid=&page=8&cid=363579〉(검색일: 2025.08.12.)

'연극창작산실사업'의 경우 위원회에서는 2015년 4월 7일부터 4월 11일까지 동숭아트센터 5층 소극장(서울 종로구 동숭동 소재)에서 실시한 '연극창작산실사업 지원심의회의(실연심사)' 결과 극단 피오르의 '우주의 물방울 너는 영원해'를 비롯한 8개 작품을 선정하였다. 그런데 이 사업의 담당자였던 예술진흥본부장 OOO과 창작지원부장 OOO은 이들 8개 선정 작품 중 박근형 연출의 '모든 군인은 불쌍하다'라는 작품이 남북 분단 상황에서 군인들의 사기를 저하시킬 수 있는 내용으로 공연될 경우 2013년 9월에 동일인인 박근형 연출의 '개구리'라는 연극 작품이 대통령을 풍자하였다 하여 사회적 논란을 일으킨 사례가 재연될 수 있다는 점, 2015년 3월 5일 마크 리퍼트 주한 미국대사를 피습한 김기종이 과거 '우리마당만석중놀이연구회' 대표로 있으면서 1996년부터 2008년까지 7년간 위원회로부터 총 3천7백만원을 지원받았다는 사실과 2015년 1월 강제 출국된 신은미의 도서 "재미동포 아줌마 북한에 가다"가 위원회가 후원하는 우수문학도서로 2013년에 선정되었다가 사회적 논란으로 2015년 초 선정 취소 및 회수 조치되는 등 위원회가 예술지원에 있어 사회적 논란을 계속 일으키고 있는 상황에서 담당자들 입장에서 판단할 때 위원회가 또 다시 공공기관으로서 사회적 논란에 빠질 것을 염려하여, 2015년 6월 18일 오전 10시 대학로 예술가의 집에서 연극분야 심의위원들을 소집하여 우려를 표명하게 되었는데 그 날 논의 과정에서 위원 중 한 사람이 박근형 연출가를 만나 직접 우려를 표명할 것을 제안하기도 했다. 이에 담당자는 같은 날인 2015년 6월 18일 오후 2시 광화문에 있는 한 커피숍에서 박근형 연출가를 만나 같은 우려를 표명하였고 이 자리에서 박근형 연출가는 사업 포기 의사를 표명하였다.

한편, 2015년 6월 21일에는 담당자들이 국립극단 백성희·장민호극장에서 위원 중 한 사람(박근형 연출가를 만나라고 제안한 위원)을 만나 박근형 연출가의 사업포기와 관련하여 의논하였고 다음 날인 2015년 6월 22일 오후 4시 40분에 서울 한성대학교 부근 카페에서 박근형 연출가를 만나 지원포기서를 요청하였다. 이 후 위원회에서는 2015년 7월 15일 박근형 연출가로부터 지원포기서(박근형 연출가 서명)를 접수하였고 2015년 8월 6일 OOO 창작지원부장의 지시로 연극분야 지원담당자인 OOO가 국가문화예술지원시스템(NCAS, 기금 지원 및 정산 관련 전산시스템) 상에서 극단 골목길의 '모든 군인은 불쌍하다'의 지원 취소 행정 절차를 완료하였다. 통상 지원단체의 원에 의해 문예진흥기금사업을 지원 취소할 경우에는 해당 지원단체가 국가문화예술지원시스템(NCAS) 상에서 직접 지원 취소 등록을 하여야 한다. 비록 '모든 군인은 불쌍하다'라는 작품이 박근형 작·연출이고 박근형 연출가가 극단 골목길의 전 대표로서 현재까지 실질적 영향력을 행사하고 있으며 본인이 서명한 지원포기서에 '극단 골목길 대표를 대신하여'라고 표기하고는 있으나 행정절차 상 포기절차는 지원신청자인 '극단 골목길'의 현재 대표 이호열에게 지원포기 의사를 확인하고 처리 하였어야 하나 위원회에서는 그렇게 하지 않았다.

위원회 직원복무규정 제4조 제3항에 따르면 직원은 직무 내외를 막론하고 고의 또는 과실로 위원회의 명예와 위신을 손상하는 행위를 하여서는 아니 된다고 되어 있다. 또한 윤리지침 제6조 제1항에 따르면 임직원은 직무를 수행함에 있어 관련된 제반 법령과 규정을 준수하여 공정하게 수행하여야 한다고 되어 있다. 그런데 예술진흥본부장 OOO과 창작지원부장 OOO은 정해진 절차를 거쳐 심의를 통과한('15.4.11) 작품(극단 골목길의 '모든 군인은 불쌍하다')을 위원회에 부의하지 않고 소관 부서장이 개인적으로 문제점을 예상하여 지원심의위원을 만나고 ('15.6.18.) 당사자인 박근형을 만나('15.6.18., 6.22.) 우려를 표명한 행위는 공정한 직무수행을 했다고 보기 어렵다.

블랙리스트 진상조사위는 위의 감사보고서가 허위로 작성되었다고 보았다. 조사위에서 참고인 장OO 창작지원부장은 "감사과정에서 자신이 연극 창작산실과 관련하여 심사위원들을 만나서 박근형 연출의 〈모든 군인은 불쌍하다〉를 배제해줄 것을 설득을 하거나, 박근형 작가를 직접 만나서 지원포기를 해줄 것을 요청한 사실에 대하여 "개인적으로 문제점을 예상"하여 그러한 행위를 하였다고 한 것은 예술위 기관 차원에서 그렇게 해야만 하는 상황이어서 그렇게 하였던 것"이라고 진술하였다. 참고인 이OO 예술진흥본부장도 "김OO 감사부장에게는 사실대로 말했습니다. 위원장이나 사무처장이나 다들 사실을 알고 있는 상황이었지만, 국회에서조차 문제가 되고 있는 상황에서 저와 장OO 부장이 개인적으로 돌출행동을 한 것으로 처리하고 싶어했습니다. 위원회 조직 차원에서 그렇게 한 것입니다"라고 진술했다.[51] 그러나 이 두 사람은 블랙리스트 진상조사위에서 "위원 중 한 사람이 박근형 연출가를 만나 직접 우려를 표명할 것을 제안"했다는 부분은 바로 잡지 않았다.

예술위 블랙TF는 "위원 중 한 사람"으로 특정된 당시 심의위원 김미도의 이의 제기를 받아들여 예술위에 이 부분에 대한 재조사를 요청하였다. 2023년 1월 6일에 한국문화예술위원회는 상임감사의 명의로 "〈2015년도 지원심의 관련 감사보고서〉 중 사실과 다른 부분을 바로 잡습니다"라는 공지를 올린다.[52] 파일로 첨부된 「2015년도 지원심의 관련 감사보고서 정정 공지문」 전문을 소개하면 다음과 같다.

〈2015년도 지원심의 관련 감사보고서〉 중

사실과 다른 부분을 바로 잡습니다.

한국문화예술위원회 감사실은 2015년 9월 23일부터 동년 11월

51 블랙리스트 조사위, 「2015년 공연예술창작산실 심사번복 요구 및 공연포기 강요사건」, 『문화예술계 블랙리스트 진상조사 및 제도개선위원회 백서-진상조사 결과보고서:공연1』, 107쪽~108쪽.

52 한국문화예술위원회, 「2015년도 지원심의 관련 감사보고서 정정 공지문」, 2023.01.06. 〈https://www.arko.or.kr/board/view/901?bid=510&cid=1805606〉(검색일: 2025.08.12.)

11일까지 실시한 「2015년도 지원심의 관련 감사보고서」 내용 중 '공연예술창작산실 우수작품제작지원사업'과 관련된 감사결과 중 잘못된 부분을 아래와 같이 바로 잡고자 합니다.

1. 정정사항 : 특정 심의위원이 '자진 사업포기' 최초 또는 유일한 제안자이었는지 여부

□ 문제가 되는 부문

- 2015.6.21. 예술위 직원과 국립극단 백성희, 장민호 극장에서 만난 심의위원(AAA, 이의신청자)은 2015.6.18. 회의 당시 '사업포기'를 최초 제안하였거나 유일한 제안자가 아님에도 감사보고서에는 해당 심의위원으로 지목되어 있어 이에 대한 사실확인을 요청하였다.
- 감사보고서(8~9쪽)에는 [표 1]과 같이 2015.6.18. 당시 회의에 참여한 심의위원(5명) 중 한 사람이 '○○○ 연출가를 만나 직접 우려를 표명할 것을 제안하기도 했다.'라고 기술하고, 그 다음 문장에서 2015.6.21. 예술위 직원이 만난 심의위원 한 명을 특정하면서, "괄호()"로 부가 설명하였는데, 두 문장의 전후 문맥상 2015.6.21. 만난 심의위원이 '사업포기 의사를 물어볼 것을 제안'한 사람으로 오인·오해하게끔 기술되어 있음이 확인된다.

[표 1] 2015년 감사보고서 잘못 기술된 부문

2015년 6월 18일 오전 10시 대학로 예술가의 집에서 연극분야 심의위원들을 소집하여 우려를 표명하게 되었는데 그 날 논의 과정에서 위원 중 한 사람이○○○ 연출가를 만나 직접 우려를 표명할 것을 제안하기도 했다. …생략… 한편, 2015년 6월 21일에는 담당자들이 국립극단 백성희·장민호극장에서 위원 중 한 사람(○○○연출가를 만나라고 제안한 위원)을 만나 ○○○연출가의 사업포기와 관련하여 의논하였고 …생략…

□ **검토결과 확인되는 사실**

● 예술위 감사실은 2015년도 감사 관련 증거자료, 블랙리스트진상조사위원회 조사보고서, 이의 제기한 심의위원이 제출한 자료를 검토한 결과, 2015년 당시 감사자료에서는 2015.6.21.예술위 직원이 만난 심의위원(이의신청자)이 사업포기 제안을 한 사람으로 특정되어 있지 않았으며, 이의신청인이 제출한 자료에서도 2015.6.18. 회의에서 '○○○ 연출가의 자진 사업포기' 발언을 최초로 제안하거나 또는 처음 발언한 사람은 아닌 것으로 확인된다.

● 다만 이의신청인도 블랙진상조사위원회 조사결과와 같이 '예술위 직원이 ○○○ 연출가를 만나 상황을 설명, 설득하여 ○○○ 스스로 사업포기 여부를 결정해야 한다'라는 심의위원들의 의견에 동의하였으며, 회의 중반 이후 이의신청인이 ○○○ 연출가의 근황, 심경을 전언으로 전달하였

는데, 다른 심의위원들에게는 '7개 선정단체라도 지원받을 수 있도록 ○○○ 연출가가 사업포기를 감내하실 수 있는 분'이라는 의사결정에 기대를 더하게 되었다.

□ **(참고) '자진 사업포기 확인' 발언의 상황 및 배경 설명**

● 2015.6.18. 재소집된 심의위원들은 예술위 직원들로부터 정부의 지시로 심의결과 발표가 지연되고 있는 어려운 상황에 관한 설명을 들은 후, 심의위원 전원은 ▷2개월이 경과 되어 심의결과 변경은 불가능하고, ▷심의위원으로서 책임감, ▷공연계 우려 및 반발 예상, ▷향후 동일사례 발생 염려 등 여러 문제점을 피력 후 '당초 지원결정 번복은 불가'함으로 의견을 수렴하였으나,

● 회의 중반, 예술위 직원들이 재차 이런 상황이 잘못된 것임을 알고 있으나, 예술위가 처한 상황에서 ○○○ 연출작품이 제외되지 않을 시 심의결과 발표가 계속 어려울 것이고, 그로 인해 7개 선정단체마저 연내 지원받지 못할 수 있는 현실적 상황 등을 토로하자,

● 심의위원들은 고심 끝에 '심의결과는 번복 없이 그대로 유지'하되, ○○○ 연출가 본인이 현 상황 등을 인지하고 있고, 7개 선정단체만이라도 연내 지원받기 위해서는 ○○○ 연출가의 자진 사업포기 결정만이 당시 처한 상황을 우선 수습할 수 있을 것으로 판단하였다.

● '사업포기' 발언은 심의위원들이 논의 과정에서 7개 선정단체만이라도 지원받게 하기 위한 현실적인 타개책으로 나온 것이며, ○○○ 연출가의 결정이 우선해야 함에 따라 심의위원들은 '예술위 직원들에게 ○○○ 연출가를 만나 당시 처한 상황을 소상히 설명하여 결정토록 한 것'이다.

2. 정정사항 : 사실과 달리 예술위 직원들의 개인적 '돌출행위'로 기술한 부분

□ 문제가 되는 부문

● 이의신청 내용 검토 중, 2015년 10월 경 감사를 받은 예술위 직원들은 당시 감사에서 지원배제 지시 등을 사실대로 진술하였음에도 조직 차원의 결정에 의해 개인적 일탈 등 사유로 징계받은 것으로 이에 대한 사실확인을 요구하였다.

● 2015년도 감사는 국회 교문위 요청으로 실시한 예술위 자체감사로, 감사보고서(9~10쪽)에는 예술위 직원들이 심의결과를 예술위 위원회에 부의하지 않고, 심의결과 번복 및 사업포기서(각서)를 받는 등의 일련의 행위를 '개인적인 돌출행위'로 [표 2]와 같이 적시하여 징계처분을 요구하였다.

[표 2] 2015년 감사보고서 문제 부분

(9쪽 하단) 그런데 ◇◇◇◇본부장 BBB과 ◈◈◈◈부장 CCC은 정해진 절차를 거쳐 심의를 통과한 ('15.4.11) 작품(극단 ○○○의

'모든 군인은 불쌍하다')을 위원회에 부의하지 않고 소관 부서장이 개인적으로 문제점을 예상하여 지원심의위원을 만나고('15.6.18) 당사자인 ○○○을 만나('15.6.18., 6.22) 우려를 표명한 행위는 공정한 직무수행을 했다고 보기 어렵다.
(10쪽 하단) ① … 생략 … 부적절한 행위로 직원복무규정과 윤리지침을 위반한 전 예술진흥본부장 BBB과 전 창작지원부장CCC을 인사관리규정 제44조의 규정에 따라 징계처분하시기 바랍니다.

□ 검토결과 확인되는 사실

- 예술위 직원들은 당시 감사과정에서 ▷정부의 지원배제 지시 및 위원장(HHH)에게 보고한 사실, ▷당시 위원장이 지원심의위원회를 재소집하여 심의결과를 변경하라는 지시, ▷○○○연출가의 사업포기 의사를 전달하자 위원장이 '말은 믿을 수 없으니 사업포기 각서라도 받아 오라'고 질타한 사실 등은 블랙리스트진상조사위원회 조사보고서를 통해 확인된다.
- 예술위 직원들은 2015년 10월경 감사부의 조사에서 사실대로 진술하였으나, 당시 예술위는 2015.10.7. 국회 교문위 국정감사에서 '○○○ 연출가에게 사업포기서(각서)를 받아 오라는 지시받은 사실이 없다'고 위증한 내용과 같은 기조로 두 사람의 개인적인 돌출행위로 결론을 내고 징계처분하였다.

- 당시 위원장과 감사도 지원배제 등 사실을 알고 있었으나, 국회에서조차 문제가 되는 상황에서 누군가는 책임을 져야 하는 조직 차원의 결정이 있었기에 예술위 직원들은 상기와 같이 사실과 다른 감사 결과와 징계처분을 수용한 것이다.

한국문화예술위원회 감사실은 공공감사법 시행령 제15조에 따른 재심의 대상은 아니지만, 일반국민과 피감사자의 권리구제 및 권리와 이익 보호를 위하여 2015년도 감사보고서 중 잘못 적시된 부분을 정정하고자 위와 같이 공개합니다.

2023. 1. 6.

한국문화예술위원회 상임감사

이로써 2015년도 공연예술창작산실 사건에 대한 진실은 대부분 규명되었다고 볼 수 있다. 사건 발생으로부터 무려 7년 이상 지난 시점이었다.

5장
블랙리스트 사태 관련 판결

1. 특검 고발 이후 고등법원 판결까지

2. 대법원의 파기환송과 최종 판결

3. 블랙리스트 피해자들의 집단 소송과 국가배상의 의미

1. 특검 고발 이후 고등법원 판결까지*

블랙리스트에 맞선 법률투쟁은 지금까지도 계속되고 있다. 2016년 11월 21일 문화예술인들과 법률전문가들이 첫 번째 모임을 갖고 '박근혜정부 문화예술계 블랙리스트 사태 법률대응모임'(이하 '블랙리스트 법률대응모임')을 결성했다. 2016년 11월 30일 박근혜 정부의 최순실 등 민간인에 의한 국정농단 의혹사건 진상규명을 위한 국정조사가 개시되었다. 블랙리스트에 대한 법률대응은 고(故) 김영한 전 청와대 민정수석의 업무일지가 공개되면서 급물살을 타게 되었다. 김영한의 업무일지에 상세히 기재되어 있던 블랙리스트 관련 메모들이 법률적 대응의 중요한 증거와 토대가 되었다.

'민주사회를 위한 변호사모임'(이하 '민변')에서는 김남근 변호사의 제안에 따라 특검고발 1호로 김기춘을 중심으로 한 '문화예술계 블랙리스트 사태'를 다루기로 했다. 최종 확정된 피고발인은 김

* 이 부분은 「블랙리스트 2심 판결의 의미, 이제 시작이다!」(『연극평론』, 2018년 봄호)를 바탕으로 수정 보완되었다.

기춘(전 대통령 비서실 비서실장), 조윤선(당시 문화체육관광부 장관), 송광용(전 대통령 교육문화수석비서관), 서병수(당시 부산 광역시장), 모철민(전 대통령 교육문화수석비서관), 정관주(전 정부수석실 국민소통비서관), 김소영(전 교육문화수석실 문화체육 담당비서관), 박명진(당시 한국문화예술위원회 위원장), 용호성(전 국립국악원 기획운영단장), 성명불상(문화체육관광부 공무원, 한국문화예술위원회 직원, 국립국악원 공무원)이었다. 고발인들은 피고발인들을 형법 제123조 직권남용권리행사방해, 제324조 강요 및 제314조 제1항 업무방해 혐의로 고발하였다.[1] 고발인들은 2016년 12월 12일에 고발장을 특검에 접수했다. 2016년 12월 21일부터 박영수 특별검사팀이 공식수사에 돌입하였다. 2016년 12월 26일부터 특검에서 블랙리스트를 조사한다는 뉴스가 나오기 시작했고, 유진룡 전 문체부 장관이 블랙리스트 사태를 언론에 폭로했다.

2017년 1월 8일, 박영수 특검은 블랙리스트를 사상의 자유를 침해한 중대 범죄 행위로 규정했다. 2017년 1월 12일, 박근혜 정부의 문화계 블랙리스트 작성 및 관리에 관여한 혐의를 받는 김종덕 전 문체부장관, 정관주 전 문체부 1차관, 신동철 전 청와대 정무비서관이 구속되었다. 2017년 1월 21일에는 전 대통령비서실장 김기춘과 전 문화체육부장관 조윤선이 구속되었다. 2017년 3월 10일, 헌법재판소는 박근혜 전 대통령의 탄핵을 인용하였고 2017년 3월 31일에

1 장지연, 「법률적 대응」, 『문화예술계 블랙리스트 진상조사 및 제도개선위원회 백서 4-블랙리스트 사태의 총체적 조망』, 참조.

박근혜 대통령이 구속되었다.

2017년 7월 27일, 서울중앙지법 형사합의 30부(부장판사 황병헌)는 블랙리스트 관련자 1심 선고 공판에서 직권남용권리행사방해 등 혐의로 기소된 김기춘 전 비서실장에게 징역 3년을 선고했다. 함께 기소된 조윤선 전 문체부 장관에 대해서는 블랙리스트 집행에 관여하지 않았다고 판단해 위증 혐의만 유죄로 인정, 징역 1년에 집행유예 2년을 선고해 석방했다. 김상률 전 청와대 교육문화수석은 징역 1년 6개월의 실형을 선고받고 법정구속 됐으며, 김소영 전 청와대 문화체육비서관은 징역 1년 6개월에 집행유예 2년을 선고받았다. 재판부는 따로 재판을 받았던 김종덕 전 문체부 장관에게는 징역 2년, 정관주 전 문체부 1차관과 신동철 전 청와대 정무비서관에 대해서는 각각 징역 1년 6개월을 선고했다.

1심 판결은 "문화예술계가 좌편향 되어 있어 이에 대한 시정이 필요하다는 대통령의 인식에 따라 청와대 내에서 '좌파배제, 우파지원'의 기조가 형성된 것으로 보이고, 피고인들이 문화예술계 개인·단체에 대한 지원배제 범행을 실행하기 전 또는 실행할 당시 이와 관련하여 대통령이 청와대 또는 문체부에서 작성된 보고서의 내용을 직접 또는 간접적으로 보고받았을 개연성이 매우 크다고 할 것이며, 문화예술계 지원사업과 관련하여 대통령이 교문수석 또는 문체부 장관에게 직접 지시를 내리기도 하였음을 알 수 있다"고 전제하였다. 그러나 "대통령은 보수주의를 표방하여 당선되었고 보수주의를 지지하는 국민들을 그 지지기반으로 하고 있는데, 문화예술계 지원사업과 관련하여 '좌파에 대한 지원 축소와 우파에 대한 지원확대'를 표방한 것 자체가 헌법이나 법령에 위반된다고 볼 수는 없다"[2]면서 박근혜 전 대통령의 공모관계를 인정하지 않았다.

이러한 1심 판결은 문화예술계를 비롯하여 많은 국민들의 공분을 불러일으켰다. 이는 보수주의를 표방하는 대통령이 당선되면 좌파에 대한 지원을 배제해도 되고, 진보주의를 표방하는 대통령이 당선되면 우파에 대한 지원을 배제해도 된다고 읽힌다. 즉 정치권력의 성향과 기호에 따라 청와대가 예술지원의 대상과 범위를 멋대로 재단할 수 있다는 논리에 다름 아니다. 이는 민주주의에 입각한 대한민국 헌법의 근간에 심각하게 위배된다. "대선과정에서야 특정 정치기반의 지지를 받는다손 치더라도 대통령으로 당선된 이후는 특정 이념을 지지하는 국민의 분파에 기반을 두고 있다 할 수 없을 뿐더러 자의적·상대적 정치개념인 좌파/우파를 기준으로 배제와 지원을 지시하는 것은 명백히 위헌적 차별행위다."[3]

2018년 1월 23일에 김기춘, 조윤선 등에 대한 항소심 판결선고가 있었다. 서울고법 형사 3부(부장판사 조영철)는 김기춘 전 대통령 비서실장에게 1심보다 무거운 징역 4년을 선고했다. 1심에서 집행유예로 풀려났던 조윤선 전 문화체육관광부(이하 문체부) 장관에게는 징역 2년을 선고했다. 김종덕 전 문체부 장관에게도 징역 2년이

---

2 서울중앙지법, 「2017고합102 판결문」. 2017.07.27.

3 유승익, 「국가범죄로서의 블랙리스트 사태의 위헌성」, 더불어민주당 정책위원회-국회 교육문화체육관광위원회 주최, '문화계 블랙리스트 사태, 국회의 책무는 무엇인가' (문화예술계 적폐청산과 문재인 정부 국정과제 이행을 위한 정책 토론회), 2017.09.27, 국회 도서관 소회의실.

선고됐다. 그리고 피고인들과 특검은 일제히 대법원에 상고하였다.

2심 판결에서 가장 주목해서 봐야 할 부분은 박근혜 전 대통령을 블랙리스트 사태의 '공모공동정범'으로 규정했다는 점이다. 2심 재판부는 1심 재판부의 허약한 논리를 정면으로 반박하면서 블랙리스트 사태가 명백히 '위헌'임을 강조하였다.

> 우리 헌법은 자유민주적 기본질서를 그 근본 가치로 삼고 있다(헌법 전문, 제 4조). 즉 헌법은 전체주의적 국가를 지양하고, 자유평등의 기본 원칙을 바탕으로 하는 국민의 자치에 의한 국가 형성을 지향하는 것이다. 이러한 자유민주적 기본질서는 사상의 다원성을 그 뿌리로 하고, 사상의 다원성은 개인의 표현의 자유, 예술의 자유와 같은 정신적 기본권의 보장을 근간으로 하고 있다. 이는 자율성과 다원주의를 추구하는 헌법상 문화국가원리와도 맞닿는다. 이러한 헌법상 원리들을 배경으로 볼 때 정부가 자신의 이념적, 정치적 지향에 따라 문화·예술에 대한 심판자로 나서서 그에 대한 지원 여부를 결정할 수 없음은 자명하다. 자유민주적 기본질서를 부정하지 않는 한 문화에 옳고 그름이란 있을 수 없다. 정부가 자신과 다른 견해를 표현하는 문화를 억압하거나 그에 대한 차별적 대우를 하는 순간 자유민주주의의 길은 폐색되고 전체주의 국가로의 문이 열린다.[4](밑줄 필자)

4 서울고등법원 제3형사부, 「2017노2425, 2017노2424(병합) 판결문」.

2심 재판부는 헌법을 수호해야 할 대통령과 그 참모진의 수장인 비서실장이 자신들과 다른 사상이나 견해를 가지고 있는 예술가들을 지원에서 배제하기 위해 막대한 권력을 남용, 치밀하게 계획을 세우고 실행하면서 위헌적이고 위법한 행위를 수행했다고 준엄하게 꾸짖었다. "그로 인하여 문화예술계에 종사하는 다수의 인사들이 금전적으로 고통이나 불이익을 받았을 뿐 아니라 사상검증을 받는 것에 비견할 만한 모멸감을 느꼈을 것임은 자명하다"고도 하였다.

1심 재판부를 비롯하여 아직도 많은 사람들이 블랙리스트 사태를 단순한 지원배제 사건으로 오해하고 있다. 2심 재판부는 블랙리스트 사태가 금전적 불이익을 넘어서 국가가 검열을 통해 표현의 자유를 옥죄며 얼마나 심각하게 예술가들을 모독했는지를 분명히 밝혔다. 이는 "문화에 대한 가장 노골적인 도발이자, 다수자의 권력으로 소수자의 자유와 권리를 본질적으로 침해한다는 의미에서 헌법이 추구하는 민주적 기본 질서에 정면으로 반하는 행위였던 것이다."[5] "블랙리스트 사태는 개별적 기본권과 개별 헌법원칙, 개별 법률만을 위반한 사안이 아니라 헌법의 기본정신을 의도적이고도 근본적으로 부정한 범죄이며, 국가적 차원에서 조직적으로 자행된 범죄, 즉 국가범죄다."[6]

1심 재판부는 조윤선 전 문체부 장관에 대해 블랙리스트와 관

---

5 한상희, 「블랙리스트 방지 법제도 연구」, 블랙리스트 재발방지를 위한 제도개선 방안 컨퍼런스 (자료집), 문화예술계 블랙리스트 진상조사 및 제도개선위원회, 2018.01.17.~18, 국립현대미술관 서울관.

6 유승익, 앞의 글.

련한 혐의들을 전부 무죄로 판결하고, 국회에서의 위증 부분만 유죄로 인정한 바 있다. 일례로 '문예기금 진원심의 등 부당개입'에 관한 부분만 살펴보자.

> 박준우 정무 수석 재임 당시 민간단체 보조금 TF가 운영되고 문제단체 조치내역 및 관리방안 보고서가 작성되었으며, 그 후 정무수석실 소통비서관이 교문수석실 문체비서관으로부터 문예기금 등 지원신청자 명단을 받아 좌파 또는 정부에 반대하는 개인·단체를 선별하여 지원에서 배제하도록 하는 행위를 한 사실이 인정되고, 정무수석실에서 문체부의 문예기금 지급 문제 등에 관해 의견을 개진하고 점검을 한 것으로 의심되는 사정이 일부 인정되기는 하지만, 이를 근거로 조윤선이 정무수석으로서 신동철, 정관주 비서관이 문예기금 등 지원배제에 관여하는 것을 지시하거나 이를 보고 받고 승인하는 등 기능적 행위지배를 담당하였다고 인정하기는 어렵고, 달리 증거가 없다.

이러한 판단은 당시 사실관계에서 많은 모순이 있다고 지적되었다. "피고인 김상률도 피고인 김소영으로부터 문예기금 등 지원사업과 관련하여 정무수석실의 스크린을 받는 시스템 자체는 보고받았음을 인정하고 있고"라고 하여 2015년 문예기금 지원배제 과정에 "정무수석실의 스크린을 받는 시스템"이 작동되었고, 그에 따라 지원배제가 이루어졌음을 확인하였다.[7] 2015년 문예기금에

---

7 하주희, 「'문화계 블랙리스트' 1심 판결의 분석과 과제」, 블랙리스트 1심 판결을 다시

대한 공모는 2014년 10월경 공고가 나가 2014년 11월 중순경까지 총 959명이 지원을 접수한 상태였는데 이때는 조윤선이 정무수석으로 재직(2014.6.~2015.5.)하고 있었다.

항소심 판결에서 조윤선이 실형을 선고받게 된 데는 주요 증인의 진술 번복 및 청와대에서 발견된 소위 캐비닛 문건이 결정적으로 작용했다. 조윤선 전 정무수석의 선임자인 박준우 전 정무수석은 2017년 1월 특검 수사에서 "민간보조금 TF에 대해 설명해줬더니 조 전 수석의 표정이 어두워졌다"라고 진술했다가 2017년 5월 1심 법정에 나와서는 "사실 기억이 확실치 않다. 조 전 수석이 인수인계를 받지 않았다고 한다면 안 한 게 맞을 것이다"라고 말했다. 이는 1심 재판부가 조 전 수석의 블랙리스트 관련 혐의를 무죄로 판단하는 주요 근거로 활용되었다. 그러나 박 전 수석은 2017년 11월 28일 항소심 법정에서 재판부가 "좌파 단체에 대한 국가보조금 지원이 문제가 돼 '민간보조금 TF가 꾸려졌다. 관련 업무를 정무수석실이 담당해야 한다'고 조 전 수석에게 말한 것이 맞냐"고 묻자 "그렇다"고 답했다. 뿐만 아니라 보수단체 지원 등 화이트리스트 관련 업무로 조 전 수석에게 이야기했다고 주장했다. 박 전 수석은 "좌파단체 배제와 우파단체 지원은 (박근혜 전) 대통령과 (김기춘 전) 비서실장이 관심을 갖고 있는 일이니 챙겨

묻다 "조윤선 과연 무죄인가"」, 적폐청산과 문화민주주의를 위한 문화예술대책위원회-민주사회를 위한 변호사 모임-참여연대 공익법센터, 2017.08.04, 프란치스코 교육회관.

야 한다고 말한 것이 맞다"고 증언했다.[8]

박준우 전 수석이 진술을 번복한 것은 2017년 8월 청와대 정무수석실 캐비닛에서 새로운 증거들이 쏟아져 나옴에 따라 더이상 조윤선 전 수석의 혐의를 부인하기가 어려웠기 때문으로 보인다. 항소심에서는 심지어 정무수석실이 블랙리스트 범행을 '주도'한 사실이 새롭게 인정됐는데 그 주요한 근거는 청와대 정무수석실 캐비닛에서 발견된 수석비서관 회의 문건 254건이었다. 재판부에 따르면 2015년 3월 25일자 실수비(대통령 비서실장과 수석비서관들의 회의) 회의결과 문건에는 김기춘 전 비서실장이 '민정수석, 정무수석, 교문수석'을 지목해 좌파에 대한 정부 보조금 지원 현황을 확인하라고 지시한 내용이 담겨있다. 정무비서관실에서 발견된 '비서실장 지시사항 이행 및 대책'이란 제목의 문건에는 '종북세력 척결' '보조금 지원배제 업무' 등 내용이 적혀있었다. 재판부는 이같은 문건을 근거로 조 전 장관이 전임자인 박준우 전 수석으로부터 업무를 인수인계 받았고 신동철 소통비서관에게 꾸준히 업무보고를 받았다고 판결했다.[9]

조윤선은 항소심을 통해 블랙리스트 혐의가 입증되었을 뿐 아니라 화이트리스트에 대한 혐의도 한층 짙어졌다. 특히 2014년 10월 2일 실수비를 기록한 문건에는 김기춘 전 대통령 비서실장

---

8 「'진술번복' 박준우 전 수석, 조윤선과 오늘 또 '진실게임'」, 『중앙일보』, 2017.11.30. 참조, 〈https://www.joongang.co.kr/article/22163662〉(검색일: 2025.09.22.)

9 「조윤선 옭아맨 3개의 靑 문건」, 『헤럴드 경제』, 2018.01.24.참조.〈https://biz.heraldcorp.com/article/1570413〉(검색일: 2025.09.22.)

이 홍성담 화가의 그림 전시 차단, 다이빙벨 영화 상영 차단 등 사안에서 성과를 내고 있다며 당시 정무수석인 조 전 장관을 칭찬했다고 적혀 있다. 또한 친정부·보수단체 지원명단(화이트리스트) 사건으로 재판을 받고 있는 허현준 전 행정관이 2015년 6월 보수성향 시민단체인 차세대문화인연대(차문연) 대표 최모씨에게 발송한 이메일을 보면 '우리 수석께서 부산국제영화제 다이빙벨 상영 당시 차문연을 보면서 저 단체를 도우라고 하셨다'는 내용이 있다. 허 전 행정관은 당시 정무수석실 산하 국민소통비서관실에서 근무 중이었고 당지 정무수석은 조 전 장관이었다.[10]

항소심 재판부가 조윤선에게 징역 2년의 실형을 선고한 주요 내용은 다음과 같다.

> ① 피고인 김기춘의 지시에 따라 2014.4.경 청와대 내에서 정무수석실의 주도로 '민간단체보조금 TF'를 진행하여 2014.5. 말경 '문제단체 조치내역 및 관리방안' 보고서를 작성, 정무수석실은 이를 피고인 김기춘 및 박근혜 대통령에게 보고한 사실, ② 위 TF는 문화예술계 등에서 좌파 또는 정부에 반대하거나 정부를 비판하는 개인·단체에 대한 정부 보조금 지원을 차단·배제하기 위하여 진행한 것이고, 위 보고서는 그 결과물로서 그와 같은 지원배제의 계획과 방안을 마련하고, 향후 정

10 「블랙리스트 재판 2라운드 끝… 조윤선 옥죄는 3가지 증거」, 『머니투데이』, 2017.12.19. 참조.〈http://news.mt.co.kr/mtview.php?no=2017121909258233210〉(검색일: 2025.09.22.)

무수석실에서 '좌파 등의 명단을 지속적으로 관리, 보완하여 그들에 대한 보조금 지급이 이루어지지 않도록 감시'하겠다는 내용인 사실, ③ 피고인 조윤선은 2014.6. 경 정무수석으로 부임하는 과정에서 박준우 전임 정무수석으로부터 업무 인수인계를 받고 신동철 소통비서관으로부터 업무보고를 받음으로써 위와 같은 '문제단체 조치내역 및 관리방안' 보고서의 핵심적인 내용을 인식하고 수용한 사실, ④그 후 2014.11. 경부터 정무수석실에서 교문수석실의 요청에 따라 지원배제 대상자를 선별하기 위한 명단 검토가 반복하여 이루어진 사실, ⑤ 2015.3. 경 정무수석실에서는 위 '문제단체 조치내역 및 관리방안' 문건에 첨부된 지원배제 대상 명단을 교문수석실을 통하여 문체부에 하달하여 과거 지원 내역을 파악하도록 지시하기도 한 사실, ⑥ 피고인 조윤선은 위와 같은 정무수석실의 이 사건 지원배제에 관한 업무에 관하여 인식하고 정무수석으로서 그에 관한 자신의 역할을 수행한 사실이 인정됨. 이를 종합할 때 피고인 조윤선은 문예기금 등 지원배제 공소사실에 대하여 공모공동정범으로서의 책임이 인정됨. (밑줄 필자)[11]

2018년 4월 6일, 박근혜 전 대통령에 대한 1심 선고 공판이 있었다. 서울중앙지법 형사합의 22부(김세윤 부장판사)는 박근혜 전 대통령이 문화예술계 블랙리스트 작성과 이에 다른 실행을 지

11 서울고등법원 제3형사부(재판장 조영철 부장판사), 「2017노2425, 2017노2424(병합) 선고 보도자료」, 2018.01.23.

시·공모한 혐의에 대해 유죄라고 판단했다. 재판부는 "청와대 직원의 증언과 수석비서관회의 자료 등을 보면 좌편향 예술계 인사들의 지원을 배제했다는 주요 보고서 등을 보고 받은 사실과, 이런 보고를 받고도 중단하라고 하지 않은 사실이 인정된다"고 밝혔다. "피고인에게 보고된 (지원배제) 대상 중에는 정부와 다른 이념 성향을 가졌거나 정부 비판을 지지하는 개인·단체가 다수 포함됐다"며 "이념적 성향이나 정치적 입장이 다르다는 이유만으로 지원을 배제하는 것은 평등 원칙 등 헌법에 반하고 위법한 조치가 분명하다"고 지적했다. 재판부는 "국정 최고 책임자인 대통령의 직위를 고려하면 구체적인 개별 행위마다 인식하지 않았다고 해도 전체적으로 공범의 책임을 면할 수 없다고 판단된다"[12]고 덧붙였다.

재판부는 "문화예술계 전반에 대한 장기간에 걸친 차별적인 지원을 통해 다수의 문화예술계 종사자들이 불이익을 당했고, 담당 직원 또한 위법·부당한 지시를 이행하는 과정에서 직업적 양심에 반하는 업무를 고통스럽게 수행해야 했다"고도 했다. "김기춘의 지시, 문화예술계 '좌파'에 대한 지원을 바로잡아야 한다는 청와대의 기조는 모두 '좌편향'돼 있는 문화예술계를 시정할 필요성이 있다는 피고인의 인식에서 비롯된 것으로 보인다"고 판단했다. 김 전 실장은 지원배제 행위의 '행동대장'으로서 책임을 공유할 뿐, 가이드라인을 제공한 것은 박 전 대통령이라고 본 것이다. 그 근거

---

12 「'블랙리스트' 지시 공모 인정..."박근혜 책임 면할 수 없다」, 『연합뉴스』, 2018.04.06. 〈https://www.yna.co.kr/view/AKR20180406127451004?input=1195m〉(검색일: 2025.09.22.)

로 박 전 대통령이 "좌파들이 갖고 있는 문화계 권력을 되찾아 와야 한다", "좌편향 문화예술계에 문제가 많다"고 말하고 지원배제 방침의 초안격인 '문제단체 조치내역 및 관리방안' 및 후속조치 내역을 보고 받고 승인한 점 등을 짚었다.[13]

김기춘, 조윤선 등에 대한 2심 판결과 박근혜 전 대통령에 대한 1심 판결까지를 종합하면 문화예술계 블랙리스트 사태는 국가 최고지도자로부터 고위 공무원들과 문체부 및 산하기관들이 공모한 국가범죄로서의 성격이 명확하다.

한편 화이트리스트에 대한 재판도 진행되었다. 2018년 2월 7일 서울중앙지법 형사합의 27부(김진동 부장판사)의 심리로 열린 허현준 전 청와대 국민소통비서관실 행정관의 재판에 이용주 전 전국경제인연합회(전경련) 사회공헌본부장이 증인으로 출석했다. 그는 작정한 듯 허 행정관이 전경련에 '어버이연합' 등 보수단체 지원을 늘리도록 압박한 내용을 생생하게 증언했다. 이 전 본부장은 "아래 직원이 허 전 행정관에게 보수단체 지원현황을 분기별로 보고했다", "청와대가 요구한 보수단체 지원금은 40억이었는데 우리 사정이 어려우니 20억으로 줄여주시면 안되겠느냐고 보고 드렸다가 보고하고 온 이들이 '깨졌다'고 했다." 검찰은 2014~2016년 사이에 33개 친정부 성향 보수단체에 69억원을 지원한 배후에 박근혜 정부가 있었던 걸로 보고 있으며, 이와 관련하여 박준우·조윤

---

13 「법원 '문화예술계 블랙리스트 출발점 박근혜' 단죄」, 『한겨레』, 2018.04.06. 〈http://www.hani.co.kr/arti/society/society_general/839540.html〉(검색일: 2025.09.22.)

선·현기완 전 정무수석들과 관련 비서관들을 재판에 넘겼다.[14]

화이트리스트의 항소심 재판부는 2019년 4월 12일, 김기춘에게 징역 1년 6개월을 선고했고, 조윤선에게는 징역 1년에 집행유예 2년을 선고했다.

> 재판부는 김기춘 전 실장을 사건의 '정점'으로 판단했다. 서울고법 형사4부는 12일 열린 항소심 선고에서 "대통령비서실 내부의 정책 결정에 따라 일련의 지휘체계를 발동했고, 당시 전국경제인연합회(전경련) 관계자들은 정무수석실의 자금 지원 요청을 모두 대통령비서실이 직무 집행의 일환으로 요청하는 것으로 인식했다"고 설명했다. 뿐만 아니다. 재판부는 김기춘 전 실장에 대해 "누구보다도 행위에 시발점이고 기획자이자 기안자"로 해석했다. "보수단체 지원 기조를 최초로 형성하고 자금 지원 방안 마련을 가장 상급자로서 지시했다"는 게 그 이유다. 재판부는 "대통령비서실의 지위와 권한을 이용해 조직적인 체계를 만들고 이를 하급자에 지시한 김기춘 전 실장의 죄는 매우 무겁다"고 강조했다.[15]

14 「초반, 블랙리스트 폭풍 이을 조짐 보이는 '화이트리스트' 재판」, 『아시아경제』, 2018.02.08. 참조. 〈http://view.asiae.co.kr/news/view.htm?idxno=2018020809385607255〉(검색일: 2025.09.22.)

15 소미연 기자, 「판결 뒤집힌 김기춘의 화이트리스트 직권남용죄」, 『시사위크』, 2019.04.13. 〈https://www.sisaweek.com/news/articleView.html?idxno=120572〉(검색일: 2025.09.22.)

그러나 대법원(형사 3부, 주심 민유숙 대법관)은 2020년 1월 30일에 이 판결을 파기 환송했다.

2. 대법원의 파기환송과 최종 판결

2020년 1월 30일에 대법원 전원합의체는 김기춘·조윤선 등 7명의 2심 판결에 일부 잘못이 있다며 사건을 파기환송했다.

> 다수의견을 낸 대법관 11명은 김 전 실장 등이 문체부를 통해 한국문화예술위원회·영화진흥위원회·한국출판문화산업진흥원 소속 직원들에게 소위 '좌파 예술인' 지원을 배제하도록 지시한 것은 박근혜 전 대통령과 공모해 대통령·비서실장·정무수석 등의 직권을 남용한 것이라고 판단했다.
>
> 문제는 '하급자에게 의무 없는 일을 하게 했는지'였다. 대법원은 "(하급자가) 법령에 따라 직무수행 과정에서 준수해야 할 원칙이나 기준, 절차 등을 위반하지 않는다면 특별한 사정이 없는 한 법령상 의무 없는 일을 하게 한 때에 해당한다고 보기 어렵다"고 했다. 대법원은 배제 방침을 위원에게 전달하거나, 배제를 위해 새 기준을 발굴하고 사업을 재공고한 행위 등은

'의무 없는 일'이라고 봤다. 반면, 지원 배제 상황을 보고하거나 명단을 송부하게 한 행위는 '의무 없는 일'이 아닐 수도 있다고 했다.[16]

이와같은 대법원 판결에 대해 문화예술 단체들은 일제히 반발하며 즉각 규탄 성명을 발표했다.

블랙리스트 검증과 실행이 공무원의 의무란 말인가?

김기춘 등에 대한 대법원 판결을 규탄한다.

2020년 1월 30일 오후 2시 대법원은 국정농단 문화예술계 블랙리스트 사태에 대한 판결에서 김기춘, 조윤선 등 블랙리스트 주범들에 대한 직권남용권리행사방해죄 판단에 법리 오해가 있다며 서울고등법원으로 파기환송하였다.

우리는 대법원의 이번 판결이 사법부 블랙리스트 사건 관련 판사들을 구명하기 위하여, 문화예술계 블랙리스트 사건에 대한 직권남용권리행사방해죄 구성 요건을 지나치게 엄격하게 해석하는 방법으로, 블랙리스트 피해자들에게 고통을 전가하고 가중시킨 철면피 판결이라고 보고 이를 규탄한다.

대법원은 김기춘, 조윤선 등에 대한 직권남용 사실을 인정하면서도, 직권남용권리행사방해죄의 또 다른 구성요건 요소인 '의

16 이혜리 기자, 「대법원 "블랙리스트 지시 직권남용 인정된다"」, 『경향신문』, 2020.01.30. 〈https://www.khan.co.kr/article/202001301428001〉(검색일: 2025.08.12.)

무없는 일'의 범위를 지나치게 협소하게 해석하다 못해 마치 블랙리스트 검증을 위한 각종 공모 신청자 명단 송부 행위, 각종 공모 상황 추진 상황 보고 행위가 문체부 공무원과 산하 공공기관 직원들의 의무라도 되는 양 판결하였다. 문체부가 작성한 각종 공모 상황 추진 관련 보고 문건에 적혀 있는 '제외 예정', '지원 배제' 등의 문구를 대법원은 보지 못하였단 말인가.

우리는 대법원에게 묻는다. 상급기관 공무원들이 블랙리스트 검증을 목적으로 하급기관에 지원신청 명단을 요구하거나, 하급기관 직원들이 그 요구에 부응하여 명단을 송부한 것이 그들의 통상적인 '의무'였단 말인가. 각종 공모사업 심사에서 블랙리스트 검증이 이루어지고 있는 상황을 수시로 보고한 것이 청와대 및 문체부 공무원과 산하 공공기관 직원들 사이의 '의무'란 말인가. 한국문화예술위원회 직원들이 블랙리스트 실행 상황 보고를 위하여 매주 나주에서 세종시까지 봉고차를 타고 왕복했던 것이 자신들의 '의무'를 다했던 시간이란 말인가. 대한민국이 검열과 사찰이 일상적 '의무'가 된 전체주의 국가인가? 일상적인 사찰과 배제 업무 보고가 어찌하여 청와대 및 문체부 공무원과 산하 공공기관 직원들의 의무가 될 수 있단 말인가.

김기춘이 비서실장 재직 시기의 배제 지시와 관련하여 퇴임 이후 책임을 묻기 어렵다는 대법원의 판단 또한 우리를 분노하게 한다. 김기춘이 퇴임 전 배제 지시한 블랙리스트를 실행하기 위하여 문체부 공무원들과 산하 공공기관 직원들은 작가에게 포기 각서를 받아 내거나 공연 직전 극장을 폐쇄하는 등 각종 불법적 방법을 동원하여 지원 배제를 실행하였다. 이 모든 원인 행위에 대하여 김기춘이 책임이 없다면 그 누가 납득할 수 있단 말인가. 김기춘의 퇴임 전에 블랙리스트 실행을 위한 모든 시스템이 체계적으로 갖춰졌고, 퇴임 이후로도 지속적으로 실행되었을 뿐 아니라 피해 규모는 더욱 확대되었다.

우리는 이번 대법원 판결이 판사 블랙리스트에 연루된 자기 식구들을 구명하기 위하여 문화예술계 블랙리스트 피해자들을 희생양으로 삼은 혹세무민의 행태라고 다시 한번 규탄한다.

우리는 블랙리스트 검증이나 배제를 위한 업무 협의가 공무원과 산하 공공기관 직원들의 통상적인 '의무'가 될 수 없다는 점을 서울고등법원 파기 환송심에서 다시 한번 분명히 주장할 것이며, 대법원의 지록위마 판결을 바로잡을 것이다.

문화예술인들의 비난 또한 빗발쳤다.

"블랙리스트 자체가 불법인데 그 불법적인 명단을 전달, 실행, 보고한 공무원들의 행위가 사실상 통상 업무였다고 보는 건 말이 안 된다."

김미도 서울과학기술대 교수는 30일 '문화계 블랙리스트 사건' 대법원 판결을 지켜본 뒤 이처럼 비판했다. 김 교수는 2015년 박근혜 정부의 연극 '검열'을 최초로 폭로한 뒤 '블랙리스트 진상조사위원회'에 민간위원으로 참가했다.

김 교수는 "블랙리스트를 실행한 공무원들이 1,2심 재판에 출석해 양심의 가책을 느꼈다고 증언했다"며 "이번 대법원 판결은 문화계뿐 아니라 문체부와 문예위·영진위 등 해당 기관 공무원에게도 모욕적인 일"이라고 주장했다.

이날 대법원의 블랙리스트 사건 파기 환송을 두고 문화계가 거세게 반발하고 있다. 법리적 이유로 처벌 근거였던 직권남용죄를 좁게 해석하려는 경향에 대한 문제 제기였다.

출판계 블랙리스트로 피해 본 출판사 10여곳을 한데 묶어 정부를 상대로 손해배상 소송 등 법적 대응을 진행했던 대한출판문화협회의 정원옥 정책팀장은 "블랙리스트는 '문화적 제노사이드'라 불릴 정도로 광범위하게 진행된 국가범죄인데 '일부 예술인에 대한 지원 배제' 정도로 이해한 아주 편협한 판결"이라며 "국가 스스로 자신들의 잘못에 대한 이해도, 해결한 의지도 없어 보인다"고 비판했다.

김기춘 전 비서실장, 조윤선 전 문화체육부 장관이 퇴임한 뒤에는 책임을 물을 수 없다고 대법원이 판단한 부분도 문화계는 문제 삼았다. 정윤희 문화민주주의실천연대 위원장은 "김 전 실장이 퇴직 이후 충분히 영향력을 행사했다는 증거들을 무시한, 김 전 실장에게 면죄부를 준 판결"이라 주장했다. 김미도 교수도 "블랙리스트 작성, 실행을 김 전 실장이 기획했고, 퇴임한 뒤에도 그가 만든 시스템이 그대로 작동했는데 책임이 없다고 하는 게 납득되지 않는다"고 비판했다.

영화계에서도 "참담하다"는 반응이 나왔다. 영화 '말아톤' '대립군'을 연출했던 정윤철 감독은 "대법원 판결은 실행자와 피해자는 있는데 지시자는 없다는 얘기"라며 "윗선 책임을 면제해주는 불합리한 판결"이라 말했다. 조영각 전 서울독립영화제 집행위원장도 "직권남용은 인정하되 '의무 없는 일' 부분은 다시 확인하라는 건 판결을 미루기 위한 정치적 판단 같다"며 "다시 있어선 안될 범죄에 대한 판결이 이런 방식으로 진행되는 게 우려된다"고 말했다.[17]

한편, 2020년 12월 23일에 헌법재판소는 박근혜 정부의 문화예술계 블랙리스트가 '위헌'이라는 결정을 내렸다. 블랙리스트에 오른 문화예술인들이 2017년 4월, "야당 지지를 선언하거나 '세월호 참사' 등 특정 이슈를 주제로 작품을 만들었다고 정부 지원에서 배제하는 것은 표현의 자유와 예술의 자유를 침해한다"며 헌법소원을 낸 바 있는데 헌재는 재판관 전원일치 의견으로 위헌 결정을 낸 것이다. 대법원의 파기환송 결정과 헌법재판소의 판결은 서로 배치된다.

헌법재판소는 박근혜 정부 시절 김기춘이 주동이 되어 자행한 문화예술계 블랙리스트 사건에 대해 헌법이 규정한 예술의 자유, 표현의 자유, 평등의 자유를 침해하는 위헌·위법한 행위로

17 김표향 기자, 「"블랙리스트가 공무원의 통상 업무라는 뜻인가" 대법 판결에 문화계 분노」, 『한국일보』, 2020.01.30. 〈https://www.hankookilbo.com/News/Read/202001301733785233〉(검색일: 2025.08.19.)

인정하였다. 그런데 대법원은 김기춘에 대한 파기환송심에서 직권남용을 인정하였으나 직권남용죄의 성립에 엄격한 잣대를 적용하였다. 직권남용이란 공무원이 '직권을 남용하여' 그 아래 공무원 등에게 '의무 없는 일을 하게 한 때'에 성립한다.

대법원은 김기춘 전 대통령 비서실장이 문체부 공무원을 통해 산하기관인 예술위·영진위·출판진흥원 소속 공무원에게 지원배제 등을 지시한 일련의 행위 등은 공무원으로 하여금 '의무 없는 일을 하게 한 때'에 해당한다고 보았다. 그러나 각종 명단을 송부하는 행위, 공모사업 진행 중 수시로 심의 진행 상황을 보고하는 행위에 대해선, 기관의 의사결정과 집행은 다른 공무원, 부서 또는 유관기관과의 협조 또는 의견교환을 거쳐 이루어지는 것이 통상적이므로 이러한 협조 또는 의견교환은 특별한 사정이 없는 한 법령상 의무 없는 일로 볼 수 없다고 하였다.(중략)

대법원은 형식적 법실증주의에 입각하여 각종 명단을 송부하게 하는 행위, 공모사업 진행 중 수시로 심의 진행 상황을 보고하게 하는 행위와 보조금 지원 배제지시를 실행하기 위한 행위를 구별 가능하다는 전제에서 판단하고 있다. 그러나 이러한 행위는 정부에 비판적인 문화예술인들의 지원배제를 위한 목적으로 달성하기 위해 이루어진 일련의 행위로 상호 불가분 연결되어 있다.

이러한 행위가 직권남용이 되지 않는다면 유태인 학살 명단을 작성하여 상부에 보고하고, 이를 실행한 행위 중 학살자 명단 작성 행위에 대해선 '직권남용에 해당하는 범죄행위가 되지 않는다'는 상식에 반하는 이상한 결과에 이르게 될 것이다.[18]

2020년에 1월 30일에 파기환송된 김기춘,조윤선 등에 대한 최종 판결은 2024년 1월 24일에야 나왔다. 거의 만 4년만에 나온 판결이었다. 서울고법 형사6-1부(재판장 원종찬)는 24일 김 전 실장과 조 전 수석 등 7명의 직권남용권리행사방해 혐의 파기환송심 선고 공판에서 김 전 실장과 조 전 수석에게 각각 징역 2년과 징역 1년 2개월을 선고했다. 이는 2심 선고형량이었던 징역 4년과 2년에서 대폭 감형된 결과이다.

서울고법은 대법원이 파기환송한 김 전 실장 등의 일부 혐의를 무죄로 판단했다. 파기환송심 재판부는 "예술인 명단을 문체부에 보내줘야 하는 법령상 근거가 존재하지 않는다는 등의 사실만으로는 의무 없는 일을 시켰다고 단정할 수 없다"고 했다. 또 "(블랙리스트 사건) 전에도 문체부 요구에 따라 공모사업 관련 문서를 송부한 적이 있다는 진술도 나왔었다"면서 "(직권남용죄 혐의가) 합리적 의심 없이 증명됐다고 보기 부족하다"고 했다. 파기환송심 재판부는 김 전 실장이 고령인 데다 건강

18 강신하, 「블랙리스트 사건 대법원 환송판결과 사면의 의미」, 『오마이뉴스』, 2024.10.14. 〈https://www.ohmynews.com/NWS_Web/Series/series_premium_pg.aspx?CNTN_CD=A0003067543&fbclid=IwY2xjawMZLnNleHRuA2FlbQIxMQABHnkBhURYtaIzDhI5qBVbQQllch3lZIoC_Il9ithZyuPbrUHxFEgQAs9f_d4v_aem_qntSspew_HocAnBnVRXnww〉(검색일: 2025.08.25.)

상태가 좋지 않은 점을 양형에 고려했다고 밝혔다. 파기환송심 과정에서 박영수 전 특검이 사임해 재판이 지연된 점도 양형에 유리하게 고려했다. 다만 재판부는 "피고인들이 장기간에 걸쳐 문화예술계에 차별적 지원을 했고, 이에 문화예술인들이 상당한 경제적·정신적 고통을 겪었으며, 정부의 문화예술계 지원의 공정성에 대한 국민의 신뢰가 상실될 위기를 초래한 점은 불리한 양형 사유로 고려했다"고 밝혔다.[19]

이러한 판결에 대해 '블랙리스트 이후'와 '문화연대'는 다음과 같은 성명을 발표했다.

[성명서]

법원의 문화예술계 블랙리스트 국가범죄 확정판결에 부쳐

- 문화예술계 블랙리스트 가해자 유인촌을 파면하고, (가칭) 블랙리스트 특별법을 제정하라.[20]

박근혜 정부 시절 청와대, 국가정보원, 문화체육관광부 등 국가 행정기관과 산하 공공기관을 총동원해 문화예술인들을 사찰하고 지원배제하고 차별했던 문화예술계 블랙리스트 범죄에 대한 법원의 판결이 나왔다.

19 강은 기자, 「'블랙리스트' 파기환송심 김기춘-조윤선 대폭 감형」, 『경향신문』, 2024.01.24. 〈https://www.khan.co.kr/article/202401242106035〉(검색일: 2025.08.12.)

20 〈https://www.facebook.com/culturaldemocracypractice〉(검색일: 2025.08.19.)

지난 2020년 1월 30일 대법원은 김기춘·조윤선 등과 피고인 7명에 대해, 문화예술인들에 대한 지원을 배제한 이른바 블랙리스트 실행에 대한 책임을 물어 직권남용죄 유죄를 선고했다. 다만, 대법원은 대부분을 유죄로 인정하면서도 '각종 명단을 송부하게 한 행위', '공모사업 진행 중 수시로 심의 진행 상황을 보고하게 한 행위'에 대해 다시 판단하라는 취지로 고등법원에 파기환송한 바 있다.

그로부터 4년이 지났다. 그리고 오늘(1월 24일) 박근혜 정부 시절 특정 문화·예술계 인사를 지원 대상에서 배제한 이른바, '문화예술계 블랙리스트 사태'에 대한 최고 책임자인 이들에 대한 판결이 이뤄졌다.

재판부는 "피고인들이 이념적 성향과 정치적 입장 등에 의해 차별 지원과 배제를 실행하여 문화예술계 종사자 다수가 경제적 피해를 입었다"고 판결 취지를 설명한 후 블랙리스트로 인한 피해자들의 피해를 인정하고 블랙리스트 범죄를 인정하는 판결을 내렸다. 즉, "피고인들은 헌법 제7조가 명시한 공직자의 정치적 중립 의무를 위반했고, 법치주의를 후퇴시키고, 많은 이들의 정당한 이익을 침해하고, 자율성과 다양성을 기반으로 하는 문화예술의 사회적 재생산과 기능을 손상시켰다. 이로 인해 국가권력의 공정성, 정당성에 대한 국민 신뢰도 손상되었다"는 것이다.

이번 법원 판결은 국가범죄의 실체를 공론화하여 국가폭력을 법적으로 인정하고 피해자들의 피해를 법원이 명시하였다는 점에서는 의미가 있다. 그러나, 공공기관 직원들이 문화체육관광부에 업무협조 차원에서 특정한 각 명단을 송부하거나 심사 진행 상황을 보고한 부분 등 직권남용 및 권리행사방해죄에 대해서는 무죄로 판단한 점은 대법원이 유죄혐의를 다시 따져보라며 파기 환송한 취지와는 다른 결과여서 아쉽다. 피고인들이 직책을 떠난 뒤 일어난 일들에 대해 유죄에서 무죄로 변경된 점 또한 아쉬움을 남긴다. 특히 이번 판결이 이후 윤석열 정부에서 진행될 다양한 문화예술인에 대한 지원배제 및 차별에 대한 가능성을 열어주지는 않을까 하는 우려를 표명하지 않을 수 없다.

이번 판결을 계기로 우리 문화예술인들은 블랙리스트 국가범죄에 대한 국가와 사회의 책임을 다시 묻고 재발 방지를 위한 활동을 본격화할 것이다. 그간 국가범죄에 대해 침묵했던 대한민국 정부와 문화체육관광부에게는 이번 판결을 공식적으로 인정하고, 반성과 성찰의 모습을 보일 것을 촉구한다. 무엇보다 문화예술계 블랙리스트 국가범죄의 시작점이면서도 범죄부인 발언을 서슴지 않았던 유인촌 문화체육관광부 장관에 대한 즉각적인 파면이 이루어져야 한다. 그리고 국가의 반성과 성찰은 그간 미뤄왔던 문화예술계 블랙리스트 진상규명 특별법 제정으로 이어져야 한다.

지난 8년간 우리 문화예술인들은 블랙리스트 사건의 해결을 위해 행동해왔다. 풍찬노숙도 마다하지 않았으며, 가장 추운 날, 가장 더운 날에도 거리에서 문화예술계 블랙리스트와 관련해 정부의 공식 사과 및 제도 개선을 요구하며 긴 싸움을 이어왔지만, 아직도 많은 예술인들이 블랙리스트 사건으로 인한 상처와 트라우마로 고통받고 있다. 긴 시간이 지나 윤석열 정부가 출범했지만, 현 정부의 문화정책 그 어디에서도 블랙리스트 재발 방지를 위한 노력도 보이지 않으며, 윤석열차 사건 등 문화예술인에 대한 검열 및 사찰을 멈추지 않고 있다.

우리 문화예술인들은 여전히 블랙리스트 국가범죄의 해결과 재발 방지를 위해 싸우고 있다. 우리는 더 많은 사회 곳곳의 블랙리스트들과 연대할 것이며, 시민을 차별하고 배제하는 국가범죄가 다시는 일어나지 않도록 끝까지 문제 제기하고 다양한 주체들과 함께 연대하여 목소리를 높일 것이다.

2024년 1월 24일

블랙리스트 이후, 문화연대

그런데 윤석열 정부는 2024년 2월 6일에 김기춘을 설맞이 특별사면 대상자에 포함시켰다. 법무부는 보도자료를 통해 사면복권 대상자 가운데 전직 주요공직자 등 24명을 별도로 분류하면서 "과거의 잘못된 관행에 따른 직무수행으로 처벌된 전직 주요공직자와 여야 정치인, 장기간 언론인으로 재직한 언론사 경영진 등을 사면함으로써 갈등 극복과 화해를 통한 국민통합을 도모한다"고 밝혔다. 문화예술계 블랙리스트 실행의 주동자를 확정판결이 난 지 며칠 지나지도 않아 사면하는 것이 과연 국민통합을 도모하는 일인가.

김기춘은 확정판결을 받은 직후에 상고하겠다는 입장을 밝혔으나 돌연 입장을 바꿔 상고장을 제출하지 않았으며 이에 형이 확정되었다. 사면은 형이 확정된 경우에만 받을 수 있기에 이러한 정황은 윤석열 대통령실로부터 미리 사면에 대한 언질을 받고 상고를 포기한 것으로 의심하기에 충분하다.

3. 블랙리스트 피해자들의 집단 소송과 국가배상의 의미

블랙리스트 법률대응모임은 형사소송과 별도로 민사소송을 추진했다. 민변 회원들을 대상으로 법률 대리인단을 모집한 결과 10여 명의 변호사들이 자원하여 강신하 변호사를 단장으로 한 블랙리스트 민사소송 대리인단이 구성되었다. 2017년 1월 16일부터 2월 3일까지 집단소송에 참여할 원고들을 모집하였다, 1차로 문화예술인 461명이 2017년 2월 9일에 박근혜 대통령 등을 상대로 집단 소송을 제기했다.

> 민주사회를 위한 변호사모임(민변)은 9일 서울 서초구 서초동 사무실에서 기자회견을 열고 "각계의 문화예술인 각자의 의지와 분노를 모아 461명이 원고로 참여하였다"며 "블랙리스트 작성 관련자들을 상대로 개별적 책임을 분명하게 물을 예정"이라고 밝혔다. 이들은 이날 오전 1인당 100만 원의 손해배상액을 청구하는 소장을 서울중앙지법에 제출했다.

소송에는 총 461명의 문화예술인이 원고로 참여했으며 피해정도에 따라 3개 그룹으로 구분했다. 블랙리스트로 △실질적인 피해를 입은 구체적 정황이 있는 40여명(3군) △기존에 받고 있던 정부지원사업에서 이유 없이 탈락한 100여명(2군) △블랙리스트로 자기검열을 해 피해가 발생한 320여명이다..

소송을 대리한 민변 측은 손해배상 청구액을 일단 원고 1인당 100만원으로 정했다. 소송 대리인단의 서중희 변호사는 "돈을 받을 목적이라기보다는 재발 방지라는 상징적인 의미가 있다"며 "금액은 앞으로 소송을 진행해가며 확대될 수도 있다"고 설명했다. 블랙리스트에 포함된 전체 예술인이 1만여 명으로 알려진 만큼 최대 100억원 수준의 집단소송이 될 수도 있다는 게 민변 측의 설명이다.[21]

문화예술계 블랙리스트 피해자들에 대한 첫 배상 판결은 2019년 1월 24일 충북 민예총이 제기한 소송에 대한 1심 판결이었다. 청주지법 제 12민사부(부장판사 오기두)는 충북 민예총 대표 등 27명이 국가를 상대로 낸 손해배상청구 소송에서 원고 일부 승소 판결했다. 재판부는 문화계 블랙리스트의 국가 책임을 인정하며 "개인 2명과 단체 2곳에 각 2000만원을, 나머지 원고 23명에 각

21 김미경 기자, 「'블랙리스트' 예술인 461명, 박근혜 상대 집단 소송제기」, 『이데일리』, 2017.02.09. 〈https://www.edaily.co.kr/News/Read?newsId=03398086615828880&mediaCodeNo=257&OutLnkChk=Y〉(검색일: 2025.08.21.)

1500만원의 손해배상금을 지급하라"고 판시했다.[22] 집단으로 손배 소송을 제기한 경우 중에 소송액 규모가 가장 큰 곳은 '한국작가회의'였다.

> 박근혜정부 시절 '문화계 블랙리스트' 명단에 오른 예술계 인사들이 국가를 상대로 18억원 규모의 손해배상 소송을 제기했다. 피해자들이 산발적으로 민사소송을 제기 중인 가운데 이번에는 120여 명이 참여해 소송액 규모가 가장 크다.
> 29일 법조계와 문화·예술계에 따르면 사단법인 한국작가회의 외 120명은 지난달 28일 국가를 상대로 18억 1500만 원을 지급하라며 손해배상 소송을 제기했다. 사건은 서울중앙지법 제17민사합의부(부장판사 이상주)에 배당됐다.
> 소송에 참여한 예술인들은 전 정권의 '블랙리스트'에 올라 정신적·물적 피해를 입었다며 1인당 1000만원 안팎을 청구한 것으로 전해졌다. 관련 피해 사실을 입증할 증거 자료·사례를 수집해 제출하는 등 소송 준비에 만전을 기하고 있다.
> 작가회의 등이 제기한 이번 소송은 현재까지 제기된 블랙리스트 관련 민사 중 가장 액수가 크고, 참가자도 많다. 다만 이번 소송 참여자들은 물적 보상보다는 향후 유사한 탄압이 반복되지 않도록 경종을 울리는 데 초점을 맞춰 민사소송을 제기했

---

22 「충북 블랙리스트 문화예술인 국가 상대 승소(종합)」, 『뉴시스』, 2019.01.24. 〈https://www.newsis.com/view/?id=NISX20190124_0000540433&cID=10899&pID=10800〉 (검색일: 2025.08.19.)

다고 설명했다.

한국작가회의 이사장인 이상국 시인은 뉴스1과 통화에서 “블랙리스트라는 끔찍한 사건이 있었는데 현 정부 들어서도 소상하게 밝혀진 것도 없고, 이를 주도한 문체부 관계자 중에서도 중징계를 받은 사람이 한 두 사람에 불과하다”며 “재발방지 차원에서 소송에 참여하게 됐다”고 밝혔다.

이어 “과거 중국에서 있었던 분서갱유가 떠오른다. 한두 사람의 정권을 위해서 반대되는 사람은 파묻어버릴 수도 있다는 것”이라며 “우리가 촛불을 들어 세워준 정권이 이 사건을 아무렇지도 않게, 없었던 것처럼 넘어가면 안 된다고 생각했다”고 덧붙였다.

박영수특검 조사에 따르면 블랙리스트에 오른 문화예술계 인사는 확인된 인원만 9473명이다. 현재 문화예술계 인사들이 박근혜정부와 함께 전임 이명박정부에서 작성한 블랙리스트에 올라 피해를 입었다며 제기한 손해배상 소송은 10건이 넘는다.

이중 충북지역 문화예술가 단체·개인이 제기한 블랙리스트 1심 소송에서 법원은 국가배상 책임을 인정하고 개인 2명과 단체 2곳에 각각 2000만 원을, 나머지 원고 23명에게는 각각 1500만 원씩 총 4억2500만 원을 배상하라고 판결한 바 있다.

문체부는 국가의 배상책임을 인정하면서도 배상액수에 대해서는 이견을 보이며 항소했다. 피해자가 9000명을 웃도는 만큼 1심 판결대로 배상액이 확정되면 국가가 보전해야 할 액수가 천문학적 금액이 되기 때문이다.

> 블랙리스트 피해 문화·예술인들이 현재까지 문체부에 제기한 민사소송은 총 11건이다. 특검 조사로 블랙리스트 문건 실체가 드러난 2017년에 9건이 집중됐다. 2018년과 2019년에는 추가 소송이 제기되지 않았지만 올 들어서는 연극협회와 '팝업시어터' 피해자, 작가회의 등 3건의 손해배상 청구가 잇따랐다.
> 아울러 문성근·김미화씨 등이 이명박 전 대통령과 원세훈 전 국정원장을 상대로, 블랙리스트에 포함된 디자이너 홍모씨가 조윤선 전 문체부장관을 상대로 제기한 손해배상 소송 등은 별개로 진행 중이다.
> 한편 블랙리스트 관련 형사소송에서 유죄 판결이 확정되고 관련 민사소송 1심에서도 국가배상 책임이 인정된 만큼 향후에도 피해 문화·예술인들의 손해배상 소송이 잇따를 것이란 전망이 나온다.[23]

2021년 8월 21일 서울중앙지법 민사합의37부(재판장 박석근)는 창비 등 11개 출판사가 낸 국가배상 소송에서 국가가 문학동네를 제외한 10개 출판사에 총 1억1000여만원을 배상하라고 판결했다.

2022년 1월 21일 서울중앙지법 민사합의 17부(김성원 부장판

23 심언기 기자·박정환 문화전문 기자, 「[단독] '문화계 블랙리스트' 작가회의 등 국가 상대 18억 손배」, 『뉴스1』, 2020.09.29. 〈https://www.news1.kr/society/court-prosecution/4073995〉(검색일: 2025.08.19.)

사)는 사단법인 한국작가회의 등 문화예술인 120명이 낸 소송에서 원고 1명당 1000만~1300만원의 위자료를 지급하라고 판결했다. 원고 중 한 사람인 영화감독 이영이 블랙리스트에 오른 사연은 다음과 같다.

> 이 감독이 만든 <불온한 당신>은 칠십 평생, 여성을 사랑한 여성을 그렸다. 퀴어·레즈비언·LGBT(레즈비언·게이·양성애자·성전환자)란 말마저 없었던 시절을 산 선배 레즈비언인 1945년생 이묵씨의 이야기와 성소수자를 향한 혐오가 난무하던 우리 사회의 풍경을 담았다. 그리고 그의 영화는 '정권 비판적'이라는 꼬리표를 달고 '문제 영화'로 블랙리스트에 올랐다.
>
> 청와대와 국정원이 영화진흥위원회(아래 영진위)에 <불온한 당신>과 관련된 지원배제를 종용했단 사실은 2018년 문화예술계 블랙리스트 진상조사 및 제도개선위원회(진상조사위)를 통해 밝혀졌다.
>
> 국정원이 그의 영화를 블랙리스트로 지목한 건 '성소수자' 때문이 아닌 '정부에 비판적인 목소리' 때문이었다. 영화 곳곳에 2013~2015년 박근혜 정부 시절, 서울 곳곳에서 벌어지는 일이 담겨 있었기 때문이다. 어버이연합, 반동성애기독교단체 등 자칭 '애국보수집단'이 태극기와 애국가를 등에 업고 '종북·동성애·세월호특별법 타도'를 외치는 모습, 세월호 유가족을 향해 "언제까지 교통사고를 물고 늘어질 거냐"라고 질타하는 보수단체들의 목소리, 광화문광장에 모여 "박근혜는 죄가 없다",

"종북 척결해 자유통일 이룩하자"라는 말을 외치는 이들의 모습 등이다.

이 때문에 2015년에 완성된 영화는 정권이 바뀐 후인 2017년 7월에야 개봉될 수 있었다. 관객과 만나 70~80년대를 살아온 '레즈비언 선배'의 삶에 대해 이야기할 날을 기다렸던 주인공 이묵씨는 영화가 개봉되기 전인 2017년 4월 세상을 떠났다.

"당시에 성소수자를 종북으로 몰며 '종북게이'라는 표현이 처음 등장했다. 세월호 유가족에게 향한 혐오도 마찬가지였다. 나는 그 이야기들을 그대로 기록했다. 이후 DMZ다큐멘터리영화제에서 처음 영화가 공개됐는데, 영화를 본 영진위 관계자는 '정권 비판적인 장면이 있어 영화 상영이 어려울 것'이라고 대놓고 말하더라."[24]

2022년 5월 27일, 서울중앙지법 민사합의 16부(부장판사 문성관)는 블랙리스트에 올라 영화 〈다이빙벨〉 상영에 어려움을 겪은 영화사 시네마달이 제기한 국가배상 소송에서 원고 일부 승소 판결했다. 시네마달은 세월호 참사 관련 영화 〈다이빙벨〉을 배급한 영화사다. "시네마달은 2014년 10월 부산국제영화제에서 다이빙벨을 상영했고, 이듬해 부산국제영화제 지원금은 전년도의 50%

---

24 「〔인터뷰〕 〈불온한 당신〉 이영 감독 "안상수 발언, 윤 후보는 어떻게 생각하는지 밝혀야" - '박근혜 블랙리스트 감독 "윤석열 되면 반복될까 두렵다"」, 『오마이뉴스』, 2022.03.02. 〈https://www.ohmynews.com/NWS_Web/View/at_pg.aspx?CNTN_CD=A0002813669&CMPT_CD=P0010&utm_source=naver&utm_medium=newsearch&utm_campaign=naver_news〉(검색일: 2025.08.21.)

내외 수준으로 삭감됐다. 이 과정에 김기춘 전 대통령 비서실장 등이 개입했다. 재판부는 영화 상영 거부로 인한 재산상 손해 847만여 원, 지원배제로 인한 재산상 손해 6000만 원, 위자료 1300만 원을 포함해 국가 등이 8147만 원을 배상해야 한다고 판결했다."[25]

2022년 8월 25일, 서울중앙지법 민사합의 16부(부장판사 문성관)는 다시 극작가 고연옥을 비롯해 블래리스트 피해자들이 국가를 상대로 제기한 손해배상 청구소송 3건을 모두 원고 일부 승소로 판결했다. 2017년 2월 집단으로 손해배상 청구소송을 제기한 지 약 5년 만에 나온 1심 결과였다.

2022년도 국정감사 중에 문화예술계 블랙리스트 국가손해 배상액이 당시 시점 기준 67억원인 것으로 집계된 바 있다. 2022년 10월 5일, 더불어민주당 전재수 의원이 문체부를 통해 파악한 문화예술계 블랙리스트 관련 소송은 총 14건이며 그중 7건이 종결된 상태였다. "4건은 원고 일부 승소 판결, 2건은 화해 권고 결정, 1건은 강제조정에 따라 종결됐다. 7건 모두 국가배상액이 발생했다. 종결된 소송 중 배상금액이 가장 큰 건은 블랙리스트에 기재된 예술인 121명이 국가를 상대로 손해배상을 청구한 건으로 법원은 국가가 14억 420만 원의 배상금을 지급해야 한다고 판결했다. 7건의 소송은 현재 진행 중이다. 아직 판결이 진행되지 않은 2건을 제외하고 나머지 5건은 모두 '원고 일부 승소' 판결을 받은 바가 있

---

25 신나리, 「문화예술계 "블랙리스트 배상판결 환영... 문화행정 혁신해야"」, 『뉴시스』, 2022.05.31.〈https://www.newsis.com/view/?id=NISX20220531_0001892266&cID=10701&pID=10700〉(검색일: 2025.8.21.)

어 국가배상금은 추가로 늘어날 전망이다. 이 중에는 원고 일부에게 판결된 배상금만 45억 3000만 원에 달하는 경우도 있다."[26]

2023년 11월 17일에 서울중앙지법 민사합의 20부(이세라 부장판사)는 문화계 블랙리스트 피해자 36명이 낸 손해배상 청구 소송에서 이명박 전 대통령과 원세훈 전 원장은 함께 원고들에게 각 500만 원씩과 그 이자를 지급하라"며 원고 일부 승소 판결했다.

앞서 배우 문성근씨와 김규리씨, 개그우먼 김미화씨, 가수 안치환씨, 영화감독 박찬욱씨, 탁현민 전 청와대 행정관, 신학철 작가 등 문화예술인 36명은 2017년 11월 정부 등을 상대로 원고 1인당 500만 원의 위자료를 청구하는 손해배상 소송을 법원에 제기했다.

당시 이들은 "국정원 블랙리스트에 이름이 올라 여론 악화와 이미지 훼손, 프로그램 하차 등 재산상 손해는 물론 정신적 손해도 봤다"고 주장했다.

검찰에서도 2018년 1월 원세훈 전 원장 등을 국정원법 위반 혐의로 기소하면서 MB 정부 당시 국정원이 정부에 비판적인 연예인들의 신상정보와 주요 행적을 수집한 '블랙리스트'를 직접 만들었다는 수사 결과를 밝혔다.

검찰 수사 결과 고 노무현 대통령의 노제 사회를 본 김제동씨

26 장병호 기자, 「문화예술계 블랙리스트 국가손해 배상액 67억원 〔2022 국감〕」, 『이데일리』, 2022.10.05. 〈https://www.edaily.co.kr/News/Read?newsId=01810566632489968&mediaCodeNo=257&OutLnkChk=Y〉(검색일: 2025.08.21.)

가 방송에서 퇴출당한 것을 비롯해 김미화씨, 문성근씨, 김여진씨 등이 줄줄이 피해를 입었던 것으로 파악됐다.

블랙리스트 명단에 오른 문화예술인을 상대로 영화 및 프로그램 투자를 무산시키거나 방송프로그램 출연에서 배제하고 세무조사 등 압박을 가한 것으로 조사됐다. 다만 당시 검찰은 문화계 블랙리스트와 관련해 공소시효(7년)가 끝나 원 전 원장의 혐의사실에 넣진 못했다.

MB 정부 시절 문화체육관광부 장관을 지낸 유인촌 현 문화체육관광부 장관은 지난달 국회 인사청문회 과정에서 문화예술계 블랙리스트에 대해 "블랙리스트가 없어 별도의 수사나 조사가 불필요하다"는 입장을 밝힌 바 있다.

이날 판결로 MB 정부 블랙리스트의 존재 여부에 관해 유 장관 주장과 배치되는 사실 관계가 수사 당국에 이어 법원에서 거듭 인정된 것이다.

실제로 2008년 8월 27일 이명박 정부 청와대 기획관리비서관실이 만든 '문화권력 균형화 전략'이라는 제목의 대외비 보고서에는 "기재부는 문화부 예산을 정밀 검토해 좌파 지원예산은 전액 삭감하고 우파 지원사건에 대규모 예산 지원"이라는 내용 등이 담겼다.

△문화권력은 이념지향적 정치세력 △좌파 세력의 문화권력화 실태 △균형화 추진 전략 △주요 대책(안) △추진 체계 및 재원계획 △향후 일정 등으로 구성된 7쪽 분량의 이 문건은 블랙리

스트 작업의 출발점으로 지목된 바 있다.[27]

이 판결은 이명박 정권에서의 블랙리스트 피해를 법원이 인정한 최초의 판례라는 점에서 그 의미가 매우 크다. 특히 이명박 정부에 이어 윤석열 정부의 문체부 장관에 임명된 유인촌이 계속 MB 정부의 블랙리스트 존재를 부인하던 차에 나온 판결이라는 점에서 유인촌의 거짓말을 공식화했다.

27 김태헌 기자 외 1명, 「문성근·김미화… MB '블랙리스트' 문화예술인들 손해배상 승소」, 『노컷뉴스』, 2023.11.17. 〈https://www.nocutnews.co.kr/news/6048092〉(검색일: 2025.08.21.)

6장

윤석열 정부의 블랙리스트 사태

1. 유인촌의 귀환과 블랙리스트 부인, 거듭된 만행

2. 가해자의 귀환–오정희의 경우

3. 윤석열 정부의 문화예술계 검열 및 블랙리스트 양상

4. 12.3 계엄 이후 유인촌의 알박기 인사

1. 유인촌의 귀환과 블랙리스트 부인, 거듭된 만행

윤석열 대통령이 2023년 7월 6일 유인촌을 문화체육특별보좌관에 임명하자 유인촌을 둘러싼 블랙리스트 논란이 봇물처럼 터져나왔다. 유인촌은 MB정부에서 장관 재직 시절에 블랙리스트의 '실체'가 없었다고 거듭 주장했다. 유인촌이 언급한 '실체'의 의미는 아마 문건 형태로 작성된 블랙리스트를 지칭하는 것으로 보인다. 그러나 심지어 박근혜 정권의 국정원이나 청와대에서도 '블랙리스트'라는 제하의 명단을 남긴 적은 없다.

그러니 권력은 블랙리스트라는 단어만 사용하지 않으면 블랙리스트가 없다고 궤변을 늘어놓는 한편, 명단을 만들지 않고 블랙리스트를 무형화(無形化)한다. 끊임없이 배제나 불이익을 줘야 할 사람들을 골라낼 수 있는 기준에 관한 발언을 함으로써 범죄의 증거를 남기지 않는 것이다.

이명박 정부 때 문체부 장관이었던 유인촌은 윤석열 정부 때

다시 문체부 장관이 되어 블랙리스트는 없었다고 주장한다. 그때 만들었던 '문화 권력 균형화 전략' 문서에 82명의 명단이 있었음에도 블랙리스트가 아니라고 주장하는 것이다.[1]

'블랙리스트 진상조사위'는 문화예술계 블랙리스트 사태를 이렇게 정의하였다. "'문화예술계 블랙리스트 사태'는 집권세력이 국가기관, 공공기관 등을 통해 법·제도·정책·프로그램·행정 등의 공적(公的) 또는 강요·회유 등의 비공식적 수단을 동원하여, 정권에 비판적이거나 정치적 견해가 다른 문화예술인들을 사찰·감시·검열·배제·통제·차별하는 등 권력을 오·남용함으로써 민주주의 원리를 파괴하고, 예술 표현의 자유와 문화예술인의 권리를 침해한 국가범죄이자 위헌적이고 위법,부당한 행위이다."[2] 유인촌 장관이 MB 정부에서 블랙리스트로 명명된 문건이 존재하지 않았다고 거듭 주장하는 것은 블랙리스트의 개념 자체를 이해하지 못하고 있는 우매함 때문이거나 부인을 위한 거짓말이자 말장난에 지나지 않는다.

2017년 9월 11일 국정원 개혁위가 「'박원순 서울시장 관련 문

---

1 오동석, 「"왜 저를 구속 안 시켰는지 궁금하다"던 유인촌 장관의 착각」, 『오마이뉴스』, 2024.09.05. 〈https://www.ohmynews.com/NWS_Web/Series/series_premium_pg.aspx?CNTN_CD=A0003060336&fbclid=IwY2xjawMZKrBleHRuA2FlbQIxMQABHuHwCKuCE27GEGNARPNCSEA9JGDOiV0cR6tTsSFIBmTNQe6n7ZScfX8e79Gk_aem_dbzK9S3Osqyc0C1RfeuUfQ〉(검색일: 2025.08.25.)

2 블랙리스트 진사조사 및 제도개선 위원회, 『문화예술계 블랙리스트 진상조사 및 제도개선위원회 백서 1-위원회 활동보고서』, 문화체육관광부, 2019.02, 20쪽.

건' 및 'MB정부 시기의 문화·연예계 정부 비판세력 퇴출 件' 관련 조사결과」를 발표했을 때 유인촌은 "내가 (문체부 장관으로) 있을 때 문화예술계를 겨냥한 그런 리스트는 없었다"며, "배제하거나 지원을 한다는 게 누구를 콕 집어 족집게처럼 되는 일이 아니다"[3]라고 밝힌 바 있다. 이에 대해 '역사학자 전우용은 트위터에서 유인촌을 향해 "저는 저 사람이 장관이 되자마자 한 말을 알고 있습니다. "이 정부와 코드가 맞지 않는 사람은 다 나가라" '코드가 맞지 않는 사람'이 누군진 조사했겠죠. 그게 '블랙리스트'예요. 모르는 건지 뻔뻔한 건지"[4]라고 일갈했다. 블랙리스트는 반드시 문건으로 남아있어야만 문제가 되는 것이 아니다. 당시 유인촌이 코드가 안 맞는 인사들을 조사하고 퇴출시킨 행위가 바로 블랙리스트 실행인 것이다. 블랙리스트란 단순히 명단이 적시된 리스트만을 의미하는 것이 아니라 정치적 목적에 따라 배제·감시·차별·통제하는 모든 행위를 의미한다. 더불어민주당 홍익표 원내대표가 유인촌이 가수 김윤아 등 유명인의 사회적 견해 표명과 관련, 공개적 표현에는 신중할 필요가 있다는 의견을 밝힌 데 대해 "이런 분들의 발언을 정치권에서 하나하나 문제 삼는 건 그 자체가 일종의 블랙리스트를 만들어 가는 과정"[5]이라

---

3 「[단독] 유인촌 "MB 국정원 블랙리스트, 문체부와는 관련 없다"」, 『이데일리』, 2017.09.25. <https://www.edaily.co.kr/news/read?newsId=01305446616063728&mediaCodeNo=257&OutLnkChk=Y>(검색일: 2023.12.16.)

4 「전우용 "유인촌 장관 되자마자 코드 안 맞는 사람 다 나가"」, 『서울신문』, 2017.09.26. <https://www.seoul.co.kr/news/newsView.php?id=20170926500012&wlog_tag3=naver>(검색일: 2023.12.16.)

5 「홍익표 "유인촌 '김윤아 신중해야' 발언 자체가 블랙리스트"」, 『연합뉴스』, 2023.10.04.

고 비판한 것은 매우 적절하다.

> 블랙리스트는 물리적 의미에서의 명단(리스트)을 말하는 것이 아니라 특정한 사상이나 정치적 견해에 따라 사찰·감시·검열·배제·통제·차별하는 모든 행위를 일컫는다. 그런 점에서 유인촌 장관 시절에 자행됐던 블랙리스트 의혹은 명단의 존재 여부와 관계없이 헌법에서 보장하는 표현의 자유를 침해하는 국가범죄다. 이를 부정하는 발언은 블랙리스트로 인해 피해를 받은 문화예술인에 대한 2차 가해이기도 하다. 결국 유인촌의 발언들은 블랙리스트 사건에 대한 몰이해가 아니라면, 문화예술계의 이념 논쟁을 통해 정치적 이득을 취하려는 협잡에 불과하다.[6]

도종환 전 문체부 장관도 취임 즈음에 한 인터뷰에서 "유 전 장관 재임(2008년 2월~2011년 1월) 당시 한국작가회의 사무총장으로 일하면서 '회원이 불법 집회에 참여하면 지원금을 반납하라'는 서약서를 요구받아 논의 끝에 아예 지원을 받지 않기로 했다"며 "(한국작가회의)의 계간지 발행도 전부 취소됐다"고[7] 토로한 바 있다. 여기서도 불법집회에 참여한 인물이나 단체는 곧바로 블

〈https://www.yna.co.kr/view/AKR20231004057400001?input=1195m〉(검색일: 2023.10.17.)

6 박선영, 「유인촌 장관 내정과 윤 정부 문화정책 퇴행」, 『주간경향』, 2023.10.09. 〈https://weekly.khan.co.kr/khnm.html?mode=view&code=113&artid=202309221124471〉(검색일: 2023.12.17.)

7 이윤주 기자, 「도종환 "유인촌 블랙리스트 부인 발언 이해 못해"」, 『한국일보』, 2017.09.26. 〈https://www.hankookilbo.com/News/Read/201709261556431487〉(검색일: 2023.12.16.)

랙리스트가 되어 지원에서 배제되었음을 알 수 있다.

문체부 전직 공무원들조차 유인촌의 주장을 반박하는 증언을 내놓기도 했다. "박근혜 정부처럼 광범위한 문화예술계 인사를 대상으로 한 블랙리스트가 문체부로 내려오지 않았다는 유 장관의 주장은 맞지만, 은밀하게 구두로 일부 오피니언 리더들을 대상으로 한 '배제 지시'가 있었다는 것이다."[8]

연극평론가 김미도는 "국정원이 2017년 9월 11일 발표한 자료 '이명박 정부 시기 문화연예계 정부 비판세력 퇴출 건 조사결과'에 따르면, '미국산 쇠고기 수입반대 시위 참여' 등을 이유로 문화예술인들이 국정원에 의해 리스트에 등재됐다"며 "핵심은 정부 정책 방향성에 이견을 표출한 예술인들을 (이명박 정부가) 끊임없이 리스트업하면, 실제로 각종 지원사업에서 배제됐는데, 이 과정에 문체부가 개입하지 않았다고 보기 어렵다는 것"이라고 설명했다. 그러면서 "더구나 당시 국정원 아이오(IO, 정보담당관)가 문체부에 수시로 출입하며 국정원·문체부 간 밀접한 소통이 이뤄지던 시기"라고 지적했다.[9]

서울지검은 2018년 1월 17일에 「원세훈 前국정원장의 문화·예

---

8 「"블랙리스트… 朴정부는 융단폭격, MB정부는 정밀타격」, 『news1』, 2017.09.26. 〈https://www.news1.kr/articles/?3111134〉(검색일: 2023.12.16.)

9 「[인터뷰] 진상조사위 백서 만든 김미도 교수 "국익에 반하지 말라? 유 장관 이야말로 정치적"-"유인촌 말에 경악… 대놓고 블랙리스트 하겠다는 것"」, 『오마이뉴스』, 2023.10.10. 〈https://www.ohmynews.com/NWS_Web/View/at_pg.aspx?CNTN_CD=A0002967387&CMPT_CD=P0010&utm_source=naver&utm_medium=newsearch&utm_campaign=naver_news〉(검색일: 2023. 12.17.)

술계 불법관여 및 김재철 前 MBC사장과의 공모에 의한 MBC 방송 장악 등 사건 수사결과」를 발표하였다.

> ▣ 수사결과
>
> ○ 원세훈 前 국정원장은, '09.2. 취임 직후부터 방송·문화·예술·연예계의 친정부화를 목적으로 국정원 조직을 동원하여, ① 정부정책에 비판적인 문화예술계 인물들을 '종북좌파'로 규정하고 그들을 명단화한 **속칭 '블랙리스트'**를 작성· 관리하면서 해당 인물들의 개인정보를 지속적으로 수집하였을 뿐 아니라, ②이를 통해 정부비판적 인물들의 활동을 억압·방해하는 한편 친정부적 인물 및 사업을 지원하기 위한 각종 공작을 전개하였던 사실 및…[10]

한편 2018년 3월 21일에는 이명박 전 대통령이 퇴임 후 사용하던 서울 서초구 소재 영포빌딩 지하 창고에서 다른 종류의 블랙리스트 문건들이 발견되었다. 언론 보도에 의하면 「보조금 지원실태를 재점검하여 좌파 성향 단체는 철저하게 배제, 보수단체 지원 강화」라는 제목의 문건이었다. "정부비판적 발언을 한 연예인의 마취제 중독설 증거 확보에 주력하는가 하면 포섭이 불가능한 강성 연예인들의 수입을 끊고 사회적으로 매장시키는 방안을 추진

---

10 「이명박 정부의 특정 문화예술인들에 대한 탄압사건」, 『문화예술계 블랙리스트 진상조사 및 제도개선위원회 백서 2-1, 진상조사결과보고서:기관별』, 문화체육관광부, 2019.02, 97쪽.

했던 것으로 확인" 되었으며 "특히 100여 명의 연예인을 강성과 포섭 가능 등으로 분류한 블랙리스트까지 작성"[11]하였다. 보조금 지원 실태를 점검하고 지원에서 배제하는 과정은 문체부가 개입하지 않고서는 실행되기 어렵다. 지원신청한 개인 및 단체들의 리스트가 필요하기 때문이다.

그 외에도 이명박 정부에서 문체부가 블랙리스트를 실행한 정황은 차고 넘친다. 연극계의 경우, 블랙리스트 진상조사위에서 참고인 김OO는 2009년 8월, 서울문화재단의 공연장상주예술단체 육성지원사업 심의에 참여했는데 서울문화재단 관계자가 지원사업에 신청한 몇몇 팀들에게 "저 팀들은 시국선언 발기인들이니까 빼자"고 얘기했는데 "그 후 문체부 쪽에서 그 팀을 배제하라는 오더를 받았다는 얘기를 지인에게 들었다"고 한다. 또 다른 참고인 진술에 의하면 "시사인 고재열 기자가 참고인 OOO, 참고인 OOO, 박상현, 이동형이 연극계 블랙리스트에 있다는 얘기를 하였고, 당시 참고인 OOO의 극단 홈페이지에 노무현 전 대통령 근조를 걸었는데, 이 극단 홈페이지를 복사해서 심사위원들한테 나눠줬다는 얘기를 명동예술극장 기획팀장에게 들었다"고 했다.[12] 영화분야의 경우, 2009년에서 2011년에 걸쳐 영진위 영화단체 사업 지원에서 인디포럼, 서울인권영화제, 서울국제노동영화제, 전북독립영화제 등이 지원에서 배제되었는데 배제 사유는 "기재부의 민간

---

11 「'블랙리스트' 원조는 MB정부, 관련 문건 발견됐다」, MBC뉴스데스크, 2018.03.21. 〈https://imnews.imbc.com/replay/2018/nwdesk/article/4562492_30181.html〉(검색일: 2023.12. 16.)

12 「이명박 정부의 특정 문화예술인들에 대한 탄압사건」, 120~121쪽.

단체 보조금 제한 지침, 문체부→영진위 지시"로 나타났다.[13]

유인촌이 MB정부 장관이 되자마자 소위 코드가 안맞는 기관장들을 찍어내는데 문체부 인력이 동원되었음을 너무나 명약관화하다.

> 유인촌 장관이 문체부 장관이던 시절(2008년)에 해임된 김정헌 전 한국문화예술위원장, 박명학 전 한국문화예술위원회 사무처장, 김윤수 전 국립현대미술관장은 곧바로 부당한 해임을 당했다며 해임 무효 확인 소송을 제기했는데, 전원이 승소했다(2009~2010년). 〈시사IN〉이 임종성 의원실을 통해 입수한 이들의 소송 판결문을 보면, 법원은 해임 당시 인사관리 규정상 명시된 징계 절차가 제대로 지켜지지 않았다고 판단했다. 특히 김정헌 전 한국문화예술위원장의 해임 취소 판결문에는 "김 전 위원장이 문체부 직원에게 전화로 해임 통보를 받았고, 구체적인 처분 사유 등은 통지받지 못했다"라는 취지의 내용이 적혀 있다.[14]

블랙리스트 진상조사위는 "문화·예술계 좌파 청산을 위해 이명박 정부의 청와대는 좌파 청산을 위한 총괄기획과 역할 조정 역할을, 문체부는 산하기관 인적청산과 과거정부 지원사업 검토 등을,

13 「이명박 정부의 특정 문화예술인들에 대한 탄압사건」, 126~127참조.

14 문상현 기자, 「MB 정부 때의 '문화권력 균형화 전략' 문건 살펴보니」, 『시사IN』, 2023.10.12. 〈https://www.sisain.co.kr/news/articleView.html?idxno=51300〉(검색일: 2023.12.17.)

기재부는 좌파지원예산 삭감과 우파 지원사업 예산 지원을, 국정원은 문화·예술계 좌파 청산을 위한 주요 문건들을 생산하고, 이를 집행하고 관리하는 역할을, 그리고 기업은 문화예술분야 건전화를 지원하였다"[15]고 결론지었다.

2023년 10월에 경향신문은 유인촌이 2010년 문체부 장관 재직 당시 국가정보원으로부터 '종북 예술인'을 '무력화'해야 한다는 내용의 문건을 직보 받은 정황을 보도했다.

> 경향신문이 4일 입수한 '국정원 불법사찰' 관련 검찰 수사기록(2017~2018년)을 살펴보면, 서울중앙지검은 MB 정부 국정원이 '유인촌 문체부'에 보낸 것으로 추정되는 '예술계 종북 세력의 반정부 정치활동 무력화' 문건을 확보했던 것으로 파악됐다. 검찰 수사기록상 생산 날짜가 적시돼 있지 않은 이 문건은 유 후보자가 장관일 때인 2010년 하반기 국정원 국익전략실에서 근무하던 직원이 작성한 문건이다.(중략)
>
> 문체부 역할에 대한 제언도 있다. 문건에는 "예술계 종북 인물들의 반정부 활동 방치 시 사회 전반의 좌경화 등 심대한 악영향이 우려되므로 선제적이고 치밀한 대처로 제압"해야 한다고 나와 있다. 이어 "문화부는 작가회의(한국작가회의)·민예총(한국민족예술단체총연합) 내 온건 좌파 인물에 대해서는 끌어안기 등 순화 방안 강구" "포용 가능한 종북 예술인들을 선별, 정부 지원사업 대상에 포함시키는 등 전략적 우군화 추진"이라

15 「이명박 정부의 특정 문화예술인들에 대한 탄압사건」, 135쪽.

고 쓰여 있다.

당시 검찰은 국정원이 해당 문건을 문체부 장관에게 직보했다는 취지의 진술을 확보했다. 수사기록을 보면, 검찰은 2010년 7월부터 2010년 12월까지 국정원 국익전략실 사회팀 문화체육예술분석관으로 근무한 A씨에게 이 문건 상단에 '제한, 대외기관 중요보고에 반영 예정'이라고 표시된 것에 대해 "어떤 의미인가"라고 물었다. 이에 A씨는 "제한은 좀 민감한 내용이 담긴 경우로, 일상 보고서에는 사용하지 않는다"면서 "대외기관은 해당 부처로 문체부를 의미할 것이고, 문체부 장관만 볼 수 있도록 제한한 것"이라고 진술했다. A씨는 검찰에 "제한 문서는 문체부 담당 IO(정보원)가 친전 형태로 장관 비서에게 국정원장 명의로 직접 전달하는 문서"라고 진술했다[16]

유인촌은 문체특보로 임명된 후 조선일보와의 인터뷰에서 지원정책에 대해 "자본과 권력에서 독립하겠다는 영화들까지 왜 정부가 돈을 줘야 하나. 좁은 문을 만들어 철저히 선별해야 한다", "나랏돈으로 국가 이익에 반하는 작품을 만드는 게 말이 되나"[17]라고 말했다. 다시 말하면 현 정권의 입맛에 맞지 않는 예술단체나 작

16 강은 기자, 「"MB 때 블랙리스트 없었다"는 유인촌, 수사기록엔 국정원이 장관에 '직보' 정황」, 『경향신문』, 2023.10.04. 〈https://www.khan.co.kr/national/court-law/article/202310041914001〉(검색일: 2023.12.17.)

17 「유인촌, "예술을 정치 도구 삼는 건 공산국가나 하는 일… 새 틀 짤 것"」, 『조선일보』, 2023.11.28. 〈https://www.chosun.com/opinion/column/2023/08/28/KECM3D7GVJBLPKK375GATUUNAY/〉(검색일: 2023.12.17.)

품들은 철저히 선별하여 지원에서 배제하겠다는 것이다. 이는 대놓고 블랙리스트를 실행하겠다는 선언에 다름아니다. 또 "예술을 정치적 도구로 삼는 건 공산국가에서나 하는 일이다. 굳이 정치적 표현을 하고 싶다면 말릴 수 없다"고 했는데 현 정권의 이념이나 정책에 부응하는 작품들에만 지원하겠다는 언급이야말로 공산국가에서나 하는 일이다. 강욱천 한국민예총 사무국장은 "이게 윤석열 대통령이 그렇게 비판하는 '전체주의'가 아니면 무엇인가. 북한과 무엇이 다른가. 국가를 위해 작품 활동을 해야 하는 것을 전체주의, 봉건제 사회에서나 가능한 이야기다"라고 꼬집었다.[18]

또한 블랙리스트 미이행 과제 관련 질문에 대해 "향후 예술인들이 자유로운 환경에서 창작활동을 지속하고 권익이 보호될 수 있도록 하겠습니다"라고 답하면서도, 윤석열 정부는 정치 풍자, 사회문제를 다루는 예술을 정치적으로 오염된 것이며 예술이 아니라고 한 바 있는데 이에 대한 후보자의 의견을 묻자 "표현의 자유는 보장"되어야 하지만 예술을 도구로 삼거나 목적 달성의 수단이 되어서는 안 된다고 생각"한다고 답변했다. 순서를 바꾸면 정치 풍자나 사회문제를 다루는 예술은 예술을 도구나 목적 달성의 수단으로 간주하는 것이기에 예술이 아니

18 「[인터뷰] 윤석열 정권 문화예술 탄압 저지에 앞장서는 강욱천 한국 민예총 사무총장 - 두 번째 '유인촌 장관' 시대… "교묘한 탄압 예상되지만"」, 『오마이뉴스』, 2023.10.13. 〈https://www.ohmynews.com/NWS_Web/View/at_pg.aspx?CNTN_CD=A0002968736&CMPT_CD=P0010&utm_source=naver&utm_medium=newsearch&utm_campaign=naver_news〉(검색일: 2023.12.17.)

므로 이런 예술관을 가진 예술가들의 경우 "자유로운 환경에서 창작 활동을 지속하고 권익을 보호할" 필요가 없다는 얘기가 된다.[19]

유인촌의 이러한 발언들은 헌법이 보장하는 '표현의 자유'에 명백히 위배되는 것이다. 윤석열 정권에서 유인촌에 의한 블랙리스트 실행은 다른 방법으로 교묘하게 진행되었다. 윤석열 정부는 '리스트'에 의한 지원배제가 문제가 된다고 보고 아예 정부 입장에서 못마땅한 사업들을 없애버리는 만행을 저질렀다. 영진위의 2024년 예산안에서는 '지역영화 지원사업'이 모두 사라졌다. 영화인들은 "모양만 다르지 블랙리스트 시즌2가 시작된 거나 다름 없다"고 보고 있었다. 문체부는 지난 8월 29일에 발표한 2024년 예산 기조에 대해 "정부 3년차를 맞이하여 국정철학인 '자유와 연대'가 문화 예산을 통해 현장에서 구현될 수 있도록 고심했다"고 밝혔다. 이어서 "우선 예산 편성 과정에서 방만한 보조금 운영, 낭비적 요소, 이권 카르텔적 요소를 점검하고 모든 예산을 원점에서 재검토해 불공정, 비합리, 비효율을 제거했다"라며 "재정지원사업 선정 과정에서 전문성 또는 형평성의 문제가 제기되거나 집행상의 비효율성이 중대한 사업에 대해서는 분야를 막론하고 폐지, 삭감 등 과감한 조치를 단행했다"고 설명했다.[20]

---

19 심광현, 「유인촌의 엉뚱한 답변, '블랙코미디' 보는 느낌이었다」, 『프레시안』, 2023.10.04. 〈https://www.pressian.com/pages/articles/2023100409532467337?utm_source=naver&utm_medium=search〉(검색일: 2023.12.17.)

20 성하훈 기자, 「사라진 독립영화 예산… "블랙리스트 시즌2 시작됐다-유인촌 문화체육특별보좌관의 '독립영화 선별 지원 방침' 에 영화계 술렁」, 『오마

만화계가 겪은 탄압도 만만치 않았다. 2022년 부천국제만화축제(9.30~10.3)에 전시된 '윤석열차'는 한국만화영상진흥원이 주최한 전국학생만화공모전 카툰 부문 금상을 수상한 작품인데 윤석열과 김건희를 풍자했다 하여 문체부가 주최측인 한국만화영상진흥원에 유감을 표하고 엄중 경고한 바 있다. 2023년 전국학생만화공모전에서는 문체부와 경기도교육청의 후원명칭 사용이 불허되었다. 국민의 힘 김승수 의원(대구 북구을)은 윤석열 대통령을 풍자한 작가들만 겨냥해 정부 지원금 내역을 뒤졌다. 김의원은 한국만화영상진흥원에 〈2023 굿바이전 in 서울〉에 참여한 작가들의 정부 지원금 내역 자료를 요구했다. 한국만화영상진흥원의 내년 국고보조금 예산은 절반 가까이 삭감되었는데 17개 예산항목 중 7개 항목은 전액 삭감됐다.[21]

출판계 예산 중에서는 '문학나눔 도서보급'(56억원), 국민독서문화 증진 지원(55억원), 지역서점 활성화 지원(11억원)을 폐지해버렸다. 한예종의 2024년 운용비 예산도 108억원 삭감되었다.

윤석열 정부는 유인촌을 문체부 장관으로 임명한 것도 모자라 2024년 7월에 용호성을 문체부 1차관에 임명하였다. 용호성은 누구인가. 2013년 8월 30일 당시 유진룡 문체부 장관의 지시로 문

이스타』, 2023.09.11. 〈https://star.ohmynews.com/NWS_Web/OhmyStar/at_pg.aspx?CNTN_CD=A0002959995&CMPT_CD=P0010&utm_source=naver&utm_medium=newsearch&utm_campaign=naver_news〉(검색일: 2023.12.17.)

21 「윤석열 1년, 블랙리스트의 '밑그림'은 이렇게 그려졌다」, 『프레시안』, 2023.09.29. 〈https://www.pressian.com/pages/articles/2023092609181164461?utm_source=naver&utm_medium=search〉(검색일: 2023.12.17.)

체부 기조실에서 작성된 비밀 보고서가 잡음이 발생할 개연성에 대비하여 '인편'으로 청와대 교문수석실의 용호성 행정관에게 은밀히 전달되었다. 이 문건은 2013년 8월 당시 김기춘 대통령 비서실장이 '특정편향(좌편향) 예술 지원 실태 및 대책'을 보고하라고 지시한 것에 따라 그 대책을 강구하여 보고한 것이다. 용호성과 관련된 블랙리스트 실행의 증거 역시 차고 넘치지만 이 비밀문서 전달 과정이야말로 그가 박근혜 정부의 블랙리스트 실행 과정에서 가장 핵심적인 위치에 있었음을 웅변한다.

> '용호성'은 2014년 박근혜 정부 청와대 행정관 재직 중 영화 〈변호인〉의 파리 한국영화제 출품 배제를 지시했으며 2015년 국립국악원 기획운영단장으로 파견돼 박정희 풍자극 〈개구리〉를 만든 특정 연출가를 문제 삼아 배제를 지시했다. 이에 대해 '블랙리스트 조사위'는 2015년에 문화체육관광부의 배제 지시 정황이 드러나지 않았고, '기획운영단장(용호성)'의 주도적 판단으로 블랙리스트 작동이 행해진 특이 사항이라고 지적하기도 했다.[22]

용호성은 블랙리스트 진상조사위의 책임규명 이행 권고에 따라 수사의뢰자에 포함되었다. 문체부는 용호성을 포함한 수사의뢰자 3인에 대해서는 검찰에서 불기소하더라도 중징계로 처벌할 것을 약속한 바 있다. 2022년 3월 검찰은 용호성에 대해 결국 불기소

22 블랙리스트 이후·문화연대 등 공동성명, 「박근혜 정부 문화예술계 블랙리스트 책임자 용호성의 문체부 1차관 임명을 반대한다!」, 2024.07.05.

처분을 내렸고, 이에 따라 황희 당시 문체부 장관이 징계를 추진하려 하자 유진룡, 박양우 전 문체부 장관들을 비롯한 전직 문체부 관료들이 징계를 멈춰달라는 청원서를 제출했다. 급기야 윤석열 정부는 그를 문체부 차관으로 임명하고야 말았다. 이는 고위공무원이 심각한 국가범죄에 적극적으로 가담하고도 면죄부를 받을 뿐 아니라 오히려 승승장구하는 선례를 남겼다.

유인촌은 블랙리스트를 방지하기 위해 '책임 심의제'를 도입하겠다고 밝혔다.

> 유 장관은 30일 서울 서대문구 모두예술극장에서 열린 취임 기자간담회에서 "산하 기관들이 지원에 그치지 않고 사후 컨설팅까지 완성할 수 있도록 지속해서 관찰하고 돕겠다는 의미"라며 이 같은 계획을 공개했다. 그는 "모든 지원사업 심사가 600~1,000명가량의 전문가 풀로 운영된다"며 "현장 전문가란 분들이 심사하다 보면 손이 안으로 굽는 결과가 나올 수 있다. 기관 직원들은 전문가 심사라며 거리를 두니 책임질 사람이 없다"고 도입 배경을 설명했다.[23]

그런데 '책임심의제'는 원래 박근혜 정부에서 존재했던 제도이다. 이 제도가 폐지된 것은 책임 심의위원들 가운데 박근혜 정부

23 김소연 기자, 「유인촌 "책임 심의제 도입하겠다"」, 『한국일보』, 2023.10.30. 〈https://www.hankookilbo.com/News/Read/A2023103016110003237?did=NA〉(검색일: 2023.10. 17.)

의 블랙리스트 배제 방침에 불응하는 위원들이 나왔기 때문이다. 대표적으로 '2015 아르코문학창작기금' 지원사업에서 책임심의위원 5인 모두가 배제 명단에 동의하지 않음으로써 예술위 위원회에서 직접 배제를 결정하는 사상 초유의 일이 벌어지기도 했다. 그러자 예술위는 책임심의위원제를 '심사위원 풀(심사위원 후보단)제'로 변경하고자 한다. 당시 권영빈 예술위 위원장은 책임심위원제로 인한 블랙리스트 실행의 어려움을 다음과 같이 호소한다.

> 권영빈 위원장: 지금까지는 우리 예술위 위원들이 추천해서 책임심의위원들을 설정하면 해당 기관에서 그분들에 대한 신상 파악 등을 통해서 "된다, 안된다."는 얘기가 나오고 있습니다. 그래서 그 과정에서 탈락되는 경우가 있습니다.(중략) 또 하나는 책임심의위원을 선정해 놓고 보니까 여러 가지 문제 중에 지원해 줄 수 없도록 판단되는 리스트가 있는데 거기에 대해서 아무도 책임을 안 진다는 겁니다. 그래서 우리 직원들이 굉장히 곤욕을 겪고 있습니다. 이런 문제는 여기 위원님들도 참여를 해주시고, 앞으로는 조금 더 자유롭게 이 문제를 해결할 수 있는 유연성 있는 심사제도로 가야되지 않느냐는 겁니다.[24]

예술위는 2015년 8월 5일, 문화예술진흥기금사업 지원심의 운영규정을 개정하여, 위원장 결정으로 사무처 직원이 심의위원회에

24 「제 161차 예술위원회 회의록」, 2015.05.29.

참여할 수 있도록 하였고, 심의위원 풀제도를 도입하여 1년 단위로 분야별 심의위원 풀을 구성하도록 하였다.[25]

> 심의위원 풀제 도입 이후에는 먼저 심의위원 섭외 단계에서 주로 친정부적인 기관장들을 심의위원으로 섭외하고, 협조적인 심의위원과 미리 배제 시나리오를 협의한 다음에 심사회의를 개최하였다. 이때 예술위 사업 담당자들은 심의에 간사 역으로 참여하여 심의위원들에게 배제 대상자나 단체에 대한 부정적인 정보들을 제공함으로써 자연스럽게 배제를 유도하고, 배제가 여의치 않을 경우 미리 협조를 구한 심의위원이 주도적으로 배제를 실행하였다. 심의위원 풀제 도입 이후, 예술위 심의에 참여한 심의위원들은 블랙리스트 실행에 적극 협조했거나 최소한 방조했다는 혐의에서 자유롭지 못한 이유이다.[26]

블랙리스트 진상조사 이후에도 심의위원 풀제는 존속되고 있는데 공정성을 기한다는 명목 하에 너무 방대한 심의위원 풀을 가동하고 있어서 전문성 논란이 불거져 왔다. 유인촌이 다시 책임심의제를 도입하겠다는 말은 심의기관의 직원까지 책임심의위원에 포함시키고 정권 입맛에 맞는 심의위원단을 꾸려 '순조롭게' 지원 배제를 실행하겠다는 불순한 의도로 읽혔다.

---

25 『문화예술진흥기금사업지원심의 운영규정』, 1-2쪽.

26 김미도, 『문화예술계 블랙리스트 실행과 작동의 기록』, 연극과 인간, 2021, 62~63쪽.

유인촌 장관이 졸속 재도입한 책임심의관제가 다시 한번 박근혜 정부 시기와 같은 은밀한 국가검열로 이어질 것이지는 아직 판단할 수 없다. 그러나 윤석열 정부에 접어들어 '윤석열차', 가수 이랑에 대한 문체부, 행안부의 검열을 기점으로 중앙, 지방 정부 단위에서 문화·예술 검열 사례가 폭증하고 있다는 점을 고려할 때 지금의 책임심의관제가 과거와 같이 왜곡될 가능성이 매우 높은 것은 부정할 수 없다.

한편으로 유인촌 장관의 책임심의관제는 거시적으로 보았을 때 문화·예술 정책 비전도 내놓지 못하는 윤석열 정부의 무능함과 무책임한 권위주의의 강화를 대변하는 사례 중 하나다.

어떻게 문화체육관광부 장관이 내놓는 핵심 정책이란 것이 고작 문화·예술 현장에 대한 주관적인 불신과 악의를 근거로 했다고 볼 수밖에 없는 책임심의관 제도일 수 있단 말인가. 그리고 이렇게 문제적인 요소가 다분한 심의제도를 문체부 공공기관들에 재도입시키면서 문화·예술 현장과 공개 토론회 한 번 열지 않는단 말인가.[27]

책임심의관제의 부활은 결국 우려했던 결과를 낳았다. 예를 들

---

27 홍태림, 「퇴행적 권위주의가 재호출한 문체부 장관의 책임심의관제」, 『오마이뉴스』, 2024.10.21. 〈https://www.ohmynews.com/NWS_Web/Series/series_premium_pg.aspx?CNTN_CD=A0003070329&fbclid=IwY2xjawMaUNhleHRuA2FlbQIxMQABHrzekqSbtv8HMV5kmYTT0o5-0cpzFn3xzj4DcS2TZv6U1dlqF_uqBmtGkwOe_aem_vlgtY8uadUg8C9sjxLFkzQ〉(검색일: 2025.08.26.)

어 국내 및 국제영화제 지원사업의 2024년 예산이 전년 대비 50% 삭감되고, 지원하는 영화제 수가 40개에서 10개로 줄어든 데에는 심의전문관으로 심사에 참여한 사업본부장의 의견이 중요하게 작동한 것으로 보인다.

> 사업본부장이 심의위원으로 참여하면서 영진위원들의 의결과 다르게 10개 영화제만 선정하도록 유도했다. 본부장은 왜 영진위원들의 의결과 다른 내용을 심사 회의에서 관철하려고 했을까. 그 질문의 답은 영진위 의결 이후인 1월 16일 문체부에서 영진위에 보낸 '2024년 영화진흥위원회 영화발전기금 및 자체예산 운용계획 승인 통보' 공문에서 찾을 수 있다. 공문에서 문체부는 영화제 지원 사업은 '신진인력 및 신규 작품 발굴 기능을 강화하고 10개 내외의 경쟁력 있는 영화제를 선별하여 집중 지원하는 방식으로 개편'하라고 지원 영화제 개수를 10개 내외로 특정하여 지시하였다. 본부장은 심의전문관으로 심사에 참여하면서 이 문체부 지시를 적극적으로 이행하였던 것이다.[28]

2024년 10월에 열린 한국문화예술위원히 전체회의에서는 무용·음악·다원 분야 예술위 위원이 책임심의관으로 참여하는 내

28 원승환, 「졸속 도입한 책임심의제… 문화예술계 블랙리스트 실행 도구로 전락」, 『오마이뉴스』, 2024.10.23. 〈https://www.ohmynews.com/NWS_Web/Series/series_premium_pg.aspx?CNTN_CD=A0003072247&fbclid=IwY2xjawMaUtBleHRuA2FlbQIxMQABHo5hVUIzyXLqBa3aAvH2wY-LqnGeYrsXK-G350KGv1XUyC-CkciB7MbvgasT_aem_m19Us-1n0NtM9lgPk4opTg〉(검색일: 2025.08.26.)

용을 담은 의결안이 가결되었다. 이에 대해 2024년 12월 5일에 59개 단체와 272명의 개인이 연명한 책임심의관제 중단 촉구 공동성명이 나왔다. 공동성명에서 제기한 '셀프 심의'는 예술위 위원이 직접 책임심의관제에 참여하는 문제점을 잘 요약하고 있다.

> 첫째, 예술위 위원의 심의 참여는 '셀프 심의'와 다를 바 없기 때문이다.
> 그동안 예술위 위원은 '①심의후보자 추천, ②심의, ③심의결과 의결'이라는 심의 절차의 3단계 중 '①, ③단계'에만 권한을 행사했다. 그런데 올해 10월 전체회의에서 가결된 내용에 따라서 일부 장르에서는 예술위 위원이 심의가 진행되는 모든 과정에서 권한을 행사하게 되었다. 이에 따라 예술위 위원 본인이 추천한 외부 위원과 심의까지 직접 진행한 후, 그 심의 결과를 최종 의결하는 권한까지 위원 본인이 행사한다면 심의제도 전반에서 공정성·객관성이 심각하게 침해될 수밖에 없다.[29]

강신하 변호사는 유인촌이 다시 문체부 장관에 지명되자마자 "유인촌 후보자가 이명박 정부 시절 진행된 블랙리스트 사건을 모를 리가 없다. 만약 유인촌 후보자의 말대로 정말 이를 몰랐다면 자신의 부처 업무조차 제대로 파악하지 못하는 무능한 자임을 스

29 「〔공동성명〕 한국문화예술위원회 위원의 책임심의관제 직접 참여에 부쳐_ "문화예술계 블랙리스트 실행의 핵심 전략 부활하다!"」 〈https://www.facebook.com/permalink.php?story_fbid=pfbid02jMs4XFwibSfQLyYUeJKwb8yhNLP3J1rVt928egbdg3TfzQRv7a2ritAT9ZKeoGv3l&id=100089032202148〉(검색일: 2025.08.25.)

스로 밝힌 것"이라면서 일찌감치 '블랙리스트 시즌2'를 예고한 바 있다.

> 윤석열 대통령은 이명박·박근혜 시대에 자행된 블랙리스트 사건을 직접 수사하였다. 누구보다도 블랙리스트 사건에 대해 잘 알고 있음에도 불구하고, 이념정부를 외치며 이명박 정부 시절 문화부 장관으로서 블랙리스트 사건의 담당 부처 수장이었던 자를 문체부 장관으로 다시 임명하여 블랙리스트 시즌2를 준비하고 있다.
> 유인촌 장관이 임명될 경우 문화예술인들이 이명박·박근혜 정부의 블랙리스트 사건을 겪으며 이를 되풀이하지 않도록 어렵게 힘을 모아 만든 예술인권리보장법이 무력화될 것이 명확하다. 예술인권리보장법 제8조 제1항, 제29조는 국가기관 등이 문화예술인들을 사상 또는 정치적 의견을 이유로 불리하게 대우할 수 없도록 규정하고 있으나 이를 조사하는 주체가 문체부 장관이기 때문이다.[30]

윤석열 정부는 유인촌 장관 임명에 이어 8조원의 모태펀드를 관리하는 한국벤처투자 부대표에 박근혜 정부 당시 블랙리스트 의혹을 받았던 신상한을 임명했다. 주총과 두 차례 이사회를 같은

---

30 강신하, 「[기고] 尹대통령, 블랙리스트 시즌2 준비하나? - 유인촌, 그렇게 무능했단 말인가?… '블랙리스트 사건' 을 모를 정도로?」, 『프레시안』, 2023.09.25. 〈https://www.pressian.com/pages/articles/2023092514470609160?utm_source=naver&utm_medium=search〉(검색일: 2023.12.17.)

날에 서면으로 진행하고, 추천이나 주무부처 장관의 승인 과정도 문서 없이 구두로 진행되었다고 한다. "모태펀드가 윤석열 정부의 '이념 코드'에 맞춰 차별적으로 운용되는 것 아니냐는 우려가 나오고"[31]있는 것은 당연하다.

2023년 11월 17일 이명박 정부 당시 블랙리스트 피해를 입은 문화예술계인사들이 이명박 전 대통령과 원세훈 전 국가정보원장 등을 상대로 낸 손해배상청구소송에서 승소했다. 서울중앙지법은 배우 문성근·방송인 김미화 등 26명이 제기한 손배소송에서 이명박 전 대통령과 원세훈 전 원장이 공동으로 각 원고에게 500만원을 지급하라고 판결했다. 이 판결로 유인촌 장관의 블랙리스트 연루는 분명해졌다.

> 재판부는 이 블랙리스트의 존재를 인정하고 "위법한 공권력의 행사"라고 판단했다. 재판부는 "국가와 이 전 대통령과 원 전 원장이 정부가 표방하는 것과 다른 정치적 견해나 이념적 성향을 가지고 있다는 등의 이유로 원고들을 포함한 문화예술인들의 신상정보가 기재된 명단을 조직적으로 작성·배포·관리한 행위는 헌법과 법률에 위배된 행위"라며 "불법행위로 원고들이 정신적 고통을 받았음은 경험칙상 명백하기에 손해를 배상할 책임이 있다"고 판단했다.[32]

---

31 이기범 기자, 「정부 모태펀드에 블랙리스트 의혹 인사 임명 논란」, 『노컷뉴스』, 2023.10.19. 〈https://www.nocutnews.co.kr/news/6030820〉(검색일: 2023.12.17.)

32 김동현 기자, 「MB-원세훈, 블랙리스트 문화계 인사들에게 손해배상 하라 판결」, 『민

'블랙리스트 이후'와 '문화연대'는 11월 22일에 성명을 내고 유인촌의 파면을 요구하고 나섰다. 이명박 정부 당시 블랙리스트 피해를 입은 예술인들에 대한 배상 판결을 통해 "블랙리스트는 절대 없었다"던 유인촌의 주장은 새빨간 거짓말로 판명되었다. 문체부가 발간한 블랙리스트 진상조사위 백서를 엉터리라 부정했던 그는 법원의 판결마저 부정할 것인가. 역사는 이제 그를 뛰어난 배우로 기록하기보다 블랙리스트를 통해 예술가를 탄압했던 불의한 정권의 앞잡이로 기록할 것이다.

중의 소리』, 2023.11.18. 〈https://vop.co.kr/A00001642091.html〉(검색일: 2023.12.17.)

2. 가해자의 귀환-오정희의 경우*

1) 1차 오정희 사태, 한국문학관 설립추진위원회 위원 위촉 논란

2018년 5월 27일, 나는 페이스북에 다음과 같은 글을 올렸다.

> 도종환 장관은 정신이 있나 없나. 예술경영지원센터 인사 파문을 겪고도 국립문학관 설립추진위 위원에 소설가 오정희를 위촉했단다. 오정희는 블랙리스트 실행이 극심하던 시기에 한국문화예술위원회 위원을 지내면서 블랙리스트 실행을 방조하였다. 특히 '2015 아르코문학창작기금' 심의에서는 심사위원들이 배제 조치에 끝내 반발하자 위원회가 직접 30여 명을 무더기로 배제하는 일에 가담했다. 이후 블랙리스트 사태가 표면화된 이후에도 끝까지 위원직을 유지하다 심지어 2017년 6월부터는 사퇴한 박명진 위원장을 대신하여 위원장 권한대행직을 수행하였다. 도종환 장관은 의원 시절이던 2015년 가을 국정감사에서 '아르코문학창작기금' 검열 문제를 제기했던 장본인

이다. 도대체 자신이 공동위원장으로 있는 블랙리스트 진상조사위의 조사결과를 이토록 무시하는 이유가 무엇인가. 깊은 배신감과 분노를 느낀다.[33]

이 글이 언론에 보도되며 큰 논란이 일자 오정희는 5월 30일에 한국문학관 추진위원직에서 자진 사퇴했다.[34] 그런데 도종환 장관은 언론 인터뷰에서 "나중에 들어보니 인사 논란에 오른 분들이 소극적 방조를 했다는 것으로 나오더라. 부역자란 표현은 낙인 효과가 있어 조심해야 한다. 국립문학관 같은 경우도 문재인 정부가 됐으니 (추진위원들도) 진보가 돼야 한다, 이런 식은 안 된다. 보수와 중도, 모두가 함께 시작부터 가야 한다. 그중 이 사람은 부역자라고 리스트를 만들어 기관장도 안 되고 위원도 안 된다는 식의 일정한 기준을 정하면 그 자체가 또다시 블랙리스트가 될 수 있다"[35]고 반응했다. 나는 이 발언을 포함하여 도종환 장관의 인터

---

* 이 글은 『뉴 래디컬 리뷰』, 2023년 가을호(2023.10)에 실린 글을 거의 그대로 옮겼다.

33 김미도, 페이스북, 2018.05.07. 〈https://www.facebook.com/mido.kim.9/posts/pfbid0gVsuABQRHLtPGy5PRs7ZEBRQ4YYqZ1DoPmPP3BHvKjKuHd3SRFjPG8KXbPPvWM57l〉(검색일, 2023.08.04.)

34 유연석 기자, 「'블랙리스트 실행 의혹' 오정희 한국문학관추진위원 자진사퇴」, 『노컷뉴스』, 2018.05.30. 〈https://www.nocutnews.co.kr/news/4977762〉(검색일, 2023.08.04.)

35 노형석·김미영 기자, 「블랙리스트 엄중처리하되, 제 2블랙리스트 되지 않도록」, 『한겨레』, 2018.06.11. 〈https://www.hani.co.kr/arti/culture/culture_general/848517.html?_ga=2.199102383.1880035396.1691107286-796197050.1602218079〉(검색일, 2023.08.04.)

뷰 내용 전반에 대해 페이스북을 통해 다시 조목조목 반박했고 (2018.6.11.)[36] 도장관은 며칠 후 취임 1주년 기자간담회에서 "특히 최근 한국문화예술위원회의 블랙리스트 실행을 방조했다는 의혹을 받고 있는 오정희 소설가가 국립한국문학관 설립추진위원회 위원에 위촉됐다 자진사퇴한 사건과 지난달 초 문체부가 예술경영지원센터 신임 대표에 윤OO 전 국립극단 사무국장을 임명한다고 발표했다가 블랙리스트 실행에 연루됐다는 의혹이 제기되자 임명장 수여식을 취소한 사건과 관련해", "두 사안 모두 저의 불찰"이라며 "저희가 제대로 살피지 못한 책임이 있고 특히 그 책임은 저에게 있다"고 말했다."[37]

2) 오정희의 블랙리스트 실행 관여 여부

'문화예술계 블랙리스트 진상조사 및 제도개선 위원회'(이하 '블랙리스트 진상조사위')는 '사건번호 2017직문1[2015 아르코문학창작기금 사업 파행 사건]'의 조사결과보고서 마지막 부분인 '진상규명하지 못한 사실과 쟁점'에서 "예술위 위원 오OO가 해당 사업에서 블랙리스트 실행을 인지하였다는 사실은 확인되나 적극적

---

36 김미도, 페이스북, 2018.06.11. 〈https://www.facebook.com/mido.kim.9/posts/pfbid02rba8YLRnNoLBSCAw3XNLRZTwJs3dyqE1HDqqFEMjsE62JipU2sEKWPRbnbqKoFaxl〉(검색일, 2023.08.04.)

37 박지현 기자, 「도종환, "국가 운명 바꾸는데 문화·체육의 역할 커… 국민 삶 문화로 나아지도록 혼신의 노력할 것"」, 『파이낸셜 뉴스』, 2018.06.15. 〈https://n.news.naver.com/mnews/article/014/0004040236?sid=001〉(검색일, 2023.08.04.)

인 가담이 있었는지 여부에 대하여는 확인하지 못하였다"[38]고 기술하였다. 블랙리스트 진상조사위의 조사결과보고서들을 두루 살펴보면 블랙리스트 실행 의혹이 있는 인물들이 가담행위에 대해 전면적으로 부인하는 경우, 대체로 '확인하지 못하였다'라고 결론지었다. 블랙리스트 진상조사위는 강제 수사권이 없는 조직이었기 때문에 참고인들이 조사에 불응하거나 부인으로 일관하면 달리 방도가 없었다. 그러나 보고서에 적시된 증거 자료들과 다수 참고인들의 증언이 일치할 경우, 가담 여부는 거의 확정적인 경우가 많다.

오정희가 블랙리스트 실행을 충분히 인지했을 뿐만 아니라 가담했다고 볼 수 있는 문건 들을 다시 제시해본다. 우선 '2015 아르코문학창작기금' 사건의 개요는 다음과 같다.

> 2015 아르코문학창작기금 사업은 청와대-문체부-예술위로 이어지는 블랙리스트의 집요한 실행으로 ① 심의일정 지연, ② 배제기준 고안, ③ 최종 선정인원 축소, ④ 잔여예산 발생 등 여러 극심한 피해가 발생하였던 사업이다.
>
> 예술위는 2014.11. 청와대 및 문체부의 지시에 따라 2015 아르코문학창작기금 공모 신청자 949명의 명단을 송부하고. 이에 청와대 및 문체부는 76명의 배제대상자 명단을 하달하였다. 2015.1.22.~22. 1차 심의 이후 심사를 통과한 198명의 명단을

38 블랙리스트 진상조사 및 제도개선위원회, 「2015 아르코문학창작기금 사업 파행사건」, 『문화예술계 블랙리스트 진상조사 및 제도개선위원회 백서 2-4, 진상조사결과보고서: 문학·출판』, 문화체육관광부, 2019.2, 64쪽. 이후 이 보고서의 인용은 사건명과 쪽수만 밝힌다.

예술위는 문체부에 다시 보고하였고, 문체부는 청와대의 지시에 따라 다시 16명의 배제명단을 예술위에 하달하였다. 이들에 대한 배제명분을 찾지 못해 계속하여 심의일정이 지연되어 2015.3.31~4.1.경 2차 심의를 진행하였고, 해당 심의의 통과자 총 102명(2차 심사 통과자는 94명, 배제명단이 계속하여 내려올 것에 대비하여 예비후보자 8명 선정) 중 청와대 및 문체부에서 1차 심의결과 중 배제를 지시하였던 16명 중 5명이 통과자에 포함이 되었고, 문체부는 다시 이 5명에 이윤택을 추가하여 총 6명에 대한 배제지시를 하달하였다. 4.23.경 8명에 대한 추가 배제지시가 다시 하달되어 총 14명에 대한 배제지시가 이어졌다. 이들에 대한 배제방법을 찾지 못하자 문체부는 3차 심의 일정을 계속해서 승인하지 않아 2015.6.26.에야 3차 심의가 열렸고, 책임심의위원들은 배제명단 적용을 거부하고 2차 심의에 따른 102명(안)을 확정하였다. 이후 예술위는 최종적인 배제명단을 적용하기 위하여 선정인원을 70명으로 축소하여 2015.7.17. 위원회 서면결의를 통해 확정하였다. 이 과정에서 예술위는 선정인원을 축소하고 배제지시를 실행하기 위하여 시와 소설분야는 60%로 축소지원 결정 등 형평성이라는 표면적 사유를 내세워 여러 배제기준을 고안하였다.[39]

오정희는 2015년 2월부터 2017년 11월까지 한국문화예술위원회(이하 '예술위') 위원(문학)이었다. 위의 사건 경과와 대조해 보

39 「2015 아르코문학창작기금 사업 파행사건」, 58쪽.

면 오정희는 아르코문학창작기금의 2차 심의가 열릴 때부터는 이 사건에 대해 인지했을 가능성이 있다.

문체부 예술정책과 오OO 서기관이 작성한 "문화예술분야 지원사업 관련 현안"(2015.5.21.자) 중 "참고 2015년 문제사업 현황('15.5.13 현재)" 문건에 의하면 14명 전원 제외조치를 시도 중으로 "문학분야 오정희 위원, 심사위원 5인 대상 설득 작업 중"이라고 명시되어 있다. [40]

③아르코문학 창작기금 지원 *15년 정기공모사업중미해결사업	**1,2차 심사를 통해 총 83건중 69건 배제 조치 및 14명 미해결 상태** -후보자 102건중 14건 특이사항 통보(기존6+추가8) -1안: 14건 전원제외조치 시도중(문학분야 오정희 위원, 심사위원 5인 대상 설득 작업중) -2안: 14건중 기수혜자 7건 제외한 7건 처리 곤란

2015년 5월 29일자 예술위의 제 161차 회의록에는 오정희 위원의 다음과 같은 발언이 남아있다.

> 장OO 창작지원부장: 지금 오OO 위원님과 계속 논의를 하고 있는데 이번 주에 결정이 됐으면 오늘 위원회 회의에 상정을 했겠습니다만 다음 주 금요일 정도에 예정되어 있습니다.(하략)
>
> 오정희 위원: 이번에 얘기를 들으면서 책임심의위원이라는 것에 대해서 생각하게 됐습니다. 그런데 어떻게 방법이 없고, 차선책으로 다음 주에 심의위원회를 다시 개최해서 심

40 「2015 아르코문학창작기금 사업 파행사건」, 49쪽.

의위원들이 논의를 해야 되는 문제들입니다.[41]

박명진 예술위 위원장이 2015년 10월 2일에 김종덕 장관에게 보고하기 위해 만든 '장관님 면담 참고자료'에도 오정희 위원에 대한 언급이 있다.

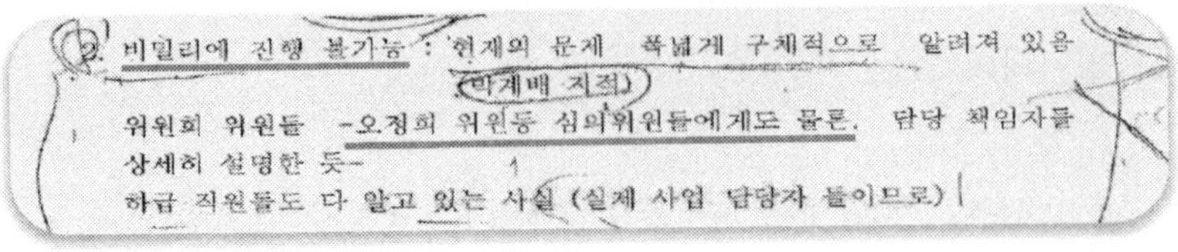
2. 비밀리에 진행 불가능 : 현재의 문제 폭넓게 구체적으로 알려져 있음 (박계배 지적)
위원회 위원들 -오정희 위원등 심의위원들에게도 물론, 담당 책임자들 상세히 설명한 듯-
하급 직원들도 다 알고 있는 사실 (실제 사업 담당자 들이므로)

2015년 10월 2일은 예술위의 검열 의혹이 국정감사에서 큰 논란을 일으키고 있던 시점이다. 2015년 9월 9일, 나는 JTBC를 통해 '2015 공연예술창작산실' 연극분야 지원사업 심의과정에서 검열이[42] 있었음을 폭로한 바 있다. JTBC의 '지원자에 작품 포기 종용… 순수예술 '정치 검열' 의혹'[43] 보도 직후, 9월 11일 국정감사에서 도종환 당시 새정치민주연합 의원은 예술위의 '2015 공연예

41 한국문화예술위원회, 「제 161차 회의록」, 2015.05.29.

42 '2015 공연예술창작산실' 사건은 연극분야 심의에서 박근형 작가의 〈모든 군인은 불쌍하다〉를 배제하도록 예술위가 요구하였으나 심의위원들이 이를 거부하자 직원들이 박근형 작가를 직접 찾아가 포기각서를 받아낸 것으로 '2015 아르코문학창작기금' 사건과 시기적으로 겹치며 매우 유사한 면모를 지닌다. 이 사건에 대한 자세한 내용은 「2015년 공연예술창작산실 심사번복 요구 및 공연포기 강요 사건」, 『문화예술계 블랙리스트 진상조사 및 제도개선위원회 백서2-2, 진상조사결과보고서:공연1』 참고.

43 강신후 기자, 「[단독/탐사플러스] 지원자에 작품포기 종용… 순수예술 '정치검열' 의혹」, JTBC 뉴스룸, 2015.09.09. 〈http://news.jtbc.joins.com/article/article.aspx?news_id=NB11026116〉(검색일: 2023.08.05.)

술창작산실' 연극분야 지원사업과 '2015 아르코문학창작기금' 지원사업에서의 검열 문제를 강력히 제기했다.[44]

오정희는 블랙리스트 진상조사위 조사에서 위의 문건들에 적시된 내용들을 전면 부인했다. 당시 이 사건의 제보자이자 책임심의위원있던 하응백은 페이스북을 통해 예술위 직원이 찾아와 회유를 당한 적은 있지만 "오정희 위원은 그때 하응백에게 설득을 위해 만나기는커녕, 전화 한 통 하지 않았다. 다른 4명의 책임심의위원에게 전화를 했는지, 안했는지는 모르겠다. 나에게는 전화 한 통 하지 않았다"[45]고 밝혔다. 『블랙리스트 진상조사위 백서』에 조사관이 다른 4명의 책임심의위원들에게 오정희의 설득 여부를 확인한 과정은 나타나지 않는다. 백번을 양보하여 오정희가 다른 책임심의위원들을 설득하지는 않았다고 가정해 보자. 그러나 문학분야를 대표하여 예술위 위원직을 수행하고 있는 사람이 당시 2차 심의(2015.3.31.~4.1.경) 후 3차 심의(2015. 6.26.)가 열리기까지 석 달 가까이 심의가 지연되고 있는 이유를 몰랐다는 것은 법

44 나는 당시 도종환 의원실에 '2015 공연예술창작산실'에서의 검열 사실을 제보하고, JTBC의 취재에 응하기에 앞서 다른 장르에서도 비슷한 사태가 벌어지고 있을 것이므로 추가 증거 확보를 도종환 의원실에 요청했다. 도종환 의원실에서는 2015년 국정감사를 준비하며 다른 두 가지 증거를 확보했는데 그 하나가 '2015 아르코문학창작기금' 사태이고, 또 다른 하나는 예술위의 이OO 예술진흥본부장으로부터 아르코미술관에 하달된 내부 문건으로 광주비엔날레에서의 홍성담 작가 전시 논란(소위 'VIP 모독 그림')을 예로 들며 예방 대책을 마련하려는 내용이었다.

45 하응백, 페이스북, 2023.08.02. 〈https://www.facebook.com/permalink.php?story_fbid=pfbid031cUDQi6hQif5Eyosadir8P2w8YkHbcBv2zVLrDtxfrDVcVWc7iXncDQgPY9cdA7Al&id=100010124831080〉(검색일, 2023.8.5.)

정직인 예술위 위원의 업무와 예술위의 운영구조에 비추어 납득할 수 없다.[46] 심지어 당시 예술위에서 블랙리스트 실행의 핵심 업무를 담당했던 3명의 직원들이 일관되게 아르코문학창작기금 심의 지연 사태를 오정희 위원에게 보고했다고 진술하고 있음에도 불구하고[47] 오정희는 이마저 부인했다.

이와 별개로 오정희가 아무리 부인해도 2015년 7월 17일에 예술위원회가 102명을 70명으로 축소한 서면결의에 참여한 책임을 면하기는 어렵다. 이 서면결의야말로 오정희를 비롯한 당시 예술위 위원들이 모두 블랙리스트 실행에 가담했다는 끔찍한 증거이다. 여러 문건들과 진술들을 종합해 보면 70명으로 축소 결정을 하기 위해 고안한 선정 방침은 다음과 같다.

> 70명 축소결정을 위한 선정방침은 지원후보(94명) 중 시와 소설분야는 60%로 축소지원 결정하고, 시조 등은 육성차원에서 지원후보 100% 결정 등 세부분야별 형평성 안배를 감안하겠다는 것이었는데, 이는 단편소설 분야 박석근 작가를 반드시 배제해야 한다는 문체부의 지시 때문에 고안한 산출 조건이라는 사실이 확인되었다. 당시 박석근 작가가 단편소설 분야 상위 50% 바로 뒷 등수에 있었기 때문에 단편소설 분야는 50%,

46 홍태림, 페이스북, 2023.07.18. 〈https://www.facebook.com/taelim.hong/posts/pfbid02rZisRtUKs9Ys413CqgRFKKw3cAMwdiXtFztgKueETbkMQHC2zJM9Uh9woMG7z2wul〉(검색일: 2023.08.17.) 참조.

47 「2015 아르코문학창작기금 사업 파행사건」, 49~50쪽.

장편소설 분야는 100%, 총 소설 분야 평균 60%(시분야도 논리를 맞추기 위해 60% 유지)라는 조건이 산출된 것이다. 결과적으로 단편소설의 경우 박석근 작가를 포함한 박석근 작가 이후 등수 8명이 탈락하였고, 시 분야의 경우 상위 60% 이후 등수 16명이 탈락하게 되었다.[48]

이처럼 블랙리스트에 있는 작가를 배제하기 위해 책임심의위원들이 선정한 명단에서 32명을 무더기로 배제하는 만행을 예술위원회 위원들이 직접 저질렀다. 예술위 위원들이 100여 명을 지원할 수 있는 사업에서 70명으로 축소하는 서면결의를 결행한 사실은 그 자체로 적극적인 가담의 증거일 수밖에 없다.

오정희는 심지어 2017년 6월부터는 예술위 위원장 대행직을 수행했다. 문재인 정부 출범과 함께 문체부 장관에 임명된 도종환이 6월 19일에 취임하자마자 블랙리스트 실행에 책임이 있는 박명진 예술위위원장의 사표를 수리했기 때문이다. 문화예술진흥법 제24조 4항에서는 "위원장이 부득이한 사유로 직무를 수행할 수 없을 때에는 위원 중 연장자 순으로 그 직무를 대행한다"[49]고 되어 있다. 오정희는 왜 이때까지도 예술위 위원직을 사퇴하지 않았을까.

사실 오정희는 '2015 아르코문학창작기금' 심의에만 관여되어

48 「2015 아르코문학창작기금 사업 파행사건」, 61쪽.

49 박정환 기자, 「[단독]한국문화예술위원장 직무대행에 소설가 오정희」, 『news1』, 2017.06.22. 〈https://www.news1.kr/articles/?3028147〉(검색일, 2023.08.04.)

있지 않다. '우수문예지발간지원사업', '주목할만한작가사업' 등 그가 위원 및 위원장 대행으로 재직한 시기에 문학분야에서 실행된 모든 블랙리스트 사건에 일정한 책임이 있다. 2016년 10월 10일, 도종환 의원이 국정감사에서 예술위의 2015년 5월 29일 제 161차 회의록과, 2015년 11월 6일 제 173차 회의록을 근거로 블랙리스트가 실재함을 주장했고, 이틀 뒤인 2016년 10월 12일에 한국일보 보도를 통해 드디어 9,473명의 블랙리스트 명단이 공개되었다. 즉 오정희가 예술위 위원이 된 2015년 2월 이후 2016년 10월 이전까지는 예술위에서 블랙리스트 실행이 지속되고 있었으며 계속해서 피해자가 발생하고 있었다. '2015 우수문예지발간지원사업'에 대한 '김기춘 외 3인 1심 판결'의 일부를 들여다보자.

> 예술위는 배제 대상으로 하달된 문예지 중 '실천문학', '문학동네'를 배제하면 심사 자체가 불가능하다는 의견을 전달하였고, 문체부도 2015.3. 경 '문학검열에 대한 현장의 우려', '문학계의 조직적인 저항의 단초 우려(예술위의 입장)' 등을 이유로 같은 의견을 청와대에 전달하여, 청와대의 양해를 받아 2015.3.31. 9개의 문예지를 지원 대상에서 배제하고 '실천문학', '문학동네'는 지원 대상에 포함한 우수문예지발간지원 사업 심의 결과를 발표하였다.[50]

'아르코문학창작기금'과 '우수문예지발간지원사업'은 2016년부

50 『서울중앙지방법원 제 30 형사부 판결, 2017고합102(김기춘 외 3인 1심 판결)』, 84쪽.

터 블랙리스트 실행과 관련하여 아예 폐지되었다. 2015년에 문학 분야에서 블랙리스트를 실행하느라 남은 예산을 집행하기 위해 2015년 말에는 '2016 문예지우수콘텐츠아카이빙사업', '2016 유망작가지원사업', '2016 문학주간사업' 등이 신설되기도 했다.[51] 2015년 7월 31일 예술위의 제 165차 회의록에 의하면 기존의 '책임심의위원제도'를 폐지하고, '심의위원 풀 제도'로 대체하는 안건이 논의되었다. 이는 '2015 아르코문학창작기금' 심의과정에서와 같이 책임심의위원들이 블랙리스트 실행에 협조하지 않는 사례가 발생하자 1년 단위로 분야별 심사위원후보단(심의위원 풀)을 구성하고, 사무처 직원이 심의위원회에 참여할 수 있도록 하는 것이다. 이는 2015년 8월 5일에 「문화예술진흥기금사업 지원심의 운영규정」 개정을 통해 확정되었다.[52]

이러한 모든 과정들을 오정희 위원이 몰랐다면 매우 무능하고 무책임한 위원이었음을 자인하는 꼴이다. 오정희는 예술위에서의 블랙리스트 실행 사실을 인지조차 하지 못했고, '2015 아르코문학창작기금'에서 30여 명이 배제된 것에 대해 "블랙리스트 작동에 따른 선정 축소가 아니라 예산부족에 의한 선정축소로 받아들였다"[53]고 진술하였다. 앞에서 언급하였듯이 블랙리스트를 실행하느

---

51 블랙리스트 진상조사위, 「한국문화예술위원회 블랙리스트 실행을 위한 지원 및 심사제도 개편 사건」, 『문화예술계 블랙리스트 진상조사 및 제도개선위원회 백서 2-1, 진상조사 결과보고서: 기관별』, 594~597쪽 참조.

52 「한국문화예술위원회 블랙리스트 실행을 위한 지원 및 심사제도 개편 사건」, 556~557쪽 참조.

53 「2015 아르코문학창작기금 사업 파행사건」, 51쪽.

라 남은 예산으로 새로운 사업들을 고안해내기까지 했는데 '예산 부족'으로 선정 인원이 축소되었다는 오정희의 진술은 명백히 거짓말이다.

2016년 국정감사에서 블랙리스트의 실체가 폭로된 이후 문화예술계의 필사적인 저항과 특검의 적극적인 조사는 박근혜 대통령 탄핵의 한 축으로 작동하게 된다. 박명진 예술위 위원장은 문화예술계로부터 계속 사퇴 압력을 받고 있었다. 오정희가 박명진이 사퇴한 자리를 물려받은 것은 너무 뻔뻔하고 파렴치한 일이다.

3) 2차 오정희 사태, 서울국제도서전 홍보대사 위촉 논란

국내 최대 규모의 책 축제인 '2023 서울국제도서전' 개막을 앞두고 오정희를 이 행사의 홍보대사로 위촉한 것에 대해 문화예술계의 반발이 터져나왔다. 개막일이었던 6월 14일에 문화연대, 민변 문화예술스포츠위원회, 블랙리스트이후(준), 한국작가회의 등 여러 단체들은 서울국제도서전이 열리는 서울 삼성동 코엑스에서 기자회견을 통해 "오정희 소설가는 박근혜 정부 시절 자행된 '문화예술계 블랙리스트 국가범죄'의 실행자"이며 "이러한 사실을 너무나도 잘 알고 있는 문화체육관광부(문체부)와 대한출판문화협회(출협)가 대한민국 문학과 도서출판을 대표하는 국제행사의 홍보대사로, 대한민국 법원과 정부는 물론 자신들 스스로 공언했던 국가범죄의 실행자를 선택했다는 사실에 분노한다"[54]고 밝혔다.

---

54 최원형·양선아·임인택 기자, 「오정희 '블랙리스트 간여' 논란에 서울국제도서전 첫날 '파행'」, 『한겨레』, 2023.06.14. 〈https://www.hani.co.kr/arti/culture/culture_

더구나 출협은 블랙리스트 실행으로 가장 심각하게 피해를 입었던 기관 중 하나이며 블랙리스트에 저항하는 투쟁을 적극적으로 전개해왔기에 더욱 납득할 수 없는 일이었다. 개막식에서 항의 기자회견을 한 문화예술계 인사들은 대통령 경호실 요원들의 강압적인 퇴거 조치에 의해 부상을 입었다.[55] 오정희는 6월 16일에 출협을 통해 사퇴 의사를 밝혔다.

오정희는 왜 홍보대사직을 수락했을까. 국립한국문학관 추진위원 자진 사퇴 이후 5년이나 흘렀으니 사람들의 기억 속에서 그 일이 잊혀졌으리라 짐작했는지 모른다. 그를 홍보대사로 위촉한 출협과 문체부도 비슷하게 안이한 생각을 했을지 모른다. 오정희가 박근혜 정부하에서 블랙리스트 실행을 방조 및 간여한 일로 그의 작가적 생명까지 끊어놓자는 게 결코 아니다. 문제의 핵심은 오정희가 사과하지 않았다는 점이다. 오정희는 5년 전에도 블랙리스트 가담 사실은 부인하며 자진 사퇴했고, 이번에는 최소한의 변명도 하지 않은 채 자진 사퇴했다. 정말 블랙리스트 실행과 무관하다면 왜 당당히 결백을 주장하지 못하는가.

동료 및 선후배 예술가들이 그에게 요구하는 것은 진정성 있는 '사과'이다. 그가 과오를 인정하고 진심으로 사과한다면 그토록 존경받는 위치에 있었던 작가로서의 명예를 일정 부분 회복할 수 있

general/1095881.html〉(검색일: 2023.08.17.)

55 김송이 기자, 「"김건희 여사 축사하는데…" 서울국제도서전서 끌려나간 작가들」, 『경향신문』, 2023.06.14. 〈https://www.khan.co.kr/national/national-general/article/202306141745001〉(검색일: 2023.08.17.)

을 것이다. 블랙리스트 실행에 가담한 문화예술계 주요 인사들 중에 사과를 한 경우는 별로 찾아보기 어렵다. 연극계에서 블랙리스트 사태와 관련하여 자발적으로 공식 사과한 기관장은 박정자 전 연극인복지재단 이사장이 유일했다.[56] 연극계는 오정희와 같은 시기에 2018년 7월 17일에 예술위 위원을 지낸 정OO 전 한국연극협회 이사장을 형사고발하기까지 했다. 그 역시 '2015 공연예술창작산실' 사건을 비롯하여 연극분야에서 벌어진 블랙리스트 실행 사실을 알면서도 묵인, 방조했다. 정OO을 고발한 '블랙리스트 타파와 공공성 확립을 위한 연극인 회의'(약칭 '블랙타파')는 기자회견문에서 "만약 정OO 전 예술위원이 자신의 잘못을 인정하고 용서를 구했다면 연극인들 중 누구도 그를 더 비난하지 않았을 것입니다"[57]라고 했다. 연극계 동료들은 그의 진심어린 사과 한마디를 그토록 갈구했던 것이다.

2013년 9월에 국립극단에서는 연극 대본에 빨간줄이 그어진 상태로 연출가에게 전달된 사건이 있었다. 이 대본을 전달한 이는

---

56 한국연극인복지재단은 2017.1.26. 홈페이지에 '[성명문] 2015년 연극인 일자리 지원사업 '찾아가는 연극' 최종심사에 대한 재단의 입장' 이라는 블랙리스트 관련 사과문을 게시하였는데 이 사업 최종 심사당일에 문체부 담당자로부터 심사대상자 중 일부가 '정산 불성실 이행 또는 횡령 사실' 로 참가 자격이 없다는 유선 통지를 받고 이를 심사에 반영했다면서 이런 과정이 블랙리스트 실행과 연관돼 있을 수 있다고 밝혔고, 블랙리스트 진상조사위는 이 사업에서 블랙리스트가 실행되었음을 확인하였다. 「한국연극인복지재단 '2015 찾아가는 연극' 검열 배제 사건」, 『문화예술계 블랙리스트 진상조사 및 제도개선위원회 백서 2-3, 진상조사결과보고서:공연2』 참조.

57 [국정농단 블랙리스트 공범 정OO 전 한국문화예술위원회 위원 고발 연극인 기자회견] 〈https://www.facebook.com/blacktapa/posts/pfbid02nQFqSNv2CoAsbM8eeepSvFH3c2mFq4J2jLUgtT5iJYaKwAronaRHjfyVtXFjyDvm〉(검색일: 2023.08.23.)

당시 사무국장이었던 최OO이었고, 대본을 준 이는 예술감독 손진책이었다. 나를 포함하여 몇몇 연극인들은 블랙리스트 진상조사 후에 피해 연출가와 함께 손진책을 만나 제발 사과해달라고 간청한 적이 있다. 그는 지금까지 사과하지 않았고, 2017년에 예술원 회원이 되었다. 최근에 대본 전달자인 최OO 사무국장은 피해 예술가와 당시 해당 공연에 참여했던 연극인들을 만나 진심으로 사과했다. 피해자들은 해묵은 앙금이 풀렸다며 그를 용서했다. 빨간줄은 누가 그었을까? 손진책인가, 문체부인가, 청와대인가. 손진책 자신이 한 짓이 아니라면 떳떳이 밝히고, 역시 '전달자'로서 그런 대본을 전했던 일에 대해 사과하면 될 일이다.

오정희가 이제라도 제발 사과하기를, 예술원 회원(2014년 입회)에서 자진 사퇴하기를, 그리하여 독자들이 그에 대한 애정을 다시 회복할 수 있기를 진심으로 바란다. 하나 더! 블랙리스트 문제로 온 문화예술계가 들끓던 시점부터 지금까지 침묵을 지키고 있는 대한민국 예술원도 사과하기 바란다. 해체하면 더 좋겠다.

3. 윤석열 정부의 문화예술계 검열 및 블랙리스트 양상

윤석열 정부가 들어선 이후 문화예술계에 대한 검열은 박근혜 정부보다 더 심각해졌다. 박근혜 정부에서는 그런 일들을 최소한 몰래 획책했다면 윤석열 정부에서는 공공연히 자행되는 양상을 보였다. '블랙리스트 이후'가 2025년 7월까지 정리한 '윤석열 정부 검열 일지'[58]를 가져와 본다.

> 2022년 5월 13일: 광주광역시가 '호명呼名 5.18거리미술전'에 윤석열 대통령을 풍자한 작품이 걸리자 보조금 지원사업의 취지에 부적합하다면서 후원을 취소
>
> 2022년 7월 16일: 행정안전부가 전주시에 위탁한 기관 '전주시 사회혁신센터 성평등전주'가 주최하는 '페미니즘예술제' 공

58 '블랙리스트 이후'가 작성한 「윤석열 정부 검열 일지(2022~)를 가져오면서 어휘 및 표기에 대한 약간의 수정을 거쳤다. 〈https://www.facebook.com/photo?fbid=760356926942041&set=pcb.760251570285910〉

모를 통해 선정한 작가3인을 퇴출

2022년 8월 23일: EBS가 'EBS국제다큐멘터리 영화제' 공식 상영작으로 선정된 〈금정굴 이야기〉가 공정성과 객관성에 부합하지 않는다며 방송 불가를 판정

2022년 9월 26일: 행정안전부가 개입하여 부마민주항쟁 기념재단이 기획한 기념행사에서 가수 이랑의 노래를 검열하고 공연 배제한 사건

2022년 10월 4일: 문화체육관광부는 한국만화진흥원이 주최한 '전국 학생 만화공모전'에서 정치적인 주제를 노골적으로 다룬 작품을 선정하여 전시한 것은 학생의 만화 창작 욕구를 고취하려는 행사 취지에 지극히 어긋나기 때문에 유감을 표하며, 엄중 경고한 소위 '윤석열차 예술 검열 사건'

2022년 10월 24일: 서울 용산경찰서는 용산구에 있는 대통령 집무실 인근에 윤 대통령을 풍자하는 포스터를 붙인 혐의(옥외광고물법·경범죄처벌법 위반)로 이하 작가를 검찰에 송치한 검열 사건

2022년 10월: 춘천시 효자1동 행정복지센터가 김건희 풍자시에 대해 정치적 논란을 사유로 전시를 중단한 사건

2022년 10월 27일: 대전광역시가 대전평생교육진흥원이 개최하는 북콘서트 참여 작가의 성향을 들어 불허한 사건

2022년 12월 29일: 서울도서관이 '서울아트책보고-예술과 노동' 전시를 검열한 사건

2023년 1월 8일: 국회 사무처가 '2023굿바이전인서울'을 검열하

고 기습 철거한 사건

2023년 4월: 대구광역시가 베토벤 제9번 교향곡을 종교편향적 이라는 이유로 수성아트피아 재개관 공연 불허한 사건

2023년 4월 18일: 국회사무처가 '국회의원회관 회의실 및 로비 사용 내규'에 '전시회를 위한 로비 사용 허가' 조항을 신설하여 사전검열을 제도화함

2023년 5월: 예술의전당이 베토벤 제9번 교향곡 '합창' 공연 제목이 '자유의 송가'라는 것과, 대구시에서 종교 편향성이 논란이 됐다는 점 등의 사유를 들어 팸플릿 배포를 막은 검열 사건

2023년 5월 30일: 인천광역시가 공모사업에 선정된 '인천여성영화제'에게 '퀴어 등 의견이 분분한 소재를 제외할 것'을 요구하며 시정 하지 않을 시 지원할 수 없다고 통보

2023년 6월 10일: 서초경찰서가 '지키자,민주주의' 문화제 '참여 예술인들을 무력으로 강제 해산하면서 성희롱과 상해를 입힌 입틀막 사건

2023년 6월 14일: 대통령실 경호처가 '서울국제도서전'에서 예술인들을 김건희 테러리스트로 오인하여 과잉 진압한 입틀막 사건

2023년 6월: 경북 경산시가 '제13회 경산시민 독서감상문대회'에 조국·유시민이 집필한 책 등이 선정되자, '보조금 지원사업에 '좌편향' 항의 민원 발생'을 이유로 행사 주최 측에 도서선정 재고를 요구하고 이후 해당 책을 선정도

서에서 제외

2023년 6월~ 특정 학부모들의 주장에 따른 지자체들의 페미니즘·성소수자 관련 아동청소년 도서 검열 확산

2023년 10월: 서초구 및 송파구 공공도서관이 '퀴어마이프렌즈' 상영취소

2023년 11월~ 원주시가 시민사회에서 미래 유산으로 보존의 필요성을 제기해온 '아카데미극장'을 안정성 문제, 기대 이하의 활용도 예상이라는 사유를 들어 일방적으로 강제철거하고 이를 대응하는 문화예술인과 시민들을 향해 공권력 등을 동원하여 폭력 행사

2023년 12월: 국회의원회관 전시회 허가 자문위원회가 신학철 작가의 작품 '모내기'를 재해석한 작품 전시를 불허

2023년 12월: 극우단체가 서울의 봄을 단체 관람했던 학교의 교장을 직권남용죄로 고발하고, 성명을 발표한 '실천교육교사모임'의 일부 임원을 명예훼손죄로 고발

2024년 2월 2일: 서울시가 서울시장애인인권영화제(단체)를 배제하기 위하여 '서울시장애인인권영화제' 개최 취소

2024년 2월 5일: 종로구청이 편향된 정치적 판단을 사유를 들어 '故백기완 추모문화제' 마로니에 공원 사용 불승인

2024년 3월: 경기도교육청 도내 도서관 성평등·성교육·페미니즘 도서 2528권 대규모 폐기

2024년 5월: 영화진흥위원회가 '차세대 미래 관객 육성 사업'에서 사전검열에 해당하는 내용을 공지

2024년 5월: 성북문화재단 재단 대표의 자의적 판단으로 '동네 예술 광부전' 참여작가와 협력단체를 검열하고 배제

2024년 7월: 문화체육관광부 산하 KTV 국민방송(KTV)이 윤석열 대통령의 풍자 영상을 만든 제작자들을 저작권 위반으로 고소

2024년 8월 30일: 대전시가 성소수자를 다룬 영화 〈딸에 대하여〉가 보조금 지원사업에 부적합하다며 상영 교체를 요구함

2024년 10월: 대구시 대구문화예술회관은 '2024 올해의 청년작가' 전시에 선정된 작가의 작품이 홍준표 시장의 명예를 실추시켰으며 절차상 위반이라는 사유를 들어 사전검열하고 강제적으로 전시장을 폐쇄하고 약정을 위반함.

2024년 12월: 구미시 구미시문화예술회관은 가수 이승환 공연 대관 신청에 '정치적 선동 및 오해 등의 언행을 하지 않겠다'는 서약서를 요구했다가 이승환이 이를 거부하자 보수 우익단체와 관객 등의 충돌이 우려된다는 '안전상의 이유'라는 사유를 들어 대관을 취소함

2024년 12월: 한국예술인복지재단이 예술활동준비금 지원사업을 신청한 지원자가 제출한 예술활동 결과보고서에 "정치의 성향이 담긴 자료는 인정되지 않습니다. 해당분야의 다른 창작 활동 보고서를 작성해주시기 바랍니다"라며 검열함

2025년 5월: 통일부가 남북청소년 관련 행사에서 가수 하림이 윤석열퇴진촉구 집회에서 공연했다는 사유를 들어 출연을 취소함

2025년 2월: 영화진흥위원회가 일방적으로 '서울독립영화제' 예산 전액 삭감과 협치 파괴

2025년 2월: 검찰이 서부지법폭동을 기록한 정윤석 다큐멘터리 감독을 폭도로 기소

2025년 4월: 서울시가 서울시장애인인권영화제(단체)를 의도적인 배제하기 위해 '장애인인권영화제'를 중단

2025년 5월: 서울시립미술관은 아카이브 전시 '우리는 끊임없이 다른 강에 스며든다'(3월6일~7월27일)의 도록 평론 글이 12.3 비상계엄을 비판했다는 사유를 들어 검열하고 배제함

2025년 6월: 서울문화재단은 연극인들과 협력구조로 운영한 웹진 연극in 발간을 일방적으로 중단하여 특정 연극인을 배제하고 예술 현장의 공공자산을 삭제함

2025년 7월 24일: 국가수사본부가 내란을 옹호하는 국민의힘을 규탄하는 문화제 〈국민의힘해체쇼〉의 총괄을 맡은 송경동 윤석열퇴진예술행동공동위원장을 집시법 위반으로 강제소환

이 중에서 어처구니 없는 몇몇 사건을 훑어보겠다.

2022년 5월 말에 EIDF는(EBS 다큐멘터리 영화제)는 전승일 감독의 다큐멘터리 애니메이션 〈금정굴 이야기〉를 영화제의 공식 상영작으로 선정했다. EBS심의위원회는 방송을 불과 5일 앞둔 8월 23일에 극장 상영은 문제가 없으나 EBS에서의 방송은 불가하다고 영화제 조직위원회에 통보하였다. 〈금정굴 이야기〉는 1950년

경기도 고양시에서 발생한 대규모 인간인 집단학살 사건을 다루고 있다. '진실과 화해를 위한 과거사 정리위원회'는 금정굴 사건이 경찰에 의한 불법적인 집단학살 사건이었고 최종 책임이 국가에 있으므로 국가가 공식 사과하라는 조사결과를 내놓은 바 있다. EBS 심의위원회가 방송불가 판정을 내린 핵심적인 이유는 영화 전반부에 "한국의 군대와 경찰은 1950년 7월부터 10월까지 최소 10만 명의 민간인을 아무런 재판 과정을 거치지 않은 채 학살했으며, 미군은 이를 묵인·방조했다"는 자막이 있는 부분이라고 한다.

2022년 7월에 행정안전부가 전주시에 위탁한 기관 '전주시 사회혁신센터 성평등전주'가 제 3회 페미니즘 예술제 '지구탈출'의 참여 작가로 선정된 10인 중 3인을 일방적으로 전시에서 배제하는 일이 벌어졌다. 그 이유는 작가들이 가진 사상이 기관이 지향하는 가치관·사상에 부합하지 않는다는 것이었다.

> 전북 전주시 산하 기관이 주최한 예술 행사가 '예술가 사상 검열' 논란에 휩싸였다. 해당 기관이 행사에 참여하기로 한 작가 일부의 '성산업 종사자', '성노동자' 발언을 문제 삼아 계약을 해지하면서다. 예술가 동료와 단체들은 "'평등'과 '페미니즘' 가치를 내걸면서도 다양한 관점과 견해를 논의하는 방식이 아닌 특정 정치적 입장만을 강요하는 건 명백한 차별"이라며 반발하고 나섰다.[59]

59 김준회 기자, 「"성 종사자 밝히자 전시 배제" … 전주 페미니즘 예술제 무슨 일」,

2022년 9월에는 11월에 열리는 부마항쟁 기념식에서 축하공연을 하기로 섭외되었던 가수 이랑과 공연 연출을 맡았던 강상우 감독이 약자의 항거를 주제로 한 공연을 준비 중에 행정안전부(장관 이상민)의 '요청'으로 하차하게 되었다.

> 지난 11월21일 JTBC 단독 보도에 따르면 행정안전부는 부마민주항쟁 기념식 공연에 섭외된 가수 이랑의 세트 리스트 중 '늑대가 나타났다'를 부르지 말아달라고, 대신 '상록수'를 불러달라고 요청했다. 심지어 '늑대가 나타났다'는 부마민주항쟁기념재단에서 마치 항쟁 당사자들이 겪었던 이야기 같은 만큼 꼭 불러달라고 요청한 곡이었다. 이해도 납득도 할 수 없는 요청을 이랑은 거절했고 결과적으로 그와 연출자는 행사에 교체되고 출연료조차 받지 못했다. 이 사건을 보며 과거 박근혜 정부의 문화예술인 블랙리스트 관리를 비롯해 권력의 검열 시도로 읽어낼 이유는 많아 보인다. 그럼에도 행안부 측에선 희망찬 분위기의 선곡을 원했을 뿐 검열은 없었다고 해명했다. 원하는 느낌 혹은 그림을 위해 특정 곡을 배제하는 것에서 이미 검열의 입김을 느낄 수 있지만, 정말 순수한 사전 조율의 의도가 가수의 강경함에 꺾였다 가정해도 여전히 문제는 남는다. 부마항쟁 기념식을 희망찬 느낌으로 구성하려는 바로 그 의도에서 이미 국가권력의 강력한 현실 조작 의지를 확인할 수 있기

『중앙일보』, 2022.10.02. 〈https://www.joongang.co.kr/article/25106224〉(검색일: 2025.08.25.)

때문이다.[60]

윤석열 정권 하에서 일어난 검열 중에 최고의 상징적인 사건은 소위 '윤석열차'일 것이다. 2022년 10월에 한국만화영상진흥원이 개최한 제 22회 전국학생만화공모전 카툰 부분에서 〈윤석열차〉가 금상을 수상하자 문체부(장관 박보균)가 만화영상진흥원에 유감을 표하며 엄중경고하는 일이 벌어졌다. 문체부는 "정치적인 주제를 노골적으로 다룬 작품을 선정해 전시한 것은 학생의 만화창작 욕구를 고취하려는 행사 취지에 어긋난다"며, 문체부의 후원 명칭 사용 승인을 취소하겠다고 했다.

> 정부가 '윤석열차' 카툰작품을 전시한 한국만화영상진흥원(이하 만화진흥원)의 국비(보조금) 지원을 2년 연속 삭감했다. 2023년 국비 지원 대비 지난해 39.7%를 삭감했다가 올해는 75.9%를 줄였다.
>
> 3일 만화진흥원 등에 따르면 만화진흥원은 올해 국비, 출연금 등으로 예산 126억원을 확보했다. 2023년 예산 257억원에서 2년 새 절반으로 줄었다. 지난해 예산(209억원)도 2023년 대비 48억원이 줄어 허리띠를 졸라맸는데 올해는 국비와 시비 지원이 더 줄어 타격이 커졌다.(중략)

60 위근우 칼럼니스트, 「부마항쟁 기념식 공연에 이랑과 늑대의 '하울링'이 필요한 이유」, 『경향신문』, 2022.11.25. 〈https://www.khan.co.kr/article/202211251605005〉(검색일: 2025.08.25.)

보조금 삭감으로 만화진흥원의 만화해외진출지원(수출작품 번역 지원·해외 전시)과 만화전문교육인력 양성, 만화독립출판 지원, 만화콘텐츠다각화 지원 사업은 지난해 폐지됐다. 웹툰 창작체험관 조성, 지역웹툰캠퍼스 운영 사업은 지난해 만화진흥원에서 문체부 산하 한국콘텐츠진흥원으로 이관됐다.

올해는 만화진흥원의 웹툰아카데미(지난해 사업비 9억원)와 다양성 만화제작 지원(지난해 24억원), 만화창작 초기단계 지원(지난해 8억원) 사업이 콘텐츠진흥원으로 이관됐다. 콘텐츠진흥원은 만화작가 지원 기관이 아니라 방송·게임·음악·패션·만화 콘텐츠 기업을 지원하는 곳이다. 이 때문에 만화작가들은 콘텐츠진흥원으로 이관된 사업이 제대로 되지 않을 것을 우려한다. 웹툰협회 관계자는 "만화진흥원 보조금 삭감으로 지난해 인력양성 사업과 출판지원 사업이 폐지됐고 올해는 다양성 만화제작 지원 사업 등이 이관됐다"며 "만화작가 지원 경험이 없는 콘텐츠진흥원이 해당 사업을 제대로 할 수 있을지 걱정이 많다"고 말했다. 이어 "정부의 보복성 조치로 만화작가들이 혼란해한다"며 "창작지원금이 제대로 지급되지 않으면 만화산업이 위축될 것"이라고 말했다.[61]

박근혜 정부의 블랙리스트 실행 여파가 아직도 계속되고 있는

61 이종일 기자, 「'윤석열차 괘씸죄' 만화영상진흥원 국비 75% 삭감」, 『이데일리』, 2025.08.24. <https://www.edaily.co.kr/News/Read?newsId=03404646642066912&mediaCodeNo=257&OutLnkChk=Y>(검색일: 2025.08.24.)

데 이 사건의 추이를 보면 계속되는 예산 삭감 와중에 많은 사업들이 콘텐츠진흥원으로 이관됨에 따라 사업 수행이 제대로 될 수 있을지 우려되고 있다.

이동연은 〈윤석열차〉 사건을 시발로 이어지는 윤석열 정권의 예술작품 검열과 그에 따른 예산 삭감 행태를 '선제적 블랙리스트화'라는 개념으로 정리했다.

> 박근혜 정부 시절 블랙리스트는 문화예술 지원기관의 공모사업에 선정된 개인이나 단체를 미리 가지고 있는 블랙리스트 명단을 보고 배제하는 방식으로 작동했다. 그러나 윤석열 정부에서 블랙리스트는 해당 지원기관의 예산 자체를 미리 삭감하는 방식으로 작동한다.
>
> 예를 들어보자. '윤석열차' 풍자만화를 공모전에서 당선시킨 한국만화영상진흥원의 2024년 예산이 56억 원 삭감되었다. 김건희 여사가 참석하였던 2023년 서울국제도서전에서 블랙리스트 사건에 가담한 작가인 오정희 홍보대사를 비판하는 예술인들의 항의 시위가 있었는데, 이 행사를 주최한 한국출판산업진흥원 예산도 대폭 삭감되었다.
>
> 출판·도서 분야에서는 ▲문학나눔 도서보급(56억 원) ▲국민독서문화 증진 지원(55억 원) ▲지역서점 활성화 지원(11억 원) 사업이 아예 폐지되었다. 윤석열 정부에 줄곧 비판적 입장을 개진한 영화계의 지원기관인 영화진흥위원회 예산도 2024년 예산 기준으로 ▲영화 창-제작 지원 190억 원 ▲독립·예술영화의

극장 상영 및 유통 활성화를 위한 영화유통지원 55억 원이 삭감되었다. 정확한 이유는 알 수 없지만, 같은 해 한국예술종합학교도 사업 예산 108억 원이 삭감되었다.

"지원하되 권력을 비판하면 배제하겠다"는 기존의 블랙리스트 작동 방식은 애초에 배제할 필요도 없게 예산을 삭감하는 방식으로 "선제적 블랙리스트화"하고 있다. 예산이 없으면 애초에 작동시킬 권력의 블랙리스트도 없기 때문이다.[62]

〈윤석열차〉 사건의 여파는 계속 이어졌는데 영화진흥위원회가 2024년 2월에 청소년을 대상으로 하는 영화 교육 프로그램인 '2024년 차세대 미래관객 육성사업'의 운영 용역 입찰을 공고하면서 프로그램 운영 시 "정치적 중립 소재와 특정 이념, 사상을 배제한 영화 및 교육프로그램으로 구성하여 진행"해야 한다고 명시하여 또 논란을 야기했다.

<표 2> 용역 제안요청서에 기재된 이 사건 문구 내용

- 교육 내용 : 영화제작 직업군 소개 및 소외계층 주제 특강 ※ 정치적 중립 소재와 특정 이념, 사상을 배제한 영화 및 교육프로그램으로 구성하여 진행(신규 특강 진행시 사업 담당부서와 특강프로그램 협의 후 진행)

62 이동연, 「윤석열-김건희 비판하자 행정관료들이 벌인 일」, 『오마이뉴스』, 2024.09.23. 〈https://www.ohmynews.com/NWS_Web/Series/series_premium_pg.aspx?CNTN_CD=A0003065182&CMPT_CD=P0010&utm_source=naver&utm_medium=newsearch&utm_campaign=naver_news〉(검색일: 2025.08.24.)

이에 대해 국가인권위원회는 "청소년들을 일체의 정치적 소재나 이념·사상으로부터 단절시킴으로써 교육의 정치적 중립성을 확보하겠다는 것은 오히려 청소년들이 정치적 문제에 대한 판단 능력을 배양할 기회를 원천적으로 차단함으로써 청소년들이 자기결정권, 양심 또는 사상 형성의 자유 및 참정권 등을 향유하는 데 지장을 초래할 우려가 있다"는 의견을 냈다.[63]〈윤석열차〉는 12.3계엄을 겪고 윤석열·김건희가 재판 중인 현시점에서 보면 더욱더 탁월한 풍자가 돋보인다. 이 카툰은 윤 전 대통령 얼굴을 한 기차를 김건희가 운전하고, 객실에서는 검사들이 망나니 칼을 들고 설치는 것으로 그려졌다. 〈윤석열차〉는 제 28회 부천국제만화축제(2025.9.26.~28.)에 다시 걸려 관객들의 큰 호응을 얻었다.[64]

2023년 5월에는 예술의전당에서 웃지 못할 검열 사건이 발생했다. 5월 7일 예술의전당 콘서트홀에서 열린 '우리말로 부르는 베토벤 교향곡 9번-자유의 송가' 공연에서 무료로 제공되는 공연해설서의 배포가 중지되었다. 이 공연은 구자범이 지휘하고 전국 교향악단 수석급 단원들이 주축이 된 참페스티벌오케스트라와 국립합창단, 서울시합창단, 안양시립합창단, 참콰이어가 무대에 섰다. 합창단원만 250명 가까이 되는 등 오케스트라 단원과 솔리스트 성

---

63 박상혁 기자, 「영화계 '윤석열차' 검열 논란에— 인권위 "청소년 기본권 침해 말라"」, 『프레시안』, 2025.08.24. 〈https://www.pressian.com/pages/articles/2025020413232165389?utm_source=naver&utm_medium=search〉(검색일: 2025.08.24.)

64 전선정, 「'찰칵찰칵 북적북적' 탄압 뚫고 돌아온 윤석열차, "이거 보러 부천 왔다"」, 『오마이뉴스』, 2025.09.26. 〈https://www.ohmynews.com/NWS_Web/View/at_pg.aspx?CNTN_CD=A0003169035&CMPT_CD=SEARCH〉(검색일: 2025.09.26.)

악가 4명 합쳐 340명에 달하는 연주자가 무대를, 관객들은 3층까지 모든 좌석을 가득 채웠다.

> 구자범 지휘자는 전제 군주제 시대에 실러와 베토벤이 추구했던 자유와 혁명 정신을 오롯이 느낄 수 있는 공연을 해보기로 마음 먹고 오랜 시간 연구한 뒤 가사를 직접 번역했다. 그가 일반 프로그램 안내 책자와 달리 무려 54쪽에 달하는 책자를 만들어 관객에게 무료로 나눠주려 한 것도 같은 맥락이었다.
> 이번 공연에 합창단(참콰이어)의 한 명으로 참여한 이세현 화가의 그림을 표지로 한 책자에는 '번역 가사 전문'과 '베토벤 9번 우리말 번역본 해설', 연주자 소개 등이 담겼다. 특히 6쪽부터 시작되는 번역본 해설은 소논문을 방불케 할 정도로 상세하게 기술됐다. 구 지휘자는 실러의 시 제목이 왜 '기쁨(환희)의 송가'가 아니라 '자유의 송가'여야 하는지를 소개하며 시에 담긴 혁명정신을 해부한 후, 베토벤이 그 시를 바탕으로 교향곡 전체 시나리오를 어떻게 짰는지, 극적·음악적 구조를 해체해서 보여준다.(중략)
> 구자범 지휘자는 13일 세계일보와 통화에서 "(예술의전당 관계자가) 처음에는 '포스터와 (표지) 모양이 왜 다르냐'며 포스터에는 '자유'란 말이 없는데 표지에는 왜 '자유'가 있냐고 해 '그럼 표지를 찢고서 배포하겠다'고 했다"며 "그러자 (해당 관계자가) 책자 안 내용까지 문제 삼아 사진을 찍고선 '확인이 필요하다'며 누군가에게 보냈다"고 말했다. 그는 이어 "확인 결과가 나

올 때까지 배포를 중지시키는 바람에 관객들은 안내 책자 없이 입장했고 공연이 시작됐다"며 "나중에서야 '배포해도 문제가 없다'는 통보가 왔다. 이게 사전검열이 아니고 뭐냐"고 반문했다. 공연 안내 포스터에도 독일어로 'Ode an die Freiheit'로 돼 있는데, 이 역시 '자유의 송가'란 뜻이다.[65]

그런데 베토벤 교향곡은 이보다 앞서 대구에서도 수난을 겪었다. 2023년 5월 1일 대구 수성아트센터(수성아트피아)는 재개관을 기념해 '합창' 교향곡을 공연하기로 했다가 특정 종교 편향성을 이유로 공연을 취소했다. 공연을 앞두고 서면으로 진행된 대구시립예술단 '종교화합 자문위원회'에서 한 자문위원이 4악장 가사 중 '신', '창조주', '천사', '천국' 등의 가사를 문제 삼아 종교적 편향성을 지적하며 대구시립교향악단과 대구시립합창단의 '합창'교향곡 공연을 반대했다고 한다. 대구시는 검열 논란이 확산하자 시립예술단 종교화합 자문위원회를 폐지하기로 했는데 작품 선정의 책임을 물어 예술감독이 징계위원회의 의결을 거쳐 해촉되었다.

윤석열 정권의 검열은 성교육, 성평등, 젠더, 페미니즘과 관련된 도서 및 작품들로도 번져갔다. 이러한 움직임은 2022년 7월에 충청남도로부터 본격화되었다.

65 이강은 선임기자, 「베토벤 '합창교향곡' 수난 잇따라… 대구 '검열' 논란 이어 서울 '팸플릿 배포 금지' 논란」, 『세계일보』, 2023.05.15. 〈https://www.segye.com/newsView/20230515506568?OutUrl=naver〉(검색일: 2025.08.24.)

학부모단체인 '꿈키움성장연구소'가 충남지역 도서관에 부적절한 성교육·성평등 주제 어린이책들을 폐기처분해 달라고 촉구해 파장이 주목된다.

26일 충남도와 도교육청 및 도내 도서관에 따르면 이 단체가 보낸 공문에는 '다양성, 사회문화적 성, 성인지 등을 근거로 동성애, 성전환, 조기성애화, 낙태 등을 정당화하거나 이를 반대하지 못하게 하는 내용이 담겨 있는 도서는 마땅히 폐기 처분되어야 함에도 도서관에 비치돼 있다"며 "해당 도서를 검토해 규정에 의거 폐기해달라'고 돼 있다.

이들이 지적하는 성교육·성평등 관련 퇴출 요구 도서는 젠더·페미니즘 서적 등 153종에 이른다.

목록을 보면 '여자와 남자는 같아요' 등 성평등과 관련한 도서를 비롯해 '아름다운 탄생' '10대를 위한 빨간책' '생리를 시작한 너에게' '소년들을 위한 내 몸 안내서' '소녀들을 위한 내 몸 안내서' '청소년 빨간 인문학' '사춘기 내 몸 사용설명서' 등 성교육 관련 서적들이다.

또한 '안녕 내 이름은 페미니즘이야' '나의 첫 젠더 수업' '어린이를 위한 페미니즘' '어린이 페미니즘 학교' '안녕 내친구는 페미니즘이야' '아빠는 페미니스트' 등 페미니즘과 관련 서적과 '아들 인권선언' '아빠 인권선언' '엄마 인권선언' '딸 인권선언' '열 두달 성평등 교육' 등 인권문제를 다룬 서적도 퇴출 대상 도서 목록에 올랐다.

이 중에는 여성가족부가 2019~2020년 '나다움어린이책'으로 지정한 도서 23권이 포함돼 있다.
이들의 거듭된 요구에 대해 일부 도서관은 성소수자 관련한 일부 도서를 서가에서 제외하기도 한 것으로 알려졌다.
한 도서관 관계자는 "어린이들이 성별 고정관념과 편견에서 벗어나 다양성을 존중하도록 하는 내용의 서적들마저 제외하려는 요구는 구시대적인 발상"이라고 비판했다.[66]

충청남북도에서 보수 학부모단체의 집요한 민원을 통해 확산된 이러한 움직임은 서울, 인천, 세종, 대구 등 다른 지역으로 확산되었고, 2024년 초에 경기도 내 학교 도서관에서는 517종 2528권의 책들이 사라졌다.

이들 지자체 중 경기도의 경우 '청소년에게 부적절한 성교육 도서'라는 명목으로 2528권의 도서가 폐기 처리됐으며, 도서관 서가에서 1년 새 50여 권을 빼버린 학교도 있는 것으로 드러났다. 특히, 이때 폐기된 책들 중 〈사춘기 내 몸 사용 설명서〉는 2013년 독일 올해의 과학도서상을 받은 성교육 책으로, 국내에 소개될 때 아동인권 전문가인 정신건강의학과 전문의의 감수를 거쳤다. 〈10대들을 위한 성교육〉은 영국 교육전문지에서 올해의 지식상을 받았던 우수도서다. 한국출판문화산업

66 「"부적절한 성교육-동성애 관련 어린이책 도서관서 퇴출을"」, 『뉴스1』, 2023.07.26. 〈https://www.news1.kr/local/daejeon-chungnam/5121647〉(검색일: 2025.08.24.)

진흥원의 우수출판 콘텐츠 제작지원사업 선정작인 〈어린이 페미니즘 학교〉와 국내 도서 전문 단체에서 추천도서로 선정된 〈성교육 상식 사전〉, 〈니 몸, 네 맘 얼마나 아니〉, 〈자꾸 마음이 끌린다면〉도 폐기 목록에 올라있다. 세종도서 교양부문에 선정된 〈안녕, 내 이름은 페미니즘이야〉도 학교 도서관에서 제적됐다.

경기도 학교도서관에서 폐기한 책들 중에는 성교육과 무관한 철학, 문학, 과학 분야 서적도 포함되어 있다. 노벨문학상을 수상한 한강 작가의 〈채식주의자〉를 비롯해, 이상문학상을 받은 최진영 작가의 〈구의 증명〉 같은 현대 문학작품이 성교육 도서로 분류돼 있으며, 50만 부 넘게 팔린 정재승 교수의 학습동화 시리즈 중 〈인간은 외모에 집착한다〉편도 폐기 도서 목록에 포함되어 있다.[67]

이러한 움직임은 한국보다 앞서 미국에서 전개된 소위 '북챌린지 운동'에서도 영향을 받은 것으로 보인다. 미국에서의 북챌린지 운동은 한 사람이 90개 이상의 이의를 제기한 경우도 있어 소수의 의견이 과잉 반영된 것으로 보이며, 이를 부추기는 전문 조직

67 이두찬, 「21세기에 진행된 분서갱유-윤 정부에서 사라져버린 책들… 이런 정부는 처음이다」, 『오마이뉴스』, 2024.12.24. 〈https://www.ohmynews.com/NWS_Web/Series/series_premium_pg.aspx?CNTN_CD=A0003086773&fbclid=IwY2xjawMabP1leHRuA2FlbQIxMQABHi5wxnVnHSimMDBXGmVZv9PMsZJ55AmsBzs_5_YTnipr8YXRgzLWVHn8SlCy_aem_OWPgqXfnejuymZ7Z8EFKgQ〉(검색일: 2025.08.26.)

의 조력을 받은 것으로도 분석되었다. 북챌린지 운동의 대상은 주로 성소수자(LGBTQ) 관련 도서였는데 "전미도서관협회 자료에 따르면 성소수자 관련 도서 이의신청은 2000년대부터 2010년대 초에는 전체의 1~3%였다. 이 수치는 2018년 16%, 2020년 20%, 2022년 45.5%로 증가했다. 유타, 아이오와 등 공화당 집권 주에서 성소수자 권리를 제한하는 법안이 통과되면서 관련 도서를 겨냥한 이의제기가 급증했다고 WP는 전했다. 이의신청을 한 사람들의 20%가 제목이 레즈비언, 게이, 퀴어, 양성애자, 동성애자, 트랜스젠더 또는 논바이너리(여성 혹은 남성으로 구분할 수 없는 성 정체성)의 삶을 묘사하기 때문에 서가에서 제거하기를 원한다고 밝혔다."[68]

우리나라에서 제기된 '보수 학부모 단체'의 집단적 민원 사태 뒤에는 주로 보수 개신교 세력이 배후 세력으로 작동하고 있음을 짐작할 수 있다.

2007년 노무현 정권에서 7개의 차별금지사유를 삭제한 '누더기 차별금지법'을 발의한 이래 보수 개신교는 가시적인 반동성애 운동 세력으로 본격 등장했다. 그리고 민주화 이후 추진되기 시작한 반차별 입법이나 인권의 제도화에 적극적으로 개입해 왔다. 이들이 특히 주력한 영역이 바로 교육이다. 학생에

68 박은하 기자, 「"성소수자 관련 책 퇴출하라"… 이념전쟁으로 몸살 앓는 미 도서관」, 『경향신문』, 2023.05.24. 〈https://www.khan.co.kr/article/202305242214015〉(검색일: 2025.08.24.)

대한 체벌 금지, 복장 및 두발 자유, 집회의 권리 보장을 담은 학생인권조례에 '동성애 및 임신·출산 조장'이라는 프레임을 씌워 집요하게 반대해왔다. 2010년대부터 확산된 조례 제정 운동은 결국 현재 전국적인 폐지 시도로 귀결되고 있다. 2014년 국정역사 교과서 사태는 도덕 교과서에서 성소수자 관련 내용을 대폭 수정하도록 압박한 한기총 중심의 '동성애조장 교과서 문제 대책위원회'의 활동과 맥을 같이 한다. 그리고 2015년 자위, 성적 지향, 다양한 가족형태 용어 사용을 금지시킨 교육부의 퇴행적인 '성교육 표준안' 사태는 성소수자, 재생산권, 성평등을 모조리 삭제하며 공표된 2022년 개정 교육과정으로까지 이어졌다.(중략)

보수 개신교의 표지에 '반동성애'가 있다 할지라도 이들의 정치 활동은 종교적 신념에 기반해 성소수자의 권리를 소멸시키려는 시도에만 국한되지 않는다. 2016년 촛불 당시부터 최근 윤석열 정권의 '여성가족부 폐지' 국면까지 끊임없이 소환되고 있는 '성평등이 민주주의의 완성이다'라는 슬로건을 떠올려보자. 성평등을 빼놓고 새로운 민주주로의 전환 혹은 갱신은 가능하지 않다는 강력한 사회적 요구 속에서 교육 영역에서도 기존 교육 체계를 성평등으로 재구성해야 한다는 요구 또한 등장했다. 2017년 #우리에겐_페미니스트_선생님이_필요합니다 해시태그 운동, 2018년 21만 명이 참여한 '초·중·고 페미니즘 교육 의무화' 청원, #스쿨미투 운동은 여성·성소수자·청소년의 이름으로 민주주의와 교육체제에 도전하는 목소리들이었다.

> 하지만 이러한 도전들에도 불구하고 인권·존엄·평등이라는 가치를 토대로 공적 시민을 길러낸다는 근대적 공교육의 지향은 현실 정치에서 계속 거부되었다.(중략)
> 신자유주의적 반동과 극우 정치의 등장은 전세계적인 현상이지만, 한국 사회에서는 특히 정치경제적 문제들을 '젠더 갈등' 구도로 수렴하고 사회구성원들 간의 성별 적대를 격화시키면서 구조적인 불평등을 외면하는 정치의 문제가 반복되고 있다. 중요한 건 민주주의와 평등의 정치를 무력화시키는 데 앞장선 안티페미니즘 극우 정치가 다양한 집단들을 결집시키면서 확장되고 있는 현실이다. 여성학자 김보명은 이른바 '20대 남성'과 보수 개신교로 대표되는 보수우파의 정치가 안티페미니즘으로 조우하고 교차하면서 한국 사회에서 신자유주의적 '시장' 질서와 재생산적 '가족' 질서를 강화하고 있음을 지적한 바 있다.[69]

개신교 중심의 보수세력을 등에 업은 윤석열 정권 하에서 안티페미니즘과 반동성애의 정서를 확산시키는 것은 극우세력을 결집시키는 매우 효과적인 전략이었으며 도서 및 작품 검열로 자연스럽게 이어졌던 것이다.

2023년 10월에 서초구립반포도서관, 서초구립양재도서관, 송파

69 몽 인권운동사랑방 상임활동가, 「성평등-성교육 도서 퇴출 사태, '성소수자 혐오' 만 문제인가」, 『프레시안』, 2024.07.29. 〈https://www.pressian.com/pages/articles/2024072910032168569〉(검색일: 2025.08.24.)

도서관에서 상영 예정이었던 〈퀴어 마이 프렌즈〉가 상영 취소된 사건도 이와 맥을 같이 한다. "이번 상영 취소 사태는 명백한 공공영역의 차별과 혐오라는 비판이 나온다. 한국퀴어영화제 집행위원회는 "(이번 상영 취소 건은) 중대한 성소수자 차별과 혐오"라며 "이와 같은 공공영역의 차별·혐오를 좌시한다면, 앞으로도 정부나 공공기관 등에서 '퀴어'의 자리는 점점 좁아질 것"이라고 지적했다."[70]

> 윤석열 정부는 정부에 비판적이거나 정치적, 이념적 내용을 다룬 예술-예술인에 대한 검열을 넘어 성 평등, 장애 등 다양한 존재를 표현하는 예술에 대한 검열로 확장하고 있다. 행정 관료는 지난 블랙리스트 사태의 경험을 바탕으로 더욱 정교하게 사전 검열 제도를 만들고, 정부 독단적으로 예산 및 사업 폐지를 결정한다.
> 예술 표현의 자유를 보장하는 '헌법'과 '예술인권리보장법'을 제정했음에도 유인촌 문화체육관광부 장관은 "좁은 문을 만들어 철저히 선별해야 한다"거나 "나랏돈으로 국가 이익에 반하는 작품을 만드는 게 말이 되나"라며 이념적 잣대를 들이댄다. 장관이 나서 정치적 견해가 다르거나 정권에 비판적인 예술인들을 지원하지 않겠다고 수시로 공언하며 법을 위반하는 상황

70 류석우 기자, 「퀴어 유어 에너미?— '퀴어 마이 프렌즈' 돌연 상영 취소」, 『한겨레21』, 2023.11.02. 〈https://h21.hani.co.kr/arti/society/society_general/54608.html〉(검색일: 2025.08.24.)

에서 과연 '블랙리스트'가 작동하지 않는다고 할 수 있을까?[71]

2023년 12월에는 극우 단체들이 영화 〈서울의 봄〉의 학생 단체 관람을 고발하는 사태가 벌어졌다. 언론에 따르면 지난 12월 13일 '자유대한호국단'과 유튜브 채널 '가로세로연구소' 등 극우단체 회원 15명은 마포구 상암중학교 앞에서 영화 〈서울의 봄〉이 '좌편향 영화'라며 1시간 동안 항의 집회를 벌이고 생중계했다. 이들은 "학생을 선동해 왜곡된 역사의식을 심어준다"라며 단체 관람을 하지 말라고 주장했다. 심지어 이들은 〈서울의 봄〉을 단체 관람했던 학교의 교장을 직권남용죄로 고발하고, 성명을 발표한 '실천교육교사모임'의 일부 임원을 명예훼손죄로 고발했다. 서울중앙지검 형사 1부(김승호 부장검사)는 12월 29일에 이 고발 건을 각하 처분했다. 이 영화는 당시 이원석 검찰총장이 대검찰정 간부들과 함께 관람하기도 했다.

청소년들의 〈서울의 봄〉 단체관람이 문제가 된 이후 영화진흥위원회는 2024년 4월에 '2024년 차세대 미래관객 육성 사업' 운영 용역 제안서에서 '청소년 영화교육프로그램' 구성 조건에 "정치적 중립 소재와 특정 이념, 사상을 배제한 영화 및 교육프로그램으로 구성하여 진행" 이라는 사전검열에 해당하는 문구를 적시하고 나섰다.

---

71 정윤희, 「수시로 법 위반하는 유인촌 장관… K-블랙리스트의 부활」, 『오마이뉴스』, 2024.09.27. 〈https://www.ohmynews.com/NWS_Web/Series/series_premium_pg.aspx?CNTN_CD=A0003065852&SRS_CD=0000018498&fbclid=IwY2xjawMZLT9leHRuA2FlbQIxMQABHpFKvff06nEzFLmdbAmv19bwxKf_SGtZETl20saccHXL4UNx6gvlQCB2PP4S_aem_R4ROfHt6swGXSEUm6fnVWg〉(검색일: 2025.08.25.)

- 교육 시간 : 최신개봉작 및 청소년 추천영화 관람 전후 특강(약 30분) 진행
- 교육 자료 : PPT교재 활용
- 교육 내용 : 영화제작 직업군 소개 및 소외계층 주제 특강

※ 정치적 중립 소재와 특정 이념, 사상을 배제한 영화 및 교육프로그램으로 구성하여 진행(신규 특강 진행시 사업 담당부서와 특강프로그램 협의 후 진행)

- **멀티플렉스 영화관 3사 자부담비 및 작은영화관/독립예술영화전용관/기타단관 사업비 소진에 따라 교육 횟수 운영 원칙**

"영진위 블랙리스트특위 공동위원장을 맡았던 원승환 인디스페이스 관장은 "표현이 포괄적이라 어떤 영화도 다 들어갈 수 있다. 특정 이념과 사상이 포함되지 않은 영화는 있을 수 없다"며 "학생 인권을 다룬 영화도 포함될 수 있어 사실상 영화를 틀지 말라는 것처럼 느껴진다"고 했다. 원승환 관장은 "특정 영화를 막고 싶은데 모호하게 쓰다 보니 말도 안 되는 표현이 나온 것 같다. 예술과 표현의 자유를 제한하게 된다"고 했다."[72]

영화계에 대한 윤석열 정부의 압박은 역시 다각도로 예산을 삭감하는 방향으로 나아갔는데 2024년 4월에 윤석열 정부는 영화관 입장권 부과금을 폐지했다. "입장권 부과금은 흥행 수익 일부가 독립·예술영화, 지역영화를 포함한 영화계 생태계 전반에 이전될 수 있도록 재분배하는 역할을 해왔으며, 영화진흥위원회(이하 영진위)가 각종 공공서비스를 유지·운영할 수 있는 재원을 담당

72 금준경 기자, 「〔단독〕 '정치중립 영화만 틀어라' 영진위 영화교육 사업 논란」, 『미디어 오늘』, 2024.04.24. 〈https://www.mediatoday.co.kr/news/articleView.html?idxno=317549&fbclid=IwY2xjawMZEX1leHRuA2FlbQIxMABicmlkETFPQUQxS1RGQzE4bE9xd3M1AR7SpBXHqVBlYkRngfp137ooOPz9hxUluEt-9Se39DSZwLmEVE40DAWR0-WUxw_aem_lWPmMXM5i7hJU4Aiuxc83Q〉(검색일: 2025.08.25.)

해 왔다. 이러한 영화발전기금의 중요한 한 축인 입장권 부과금을 영화계와 어떠한 사전 협의도 없이, 장기적인 영화발전기금 운영 로드맵을 제시하지도 않은 상태에서의 폐지를 우리 영화인들은 받아들이기 어렵다."[73]

연이어서 국내 및 국제 영화제 지원사업 예산이 대폭 축소되었다. "영진위에 따르면 올해 국내 및 국제영화제 지원사업 신청에 38개 영화제가 접수했고 서류 미비 등으로 제척 사유가 된 6개를 제외한 32개 영화제를 심사해, 10개 영화제를 지원 대상으로 선정했다.(중략) 올해 예산이 대폭 삭감되면서 국내영화제와 국제영화제를 별도로 지원하던 사업이 하나로 합쳐졌고 규모도 축소됐기에 예상된 결과였다. 하지만 막상 결과가 나오자 참담하다는 반응이 주를 이루는 것은 독립영화와 지역영화가 사라졌기 때문이다. 보수정권 당시의 블랙리스트보다 더 심하게 지역영화와 독립영화가 사실상 배제의 대상이 된 현실에 대해 지역 독립영화인들은 허탈감을 표출하고 있다."[74]

2024년 5월에는 성북문화재단의 서노원 대표가 자의적 판단으

---

73 원승환, 「윤석열 정부는 영화관 입장권 부과금 폐지가 아니라 영화발전기금 정상화 로드맵을 제시하라!」, 페이스북, 2024.04.04. 〈https://www.facebook.com/amenic.fb/posts/pfbid09doV9G9SADq1r13jJ3NorRVQqCHrR5hZHKzJ5EPNjXBy99forCD36MsN4x24Se5Vl〉(검색일: 2025.08.25.)

74 성하훈 기자, 「"암흑의 시대로" 독립-지역영화 배제된 영진위 '영화제 지원심사'」, 『오마이스타』, 2024.04.24. 〈https://star.ohmynews.com/NWS_Web/OhmyStar/at_pg_m.aspx?CNTN_CD=A0003024317&fbclid=IwY2xjawMZEpdleHRuA2FlbQIxMQABHjoSJIm8sYnFAygrHBGvUxV2H3qy-KUI29evA-NGvmQFpY1bOsUlPVw0f0n6_aem_GSTuv57l3_ker-Y0aQQifw〉(검색일: 2025.08.25.)

로 '동네예술 광부'전의 참여 작가와 협력단체를 검열하고 배제하는 일이 있었다.

> 지난 7월 22일 성북구청 앞에서 공유성북원탁회의를 비롯한 지역 주체들과 '민주사회를 위한 변호사모임', '블랙리스트 이후', '문화연대' 등 시민사회단체들이 함께 성북문화재단의 퇴행적이고 불법적인 문화행정을 규탄하는 기자회견을 진행하였습니다. 해당 기자회견은 지역사회와 문화예술계의 많은 시민들이 연대한 '동네예술광부전' 참여 작가 배제 요구로 인한 예술인 권리침해, 시민과 함께 조성하고 운영해 온 '미아리고개하부공간 미인도'의 일방적인 공동운영협약 파기, 지역 거버넌스 사업 모델인 '예술마을만들기' 사업의 일방적인 협력구조 파괴와 사업 백지화, 시민들의 문화공간 운영 참여와 협력 통로인 운영위원회 구조의 해체 요구 및 자문기구화 추진 등 취임 1년도 되지 않은 대표가 자행했다고 믿기 어려울 정도의 수많은 문제에 대해 성북구청의 책임 있는 대응을 요구하는 자리였습니다. 그리고 이와 동시에 예술인 권리 침해 문제에 대해서는 공식적으로 예술인권리보장위원회 신고와 법적 대응 계획을 발표하는 자리이기도 했습니다.
>
> 이처럼 그동안 참아왔던 지역 예술인들의 분노가 직접행동으로 이어지기 시작하자 성북문화재단 서노원 대표는 문제 해결을 위한 대화나 소통 대신 미인도 7년 간의 운영에 대한 특별감사를 지시했다고 합니다. 사전에 아무런 과정이나 문제도

없이 비판 기자회견과 신고가 있었던 당일 감정적으로 감사를 지시했다는 사실만으로도 서노원 대표의 의도를 잘 알 수 있습니다. 예술인 권리침해에 대해 공개적 비판과 토론을 했더니, 공동운영협약을 일방적으로 파기하고, 기자회견, 토론회 등 민주적 절차를 통해 공개적으로 파행행정에 대해 비판하였더니 감사를 하라고 지시합니다. 이러한 감사 지시는 민주적이지도 합리적이지도 않은 감정감사, 보복감사, 표적감사일 뿐이며 서노원 대표는 관료 권력의 감사라는 무기를 동원해 시민과의 전면전을 선포하고 있습니다.[75]

2024년 10월에는 재단법인 대구문화예술진흥원(원장 박순태)과 대구문화예술회관(관장 김희철)이 매년 개최해 온 '올해의 청년작가' 전시(2024.10.31.~12.14, 대구문화예술회관 미술관 1~5 전시실)에서 행사 하루 전인 10월 30일에 5개의 전시실 중 안윤기 작가의 작품이 걸린 4전시실이 폐쇄되는 일이 발생하였다.

폐쇄된 4전시실에 설치된 안윤기 작가의 설치 작품 중에서 대구문화예술회관측이 문제삼은 것은 'UN/NATURAL SPECTACLE' 중 전시장에 설치된 홍준표 대구시장의 초상화

75 「[공동성명]이승로 성북구청작은 성북문화재단에 대한 사유화와 행정 폭력 반복하는 서노원을 즉각 해임하라!: 성북문화재단 서노원 대표의 〈미인도〉 보복 감사 지시에 부쳐」, 2024.07.30. 〈https://www.facebook.com/permalink.php?story_fbid=pfbid0WmMiybnJKiKTsrQc4JteVcnmbW9cn333bzBT7igdPJzcjecDJtfHwg9ygReDs6GAl&id=100089032202148〉(검색일: 2025.08.25.)

사진과 노중기 대구미술관장의 사진이다. 기념물과 스펙타클의 관계성에 대해 집중하는 'UN/NATURAL SPECTACLE'은 '셀럽, 공인, 혹은 인플루언서를 통해 소비되는 라이프스타일과 규범은 자연적이면서도 비자연적인 스펙터클을 만들어낸다.'고 소개한다. 작업은 노중기 대구미술관장이 고교 동기인 홍준표 시장을 그려 전시한 초상화와 노중기 대구미술관장의 프로필 사진, 작가가 뒤돌아보는 영상이 영사되고 있고, 관객들이 버튼을 눌렀을 때 관객의 모습을 보여주는 웹카메라 등으로 구성되어 있다. 더불어 연혜원 기획자가 안윤기 작가의 작품에서 영감을 받아 창작한 홍준표 시장과 노중기 관장의 가상의 브로맨스 텍스트도 함께 문제 삼았다.[76]

2024년 11월 18일, 한국작가회의에서 1,056명이 연명한 시국선언을 발표했다. 제목은 "윤석열 대통령은 임기를 채울 자격이 없다"였다. 시국선언에 참여한다는 것은 곧 블랙리스트에 오르는 지름길임을 박근혜 정부의 블랙리스트를 통해 익히 알고 있는 작가들이었다. 1천 명이 넘는 작가들이 인내심의 한계를 느껴 들고 일어난 것은 12.3계엄이 일어나기 불과 2주 전이었다.

민주주의는 늘 위기 상태에 있지만 그때마다 위기를 극복하고

76 '블랙리스트 이후' 페이스북, 2024.11.07. 〈https://www.facebook.com/permalink.php?story_fbid=pfbid02MNBRyttJJzdTZZdiVWhzXdcShwy9T1Ax8QDxbCu3mSd1rhmiTuXrotXgeYb9NRZdl&id=100089032202148〉(검색일: 2025.08.26.)

더욱 단단한 민주주의로 회생한다. 민주주의와 평화를 위해서. 국가폭력의 피해자들 편에 서서, 사회적 약자와 소수자들을 위해서 애쓰다 투옥되고 고문당하고 심지어 절명한 선배 작가들의 고혼이 오늘을 살아가는 작가들의 원고지 위에 얼룩져 남아 있다. 아프고 억울한 역사를 외면하지 않는 문학의 서사가, 생동하며 진화하는 리얼리티가 노벨문학상에 이르렀듯이 시대에 대한 우리의 고뇌가 문학의 근력으로 작동할 것임을 또한 믿는다. 진실하고 절박한 문자의 힘, 언어로서 소통하고 결의하는 힘이 뻔뻔한 위언과 궤변보다 위대한 힘을 갖고 있음을 또한 믿는다.

우리가 사람으로 사는 한, 작가의 양심을 품고 사는 한, 오늘 우리가 한사람의 작가이자 시민으로서 책임져야 할 일들이 누군가 대행해 줄 것이 아님을 안다. 우리는 대한민국의 주인으로서 명령하고자 한다. 대통령 윤석열 씨는 당장에 자연인 윤석열 씨가 되는 것이 당신이 더 나은 사람이 되는 유일한 길이다. 그리고 응당히 요구한다. 우리가 아끼고 살아야 할 대한민국의 융성과 자존을 위하여, 시민들이 행복하게 살 권리를 위하여, 무능, 무도하고 반성을 모르는, 국민의 생명을 위태롭게 하는, 국가수반으로서 헌법 수호의 의지도, 소소한 준법의식조차도 없는 20대 대통령 윤석열은 스스로 물러나기를 결연히 요구한다.

12.3계엄이 일어나던 날, 송경동 시인이 『오마이뉴스』에 기고한 글

의 제목은 "윤석열이 탄핵되어야 하는 또 하나의 범죄사실"이었다.

> 박근혜 정부 당시 문체부 기조실장과 제1차관을 지내며 여러 블랙리스트 사건 실행의 몸통에 있었던 송수근은 계원예대 총장으로 돌아왔었다. 현재는 (사)한국국제문화포럼의 회장으로 있다. 박근혜 정부 당시 국립중앙극장 장으로 블랙리스트 실행 연루자인 안호상은 세종문화회관 사장으로 돌아왔다. 조윤선 전 문체부 장관은 사면복권 받은 후 얼마 전 서울시립교향악단 이사로 돌아왔다.
>
> 그 와중에 대한민국 국가와 정부, 의회 등을 대신해 문화예술계 블랙리스트 사건의 제대로 된 진상규명을 위해 지난 7년여 동안 원치 않는 '공익 근무'(?) 중인 나와 동료 문화예술인들은 다시 '입틀막 1호' 블랙리스트가 되는 수모를 겪기도 했다.
>
> 2023 서울국제도서전에 박근혜 당시 한국문화예술위원회 위원으로 여러 블랙리스트 사건 실행 주요 협의자인 소설가 오정희가 홍보대사로 돌아온 사건 때문이었다. 행사가 열리던 코엑스몰 바깥에서 기자회견 후 개별적으로 참여한 행사 개막식장에서 대통령실 경호처는 기자회견 참가자들만을 블랙리스트로 콕 집어 강제 연행했다.(중략)
>
> 다시 특정의 문화예술인들, 인권 활동가들, 노동운동가들, 언론인들, 교육자들, 소수자들, 민주주의 운동가들을 반국가세력으로 규정하며 최소한의 헌정조차 유린하고 있는 신종 블랙리스트 실행자 윤석열 대통령의 퇴진을 요구하며 싸우고 있는

우리다. 윤석열 대통령 탄핵 사유에 '문화예술계 블랙리스트 진상규명 방해 및 그 범죄혐의자들을 국가요직에 등용시키고 신종 실행을 획책하며 헌정을 유린한 일' 역시 당연히 포함되어야 한다며 지친 발걸음을 오늘도 움직이고 있는 우리다.[77]

이 글을 읽은 날 밤, 윤석열은 계엄을 선포했다.

---

77 송경동, 「윤석열이 탄핵되어야 하는 또 하나의 범죄사실」, 『오마이뉴스』, 2024.12.03. 〈https://www.ohmynews.com/NWS_Web/Series/series_premium_pg.aspx?CNTN_CD=A0003083619&fbclid=IwY2xjawMaWolleHRuA2FlbQIxMQABHsQKcaY9oMmaQscyQy3cfdyG8yo0OHXXrtXyhynf-Z6uxmw5JlhA_9tMX2jj_aem_nWSK68cOIctwrWljky_xsQ〉(검색일: 2025.08.26.)

4. 12.3 계엄 이후 유인촌의 알박기 인사

윤석열이 친위쿠데타를 시도했다 실패한 후, 12월 10일에 유인촌은 정부 대변인 자격이라면서 대국민 호소문을 발표했다.

> 존경하는 국민 여러분,
>
> 지금 대한민국은 과거에 없던 중대한 어려움을 겪고 있습니다. 정부는 국민 여러분이 겪고 계신 고통과 혼란에 대해 말할 수 없이 괴롭고 송구하게 생각하고 있습니다.
>
> 우리가 이 어려움을 극복하기 위해서는 정부가 언제 어떤 순간에도 반드시 헌법과 법률에 따라 정상적으로 작동해야 합니다.
>
> 국회는 오늘 비상계엄 선포를 막지 못했다는 이유만으로 박성재 법무부 장관과 조지호 경찰청장에 대한 탄핵소추안을 보고하였습니다.
>
> 앞서 사임한 이상민 전 행정안전부 장관까지 포함하여 대한민국의 치안과 법무 행정을 책임지는 장관들이 모두 공석이 돼

버렸습니다.

비상계엄 선포 전부터 최재해 감사원장을 포함하여 스무 명 가까운 고위 공직자가 연속적으로 탄핵 소추되면서 정부가 정상적인 국정 운영을 하는 것이 어려웠습니다.

이런 상황에서 치안을 책임지는 장관들이 모두 공석이 되면 국민들의 일상에 큰 위험이 닥칠 수 있습니다.

안정적인 국정 운영이 어려워지는 상황만은 반드시 막아야 합니다. 한미, 한미일 그리고 많은 우방국들과 신뢰를 유지할 수 있습니다. 또 그래야만 우리 경제와 민생이 위기를 견뎌낼 수 있습니다.

국민 여러분,

우리는 이보다 더 큰 어려움을 이겨내고 넘어서서 여기까지 왔습니다.

국민 여러분께 다시 한번 송구하다는 말씀과 함께 우리가 피땀 흘려 세운 이 나라의 국정이 정상적으로 안정되게 유지될 수 있도록 정부는 전력을 다하겠다고 약속드립니다.

야당에 간곡히 호소합니다. 위기의 시대, 국민을 구하는 것은 차분한 법치입니다.

법적 절차와 정치적 절차가 법치주의에 부합하게 전개되어 정부가 안정적인 국정 운영에 집중할 수 있도록 다수 의석을 보유한 정당의 지혜와 자제를 보여주시기를 간곡히 호소드립니다.

감사합니다.[78]

78 유인촌, 「국민께 드리는 말씀」, 2024.12.10. 〈https://www.korea.kr/news/

이 호소문은 윤석열의 계엄 선포를 야당 탓으로 돌리며 '법치주의'를 강조하고 있다. 이명박 정부 시절부터 위헌적인 블랙리스트를 실행해 온 그가 과연 법치주의를 논할 자격이 있는가. 더구나 계엄 당일 밤에 문체부가 한국예술종합학교의 폐쇄를 지시했다는 점에서 유인촌은 내란 동조 의혹에 휩싸여 있었다.

이날 한국예술종합학교라 적힌 패딩을 입고 국가수사본부 앞 기자회견에 참석한 한예종 '돌곶이포럼'의 여인서씨는 비상 계엄 당일 학교에 있던 학생들의 제보를 받아 계엄이 선포되고 1시간 18분 이후인 오후 11시 48분부터 작업실 퇴실 조치가 시작됐다고 밝혔다.

여씨는 "학생들의 도움을 받아 당일 학교에서 어떤 일이 있었는지 제보를 받았다. 한창 작업 중인 지저분한 책상 앞에서 학생들이 떨리는 목소리로 직원들에게 '꼭 집에 가야 되냐'고 물었다. 직원들은 여러 교실을 돌아다니며 집으로 돌아가라는 말을 반복했다"라면서 "귀가조치가 강제가 아니었다는 학교의 주장과 전혀 다른 장면"이라고 말했다.

여씨는 "한예종은 비상 계엄 당일 학생들을 학교 밖으로 내보내라는 문체부의 조치를 성실하게 이행했다"라면서 "'학교는 정치성향으로부터 자유롭기에 독단적 결정을 내리지 않았다'는 총장의 입장을 보니 학교가 계엄에 적극적으로 부역했고, 아직 그 누구도 반인권적 조치를 거부하지 않았음에 부끄러워

policyNewsView.do?newsId=148937237〉(검색일: 2025.08.26.)

하지 않는다는 사실이 명확해졌다"라고 말했다.

한예종은 현재까지 비상 계엄 당일 전국에서 휴교령이 확인된 유일한 대학으로 교육부 산하의 다른 대학과 달리 문체부 산하에 있다.[79]

유인촌은 12.3 계엄 직후 서둘러서 문체부 산하 공공기관들의 대표자와 임원들을 임명하기 시작했다. 윤석열의 탄핵안이 12월 14일에 가결되어 헌법재판소의 파면이 유력시되는 가운데서도 그는 소위 '알박기' 인사를 주저없이 실행했다.

우선 12월 19일부터 문체부는 '예술인 권리보장 및 성희롱·성폭력 피해구제 위원회'(약칭 '예술인권리보장위원회')의 2기 위원 후보자를 공개 모집하기 시작했다. 1기 예술인권리보장위원회가 블랙리스트 사태 이후 어렵사리 제정된 「예술인의 지위와 권리의 보장에 관한 법률」을 거의 사문화하며 블랙리스트 재발 방지나 블랙리스트 피해자 구제 문제 등에 안일하게 대응한 것에 대한 비난이 거센 와중에 2기 위원회 구성을 강행한 것이다. 2기 위원으로 선임된 인물들 중에는 윤석열 공개 지지자, 블록체인협회 대표, 보수단체 대표 등이 포함되었고 블랙리스트 문제의 전문가는

---

79 유지영, 「문화예술계 "계엄 당일 한예종 출입 통제 밝혀라" 유인촌 장관 고발」, 『오마이뉴스』, 2024.12.16. 〈https://www.ohmynews.com/NWS_Web/View/at_pg.aspx?CNTN_CD=A0003089169&fbclid=IwY2xjawMabqFleHRuA2FlbQIxMQABHsEZ7R41qnR940ZeFVw1KFxFktaMrsl24AVLMSRsqKP51AwIw4R4ZbO3RrE7_aem_9MblyTvKD7Ytb9zN6DBGoQ〉(검색일: 2025.08.26.)

전혀 찾아볼 수 없었다.

유인촌의 알박기 인사는 도처에서 진행되었다.

> 영화계 역시 예외는 아니다. 유인촌 문화체육관광부 장관은 대통령 탄핵심판이 진행 중이던 지난 1월6일 영화진흥위원회 신임 위원 6명을 임명했는데, 영화계 현장과 유리된 교수와 투자 전문가 등이 대다수였다. 문체부 산하 한국관광공사, 한국콘텐츠진흥원, 국립국악원과 인천국제공항공사 산하 인천공항보안도 기관장 공모 절차를 진행 중이다.[80]

2025년 2월 19일에 문체부는 갑자기 국립오페라단, 국립합창단, 국립심포니오케스트라, 국립발레단, 국립현대무용단 등 5개 국립예술단체의 행정을 뒷받침할 수 있도록 올해 상반기 내 '통합사무처'를 신설하겠다고 발표했다. 이러한 발표가 나오기까지 어떤 공론화의 과정도 없었다. 이에 대한 비난이 빗발치자 3월 5일에 열린 국회 문화체육관광위원회에서 유인촌 장관은 정책을 철회할 수 있다는 입장을 밝혔다.

문체부는 국립 공연예술단체들이 이사회를 구성하는 과정에서 임기가 만료된 이사들이 장관의 승인을 받아야만 임기를 연장할

---

80 장나래 기자, 「3년 만에 망한 정권, 5년치 보은인사 몰아치려니… '알박기' 금도 넘었다」, 『한겨레 』, 2025.04.15. 〈https://v.daum.net/v/20250415050506464?fbclid=IwY2xjawMac_5leHRuA2FlbQIxMQABHpeJxEW_UNd7Uy9n3180TcBvV-xAvRcXaOaWx9fFSftCgTYw4dVLmoKgUGAJ_aem_iclm1jzjchHKZwK8Q-dmow〉(검색일: 2025.08.26.)

수 있도록 규정을 바꾸기도 했다. 이에 대해 민주당에서는 "불편한 인물을 배제하고 '알박기'하려는 것 아니냐"는 비판이 제기됐다.[81]

2025년 3월 18일에는 "국립국악원 전·현직 예술감독 27명은 18일 성명서를 내고 "국립국악원장을 특정 행정직 고위공무원으로 알박기하려는 시도를 즉각 중단할 것을 강력히 촉구한다"고 밝혔다. 성명서에는 "국립국악원을 관치 행정의 틀 안에 가두어 통제를 강화하려는 시도이며, 국악에 대한 깊은 이해와 전문성 없이 국립국악원을 운영하는 것은 국악계의 발전을 저해하고 정체성을 훼손하는 결과를 초래할 것" 등 내용이 담겼다. 신임 국악원장으로는 용산 대통령실 비서관을 지낸 유병채 문체부 국민소통실장이 거론되고 있었다"[82]

2025년 4월 28일에는 국회 문화체육관광위원회 소속 더불어민주당 의원들이 한국관광공사를 비롯한 문화체육관광부 산하 공공기관의 '알박기 인사' 절차를 중단하라고 촉구했다.

> 이들은 이날 국회 소통관에서 기자회견을 열고 "권한도, 정당

---

81 허진무 기자, 「[단독]윤 정부 마지막 알박기? 문체부의 수상한 국립예술단체 정관 손질」, 『경향신문』, 2025.04.02. 〈https://www.khan.co.kr/article/202503021753001〉(검색일: 2025.08.26.)

82 「국립국악원 전-현직 예술감독 "국악원장에 문체부 고위관료 알박기 안돼"」, 『동아일보』, 2025.03.18. 〈https://www.donga.com/news/Culture/article/all/20250318/131232622/1〉(검색일: 2025.0826.)

성도 없는 내란 잔재 세력이 측근 챙기기용 알박기 인사를 강행하는 노골적 행태를 보인다"며 이같이 요구했다.

그러면서 "문화체육관광부 산하 기관도 예외는 아니다"라며 "이명박·박근혜 정권 '블랙리스트' 중심에 섰던 유인촌 장관과 용호성 차관은 문화계 공공기관을 내란 잔당의 은신처로 만들고 있다"고 밝혔다.

이어 "대표적 사례가 한국관광공사"라며 "1년 넘게 공석인 사장직에 이제 와 (대선 당시) 윤석열 선대위의 공동선거대책위원장을 지낸 국민의힘 이용호 전 의원을 제청했다고 한다"고 비판했다.

또 "국립국악원장의 경우 알박기를 위해 내규까지 바꿨다"며 "민간 전문가만 응모할 수 있었지만 행정직 공무원도 (응모가) 가능하게 해 유병채 문체부 국민소통실장이 응모, 국악인들이 크게 반발한다"고 전했다.

이들은 "정권은 무너졌지만, 탐욕은 끝나지 않았다"며 "임명권자인 대통령이 없는 상태에서 인사권을 갖지 않은 자가 진행 중인 알박기 인사는 직권 남용 범죄이고 차기 정부의 정책 추진을 방해하려는 내란 잔당들의 제2차 내란 시도"라고 지적했다.[83]

2025년 5월에는 한국예술인복지재단 대표에 용산 대통령실 국

83 허지원 기자, 「민주당 "관광공사 등 문체부 '알박기 인사' 중단하라"」, 『노컷뉴스』, 2025.04.28. 〈https://www.nocutnews.co.kr/news/6331826?utm_source=naver&utm_medium=article&utm_campaign=20250428071449〉(검색일: 2025.08.26.)

민제안 비서관을 지낸 정용욱이 임명되었다.

문화체육관광부 산하 공공기관인 한국예술인복지재단(이하 복지재단) 대표에 용산 대통령실 국민제안비서관을 지낸 정용욱 문체부 종무실장이 임명된 것이 뒤늦게 알려졌다. 지난 4월 28일 임명됐음에도 2주나 경과한 지난 12일에야 대표 취임 알림 공문을 문체부 산하 일부 공공기관에 보냈기 때문이다. 복지재단 관계자는 "홈페이지에 올렸다"고 해명했지만, 조직도를 찾아 들어가지 않는 한 알기 어렵다. 또한 전임 대표 땐 임명 당일 보도자료를 낸 것과 차이가 크다. 실제로 예술계에서는 여전히 복지재단 대표가 공석이라고 생각하는 사람들이 많다.(중략)

1996년 행정고시에 합격하며 공직에 입직한 정용욱 대표는 오랫동안 국무조정실과 국무총리비서실에서 근무했다. 2022년 9월 윤석열 정부에서 대통령비서실 시민사회수석비서관실 국민제안비서관으로 일하다가 2023년 8월 문체부 종무실장으로 전보됐었다. 이 때문에 산하기관에 낙하산으로 오는 여느 문체부 퇴직 관료들보다도 예술 현장에 대한 이해가 떨어질 수 밖에 없다.

이보다 앞서 지난 4월 21일 국립아시아문화전당장으로 김상욱 직무대리를 선임한 것도 '알박기 인사' 비판에서 자유로울 수 없다. 국립아시아문화전당이 광주에 있다보니 예술계에 잘 알려지지 않았을 뿐이다.

문체부 예술정책관과 콘텐츠정책관 등을 역임한 김상욱 신임

전당장은 지난 2023년 8월부터 국립아시아문화전당 기획운영관을 역임했으며, 이강현 초대 전당장의 임기가 만료된 지난 2월부터 직무대리 역할을 수행했다. 그런데, 전당장이 개방형 직위라 공모 과정에서 역량평가가 일반적인데도 이번에 면접으로만 평가한 것은 내부 공무원을 내정했기 때문이라는 의혹이 제기됐었다. 이와 관련해 일각에서는 김상욱 신임 전당장이 지난 이명박 정부 시절 당시 유인촌 문체부 장관 밑에서 본부 운영지원과장으로 보좌한 경력을 지적하기도 한다.[84]

5월 9일 대선 직전에는 신설된 국립문화공간재단 초대 대표에 블랙리스트 실행자인 우상일 전 문체부 예술국장이 임명되기도 했다.

문화연대, 블랙리스트 이후는 23일 공동 성명을 내어 "우상일은 블랙리스트의 존재를 조윤선 당시 문화체육관광부 장관에게 보고한 핵심 실행자로 이후 징계를 받았다"면서 "그러나 그는 반성과 사과 없이, 다시 공공기관 수장으로 복귀했다. 이는 블랙리스트 피해 예술인에 대한 명백한 2차 가해이며, 블랙리스트 사태의 책임을 무마하려는 정치적 기획 인사"라고 규탄했다.

우상일 대표는 박근혜 정부 시절인 2017년 예술국장 재직 당

84 장지영 선임기자, 「[단독] 예술인복지재단 대표에 문체부 관료 임명한 것을 2주만에 안 이유?」, 『국민일보』, 2025.05.14. 〈https://www.kmib.co.kr/article/view.asp?arcid=0028099688&code=61171211&cp=nv〉(검색일: 2025.08.26.)

시 조윤선 문체부 장관에게 '문화예술계 블랙리스트'를 보고했다. 한강 작가, 봉준호·박찬욱 영화 감독 등이 블랙리스트에 포함됐다. 조윤선 장관은 국회 국정조사 청문회에서 "우상일 국장으로부터 (리스트가 있다는) 확정적 보고를 받았다"고 밝혔다.

우상일 대표는 해당 사건으로 정직 1개월을 받은 것으로 전해졌다. 또 우상일 대표는 2014년 체육국장 시절 '정윤회 국정개입' 의혹으로 여야 공방이 벌어졌던 교육문화체육관광위원회 전체회의에서 김종 문체부 제2차관에게 '여야 싸움으로 몰고 가야'라는 쪽지를 건네 논란이 일기도 했다.

우상일 대표는 문체부 퇴직 이후, 윤석열 정부 시절 2022년 한국관광공사가 대주주인 그랜드코리아레저(GKL)에 내정됐다가 "국정농단 핵심인사 임명에 반대한다"는 당시 야당의 비판과 노조의 반발로 사퇴했다. 우상일 대표는 2023년 보수 성향 문화예술 단체 '문화자유행동' 사무총장을 맡았다. 유인촌 문체부 장관 후보자 지지 성명을 발표한 단체다.

문화연대·블랙리스트 이후는 "이번 인사는 21대 대선을 불과 한 달 앞두고 단행된 전형적인 '알박기 인사'"라며 "검열 정권의 유산을 노골적으로 이어가려는 의도가 분명하다. 윤석열 정권과 유인촌 장관이 남긴 여러 퇴행 사례 중 하나로 기록될 것"이라고 말했다.[85]

---

85 고성욱 기자, 「유인촌, 대선 전 블랙리스트 징계받은 관료 '알박기'…피해단체 "2차 가해"」, 『미디어스』, 2025.06.24. 〈https://www.mediaus.co.kr/news/articleView.html?idxno=313557〉(검색일: 2025.08.26.)

이명박 정권에 이어 윤석열 정권에서 두 차례나 문체부 장관을 지낸 유인촌의 만행은 우리 문화예술행정을 철저히 퇴행시키고, 예술가들을 무려 17년 동안 블랙리스트의 굴레 아래 신음하게 했다. 그는 우리 역사에서 최악의 문체부 장관으로 기록되어 마땅하며 문화예술계 전체의 '공공의 적'이었다.

이 책을 마무리하고 있는 2025년 9월 22일에 '문화연대', '블랙리스트 이후'. '한국작가회의' 등 문화예술단체들은 국회 소통관에서 기자회견을 갖고 "문화예술 탄압에 앞장 선 윤석열 전 대통령, 유인촌 전 문화체육부장관, 이상민 전 행정안전부 장관, 오세훈 서울시장 등을 직권남용 혐의로 고위공직자범죄수사처에 고발에 나섰다"고 밝혔다. 기자회견 전문을 인용하며 이 책을 마무리한다.

[문화예술 탄압에 대한 윤석열·유인촌·이상민·오세훈 등 공수처 고발 국회 기자회견]

대한민국 문화예술을 검열·억압한 책임자를 엄벌하라!

2020년 박근혜 정부는 문화예술인의 정치 성향 정보를 수집하여 블랙리스트를 작성했고, 블랙리스트에 근거하여 정치적 견해가 다른 문화예술인에게 차별을 가했다. 헌법재판소는 이러한 정책을 개인정보자기결정권 침해, 표현의 자유 위배, 양심의 자유 위배, 평등원칙 위배 등의 국헌문란 행위로 규정한 바 있다. 헌법재판소의 결정이 있었는데도 불구하고 지난 윤석열 정부는 온갖 방법을 동원하여 정부 정책에 비판적인 문화예술 활동에 대한 옥죄기에 나섰다. 예술활동에 대한 검열은 물론 이미 결정된 지원을 축소하고 철회하는 등 문화예술 활동의 다양성 및 자율성, 창조성에 반하는 직권남용을 자행한 것이다. 2022년 전국학생만화 공모전 금상 작품 '윤석열차' 내용을 문제 삼아 한국만화영상진흥원 예산을 삭감했고, 가수 이랑의 노래를 검열하여 부마민주항쟁 43주년 기념식에서 배제하도록 만든 사건 등이 사례에 해당한다. 윤석열 정부는 자신의 입맛에 맞지 않는 예술 활동에 재갈을 물리는, 이른바 '입틀막' 정책을 펼쳤다.

문화예술에 대한 '입틀막' 정책을 주도적으로 실행한 대표적인 인물이 유인촌 전 문화체육관광부 장관과 이상민 전 행정안전부 장관이다. 이들은 직권을 남용하여 문화예술인의 권리행사를 방해했는가 하면, 일상적인 검열을 진행하여 특정한 견해와 방향을 배제하는 한편, 문화행정을 파행으로 이끌었다. 지난 2023년 조선일보와의 인터뷰에서 유인촌은 "나랏돈으로 국가 이익에 반하는 작품을 만드는 게 말이 되지" 않으니 "좁은 문을 만들어 (예술가들을) 철저히 선별해야 한다."라고 견해를 밝혔는데, 이는 국가 이익을 제한적으로 해석하여 문화예술인들을 차별하겠다는 의지의 표현이었다. 실제로 유인촌은 2024년 '차세대 미래관객사업'에서 정치적 중립 소재, 특정한 이념·사상이 배제된 작품을 선정하도록 지시하여 직권남용권리행사방해죄를 저질렀다. 이상민은 2022년 부마민주항쟁 기념식에서 이랑의 노래 '늑대가 나타났다'를 제외하라 지시하였고, 그로 인해 가수 이랑은 결국 무대에 설 수 없었다. 정부 정책에 맞지 않는다는 이유로 사회적 약자에 관한 노래를 배제토록 한 것은 파시즘적 가치관의 표출이며, 이 또한 직권남용권리행사방해죄에 해당한다. 이러한 악행의 정점에서 문화예술가들이 수행한 다양한 목소리를 억압함으로써 모든 권력을 자신에게 집중시켜 전횡을 휘두른 윤석열은 두말할 필요도 없이 엄하게 처벌해야 한다. 마찬가지로 오세훈 서울시장은 문화예술계 블랙리스트 국가범죄의 주범인 조윤선을 서울시향 이사로 선임하고, 블랙리스트 가해자인 안호상을 세종문화회관 사장으로, 폭언과 폭력 논란이 있는 송형종을 서울문화재단 대표이사직에 임명해 문화정책과 문화행정의 퇴행과 파행을 초래했다.

오늘날 전 세계에서 'K-컬처'로 불리는 대한민국 문화예술이 지대한 영향력을 미치고 있다. 백범 김구 선생이 바랐던 '높은 문화의 힘'을 가진 나라, 즉 문화 강국으로서의 역량이 세계적인 현상으로 펼쳐지는 것이다. 문화 강국으로서 대한민국의 역량은 정부 정책에 충실하게 따르는 상명하복식 질서에 의해 확보된 것도 아니고, 그러한 방식으로 확보되는 것도 아니다. 문화 역량의 축적을 이끈 기본적인 동력은 새로움을 추구하는 문화예술가들의 다양한 상상력과 표현력 그리고 자유로운 토론·비판이 허용하는 사회 분위기였다. 문화예술 활동의 지속가능성을 위한 기초 예술에 대한 체계적인 지원이 여기에 뒤따를 때 문화 강국으로서의 토대는 더욱 튼튼해진다. 그러나 윤석열과 윤석열 정부의 문화예술 정책 책임자들은 자신의 정치적 견해에 맞지 않는 예술가의 자유를 억압하고 검열함으로써 대한민국 문화예술의 저변을 퇴행시킨 잘못을 저질렀다.

'지원은 하되 간섭은 하지 않는다.' 이것이 문화예술 정책의 기본 원리이다. 이를 무시하고 예술가가 수행하는 표현의 자유를 침해하고 억압·검열하는 행태는 독재 권력의 폭압일 따름이다. 우리는 이를 결코 묵과할 수 없는바, 윤석열·유인촌·이상민·오세훈 등 책임자를 엄벌함으로써 대한민국 문화예술에 드리운 부정의가 다시는 반복되지 않도록 해야 함을 예술인의 이름으로 촉구한다.

문화예술계
블랙리스트 사태의 전말,

한번 물면 살점 떨어질 때까지

초판 1쇄 인쇄 2025년 12월 19일
초판 1쇄 발행 2025년 12월 26일

지은이 김미도
펴낸이 박성복
펴낸곳 도서출판 연극과인간
주 소 01047 서울특별시 강북구 노해로25길 61
등 록 2000년 2월 7일 제6-0480호
전 화 (02)912-5000
팩 스 (02)900-5036
홈페이지 www.worin.net
전자우편 worinnet@hanmail.net

ISBN 979-11-7433-174-8 93680

값은 뒤표지에 있습니다.